普通高等学校"十四五"规划行政管理专业新形态精品教材

南昌大学行政管理国家级一流专业建设点示范教材

编委会

主　任

尹利民

副主任

袁小平　黎欠水

委　员（以姓氏拼音为序）

韩　艺　江国平　罗文剑　聂平平

唐　兵　文卫勇　许祥云　周庆智

◇ 南昌大学"十四五"双一流建设专项基金资助成果
◇ 国家自然科学基金项目（项目编号：71964024）资助成果
（主要供普通高等学校行政管理、人力资源管理专业师生使用）

绩 效 管 理

贾清萍 主　编
李茂荣 副主编

Performance Management

华中科技大学出版社
http://www.hustp.com
中国·武汉

内 容 提 要

绩效管理是现代人力资源管理制度的重要组成部分,也是人力资源管理专业的核心课程。本书系统阐述了绩效管理的理论与实践,以及各管理环节的关键问题,涉及绩效管理概论、绩效管理的产生与发展、绩效管理相关理论、绩效计划、绩效监控、绩效评价、绩效反馈与面谈、绩效改进与考评结果的应用、绩效管理的典型方法、政府绩效管理、非营利组织的绩效管理、绩效管理的趋势与挑战等内容。

本书突出绩效管理工具的介绍和使用,详细介绍了几种经典的绩效管理工具。注重理论与实践相结合,引入中外企业及公共部门的实践案例。在传统教材的基础上增加了案例、视频、音频、阅读资料、背景资料、微帖、复习思考题、案例分析题、章节自测题等数字资源,并以二维码形式穿插在书中相应知识点位置,使学生读者可以更加精准、方便、快捷地获取延伸内容,及时自我检测和查漏补缺,夯实教学效果;同时,在正文之外补充了经典案例答案、复习思考题答案、案例分析题答案、章节自测题答案、课程 PPT、电子教案和期末测试卷等数字资源,为教师读者提供更加系统的参考,便于开展教学实践工作。本书融入了公共部门组织的绩效管理,拓展了使用的广泛性,既可作为高校人力资源管理专业教材,又可作为政府、企事业单位中人力资源管理工作者的参考用书,还可作为对绩效管理感兴趣的人士的有益读物。

图书在版编目(CIP)数据

绩效管理/贾清萍主编. —武汉:华中科技大学出版社,2022.10
ISBN 978-7-5680-8462-8

Ⅰ.①绩… Ⅱ.①贾… Ⅲ.①企业绩效-企业管理 Ⅳ.① F272.5

中国版本图书馆 CIP 数据核字(2022)第 190058 号

绩效管理
Jixiao Guanli
贾清萍　主编

策划编辑:周晓方　宋　焱	
责任编辑:苏克超	
装帧设计:廖亚萍	
责任校对:张汇娟	
责任监印:周治超	

出版发行:华中科技大学出版社(中国·武汉)　　电话:(027)81321913
　　　　　武汉市东湖新技术开发区华工科技园　　邮编:430223

录　　排:华中科技大学出版社美编室
印　　刷:武汉市籍缘印刷厂
开　　本:787mm×1092mm　1/16
印　　张:24.25　插页:2
字　　数:545 千字
版　　次:2022 年 10 月第 1 版第 1 次印刷
定　　价:69.90 元

本书若有印装质量问题,请向出版社营销中心调换
全国免费服务热线:400-6679-118　　竭诚为您服务
版权所有　侵权必究

总 序

当前,全球化、信息化、市场化构成了现代社会的主基调,它们不仅促进了生产力的快速发展,而且带动了一系列社会变革。可以说,变化才是这个时代永恒的主题。无论在经济、社会还是政治等领域,协同、合作、共享、共同体等成为关键词,而这些又与"治理"紧密联系在一起。传统的"管理"过渡到现代的"治理",这表明治理主体与客体的权力观念、利益关系及身份地位等都发生了不同程度的改变,而这种改变正是推动社会现代性发展的基本力量。

在迈向现代社会的进程中,政府的力量是不可或缺的,或者说,现代国家的政府正在以某种方式介入或承担着广泛的公共服务职能,为现代社会的转型提供动力。因此,从这个意义上说,一个高效服务型的政府是现代社会的重要标志。正基于此,我们提出要构建国家治理体系和治理能力的现代化,建设高效的服务型政府,以加快我国向现代社会转型。构建国家治理体系和治理能力现代化的时代需求,不仅推动了公共管理学科重心转移,而且也带来了公共管理专业结构的变化。现代经济学、社会学、政治学、心理学和法学等学科理论的相互交叉和借鉴成为现代学科发展的主流,新文科概念的出现加速了学科间相互跨界,以更好地服务于社会经济发展的需要。显然,公共管理作为一门应用性很强的学科,也应该广开门路,以开放包容的姿态,从其他学科吸收更多的营养,带动本学科的快速发展。可喜的是,近些年,我国公共管理学科不断从心理学、法学、经济学等学科中汲取资源,形成学科交叉,从而使公共管理学科呈现出蓬勃发展的态势,这不仅缩小了我国公共管理学科与国际公共管理学科的差距,而且提升了其社会服务能力,为我国国家治理体系和治理能力现代化建设提供了智力支持。

党的十八大报告指出,要推动高等教育的内涵式发展。那么,如何来推动高等教育的内涵式发展?在笔者看来,除了遵循教育发展、知识发展和人的发展的基本规律外,就是要重视学科的建设和发展,而学科建设的根本目的是培养高水平人才。显然,在学科建设的环节中,课程建设不可或缺,换言之,学科建设的层次需要通过高水平的教材建设来实现。因此,国内外著名高校都非常重视通过高质量、高水平的教材建设来推动课程建设,进而提高学科建设水平,最终实现高水平人才培养的目标。

1887年,伍德罗·威尔逊发表的《行政学之研究》标志着公共行政学的诞生。公共管理学经历了传统的公共行政、行为公共行政、新公共行政和现代公共行政几个重要的发展阶段,后又发展到公共管理、新公共管理和公共服务的阶段,至今已有百余年的历史。在中国,公共管理仍然是一门新兴学科,仍然处在从国外引进、借鉴和消化理论的阶段,公共管理学科的本土化还没有完成。为此,中国人民大学出版社引进了多种公共管理的经典教材,将"经典教材"系列、"公共管理实务"系列、"政府治理与改革"系列、"学术前沿"系列、"案例"系列和"学术经典"系列全方位引入中国。同时,该社还积极推进公共管理学科教材的本土化,组织国内著名的公共管理学者编写教材,积极向各大高校推送,这些举措对推进公共管理学科的发展起到了很重要的作用。

尽管如此,公共管理学科还处在不断发展的过程中,我国也正在进行大规模的政府机构改革,如"放管服"的改革、"省直管县"的改革、行政管理体制的改革等,这些改革的最新成果应该反映在公共管理学科的教材中,而现有的教材并没有体现这一趋势,没有把最新的改革成果嵌入教材之中。为了弥补这一缺憾,我们与华中科技大学出版社合作,组织编写了这套教材。与已有的公共管理类教材相比,本系列教材具有以下几个特点。

第一,前沿性。系列教材注重将最新的公共管理研究成果引入教材之中,反映公共管理最新的研究理论和学术主张,在内容上凸显其前沿性。比如,公共管理的前沿研究包括公共服务动机、公共服务的共同生产、绩效管理、数字政府、技术治理等领域,这些最新的研究内容在《公共组织理论》《绩效管理》等教材中得到系统的体现。

第二,时代性。立足于新时代的背景,瞄准乡村振兴等国家战略需求,将人才振兴、乡村规划、乡村建设行动等内容纳入系列教材,比如,《人力资源开发与管理》《乡村振兴与乡村规划十讲》等教材具有明显的时代性和战略需求导向。

第三,交叉性。公共管理学科越来越注重借鉴其他学科的资源来丰富本学科的内涵,因此,本系列教材除了涉及传统的公共管理外,还注意吸收其他学科资源,充实和丰富教材的内容。比如,与其他同类教材相比,《管理心理学》《乡村振兴与乡村规划十讲》《社会工作理论》等教材吸收了心理学、社会学、政治学等学科资源,具有明显的学科交叉性。

第四,数字化。本系列教材充分利用现代数字技术,把相关的知识点串联起来,每个章节都附带二维码链接,既方便学生学习和教师教学,又能使学生加深对知识点的理解,达到融会贯通的效果。

本系列教材是南昌大学行政管理国家级一流专业建设点示范教材的一部分,是省级一流课程的配套教材,由南昌大学公共管理学院与华中科技大学出版社共同组织策划,得到了华中科技大学出版社人文社科图书分社周晓方社长的大力支持。为保证教材的质量,编写本系列教材之初,成立了由该领域诸多学者组成的编辑委员会来具体组织实施。另外,本系列教材的出版得到了南昌大学"十四五"双一流建设专项经费的支持,借此,谨向所有为本系列教材出版付出艰辛努力和大力支持的单位和个人表达崇高的敬意和衷心的感谢!

丛书编委会

2021 年 11 月 8 日

前　言

绩效管理起源于20世纪70年代的美国,于90年代传入中国。绩效管理已在中国成为一种潮流,许多国内企业都意识到绩效管理的重要性,纷纷建立绩效管理系统,并从中收获了丰硕的果实,它以完善的体系、流程和持续改进的良性循环深得管理者的喜爱。尽管绩效管理在企业管理中发挥着重要作用,但在实际应用中仍然存在一些问题,导致一些单位的考核效果并不理想,使管理走入误区,企业界对绩效管理也存在一些质疑。由于企业基础和文化的差异性,中国企业有着自身的特点,必须探索出适应中国企业实际和适应中国国情的"中国式"绩效管理。如何探索适应中国企业实际的绩效管理模式成为热门话题。要解决这个问题,使绩效管理真正成为管理利器,就要对绩效管理有一个全面的认识。

绩效管理是人力资源管理的核心,而人力资源管理中任何一个环节都与绩效管理有着千丝万缕的联系,最终目的都是为了提高员工和组织的绩效。绩效管理是企业人力资源管理的风向标,有什么样的绩效管理就会有什么样的员工绩效,做好了绩效管理,人力资源管理就几乎做好了一半,它对于提高员工绩效和组织绩效的重要性不言而喻。出版绩效管理方面的教材,对培养绩效管理人才、提升绩效管理技能具有重要意义。

本书从绩效管理概论出发,阐述了绩效管理的产生与发展以及绩效管理相关理论,从而展开对绩效计划、绩效监控、绩效评价、绩效反馈与面谈、绩效改进与考评结果的应用、绩效管理的典型方法、政府绩效管理、非营利组织的绩效管理的进一步说明,最终总结出绩效管理的趋势与挑战。本书内容尽可能做到深入浅出、易读易懂、结合实际,书中配有大量图表、案例、阅读资料、视频、音频、背景资料、微帖等信息,以帮助读者更好地掌握有关内容。希望读者在掌握必要的理论基础知识的前提下,尽可能学习更多的绩效管理技能,真正了解绩效管理应该如何运作,通过实践提高员工的绩效,进而提高企业的经济效益和社会效益。

本书的编写团队由南昌大学公共政策与管理学院的师生组成。本书由贾清萍博士担任主编,全面负责整个书稿的框架、风格设计以及统稿审稿、部分章节编写等工作,李茂荣博士担任副主编,负责具体章节编写及经典案例组织等工作,硕士生肖森保、赵宁、史利琴、黄楚、李丹、付佳丽、王子燕、丁珍、倪佳琪等负责具体章节编写以及经典案例、复习思考题、案例分析题、自测题等数字资源的制作与解答等工作。此外，彭文龙博士也提供了部分数字资源，在这里对他们付出的辛勤劳动表示感谢。

本书得到了南昌大学"双一流"-研究生教育攀登计划建设资金资助，并受国家自然科学基金项目（项目编号：71964024）资助，在此表示特别感谢！还要感谢华中科技大学出版社的大力支持。在本书的编写过程中参阅与借鉴了大量的相关学术论文、专著和教材，特别感谢这些文献的作者！

尽管我们已竭力做好编写工作，但限于学术水平与编写能力，书中仍可能存在错漏之处，恳请各位同仁和读者批评指正，我们将在今后的编写工作中进一步提高教材的理论水平和可读性，以满足广大读者的需求。

2022 年 1 月

目录 contents

第一章 绩效管理概论 ... 1

第一节 绩效概述 ... 5
第二节 绩效管理概述 ... 20

第二章 绩效管理的产生与发展 ... 29

第一节 西方绩效管理思想的发展 ... 32
第二节 中国古代绩效管理思想 ... 41
第三节 中国现代绩效管理的发展及特点 ... 45

第三章 绩效管理相关理论 ... 52

第一节 目标管理理论 ... 55
第二节 关系绩效理论 ... 64
第三节 激励理论 ... 73

第四章 绩效计划 ... 84

第一节 绩效计划概述 ... 85
第二节 绩效计划的准备 ... 93
第三节 绩效计划的制订 ... 98
第四节 绩效计划的内容 ... 103

第五章 绩效监控 ... 117

第一节 绩效监控概述 ... 118
第二节 绩效沟通 ... 121
第三节 绩效辅导 ... 130
第四节 绩效信息收集 ... 135

第六章　绩效评价 ... 145

第一节｜绩效评价概述 ... 149
第二节｜绩效评价方法与选择 ... 158
第三节｜绩效评价实施 ... 173

第七章　绩效反馈与面谈 ... 184

第一节｜绩效反馈 ... 185
第二节｜绩效面谈 ... 196

第八章　绩效改进与考评结果的应用 ... 208

第一节｜绩效改进 ... 210
第二节｜绩效评价结果的运用 ... 222

第九章　绩效管理的典型方法 ... 240

第一节｜目标管理法 ... 242
第二节｜平衡计分卡方法 ... 250
第三节｜关键绩效指标考核法 ... 259
第四节｜360 度绩效考核法 ... 265
第五节｜OKR 绩效管理方法 ... 269
第六节｜经济增加值技术 ... 274

第十章　政府绩效管理 ... 282

第一节｜政府绩效管理概述 ... 284
第二节｜政府绩效计划 ... 292
第三节｜政府绩效评价 ... 296

第十一章　非营利组织的绩效管理 ... 323

第一节｜非营利组织绩效管理概述 ... 324
第二节｜事业单位的绩效管理 ... 338

第十二章　绩效管理的趋势与挑战　　…351

第一节｜绩效管理的发展趋势　　…355
第二节｜绩效管理的挑战　　…364
第三节｜绩效管理的优化　　…367

参考文献　　…372

第一章

绩效管理概论

本章引例

华为技术有限公司的3W绩效管理

一、公司背景

华为技术有限公司(以下简称"华为")是一家生产销售电信设备的员工持股民营科技公司,于1987年成立于中国深圳。华为的主要营业范围是程控交换机、传输设备、无线通信设备和数据通信设备等产品,在电信领域为世界各地的客户提供网络设备、服务和解决方案。

根据美国《财富》杂志公布的数据,华为2009年的销售额达219.21亿美元,净利润达26.72亿美元,成为继联想之后,成功闯入世界500强的第二家中国民营科技企业,也是世界500强中唯一一家没有上市的公司,排名第397位。2010年,华为的销售收入达1852亿元人民币,同比增长24.2%,已成功跻身全球第二大综合通信设备提供商。美国商业杂志《Fast Company》评出2011年全球最具创新力公司,华为排名第18位。

华为在企业经营领域取得的巨大发展人们有目共睹,那么又是什么支撑着企业的发展呢?原华为人力资源副总裁吴建国如是说:"华为,在向世界级企业迈进的过程中,卓有成效的人力资源管理体系,是缔造华为一个个神话最有力的发动机和保障器。尤其是作为人力资源管理体系三大基石之一(另外两个是任职资格和股权激励)的绩效管理,更为企业的发展注入了强大动力。"现在我们就来看看华为是怎样将卓越的绩效管理转化成生产力的。

二、3W绩效管理

1. WHY——华为绩效管理的目的

华为总裁任正非强调要创造高绩效的企业文化,将绩效文化视为企业生存之本、发展之源,并上升为战略高度加以实施。

与竞争企业中兴通讯一样,华为在绩效考核中也实施强制分布原则,这也是眼下许多企业用来优化内部人力资源架构的通用做法。绩效考核按照员工比例来固定分配,分为A、B、C、D四个档次,A档一般占员工总数的5%左右,B档占45%,C档占45%,还有5%的员工被视作D档。三级主管以下季度考核一次,中高层管理人员半年述职一次,在考核的同时,设定下季度的目标。与一般企业的强制分布原则不同的是,华为对绩效考核目的的理解,不是把它仅仅当作一种增压奖惩的依据,而是从企业角度而言,在公司发展竞争、人才优胜劣汰的过程中更追求淘汰是否合理。绩效考核的目的不是为了裁员,而是为了通过考核把大家放在适合的岗位上,保证每个人的能力都是能够实现绩效目标的。然后通过个人绩效目标的实现来完成公司的总体战略目标。比如华为考核规定："对不胜任工作的员工，应该安排培训以促使其业绩改进，或者调整岗位。如果培训或换岗后仍不能胜任的，才考虑淘汰。"华为的绩效管理真正从员工内在方面进行，通过以责任、员工能力、贡献为核心的绩效标准及相应的评价手段和价值分配机制，将公司的目标与员工的个人需求和利益捆绑在一起，从而将公司的目标内化为员工个人的使命和责任。

2.WHAT——华为绩效管理考核什么

绩效考核机制包括三个方面：一是责任结果导向、关键事件个人行为的结果评价考核；二是基于公司战略分层分级述职，即PBC(个人绩效承诺)和期望绩效的完成程度；三是基于各级职位按任职资格标准，考核员工实际能力是否达到任职要求。评价过程中，业务部门有评价权，人力资源体系有建议权，主管有审核权，三权共同协调配合，为绩效管理保驾护航。

华为长期执行基于客户需求导向的人力资源管理制度。客户满意度是从总裁到各级员工的重要考核指标之一。华为的外部客户满意度专门委托盖洛普公司进行调查。客户需求导向和为客户服务蕴含在员工招聘、选拔、培训教育和考核评价之中，强化对客户服务贡献的关注。比如华为注重人才选拔，不招以自我为中心的毕业生，因为他们很难做到客户为中心。华为负责招聘的人力资源部人员说："现在很多人强调技能，其实比技能更重要的是毅力，比毅力更重要的是品德，比品德更重要的是胸怀，要让客户找到感觉，这是我们公司一贯的要求和宗旨。"

对于不同层级的员工，华为考察的侧重点也各不相同，要求越高级的干部，越要关注长期发展。中、高级干部也要程度不同地关注中、长期利益。而基层员工主要关注现实任务的完成，以及自我进步。为此，华为实行了权重不同的，分别关注长期、中期、短期利益的合理架构，以及相应的激励机制。

此外，华为还明确加强对员工的思想道德品质考核，对员工的诚信进行记录。注重对员工责任心、使命感、团队精神、工作能力、思想道德品质的评议。在考评过程中全面推行团队测评体系。团队测评的核心理念为：员工不仅要关注个人绩效，还要重视团队绩效。素质是绩效的前提和保证，高素质为创造高绩效提供了起点和可能。绩效和素质哪一方面都不能偏废。光有素质，没有绩效，就可能造成部门的虚假繁荣；有好的绩效，没有好的素质，就无法带出一个优秀的团队。

总之，通过强调责任、使命和能力的综合平衡，使每一个充分认同华为核心价值观的员工都能找到自己合适的职业定位和发展通道。

3.HOW——华为绩效管理怎么管

2006年3月，人力资源部负责招聘工作的孙维拿到了自己的主要考核指标：一是满足公司某研发部门新产品研发人手不足的需求；二是完成人力资源管理工作；三是完成对某销售部门新进员工的入职培训。可以看出，这三个指标是从不同角度为孙维设置的。第一个指标是从公司目标的角度自上而下分解，支撑公司战略。第二个指标基于岗位职责，职能部门岗位工作的一大特点为与战略结合不是非常紧密，但每个岗位还是有其突出贡献表现方式的，这些表现方式即可作为一个关键指标来考核。第三个指标基于流程或客户，职能部门是保证生产销售部门服务质量的，与这些业务部门组成完整的流程。如果某部门提供的服务质量没有跟上，可能就会造成业务部门的滞后。"如果没能及时完成对新进员工的入职培训，肯定会影响销售部门在4月份的市场销售业绩。"孙维说。

在孙维拿到的考核指标中，还可以看到，工作内容越来越强调数字的完成情况，即努力量业务指标。比如在他的工作计划书中，"招聘成功率"及"新聘员工离职率"代替了原来的"是否招到人"的考核条目。实施公司人力资源信息的管理或上报提交的工作被分解为"员工人力资源信息与实际情况的吻合程度""员工信息变动的时候是否及时更新（如每周更新）""是否按时上报"等考核指标，把这些指标套进A、B、C、D、E五级评分标准中进行评估，如此，对员工的工作要求即可一目了然。

针对绩效考核，华为根据公司战略，采取综合平衡计分卡的办法。综合平衡计分卡是华为整个战略实施的一种工具，其核心思想是通过财务、客户、内部经营过程及学习与成长相互驱动的因果关系来实现华为的战略目标。平衡计分卡关键在于平衡：短期目标与长期目标的平衡；收益增长目标与潜力目标的平衡；账务目标与非财务目标的平衡；产出目标与绩效驱动因素的平衡；外部市场目标与内部关键过程绩效的平衡。华为从战略指标体系到每个人的PBC指标，都经过平衡计分卡来达到长期与短期、财务与非财务等各个方面的平衡。全球技术服务部为了保证绩效管理的实施，开发了绩效管理的电子化流程。所有员工每季度在考评电子流中进行个人绩效承诺，主管则通过考评电子流进行量化考核和业务改进沟通。机关职能部门各级主管和办事处主管一样，都需要签订绩效承诺书，绩效目标每季度上网公布。

对于绩效管理中重要的一环——绩效考核结果的反馈，华为也是极为重视的。考核结果一方面作为升职和加薪依据，另一方面作为绩效改进的内容之一。如果调查发现绩效考核后期望目标和绩效实际存在落差而没有员工后期的绩效沟通的话，将给予该部门主管红牌警告。这说明公司也充分认识到，金无足赤，人无完人，绩效结果不好可能有多方面的原因，要给予他们更多的机会，通过不断的改进锻炼，最终希望将其劣势转化为优势。当然，前提是员工能认识到自己的问题所在，这也是华为绩效管理的重要目的之一。

最后需要强调的是，华为的绩效管理做得好，不仅在于绩效管理内部从绩效计划、绩效实施与管理、绩效评估到绩效反馈形成了系统的良性循环，还在于与人力资源开发管理中的其他模块相呼应，形成了相互作用的整体。绩效管理与企业职位体系、任职资格体系、人才选拔与培养体系、薪酬管理体系密切联系在一起。比如，对员工任职资格的要求与相关标准的设计，就要充分体现绩效管理中优秀员工的品德、素质和责任组合情况。还有员工的升迁要依据绩效管理的结果,比如干部任命前要进行360度考察,即由主管、下属和周边全面评价干部的任职情况。考察干部后还要进行任前公示,使干部处于员工监督之下。每次任命都要公示半个月,半个月内全体员工都可以提意见。

三、结束语

作为国内民营企业的标杆,华为的绩效管理模式为人们提供了有益参考,其独特的经营管理方式也为现代企业的发展呈现了更广的视角。目前,华为将爱立信作为自己的超越目标,力争成为全球最大的综合通信设备商。我们有理由相信:在高效的绩效管理中,华为将创造更多的奇迹,中国的民营企业也会在世界企业之林中发挥更大的作用。

第一节 绩效概述

一 绩效思想的起源

绩效来源于生产实践活动,虽说"绩效"一词是近代西方的产物,但并不代表其产生于近代西方。从绩效作为组织为实现目标而在不同层面上的有效输出这一定义来讲,绩效在中西方自古就有。

(一)中国古代绩效思想的起源

1. 中国古代绩效思想的起源

中国古代绩效思想可以追溯至三皇五帝时期的禅让制。《尚书》载:"纳于大麓,烈风雷雨弗迷。"讲述的是尧将帝位禅让给舜前,对舜进行了考核。从三皇五帝的"五载一巡守"到战国后期的"上计"(将辖内人口、税赋、政绩等情况汇报给上级机构)制度,践行的都是官员行政体制的绩效思想。"商鞅变法"中实行的"按军功授爵"则是针对普通兵勇的绩效激励。所以,无论是从政府组织层面还是平民阶层层面,我国古代均有绩效实践的相关记载。总之,中国古代系统的官员绩效始于秦朝,经历一代代的实践,在清朝得到较大完善。

秦朝对官员实行考课制度,由丞相和御史大夫负责。考课制度将岗位职责与官员的能力结合起来,按一定的标准进行打分,将结果与官员的赏罚挂钩,以此来达到对官员的约束和激励作用,为我国后期官员绩效的开展奠定基础。

唐朝初期,统治者重视官员素质,制定了考课法,由尚书省负责官员考核。考核按等级划分,直接与官员的晋升、俸禄等挂钩,一方面是为了激励官员为民办事,另一方面则是为了管理官员、提升行政效率。

明代在考课方面较为仔细,将考课分为文武两个系统。吏部负责文考,主要负责对官员的考察;兵部负责武考(军政)。明朝后期官员腐败严重,张居正结合考满法,制定了考成法,主张综核名实,整顿吏部。

清朝对各级官员实行考满和考察,一年一考,三年为满,在考核标准上实行四格八法,四格即守、政、才、年,考核结果分为称职、勤职、供职三等。对武官实行考察,每五年一次,与明朝类似,称为军政,考核内容为"操守、才能、骑射、年岁",由兵部负责。

中国古代绩效思想主要来源于对官吏的考核,考核对象较为全面,但考核权力过于集中,导致考核存在片面性,再者遇到皇帝不作为时,任何考绩制度均形同虚设;中国古代官员的考核制度虽然较为规范,但是缺少社会力量参与,考核结果的真实性值得商榷。

2. 中国古代绩效思想的特点

中国古代绩效思想主要有以下几个特点。

一是明君治吏不治民。我国幅员辽阔,明君会选择对官吏进行治理,进而对民众进行治理。治民先治吏,是历代王朝总结出来的共同经验,也是古代政府绩效思想出发的基本点。

二是重视德礼。古代对官吏的道德素养有很高的要求,"官德如风,民德如草,官风正则民风纯"。鉴于此,历代统治者都重视官吏的道德素养,并在考核中将其放在首要地位。

三是注重思想与实际的结合。古代官员晋升主要以业绩为主要依据,而业绩源于平时对官员的考核。通过绩效思想,引导官员什么该做、什么不该做,并将结果与晋升挂钩,实现绩效思想与实际相结合。

(二)现代西方绩效思想的起源

现代绩效思想起源于西方,可分为企业绩效和政府绩效,二者的起源与发展相互交叉。企业绩效思想可追溯至14世纪的复式记账法。较之单式记账法,复式记账法能够清楚地反映企业各项业务流程,为企业运行和调整提供依据。

19世纪初,"现代人事管理之父"罗伯特·欧文在自己的工厂进行人事化管理试验,得出结论:"通过良好的环境替代差的环境,能够让工人们产生积极的工作效果。"这为现代企业绩效管理发展奠定了基础。

19世纪中叶,英国政府为了改变政府冗员及效率低下问题,进行文官(公务员)制度改革,拉开了现代政府绩效管理的序幕。1887年,美国效仿英国建立了绩效考核制度,在公务员队伍中以工作绩效为评价标准,人员的晋升、薪酬、评优都根据工作绩效,这一制度被称为功绩制。

20世纪初,美国杜邦公司提出杜邦分析法,通过财务指标为企业提供绩效分析依据。同期,泰勒提出"科学管理"理念,采用科学、标准化的管理方式取代以往的经验式管理,以提高企业生产效率,实现工人与企业主共赢局面。"科学管理"的提出,开启了绩效管理理论研究的大门。

二维码1-1
微帖:
罗伯特·欧文:
"现代人事管理之父"

20世纪二三十年代,梅奥通过"霍桑试验"提出人的社会化在生产中的影响。后来的绩效管理更多地在企业中进行试验研究。20世纪70年代,美国管理学家奥布里·丹尼尔斯提出"绩效管理"这一概念,由此,绩效管理被正式命名。

二 绩效的含义与分类

(一)绩效的含义

绩效是人力资源管理中重要的概念和内容,从字面意思理解,绩效是绩与效的组合。绩就是业绩,包括组织业绩、部门业绩的完成情况及个人的业绩表现;效则是效率、效果、方式和方法等,更多地体现为一种行为。"绩效"一词从出现起,对其定义的研究就没有停止。学界对绩效进行探究,提出了很多问题。绩效到底是什么?绩效有标准吗?绩效可以衡量吗?对绩效进行考核是有价值的吗?员工的工作态度和责任心会影响绩效吗?怎样科学运用绩效考核的结果?如何改善和提高员工的绩效?这些问题都是专家学者们在不断探讨的问题。

目前,对绩效的定义众说纷纭,没有一个统一的定义。由于绩效具有多维性,基于不同的视角,对绩效的理解不同。

1. 不同学科视角下的绩效

1）管理学视角

从管理学视角看,绩效是组织期望的结果,是组织为实现其目标而展现在不同层面上的有效输出,它包括个人绩效和组织绩效两个方面。组织绩效建立在个人绩效实现的基础上,但个人绩效的实现并不一定能保证组织是有绩效的。组织绩效按一定的逻辑关系被层层分解到每一个工作岗位及每一个人的时候,只要每一个人都达到组织的要求,组织绩效即可实现。但是,组织战略的失误可能造成个人绩效的目标偏离组织绩效的目标,从而导致组织的失败。

2）经济学视角

从经济学视角看,绩效可以说是经济管理活动的结果和成效;绩效与薪酬是员工和组织之间的对等承诺,绩效是员工对组织的承诺,而薪酬是组织对员工的承诺。一个人进入组织,必须对组织所要求的绩效做出承诺,这是进入组织的前提条件。当员工完成了他对组织的承诺的时候,组织就实现其对员工的承诺。这种对等承诺关系的本质,体现了等价交换的原则,而这一原则正是市场经济运行的基本原则。

3）社会学视角

从社会学视角看,绩效意味着每一个社会成员按照社会分工所确定的角色承担他的那一份职责。他的生存权利是由其他人的绩效保证的,而他的绩效又保障其他人的生存权利。因此,出色地完成他的绩效是他作为社会一员的义务,他受惠于社会就必须回馈社会。

2. 不同主体视角下的绩效

1）个体视角

在个体层面,有学者认为"绩效是行为",是工作人员在组织目标影响下进行的付出行为,代表人物有默菲、坎贝尔。也有学者认为绩效是一种能力。1994年,斯宾塞从胜任力角度提出,绩效是一种能力,并将优劣员工通过能力衡量进行区分。伯纳迪恩和奥特利认为,绩效是一种工作过程及其所需达到的结果,即绩效结果论。姆维塔认为绩效是包含行为、产出和结果的多方面因素的集合。陈黎明指出,绩效是多方面因素的综合概念,他在其著作中指出,绩效是目标主体在特定的组织环境中,按制定的目标的要求,所产生的行为特征,并由此产生的结果。绩效个人发展说认为,绩效是对员工发展的关注,强调员工的潜能与绩效关系。知识经济时代将劳动者分为脑力劳动者和体力劳动者,他们有着不同的工作方式和评价过程。所以,对待不同的员工需要有不同的方法,而关注员工的发展潜力,并加以开发,则能实现更高的企业效率。

2）团队视角

团队是由两个或两个以上的人在一定期限内组成的一个可辨别的小组或团体。每一个组员都被合理地分配到一项任务上。组员之间动态地相互影响、相互依赖、相互合作,为达到或完成同一个目标或任务而努力(Salas, Dickinson, Converse &

Tannenbaum,1992)。团体绩效并不是个人绩效的简单相加,通过团队成员的共同努力能够产生积极的协同作用,团队绩效远远大于个人绩效之和。国外针对团队绩效的研究始于20世纪五六十年代,当时的主要研究对象是军队中的团队作业(C. R. Paris,2000)。一些学者针对团队绩效展开研究。兹刚认为,团体绩效的重点是将团体目标与组织目标相结合,通过衡量个人和团体的绩效,来达到团体绩效的有效性。纳德勒关于团队绩效的定义较为流行,他认为,团队绩效包括三个方面:① 团队对组织既定目标的达成情况;② 团队成员的满意度;③ 团队成员的继续协作能力。孙琳认为,团体绩效是组织绩效依据团体在组织中的作用而分解的产物。

3)组织视角

组织是由诸多要素按一定的规则组合而成的系统。在管理学上,一般将组织定义为:个人或团体为实现某一特定目标,按一定的规章制度结合在一起而形成的集体。对于组织绩效的定义,目前学界并没有统一的界定。有学者认为,组织绩效是指组织在某一时期内任务完成的数量、质量、效率及赢利情况。有学者认为,组织绩效包括员工满意度、生产、销售等多方面因素,可以分为财务绩效和非财务绩效。也有学者将组织绩效等同于组织的有效性,即组织在利用资源满足顾客和组织目标时,在效率和效益上表现出来的结果。还有学者通过维度的多样性来表示绩效。国内学者主要从三、四维度来研究组织绩效,而国外学者则从财务和绩效是否被感知来研究组织绩效。卡普兰和诺顿采用平衡计分卡来衡量组织绩效。平衡计分卡是从财务、顾客、创新与学习、内部业务四个维度出发进行组织绩效衡量,这得到大多数学者的认可。

3. 不同导向视角下的绩效

1)结果导向视角

一些学者从结果视角定义绩效,由此产生了绩效结果观。绩效结果说认为绩效是完成工作任务,是工作的产出,应归结为工作的结果。比如,凯恩指出,绩效是一个人留下的东西,这种东西是与目的独立存在的。伯纳迪恩认为,绩效应该定义为工作的结果,因为工作的结果与组织战略目标、顾客满意度及所投入资金的关系最为密切。绩效是在"特定时间范畴,在特定工作职能或活动上生产出的结果记录"。绩效结果表示为责任、目标、任务、绩效指标、关键绩效指标、关键结果领域、关键成功因素等。绩效结果观认为,绩效与结果相连,绩效是工作结果的记录。表示绩效结果的相关概念有:职责,关键结果领域,结果,责任、任务及事务,目的,目标,生产量,关键成功因素等。这种观点在企业中的应用最为广泛,企业常用的 KPI、MBO 等是以结果为导向的绩效考核。

2)行为导向视角

随着对绩效问题研究的不断深入,人们发现绩效结果观存在明显的缺陷。将绩效与结果或产出等同起来的观点在许多管理学文献中受到质疑。很多企业发现,如果只关注结果,不关注过程,会导致结果也同时受损,甚至某些部门和个人,可以通过损害其他部门利益或损害企业未来利益的方式达到短期内绩效结果的优异表现。由此,人们对绩效是工作成绩、目标实现、结果、生产量的观点不断提出挑战,普遍接受了绩效的行为观点,即"绩效是行为"。支持这一观点的主要依据主要有以下几种:① 许多工作结果并不一定是个体行为所致,它可能受到与工作无关的其他影响因素的影响;② 员工没有平等的完成工作的机会,并且员工在工作中的表现不一定都与工作任务有关;③ 过分关注结果会导致忽视重要的行为过程,而对过程控制的缺乏会导致工作成果的不可靠性,不适当地强调结果可能会在工作要求上误导员工。过分强调结果或产出,会使管理者无法及时获得个体活动信息,从而不能很好地对个体进行指导与帮助,而且可能会导致短期行为。因此,一些学者从工作行为视角定义绩效,提出了绩效行为观。绩效行为观认为,绩效是行为本身,不是行为产生的结果,它是组织或个人为完成某一任务或目标而采取的一组行为,不管该行为是认知的、生理的还是人际方面的。绩效行为观的主要代表人物是墨菲。坎贝尔指出,绩效是行为,应该与结果分开,因为受系统因素的影响。坎贝尔又指出,绩效是行为的代名词,它是人们实际的行为表现并是能观察得到的。它只包括与组织目标有关的行动或行为,能够用个人的熟悉程度(贡献水平)来确定等级。行为导向的绩效观一般应用在绩效无法用结果衡量的工作(如文职工作)中,员工只要按企业规定的流程和标准化的行为去做,就能达到预期的要求,带来特定的结果。绩效结果观和绩效行为观的比较如表1-1所示。

表1-1 绩效结果观和绩效行为观的比较

比较	优点	缺点
绩效结果观	(1)鼓励员工重视产生,容易在组织中营造"结果导向"的文化与氛围; (2)员工成就感强,"以成败论英雄"	(1)在未形成结果前不会发现不正当行为; (2)当出现责任人不能控制的外界因素时,评价失效; (3)无法获得个人活动信息,不能进行指导和帮助; (4)容易导致短期效益
绩效行为观	能及时获得个人活动信息,有助于指导和帮助员工	(1)成功的创新者难以容身; (2)过分强调工作的方法和步骤; (3)有时忽视实际的工作成果

3)能力导向视角

能力是驱动一个人产生优秀绩效的各种个性特征的集合,它是将绩效优异者和绩效一般者区分开的潜在特征。能力导向的绩效观认为,绩效是实际的工作能力,对于组织预期的结果,能力强的人会在更短的时间内完成,甚至结果会超过预期目标。能力导向的绩效观一般应用于劳动过程易于评估的工作,如计件或计时工作,对同样的数量要求或时间限制,能力强的人效率会更高,产出会更多。

4)综合导向视角

结果导向视角、行为导向视角、能力导向视角的绩效观都有一定的道理,但是都不全面。绩效综合说认为,绩效是产出与行为的结合。行为能够并且应当是任何绩效定义中的一部分,正如结果或成果能够在理论上与行为相联系一样,绩效是结果与行为的统一体。绩效作为产出，即行为的结果，是评估行为有效性的重要方法。但行为要受外界环境的影响，并且受员工个体内因的直接控制，只看结果必然有失偏颇，缺少对内外部环境的综合考虑。绩效作为行为，在评判上似乎比结果导向更公平、合理。缺少了目标激励，对员工的要求很难明确、很难保持方向，预期产出将无法实现。从现实操作性来讲，单纯的行为评判尚无有效的评判标准，实施起来比较困难。因此，必须研究绩效管理下的绩效行为和产生的结果。美国学者贝茨和霍尔顿指出，绩效是一种多维建构，测量的因素不同，其结果也会不同。奥利恩和瑞尼斯指出，行为能够并且应当是任何绩效定义中的一部分，正如结果或成果能够在理论上与行为相联系一样。总之，绩效定义不同，则适应情况不同。绩效定义适用的情况对照见表1-2。

表1-2 绩效定义适用的情况对照

绩效的含义	适用的对象	适用的企业或阶段
完成了工作任务	体力劳动者 事务性或例行性工作人员	小型企业
结果或产出	高层管理者 销售、售后服务等可量化工作性质的人员	高速发展的成长型企业，强调快速反应、注重创新的企业
行为	基层员工	发展相对缓慢的成熟型企业，强调流程、规范，注重规则的企业
结果+过程（行为/素质）	普遍适用于各类人员	以简单、易操作业务为主的企业
做了什么（实际收益）+能做什么（预期收益）	知识工作者，如研发人员	科研单位、以脑力劳动为主的企业

从实际运用的角度看，单纯从绩效结果观、绩效行为观或能力导向观判断绩效都有失偏颇。越来越多的学者认为，在绩效管理具体实践中应采用较为宽泛的绩效概念，包括行为和结果两个方面，行为是达到绩效结果的条件之一。鲁姆巴认为，绩效是指行为和结果。行为由从事工作的人表现出来，将工作任务付诸实施。行为不仅仅是结果的工具，行为本身也是需要，是为完成工作任务所付出的脑力和体力劳动的结果，并能与结果分开判断。

本书主张从综合的角度来理解绩效的含义。所谓绩效，是指员工在工作过程中所表现出来的与组织目标相关的并且能够被评价的工作业绩、工作能力和工作态度。其中，工作业绩是指工作的结果，工作能力和工作态度是指工作的行为。理解这个含义，应把握以下几个要点。

（1）绩效是基于工作而产生的，与员工的工作过程联系在一起，工作之外的行为和结果不属于绩效范围。

(2)绩效要与组织目标有关,对组织目标应当有直接影响作用。由于组织目标最终都会体现在各个职位上,因此,与组织目标有关就直接表现为与职位的责任和目标有关。

(3)绩效应当是能够被评价的行为和结果,不能被评价的行为和结果不属于绩效。

(4)绩效还应当是表现出来的行为和结果,没有表现出来的行为和结果不属于绩效。

(二)绩效的特点

一般来说,绩效主要具有以下三个特点。

1. 多因性

多因性是指员工的绩效受多种主客观因素的共同影响,而非由单一因素决定。例如,在个体层面,绩效优劣不仅取决于成员的素质和技能,还受组织成员的凝聚力的影响。多种因素相互作用,共同激励行动者付出行动,实现绩效要求。在组织层面上,绩效受组织环境、组织制度、政治因素及市场竞争等的影响,任何单一因素都无法决定组织绩效的完成。总之,绩效会受技能、激励、环境、机会等因素的影响,绩效和技能、激励、环境、机会之间存在一种函数关系,可以用下面的公式表示:

$$P = f(S, M, E, O)$$

式中,P 为绩效,S 为技能,M 为激励,E 为环境,O 为机会。

1)技能

技能是指员工的工作技巧与能力。影响员工技能的因素包括个人天赋、智力、经历、教育和培训等个人特点。其中,培训不仅能提高员工技能,还能使员工对预期计划目标的实现树立信心,从而加大激励的强度。组织为提高员工的整体技能水平,一方面可在招聘录用阶段进行科学甄选,另一方面可通过在员工进入组织后提供各种类型的培训或依靠员工个人主动学习来提高其技能水平。

2)激励

激励是指调动员工的工作积极性。激励作为影响员工绩效的因素,是通过改变员工的工作积极性来发挥作用的。激励本身又取决于员工的需求层次、个性、感知、学习过程与价值观等个人特点。其中需求层次影响最大,员工在谋生、安全与稳定、友谊与温暖、尊重与荣誉、自我实现诸层次的需求方面,各有其独特的强度组合,需经企业调查摸底、具体分析、对症下药予以激发。因此,为了使激励手段能够真正发挥作用,组织应根据员工个人的需求结构、个性等因素,选择适当的激励方式。

3)环境

环境指企业内外部的客观条件。影响工作绩效的环境因素可分为组织内部环境因素和组织外部环境因素。组织内部环境因素一般包括:工作场所的布局与物理条件(如室温、通风、粉尘、噪声、照明等);工作设计质量及任务性质;工具、设备与原料的供应;上级领导作风与方式;公司组织与规章制度;薪酬结构与水平;培训机会;企业的文化、宗旨及氛围等。组织外部环境因素包括政治状况、经济状况、市场竞争强度等宏观条件，但这些因素的影响都是间接的。组织的内部环境和外部环境，都会影响员工的工作能力(技能)和工作态度(工作积极性)，从而影响员工的工作绩效。

4）机会

机会是指员工被分配到什么样的工作，除客观性外，还带有一定的偶然性。如某员工自学了很多自动化方面的先进技术，在帮助同事顶岗期间，针对生产线存在的急需改进的问题，他所提出的改进意见为企业节约了一大笔资金，因而创新了他在本来的职位上无法创新的工作绩效，可以认为机会给他的工作绩效产生了重大影响。机会实际上是可以把握的，有效管理者应善于为员工创造这样的机会。

2. 多维性

多维性是指对绩效的评估与分析应该从多个角度进行，避免因评价选取要素单一而影响绩效的真实评价。例如，一名生产员工的绩效，除了产量指标完成情况外，出勤率、质量指标、原材料消耗率、能源消耗指标，甚至团队合作、服从纪律等硬性、软性表现都需要综合考虑。在进行绩效评价时，要综合考虑到员工的工作能力、工作态度及工作强度之间的关系。当然，绩效是否涉及多维性，取决于评价的目的及评价的主体，可以选择不同的评价维度和不同的评价指标。因此，在进行绩效评价时要根据组织战略、组织文化、组织成员及其所能够接受的工作等综合考虑，设计出一个多维的绩效评价体系。

3. 动态性

动态性是指绩效不是一成不变的，它会随着员工和组织目标的变化而变化。管理者切不可凭一时印象，以僵化的观点看待员工的绩效。当员工的需求发生变化时，对员工的激励也应该及时跟上，才能保证员工行动与组织目标一致。各种绩效管理思想也从员工需求、组织目标、组织环境变化等方面阐述了绩效应具有动态性，只有这样，才能保证绩效的激励性。

（三）绩效的分类

一些学者在研究绩效的内涵的同时，进行了绩效分类探索。绩效有多种分类方式，可从多个角度进行分类。

1. 按照绩效的表现形式划分

1）数量化绩效

数量化绩效是指组织及其成员的绩效表现为具体化、数量化。数量化绩效又可以分为时间量化绩效、质量量化绩效、速度量化绩效和成本量化绩效。

(1) 时间量化绩效。从时间角度对工作成果进行量化，主要是把工作完成情况限定在一定时间内。

(2) 质量量化绩效。一项工作只在规定的时间内完成是不够的，还需要按质量地完成，对工作结果加以质量上的要求就是质量量化绩效。

(3) 速度量化绩效。从某种程度上说，现代组织竞争的关键是速度的竞争，将工作结果以速度的形式加以限定，其结果就是速度量化绩效。

(4) 成本量化绩效。成本量化的目的是最大限度地降低组织运营成本和管理成本，从而增强其竞争能力。对产生的工作结果进行成本核算并加以规定就是成本量化绩效。

对于数量化绩效规定的意义在于量化考评，不能给予量化的指标是难以进行考评的。绩效考评需要对组织内成员的工作行为、工作效果及对组织的贡献进行综合评价，但如果组织成员的这些表现都不能以明确的数据信息传递出来，则考评很难取得预期效果。

2) 非数量化绩效

非数量化绩效是指组织及其成员的绩效不能直接表现为具体化、数量化。非数量化绩效又可分为任务性绩效、服务性绩效和决策性绩效。

(1) 任务性绩效。在一般工作中，工作结果常常表现为某种任务的执行，可能是通过行动来执行，或者是通过文档的形式表现出来，而任务性绩效中往往包含着起初的工作目标、工作要求、工作方式、工作准则和工作措施等。

(2) 服务性绩效。在服务性工作中，工作结果往往表现为满足对方服务的需求，具体表现为服务的价值量、实物量和劳动量。

(3) 决策性绩效。在决策工作中，一项决策活动可能带来有利的结果，也可能带来不利的结果。决策性绩效通常表现为在一定时期内的组织内部效益和组织外部效益。

2. 按照组织的性质划分

1) 企业组织的绩效

企业组织的绩效是指一定经营期间的企业经营效益和经营者业绩。企业经营效益水平主要表现在企业的盈利能力、资产运营水平、偿债能力和后续发展能力等方面。经营者业绩主要通过经营者在经营管理企业的过程中对企业经营、成长、发展所取得的成果和所做出的贡献来体现。企业经营绩效评价包括对企业经营效益和经营者业绩两个方面的评判。

2) 公共组织的绩效

公共组织的绩效是指公共组织在社会经济管理活动中的结果、效益及其管理工作效率、效能，是政府在行使其职能、实现其意志的过程中体现出的管理能力，它包含政治绩效、经济绩效、文化绩效和社会绩效四个方面。

3. 按照组织中处于不同层级的人员划分

1）高层领导者绩效

领导工作是一种特殊的、复杂的社会活动，它涉及方方面面的因素，受多种多样条件的制约，由此决定了领导绩效是一个具有高度综合性的复杂体系。它既是领导者履行职能、完成领导任务的活动过程，又是领导者领导能力和水平在领导活动中集中表现的结晶；既是领导者实施领导、实现组织目标的质量、数量指标的体现，又是领导者实施领导所产生的客观价值对组织、对社会贡献的实际体现。

2）中层管理者绩效

中层管理者处于组织架构的中层位置，在决策层与执行层中间具有桥梁作用，是组织中重要的中枢系统，其对组织能否健康持续发展起到决定性作用。中层管理者绩效包括工作业绩、工作能力、工作作风和现实表现。工作业绩主要考核所在单位（部门）领导班子绩效、个人绩效以及工作推进力度、创新程度。工作能力主要考核履行岗位职责过程中体现的专业水平、领导能力、执行能力和创新能力等。工作作风主要考核履行岗位职责过程中体现的团队精神、服务意识和工作责任感等。

3）基层执行者绩效

基层执行者处于组织架构中的基层位置，执行着组织的战略与目标，通过基层执行者，组织的战略与目标才能落地。基层执行者在组织中的特殊地位决定了组织对其绩效要求的多样性和多重性。基层执行者的绩效往往表现在多个方面，包括忠诚敬业、勇于负责、充满热情、团结协作、自发执行、注重细节、追求结果、效率至上、锐意创新、勤俭节约等。

4. 按照绩效产生在组织的不同层次划分

1）组织绩效

组织绩效是指在某一时期内组织任务完成的数量、质量、效率及盈利情况。组织绩效的实现应建立在个人绩效的实现的基础上，但是个人绩效的实现并不一定能保证组织是有绩效的。当组织绩效按一定的逻辑关系被层层分解到每一个工作岗位以及每一个人的时候，只要每一个人达到组织的要求，组织绩效即可实现。通常从组织能力、组织效率和组织气氛三个维度衡量组织绩效。组织能力建设的最直接体现是组织的梯队建设、后备人才及组织人员结构建设，体现的是组织的持续性发展问题。组织效率建设问题包括流程效率、系统效率、岗位效率、工作效率等。在组织气氛方面，良好的组织气氛反映了团队能否主动地创造价值，能否健康、持续地工作。

2）部门绩效

在一个组织中，部门绩效又可以分为业务部门绩效和职能部门绩效。业务部门又称直线部门，是组织中实际执行业务及推动工作的部门，亦即担任直接完成组织目标职责的工作单位。业务部门的绩效往往表现为本部门职责在履行中可以数量化、质量化、时间化和成本化的绩效。对于职能部门绩效来说，职能部门是指那些与组织业务指标没有直接相关性的部门，如行政部、人事部、财务部、法务部等，提供的是服务、支持、管理等职能。职能部门的绩效并不直接影响组织业务指标，也不能直接量化。职能部门同时具备管理和服务的双重职能。职能部门绩效表现为管理与服务职能重叠、不易量化、具有主观性、产出结果不具有唯一性、受各方制约等。

3）个人绩效

个人绩效是指员工个人在一个周期内履行自己所承担的岗位职责，达到组织为其确定的工作标准和工作结果的程度。个人绩效包括能力、知识等衡量维度，体现的是个人承接指标完成情况、年度重点工作完成情况、个人岗位业绩水平和结果等。

4）组织绩效、部门绩效和个人绩效的关系

组织绩效具有最高的战略价值，是绩效系统中的最高目标。组织绩效和部门绩效是通过个人绩效实现的，离开个人绩效，也就谈不上组织绩效和部门绩效。个人绩效是绩效管理系统的落脚点，是组织绩效的基础和保障；脱离了组织绩效和部门绩效的个人绩效是毫无意义的。个人绩效的价值只有通过群体绩效和组织绩效才能体现，只有组织绩效目标实现，员工绩效才显得有意义。三者相互促进，但又不是简单相加减。例如，企业的得失在很大程度上取决于员工及组织的行为，这里既包括政策、制度等宏观因素，也包括薪酬、任务分配等微观因素，要实现企业绩效，个人、部门和组织必须相互协调。

5. 根据行为事件对组织目标完成产生促进或阻碍作用划分

根据行为事件对组织目标完成产生促进或阻碍作用，可将工作绩效分为任务绩效和关系绩效。

1）任务绩效

波曼和摩托维德罗于1993年提出了"任务绩效-关系绩效"二维绩效模型。波曼和摩托维德罗指出，任务绩效是指与工作产出直接相关的，能够直接对工作结果进行评价的这部分绩效。这种绩效是与具体职务的工作内容密切相关的，同时也和员工的能力、完成任务的熟练程度和工作知识密切相关，对提高组织效率具有直接影响。

2）关系绩效

关系绩效又称周边绩效，是指在社会和动机关系中完成组织工作的人际和意志行为，这种行为是自发的，具有组织公民性、组织奉献精神或与特定的任务无关的绩效行为，关系绩效对组织的技术核心没有直接贡献，但可为特定任务提供广泛的、组织的、社会的和心理的环境，包括人际因素和意志动机因素，如自愿执行职务要求以外的活动、能够尽力完成自己的任务、保持良好的工作关系、坦然面对逆境、主动加班工作、对他人进行帮助和合作、服从组织的规则与程序、支撑与维护组织目标等。一些学者指出，关系绩效的主要特征包括处理工作压力、具有工作/作业责任感、提出建设性意见、说服别人接受建议和指导等。

在任务绩效与关系绩效的关系上，摩托维德罗和斯考特认为，二者是独立起作用的，两者均对整体绩效存在独立贡献。但是，康威认为二者并不是完全独立的，因为关系绩效分为职务奉献和人际关系两个方面，而任务绩效在职务奉献和人际关系上也起着一定作用。任务绩效与关系绩效存在一定的区别：一是任务绩效强调与任务的关系，关系绩效强调员工的积极性；二是任务绩效会随着任务的不同而变化，关系绩效的变化很少；三是任务绩效是一种制定的、有报酬的活动，关系绩效不属于员工本职工作。

三　绩效的影响因素

绩效对组织目标的实现有着重要影响，所以在组织运行过程中，需要时常关注组织绩效的情况，了解组织绩效的影响因素。组织绩效的影响因素主要有组织目标、组织绩效考核标准、组织文化、组织结构、组织成员和组织外部环境。

（一）组织目标

组织目标是组织绩效实施的基础，它决定了组织发展方向，引导着组织成员的工作目标。组织目标的设置是否清晰、合理，直接影响着组织成员的工作积极性。一个清晰、合理的组织目标，能使各部门明晰地分解任务，最大限度利用组织成员及部门的小目标，去实现组织的大目标；反之，则会影响部门目标的设置，从而影响组织绩效的考核。

（二）组织绩效考核标准

组织绩效考核标准是衡量组织绩效是否有效的一杆秤，它不仅影响着组织绩效的实施，而且影响着组织成员对组织绩效的认可度。有激励作用的组织绩效应有相应明确的考核标准，并且保证考核标准能够得到很好的实施，只有这样，组织绩效在后期的实施中才能起作用。

（三）组织文化

组织文化是组织成员在长期工作过程中所形成的组织认同感，它影响着组织成员的工作面貌，积极、团结的组织文化能够较好地实现组织绩效。相反，一盘散沙的组织文化，会抑制组织成员的积极性，进行组织绩效考核将无从谈起。

（四）组织结构

组织结构是为了组织目标的实现，而对组织框架进行横向及纵向的分布排列。组织结构设置将影响组织绩效的考核及标准制定，组织横向设置的结构将使绩效在设置上更加细化，而组织纵向设置的结构会对组织绩效目标分类产生影响。

（五）组织成员

组织成员包括管理者和被管理者。管理者的领导方式能够对组织绩效产生直接的影响，而被管理者的个人素质、文化程度及与组织工作的匹配度，也对组织绩效的实施起着重要影响。因此，在进行组织绩效管理时，不能忽略个人因素之间的差异。

（六）组织外部环境

组织绩效受组织外部环境的影响，组织外部环境主要包括政治环境、市场环境、组织合作伙伴及竞争对手的策略等。

经典案例1-1

一、阅读材料

绩效管理的五大怪现象

绩效管理是一种倍受企业青睐、应用最为广泛的管理工具。虽经很多学者深入研究及企业多年实践、探索与改善，似乎已成熟了，然而，现实始终没有改变它——一个世界级难题的真面目。我们看到更多的现象是，绩效运用得令人满意的少之又少，而唱跑了"调"，走偏了"路"的，甚至因为推行、运用不得法，致使原本正常的管理陷入了混乱的企业数不胜数。

现象之一：偷梁换柱，以考核替代管理。绩效管理不是简单的绩效考评，对此，大多数管理者是清楚的。但是，搞来搞去，多数企业还是陷进了只剩下考评的片面式绩效管理"泥潭"之中，难以自拔。于是，企业中人人自危的场景出现了，不负责任的和稀泥者出现了，奔波于人际、敷衍于工作的"小白兔"也增多了，结果是使管理者更多地体会到了无奈与头大。

现象之二：怨声载道，战略落地效率低下。本来，实施绩效管理的目的是使每一个部门，每一位组织成员，充分尽职尽责，承担起落实战略的重任，最终促成战略的落地。然而现实是，没有几个人对组织核定给自己的任务满意，大多数人抱怨任务完成后的激励不合理、不公平，指责绩效指标设置不科学，以至于对待工作中的困难或问题推诿扯皮，逃避责任，最后造成部门、个人目标与战略脱节，企业战略落实成为泡影。

现象之三：流于形式，对实际效果少有关注。有些管理人员将绩效管理比喻成填表游戏，每一个绩效考评期的末尾，员工绩效考评表、绩效沟通记录表、绩效面谈表、绩效分析表等，如雪片般飞来，而且要求限时上交。于是不顾事实瞎填乱写者有之，请部属代填者有之，让员工自己填写者有之，形成了一派"认认真真搞形式，扎扎实实走过场"的繁忙景象。这样的绩效考评，结果可想而知。

现象之四：唱独角戏，人力资源管理部门左右为难。一头是组织高层，他们指责人力资源部门对绩效管理实施不力，没有落到实处，没有达到预期的效果，浪费了人力、财力；另一头是管理者，他们抱怨人力资源部门绩效管理搞得过于复杂，整天就是填表、面谈、反馈，占用了大量的时间，增加了工作压力，而且经常得罪人，属于受累不讨好的差事。就连员工也指责人力资源部门没事找事干。

现象之五：难以服众，甚至"气"跑人才。一般，绩效考核的结果会用在员工薪酬调整、奖惩定级、人事调整、培训分析、职业规划等工作上，但一些企业只注重将绩效结果应用于事关企业短期利益提升上，忽视事关员工发展成长、价值提升的内容，凉了员工的心。某机构以随机抽取方式，对3000名企业成员进行的以绩效考核应用员工满意度为主题的调查发现：员工的满意度平均只有31%，最低的企业仅有9%，即使自我感觉绩效管理做得比较好的企业，员工的满意度也只达到53%；高端人才离开超过60%归因于此。

绩效管理不当所暴露出的问题远不止这些，也不是管理者们没有察觉到。根本原因，除了态度因素外，大都是没有真正理解绩效管理的本质及内涵，没有用系统、全局思维及理念设计与推进，没有从价值创造的角度审视所有绩效要素。

进入21世纪以来，"不确定性"已经成为时代的主流。一方面，企业发展方向、目标难以确定，进而造成影响绩效的因素难以确定。另一方面，个人绩效不再完全取决于自我的努力，自我价值评价呈现要素化，相对于工业文明时代的技能主导，智能创造的比重越来越大，价值表现形式多种多样，可衡量难度进一步加大等，都对绩效管理提出了新的要求。

知识型劳动群体增加，"80后""90后"渐渐成为企业活动的主体，成为价值创造的中坚力量；与此同时，"00后"正在迈向社会，他们活跃的思维、新的信念、快速获取与更替的信息，以及独特的需求特点，对绩效管理形成了理解、支持但不愿接受的复杂心理，使本来步履维艰、爱恨难舍的绩效管理，陷入新的窘境。

组织越来越扁平化，无边界组织渐成趋势，企业内部管理向平台化、项目制、自主经营体等转化的势头强劲。在这种新的组织结构下，如何达成组织、团队、个人目标的统一，如何分清组织与个体的关系，如何对个人的绩效进行准确的评价，如何实现分散性与聚合力的有效融合，进而形成最终的组织竞争力，都对绩效管理提出了挑战。另外，互联网、大数据、智能技术、区块链等的飞速发展，对绩效管理的冲击有多大？绩效管理的方式方法需要如何调整与变革？已经成为企业经营者必须面对的现实问题。同时，企业因目标而存在，目标的核心是效益，只要企业存在就需要对绩效进行管理，企业没有了绩效，也就没有了价值创造的动力，这是一个无法回避的现实。

二、阅读并思考

1. 企业的绩效管理怪现象有哪些？
2. 为什么会产生这些绩效管理怪现象？

第二节 绩效管理概述

一 绩效管理的含义

随着人力资源管理理论与实践的发展，绩效管理变得越来越重要，得到越来越多的研究者和经营管理者的关注。那么，如何理解绩效管理？它有什么特点？

在理解绩效管理时，首先要了解绩效管理的起源。绩效管理开始于绩效评估。我国绩效评估在公元 3 世纪就有，而绩效评估在西方工业领域则是由罗伯特·欧文于 19 世纪引入英国，之后英美国家均采用绩效评估。随着经济社会的发展，管理者和学者们发现绩效评估无法满足现实需要。有人认为传统的绩效评估是一个独立的系统，无法与组织的发展、目标、文化等联系起来，但这些因素对组织目标的实现具有重要影响。由此，绩效管理逐渐替代绩效评估占据主要地位。绩效管理的概念于 1976 年被研究者贝尔和鲁思明确界定，他们认为："绩效管理是管理、度量、改进绩效并且增强发展的潜力。"

绩效管理的定义很多，不同学者持不同的观点。归纳起来，主要有以下三种：绩效管理是管理组织绩效的一种体系；绩效管理是管理员工绩效的一种体系；绩效管理是管理组织与员工的综合体系。

一些学者认为，绩效管理是管理员工绩效的一种体系，包括计划、估计、修正三个过程。首先需要给员工估定目标并与其达成承诺，然后对员工行动进行客观衡量，最后通过相互反馈进行修正，以实现目标。英国学者罗杰斯和布瑞得鲁普认为绩效管理是管理组织绩效的系统，它应该包括计划、改进和考察三个过程。他们指出，绩效计划是制定组织的愿景和战略以及对绩效进行定义的活动；绩效改进是从过程的角度进行分析，包括业务流程、基准化和全面质量管理等活动；绩效考察包括绩效的衡量和评估。他们认为绩效管理通过决定组织战略以及通过组织结构、技术事业系统和程序等来加以实施，而在这个过程中，个体员工虽然会受到影响，但不是绩效管理所要考虑的主要对象。安斯沃斯和史密斯则把绩效管理看作管理员工绩效的系统。他们认为绩效管理的过程应该包括：在给员工确立目标并与其达成一致的承诺基础上，对实际期望的绩效进行计划、估计、客观衡量或主观评价,最后通过相互反馈进行修整,确定可接受的目标,并采取行动。科斯泰勒认为,绩效管理是管理组织与员工的综合体系。此观点认为,绩效管理通过把雇员或管理者的工作与组织的整体使命联系起来,强化一个公司或组织的整体经营目标,是对组织和员工的行为与结果进行管理的一个系统。绩效管理的中心目标是挖掘员工的潜力,提高他们的绩效,并通过将员工的个人目标与企业战略结合在一起来提高企业的绩效。美国学者罗伯特·巴克沃认为,绩效管理是一个持续的交流过程,该过程是由员工和其直接主管之间达成协议来完成,并在协议中对未来工作达成目标和理解,将其可能受益的组织、管理者及员工都融入到绩效管理系统中来。有效的绩效系统就是通过帮助管理者和员工更好地工作而使组织完成其短期或长期目标的过程。英国学者理查德·威廉姆斯在所著的《Performance Management》中把绩效管理系统分成四个阶段:一是指导与计划阶段,为员工确定绩效目标和评价绩效的标准;二是管理与支持阶段,对员工的绩效进行监督和管理,提供反馈和支持,帮助他们排除阻碍绩效目标完成的障碍;三是考核与评估阶段,对员工的绩效进行考核和评估;四是发展与奖励阶段,针对考核结果,对员工进行相应的奖励、培训和安置。斯科尼尔和贝蒂认为绩效管理系统应该是一个循环周期,包括衡量和标准、达成契约、规划、监督、帮助、控制、评估、反馈、人事决定、开发,再回到衡量和标准。

国内也有一批学者对绩效管理展开了研究,并给予了相应的界定。如,付亚和、许亚林等对绩效管理的应用层面进行研究,认为许多企业不能很好地解决组织绩效管理问题。一是管理制度和落实没有很好地衔接;二是绩效管理没有得到系统的落实。鉴于此,绩效管理应当为管理人员提供系统性的绩效管理知识,使他们了解绩效管理是什么,为什么要进行绩效管理,以及有效的绩效管理能为企业带来什么。

尽管在绩效管理的发展过程中,人们对其内涵的认识曾存在一定的分歧,但是对其管理过程的构成毫无异议。一般认为,一个完整的绩效管理系统主要由四个环节构成,即绩效计划、绩效监控、绩效评价和绩效反馈,它们彼此联系紧密,缺一不可,是一个完整的循环,其中任一环节出了问题都会影响到整个绩效管理体系。绩效管理越来越被认为是一个过程。托林顿和霍尔提出,绩效管理是一个过程,它分三个步骤,分别是计划、支持和绩效考查。人力资源咨询公司 Mercer 关于绩效管理过程的界定,认为绩效管理包括绩效计划、绩效辅导、绩效评估和绩效激励四个部分,它既是监督员工的过程,也是发展员工的过程,同时是一种战略管理工具。

本书主张把绩效管理看作一个过程,即绩效管理是管理者识别、衡量及开发个人和团队绩效,并且使这些绩效与组织的战略目标保持一致的一个持续性过程。这个过程由绩效计划、绩效实施、绩效管理、绩效考核和绩效反馈五个部分组成,计划引导行动,管理及考核纠正行动中可能出现的偏差,最后通过反馈来反映绩效计划正确与否。这一定义主要包括以下内容。

(1)绩效管理是一个持续性沟通过程。绩效管理不是单一的考核过程,而是一个持续性沟通过程。通过沟通将绩效计划、实施、管理、考核及反馈纳入整个绩效管理系统,每一个部分都是考核者与被考核者的联系过程,通过沟通明晰绩效考核内容,并反馈考核情况,实现组织目标的正效应。持续性沟通过程包括从设定目标和任务、观察绩效,再到提供、接受指导和反馈的一个连续的过程。

(2)绩效管理要与战略目标保持一致。绩效管理要求管理者确保员工的工作活动与组织的目标是一致的,并借此帮助组织赢得竞争优势。

(3)绩效管理不仅强调结果导向,而且重视达到目标的过程。

二 绩效管理的层次

绩效管理是贯穿组织各个层次的管理系统。只有对组织进行系统的整合与管理,组织才能获得协同效用。如果只对某一层次的绩效进行管理,则可能难以达到预期效果。从层次上看,绩效管理主要包括以下三个层次。

(一)组织层次的绩效管理

组织层次的绩效变量包括组织目标、组织设计和组织绩效管理。在组织层次,战略阐述了组织怎样向不同的市场提供产品和服务的问题。建立明确清晰的组织目标是实现绩效管理的首要环节,管理人员要设计出相应的组织结构以确保目标的实现。组织目标和组织结构设计后,就需要进行组织绩效管理。

(二)流程层次的绩效管理

流程层次的绩效变量包括流程目标、流程设计和流程绩效管理。每个主要流程和辅助性流程都是为一个或多个组织目标服务的。因此,每一个流程都应通过该流程对组织目标的贡献大小得到衡量。实际上,大多数流程都没有目标,但在绩效评价过程中将其与目标联系起来时,流程是最有效的。流程目标有三个来源,分别是组织目标、客户需求和标杆信息。一旦建立了关键流程的目标体系,管理人员就应该按照有效实现目标的要求进行流程设计。即使是最合理的、以目标为导向的流程,也不能进行自我管理,要想对流程进行长久的管理,管理人员必须建立起管理的基础,也就是流程管理。

(三)员工层次的绩效管理

在强调组织层次和流程层次的需求后,组织打下了坚实的绩效基础。管理者要做的是在此基础上建立员工的绩效。员工层次的绩效是对组织和流程层次绩效的巩固和加强。但员工层次并不会自动适应组织和流程层次的变化,因此,要确保员工实现对组织和流程目标的贡献最大化的唯一方法,就是强调员工层次的三个绩效变量——

工作目标、工作设计和工作管理。首先，由于员工的职责是推动流程的正常运行，所以要确保员工个人工作目标能够反映出其对流程的贡献。将工作目标传达给执行员工，告知他们要做什么以及做到什么程度。要建立对工作目标的充分了解和承诺，最好的方法是让员工参与到为其确立目标的过程中去。建立工作目标后，需要对每项工作进行处理，从而确保工作职责能够促进目标的实现。

三 绩效管理的目的

由于素质、文化、能力的差异，行动者在实施行动过程中会有不同的表现。为了更好地激励行动者实施行动，使其更好地接近组织目标，就需要通过绩效管理进行引导。绩效管理有如下目的。

（一）分解组织目标，引导员工行动与组织目标保持一致

组织目标是宏观、整体的，在实现组织目标前，需要将其分解成小的目标，并落实到各个行动者。绩效管理就是能够将组织目标分解到组织员工，通过绩效管理引导组织员工的行动与组织目标保持一致。

（二）激励组织员工，激发员工行动积极性

绩效管理通过对不同的分工，实施有差别的衡量标准，并与薪酬挂钩，从而激发员工的工作积极性；同时对同一部门采用统一标准、分等级衡量的方式，避免部门内部员工吃"大锅饭"。

（三）纠正行动者偏差，引导行动者行动

绩效管理通过绩效标准，能够对各项小目标进行衡量，通过标准的衡量，行动者能够发现自己与目标的差距，也能促使行动有偏差的人及时纠正，减少组织损失。

（四）加强组织内部沟通，构建组织文化

绩效管理的过程是一个沟通的过程，在这个过程中，管理者可以通过绩效的衡量发现行动者出现的问题，并及时沟通，帮助行动者解决生产和生活困难，这个帮扶过程能使企业内部形成一种团结互助关系，丰富组织文化。

四 绩效管理对组织的贡献

绩效管理的实施无论是对组织目标还是个人目标的实现都具有重要意义,它是一个贯穿组织和个体的完整过程。

(一) 有助于提升企业绩效

企业绩效是以员工个人绩效为基础而形成的,有效的绩效管理系统可以改善员工的工作绩效,进而有助于提高企业的整体绩效。根据翰威特公司对美国所有上市公司的调查,有绩效管理系统的公司在企业绩效的各个方面明显优于没有绩效管理系统的公司,其调查结果见表1-3。

表 1-3 绩效管理对企业绩效的影响

指标	没有绩效管理系统	有绩效管理系统
全面股东收益率	0.0%	7.9%
股票收益率	4.4%	10.2%
资产收益率	4.6%	8.0%
投资现金流收益率	4.7%	6.6%
销售实际增长率	1.1%	2.2%
人均销售额	126100美元	169900美元

二维码 1-2
阅读资料:
首席执行官
谈绩效管理
体系的贡献

(二) 有助于提高员工满意度

提高员工满意度对企业来说具有重要意义,而满意度是与员工需要的满足程度联系在一起的。按照马斯洛需求层次理论,在基本生活得到保障以后,每个员工都会内在地具有尊重和自我实现的需要。通过有效的绩效管理,员工的工作绩效能够不断地得到改善,员工不仅可以参与到管理过程中,而且可以得到绩效的反馈信息,这能使其感到自己在企业中受到了重视,从而可以满足尊重的需要。

（三）强化完成工作的动力

在能够得到关于本人的绩效反馈的情况下，一个人达成未来绩效的动力会得到强化。如果员工知道自己过去做得怎么样，同时他在过去取得的绩效能够得到认可，他就会有更大的动力去实现未来的绩效。

（四）增强管理者对下属的了解

员工的直接上级和负责对员工的绩效进行评价的其他管理人员，能够通过绩效管理过程对评价者产生更深入的了解，这有助于增强管理者对下属的了解。

（五）更加清晰地界定工作的内容及需要达到的标准

在绩效管理过程中，可能会对被评价者的工作内容进行更加清晰的界定。换言之，员工将有机会更好地理解自己从事的特定岗位对自己的行为和工作结果提出了哪些方面的要求。同时，员工在这一过程中还会对怎样才能成为一名高绩效员工有更清楚的理解。

（六）强化员工自我认知与自我开发

绩效管理体系的参与者可能会更好地了解自己，同时也能够更好地理解哪些开发性活动对于自己在组织中的进步是有价值的。绩效管理体系的参与者还有可能更清楚地看到自己的特定优势和不足，从而更好地设计自己未来的职业发展路径。

（七）使组织目标更加清晰

绩效管理体系能够使组织以及组织中的某个部门的目标变得更加清晰，从而使员工能够更好地理解其工作活动与组织的成功之间具有怎样的联系，有利于明确组织要实现的目标是什么，以及组织的目标是怎样被分解到组织的每个部门以及每位员工身上的。

（八）使员工更加胜任工作

绩效管理体系的一个显著贡献就是帮助员工改进绩效。此外，绩效管理体系通过制订开发计划为员工在未来取得更大的成功打下坚实的基础。

（九）最大限度地减少员工的不端行为

建立良好的绩效管理体系，可以提供适当的环境，将财务违规、滥用加班政策等不端行为清晰地描述和标识出来，从而能够在造成不可挽回的恶劣后果之前就识别出这些不端行为。

（十）有利于组织区分绩效好与绩效差的员工

绩效管理体系能够帮助一个组织有效区分绩效好与绩效差的员工，同时，它还迫使管理者及时面对和处理各种绩效问题。

（十一）有助于上下级的沟通，促进层级间的交流与合作

新时代下管理者的管理方式发生了变化，管理者更倾向于用沟通方式取代过去的命令式的要求，用企业与员工合作共赢的理念取代员工单方面服从的思想。绩效管理的存在能够让上级知道下级在工作中的问题和建议，也能让下级反映自身工作情况，实现上下级的定时沟通，促进交流合作。

（十二）强化员工的动机、承诺和留在组织中的意愿

如果员工对企业的绩效管理体系非常满意，他们就更可能具有达到更高绩效水平的意愿，对公司有更高的承诺度，并且不会产生主动离开组织的动机。

（十三）强化员工敬业度

二维码1-3 音频资料：糟糕绩效管理体系会给组织带来哪些后果？

良好的绩效管理能够有效地提高员工的敬业度。敬业度很高的员工往往有较高的参与感和承诺度，充满激情并感到自己获得了更多的授权。这些态度和感觉能够引发更富有创新性的行为，并且促使员工展现出更多的组织公民行为，积极实施对企业产生支持作用的各项活动。由于员工敬业度是衡量组织绩效和成功与否的重要指标，所以员工敬业度的提高是绩效管理体系做出的重要贡献。

中英文关键术语

绩效(Performance)
个体绩效(Individual performance)
组织绩效(Organizational performance)
任务绩效(Task performance)
关系绩效(Contextual performance)
绩效管理(Performance management)

二维码 1-4
第一章自测题

复习思考题

1. 绩效与绩效管理的关系是什么?
2. 绩效有哪几种分类标准?
3. 绩效管理的定义主要包含哪些内容?
4. 绩效管理的目的是什么?

二维码 1-5
第一章参考答案

案例分析题

一、阅读材料

A 工厂的绩效管理

A 工厂是一家成立近 10 年的模具生产加工厂,工厂成立初期,只有模具加工,为了让工人熟悉作业流程,安排每一个工人都要到每一个流程工作,工资是老板按大家加工模具总量所获利润平分。成立初期,规模小,跟单、财务、生产等都是由老板自己负责,与小作坊无异。起初几个月,生产效果良好,工人之间较为和谐。

半年后,工厂招工扩大生产,还是与以前一样,招工、员工安排,均由老板一人负责,每个新进员工到每个流程熟悉工作,月底跟老员工平均工资。这么做了两个月,矛盾就出来了。先是流水线上老工人不愿带着新人做事,后是在工资结算上认为老板不公平,所以他们在工作中变得更为消极,老板在月底查看出货单时也发现问题,工厂多招了人,为什么生产效率没有提上去?

私下,老板找了老员工,谈了自己的疑惑。老员工也健谈,直接说老板在薪酬上不太合理。工厂成立初期,大家都是新手,一起工作一起学习,关系较好,加之工厂效益较好,所以在薪酬上不太计较。但是工厂扩大生产后,新招的员工与老员工一起吃"大锅饭",不管是新旧员工关系还是生产效率,都会有问题。老板知道了问题,是忽视了员工关系和生产能力差异,导致老员工生产效率不高。为此,他开始制定工厂的一些规章制度及激励薪酬。

　　老板根据模具厂的特性,将新老员工结合在一起,采用师徒制度,由老员工带着新员工做事,并在薪酬上给予师傅费用;同时,月底对徒弟的工作效率进行考核,该项考核与老员工的师傅费挂钩。这种薪酬制度得到了新老员工的支持,工厂生产效率得到提高。

　　三年后,工厂扩建,有了生产加工一条线服务,老板忙不过来,在组织架构上设置了财务、生产、跟单、业务等部门,并为愿意从事管理工作的老员工安排了管理岗位,三年来集体薪酬按工厂效益,每年上浮10%~20%,员工离职率较低。但是扩建后新招的大量员工,素质参差不齐,有些勤快,有些懒散,这惹得作为师傅的老员工不满意,觉得分配给自己的新员工太过懒散,影响自己薪酬,提出需要调整薪酬制度。

　　老板注意到这个问题,向工人征求解决意见,最后综合了各部门给的意见,提出由招聘部门负责对新员工进行入职考核,规定试用期,制定试用期与正式工有差别的工资待遇,对试用期不合格的员工予以解聘。试用期结束后,由师徒互选,成为师徒关系后,给老员工按师徒关系给予薪酬补贴。

二、讨论题

1. A工厂在进行绩效管理时是个怎样的过程?绩效管理过程中存在哪些问题?
2. A工厂管理者应如何应对出现的问题?

第二章

绩效管理的产生与发展

本章引例

我国现代企业绩效管理发展的三个阶段

我国现代企业绩效管理发展经历了40多年,在此期间,绩效管理发展可大致可分为以下三个阶段。

一、第一阶段:德能勤绩考核法

德能勤绩考核法是我国历来采用的绩效考核方法,主要用于政府机构及事业单位。改革开放后,仍有一些国企单位采用该方法进行考核。该考核缺乏具体的衡量标准,主观性较强,只适用于没有业绩要求的组织。对一般员工,该方法的适用性不强,但对重视德行修养的领导层有较大的实用性。

德能勤绩考核法的缺点如下。

(1)指标无法具体衡量,人情因素比重较大。德能勤绩考核法重视考核者的德行、能力等,有些因素无法采用数量细化。另外,在对别人的德行进行评价时,充当"老好人"的因素较多,所以人情因素比重较大。

(2)该法不一定能与组织发展目标相结合,在激励员工积极性方面存在问题。该法注重管理者对员工的主观评价,而且在考核上,上级管理部门拥有较大的评估权力,这样的设计很难将员工与组织发展目标直接挂钩,而是按上级管理者的脸色行事,在积极性上会受打击。

(3)具有一定的时限性,不能长久采用。在组织成立初期,如果没有完善的考核制度,德能勤绩考核法能解燃眉之急,在增强员工的责任心与自觉性上具有积极作用。但是在组织发展的后期,随着各项制度的完善,该考核法简单粗放的弊端不断显现。

二、第二阶段:360度评估法和KPI考核

360度评估法又称360度考核法或全方位绩效考核法,对被考核者从多个方面获取其信息,并对其进行评估。一般来讲,信息的获取来源主要有:上级、下级、同级同事,与自身有业务联系的其他部门、自己的陈述。获取信息后按一定的比例进行综合评估。

360度评估法的优点如下。

(1)涉及信息较全面,减少了单个部门或个人的主观因素。该法注重整体考核,在信息的收集上来源广泛,这样能够避免单个主观因素的干扰,增强考核的真实性。

(2)有利于企业内部沟通,创造良好的工作环境。360度评估法在评估过程中注重纵向和横向的意见,收集信息的过程,也是各部门进行沟通的过程,能够促进企业内部沟通。

360 度评估法的缺点如下。

(1) 考核时间长，耗费较大。该法追求考核的全面性，所以用时较长、耗费较多，进而增加了考核成本。

(2) 信息收集涉及人员较多，专业性不强。

(3) 碍于情面，考核容易流于形式。

KPI(关键绩效指标)是指完成或者胜任某项任务所必须具备的某些指标，这些指标由职责与员工的工作目标紧密结合而成。进行考核时，从每个岗位提取出 5 到 8 个与该岗位密切相关的绩效指标，并以此作为标准对员工进行考核。该法一般不单独使用，而是与目标管理法相结合，使其更能与企业目标相一致。

KPI 考核的优点如下。

(1) 体现专业性与科学性，更好地实现部门与组织目标的契合。该法根据岗位胜任要求设置考核要素，能够实现岗位的科学考核。再者，将其与目标管理相结合，能够实现部门目标与组织目标的一致。

(2) 考核指标易于量化，较为客观。在选取部门考核指标时，各部门有着本部门实用性及科学性的指标要求，选取指标上会体现量化标准，实现整体考核的客观性。

(3) 考核指标具有导向性，易于激励员工。KPI 指标的选取与组织目标的实现具有重要关系，所以指标要求的因素即是组织要求员工努力的方向，具有导向性。

KPI 考核的缺点如下。

(1) 对于无法量化的工作部门，考核难度较大。KPI 考核需要选取一定的量化指标，但是对于人力、行政等工作，量化指标不好控制，无法实现科学考核。

(2) 考核指标只关注本部门，忽视部门间和合作关系要素。在选取考核指标时，各部门都倾向于与本部门最为密切的指标，但是对于某些需要各部门合作完成的指标，容易忽略。

三、第三阶段：战略绩效管理

平衡计分卡(BSC)的使用将组织带进了战略绩效管理阶段。平衡计分卡是卡普兰和诺顿通过对美国 12 家优秀企业的研究而创建的一套绩效管理体系，它将组织的业绩划分为四个维度：财务维度、客户维度、内部流程维度、学习与成长维度。它将这些维度与组织战略结合，并将组织战略转化为有形的组织目标和衡量指标。

(1) 财务维度。平衡计分卡列出了组织的财务目标，并通过战略的实施观测这些行动是否在为改善企业的经营管理做出贡献。

(2) 客户维度。组织管理者确认组织将要参与竞争的目标客户群体和细分市场，并将目标转换成一组指标，如市场份额、客户满意度等。

(3) 内部流程维度。为了让客户和股东具有较好的体验感和满意度,管理者需要注意影响这些因素的内部流程,并为这些流程设定相应的考核指标。在这方面,平衡计分卡体现出的不是现有简单的经营过程,而是以确定客户和股东要求为起点、满足客户和股东要求为终点的内部经营过程。

(4) 学习与成长维度。这一维度主要是确定组织在未来发展定位中所需要进行的未来投资,包括员工能力成长、组织文化培养等。

平衡计分卡的优点如下。

(1) 可以将抽象的战略目标转化为实在的组织目标和绩效标准,实现组织运行和绩效管理的考核。

(2) 考虑到组织内部关系,具有较为全面的战略思维和忧患意识,能为组织战略管理提供保障。

(3) 重视员工能力培养,能够提高员工对组织的认同感,增加工作积极性。

平衡计分卡的缺点如下。

(1) 理论上较为优秀,但在使用上难度较大。平衡计分卡的使用要求管理者具有战略思维和远大的组织愿景,不然无法理解平衡计分卡的内容,导致学得不伦不类。

(2) 定制周期长,绩效指标难以确认。平衡计分卡考核的工作量较大,除了对理论的理解,还需要制定相应的指标考核到各个部门,但是由于其涉及内容较多、较细,所以在指标上难以确认。

未来,组织绩效管理的方向,主要是对人的发展。而决定组织之间的差距的主要是组织能否抓住"绩效导向的文化氛围塑造"和"管理者绩效领导力提升"这两个要害。抓住了这两点,将在未来的绩效管理中占据优先地位。

(资料来源: http://study.ccln.gov.cn/fenke/guanlixue/glxkjs/glsxp/306688-1.shtml.)

第一节 西方绩效管理思想的发展

一 西方绩效管理思想的发展

随着经济的全球化和信息时代的到来,世界各国企业都面临着越来越激烈的国内和国际市场竞争。为了提高自身的竞争能力和适应能力,许多企业都在探索提高生产力和改善组织绩效的有效途径,组织结构调整、组织裁员、组织扁平化、组织分散化成为当代组织变革的主流趋势。实践证明,上述的组织结构调整措施虽然能够减少成本,但并不一定能改善绩效。它们只是提供了一个改善绩效的机会,真正能够促使组织绩效提高的是组织成员行为的改变。学习型组织的出现给人们带来了希望,它能够形成有利于调动员工积极性、鼓励创新、进行合作的组织文化和工作气氛。于是,学者们研究拓展了绩效的内涵,在 20 世纪 70 年代后期,提出了"绩效管理"的概念。在 80 年代后期和 90 年代早期,随着人们对人力资源管理理论和实践研究的重视,绩效管理逐渐成为被广泛认可的人力资源管理过程。尤其是随着经济全球化和信息时代的到来,市场竞争日趋激烈,企业要想取得竞争优势,就必须不断提高整体效能和绩效。

当代西方绩效管理萌芽于资本主义的发展,绩效管理可分为以下四个时期。

(一) 简单的成本绩效管理时期(14 世纪至 20 世纪初)

国际上最早的、比较系统的、正式的绩效评价体系可追溯到 14 世纪复式记账的产生。相较于流水式的单式记账,复式记账能全面反映企业经济活动的来龙去脉,为单独评价各项经济活动提供可能。14 世纪初,欧洲文艺复兴促进了资本主义萌芽,那时的资本主义主要是以手工生产为主,成本思想是一种简单的成本与利润的算法,唯一的绩效指标就是产量。后来,第一次工业革命兴起,欧洲部分国家开始了机器大生产,生产效率的提高加剧了竞争,早期按本求利的思想被获取更大利润的思想所取代,于是出现了更为细化的成本计算方法,以期在各项成本上减少支出。但这种成本管理属于事后管理,反应迟钝,无法满足资本家最大限度获取利润的需求。

19 世纪初,罗伯特·欧文最先将绩效考核引入苏格兰。1813 年,美国军方开始采用绩效考核。1854 年至 1970 年,英国为了摆脱公务员效率低下的状况,开始了长达数十年的文官制度改革,关注表现、重视才能的考核制度最终建立。1887 年,美国学习英国的实践,正式建立了考核制度即功绩制,企业借鉴此做法,在内部实行绩效考核,通过考核评价员工表现、实绩、能力和工作适应性等方面,以此作为奖惩、培训、辞退等企业行为的基础与依据。19 世纪末,这一时期的绩效管理主要是一方面利用财务会计系统所生成的财务数据来分析评价企业整体绩效,另一方面利用管理会计、成本会计提供的数据分析评价过程绩效,绩效的优劣主要通过投资报酬率、单位产品成本等财务指标来反映。1903 年,美国管理学家泰勒创造了具有划时代意义的科学管理理论,其核心是企业内部通过实现各项生产和工作的标准化来提高生产和工作效率,尽可能减少浪费,从而达到提高企业利润的目的。1911 年,美国会计工作者哈瑞(Harry)设计了标准成本制度,将被动的事后反应分析转变为积极主动的事前预算和始终控制。标准成本执行情况、差异分析结果成为该时期企业绩效管理的主要指标。

(二)财务指标绩效管理时期(20世纪初至50年代)

第二次工业革命后,欧美国家得到快速发展,资本主义市场出现了垄断局面。面对垄断式的竞争压力,各大集团开始寻求新的绩效管理方式。1903年,美国杜邦公司提出杜邦分析法,该法从企业的权益净利率出发,将其分解至企业的各个成本角落,用来满足财务分析对绩效评价的需要。当成本出现异常时,经营者能够通过杜邦分析法,及时查明原因,予以纠正,并为投资者及债权人评价企业提供依据。杜邦公司设计了多个重要的经营和预算指标,其中,持续时间最长且最重要的指标是投资报酬率(ROI)。投资报酬率为企业整体及各部门的经营绩效提供了考评依据,并将投资报酬率分解为两个重要的财务指标——销售利润率和资产周转率,成为对企业财务经营绩效进行分析的重要依据。杜邦分析法的出现标志着财务绩效评价指标体系的形成。1917年,福布斯开始采用资产报酬率(ROA)指标来比较工业企业和铁路企业的绩效。1918年,美国参议院第一次提出通过一个共同的盈利指标即投入资本净收益,对企业征税。1928年,亚历山大·沃尔提出了信用能力指数的概念。1929年,标准统计公司(标准普尔公司的前身)的执行编辑斯隆采用投入资本收益(EOIC)指标来进行绩效评估。20世纪30年代,日本企业界提出了雷达图分析法。雷达图分析法是日本企业界对综合实力进行评估所采用的一种财务状况综合评价方法,它是用图的形式,形象地通过客户的收益性、成长性、安全性、流动性及生产性这五种指标,对企业的经营状况进行评估。这种图形显示方法是绩效可视化的初期尝试。

二维码2-1
背景资料:
美国杜邦公司
ROI的缘起

(三)以质量为核心的绩效管理时期(20世纪50年代至90年代)

20世纪50年代,随着质量管理兴起,日本企业界认识到质量的重要性,于1951年创立了戴明奖,戴明奖是将全面质量管理作为评奖标准的国际质量大奖。在全面质量管理的基础上,建立了卓越企业的评价标准体系。

20世纪70年代,在绩效考评指标方面,麦尔尼斯对30家美国跨国企业1971年的绩效进行考评分析后,强调最常用的绩效考评指标为投资报酬率,包括净资产回报率(RONA),其次为预算比较和历史比较。在帕森与莱西格对400家跨国企业1979年的经营状况所做出的问卷调查分析中,采用的绩效考评财务指标还有销售利润率、每股收益、现金流量和内部报酬率(IRR)等。其中,经营利润和现金流量已成为绩效考评的重要因素。对管理者的补偿根据每股收益(EPS)、每股收益的增长以及与竞争对象相比的回报指标情况而定。

20世纪70—80年代,以质量为核心的卓越企业评价体系被建立,产生了标杆管理思想的萌芽。1976—1982年,为了应对日本同行的竞争,施乐公司在美国率先实行标杆管理,通过比较、分析与学习竞争对手或相关卓越企业的产品、管理理念和管理方法,提升自身的经营水平。标杆管理可以是一种管理体系、学习过程,实施标杆管理的公司要不断对竞争对手或一流企业的产品、服务和经营业绩等进行评价,以发现优势和不足。标杆管理是从战略层到操作层的全面比较与提高,代表一种全面绩效管理思想。

随着工业水平迅速提升,全面质量管理引起欧美国家的重视,欧美国家纷纷效仿日本设立了各类质量奖。美国于1987年设立了类似日本质量标准体系的鲍烈治国家质量标准体系。此类质量管理体系为企业经营提供了质量评价,也为企业进行质量管理提供了评价标准。

20世纪80年代,随着全面质量管理(TQM)、即时生产(JIT)等生产组织方式的引入,传统的管理理念与新兴的管理思想发生了激烈的碰撞,从而对企业绩效评价的理论和方法产生了极大影响,绩效管理思想与方法空前丰富。在这个时期,企业绩效研究朝多个方向并行发展。新的财务指标体系被提出,原有的指标体系被不断修正。该时期最有影响的财务性绩效评价工具是1982年美国纽约斯特恩-斯图尔特咨询公司提出的经济增加值(EVA)方法,以及Jeffrey提出的修正经济增加值(REVA)指标,至今仍在许多企业中广泛应用。

欧洲于1991年创建EFQM(欧洲质量管理基金会)卓越经营模型,并于1992年开始以此为标准评定欧洲质量奖。这些质量标准体系不仅为企业的经营(尤其是质量管理)状况提供了有效评价,而且为广大企业提供了绩效评价与管理的有效标杆。20世纪90年代以后,企业经营绩效的考评形成了以财务指标为主、非财务指标为辅的考评体系。

二维码2-2
阅读材料:
戴明的质量管理十四原则

(四)绩效管理创新时期(20世纪90年代后期至今)

20世纪90年代后期,欧美等国家认识到,光靠财务指标及质量指标进行绩效管理,无法满足新信息时代发展要求,许多新的非财务指标对绩效有着重要影响,为此,急需新的绩效管理方式。企业开始注重将绩效的研究由绩效评价提升到绩效管理,并将绩效管理与企业战略紧密结合,从而推动了战略绩效管理的产生。20世纪末

21世纪初,出现了许多各具特色的融入非财务指标的业绩评价系统,具有代表性的为罗伯特·霍尔的四尺度模型,马克奈尔、林奇和克罗斯的业绩金字塔模型,卡普兰和诺顿的平衡计分卡,克兰菲尔德学院教授 Andy Neely 与安达信咨询公司联合开发的绩效棱柱模型。这些业绩评价系统的出现,标志着企业绩效研究上升到战略层面。传统的企业绩效考核指标如税后利润、每股收益、净资产收益率等,没有扣除股本资本的成本,不能准确反映公司为股东创造的价值,不能反映净收益的状况及资本运营的增值效益。一些企业在不断探索创新企业绩效管理方式,一些创新型企业绩效管理方式开始出现。

1. 基于经济增加值的绩效管理

1991年,美国斯特恩-斯图尔特咨询公司提出了经济增加值(EVA)绩效评价方法。经济增加值是衡量企业资本收益和资本成本之间的差额,即企业营业利润扣除投入资本的成本之后的净增加值,是衡量企业价值和财务创造的度量指标。EVA 的最大特点是从股东角度定义企业的利润,考虑了企业投入的所有资本的成本,并在利用会计信息时尽量进行调整以消除会计失真,克服了传统指标计算没有扣除股本资本的成本,导致成本计算不完全,因此无法判断公司为股东创造价值的准确数量的弊端。EVA 能够更加真实地反映企业的经营绩效,是企业绩效度量的有效指标,同时也是一种激励机制。引入 EVA 理念,管理者必须在各个时期做出决策,并规划出具体的实施步骤以确保在短期和长期内提高 EVA,促使管理者以战略眼光抓住机遇和实施战略。所以 EVA 不鼓励企业追逐短期绩效,而是着眼于企业的长远发展。1993年,Biddle 通过对 1983—1993年 1000 家上市公司的相关数据进行研究后发现,EVA 指标并没有比现金流量、剩余收益、盈余收益三个指标体现更多的价值。1997年,杰夫里等人提出了修正的经济增加值(REVA)指标,其理由是企业用于创造利润的资本价值总额既不是企业资产的账面价值,也不是企业资产的经济价值,而是企业资产的市场价值。账面价值不能反映资产的实际价值。虽然经济价值对账面价值作了调整,但是经济价值的着眼点仍是当前,无法反映出市场对企业未来收益的预期,因而要通过对经济增加值的修正得到市场价值。从绩效概念的角度来看,REVA 主要强调了效益维度中基于市场绩效的测评指标。

2. 基于战略的绩效管理

传统的绩效管理与企业战略严重脱节,而企业的外部环境和内部条件都在发生变化,这一方面给企业带来了挑战和压力,另一方面也给企业带来了发展的机遇和条件。企业要想在市场上占有一席之地,就必须进行战略研究和制定企业战略,建立卓越的绩效管理体系,于是一些基于战略的绩效管理方式应运而生。

罗伯特·霍尔提出了四尺度模型。罗伯特·霍尔认为,评价企业的绩效需要以四个尺度为标准,即质量、作业时间、资源利用和人力资源开发。其中,质量包括外部质量、内部质量和质量改进程序;作业时间是把原材料变为完工产品的时段;资源利用主要是计量特定资源的消耗和与此相关的成本；人力资源开发是指企业需要有一定的人力资源储备和能够恰当评价和激励员工的管理系统。罗伯特·霍尔的四尺度模型把质量、时间和人力资源等非财务指标导入企业绩效评价系统，并认为，企业可通过对上述四个尺度的改进，减少竞争风险。

二维码 2-3
阅读材料：
罗伯特·霍尔的四尺度模型

1990 年，凯文·克罗斯和理查德·林奇提出了业绩金字塔模型（见图 2-1）。业绩金字塔模型是将企业总体战略与财务和非财务信息结合起来的业绩评价系统，该模型从战略管理的角度给出了绩效指标体系内各指标之间的因果关系。

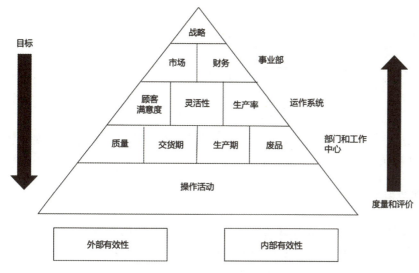

图 2-1　业绩金字塔模型

1990 年，卡普兰和诺顿创建了平衡计分卡（BSC）绩效评价体系（见图 2-2）。1992 年初，卡普兰和诺顿在《平衡计分卡——驱动绩效指标》中详细地阐述了采用平衡计分卡进行公司绩效考核所获得的益处。卡普兰和诺顿认为，传统的财务会计模式只能衡量过去发生的事项（落后的结果因素），但无法评估企业前瞻性的投资（领先的驱动因素），因此，必须改用一个将组织的愿景转变为一组由四项观点组成的绩效指标架构来评价组织的绩效。平衡计分卡设计的目的就是要建立"实现战略制导"的绩效管理系统，从而保证企业战略得到有效的执行。平衡计分卡是主要从财务、客户、内部流程、学习与成长四个维度，将组织的战略落实为可操作的衡量指标和目标值的一种新型绩效管理体系。通过分析四个维度及其绩效指标的因果关系，进行全面管理和评价企业绩效，充分体现组织愿景和战略。它既是一个绩效评价系统，也是一个有效的战略管理体系。平衡计分卡涵盖了企业的财务指标和非财务指标，达到了全面评价企业绩效的目的。

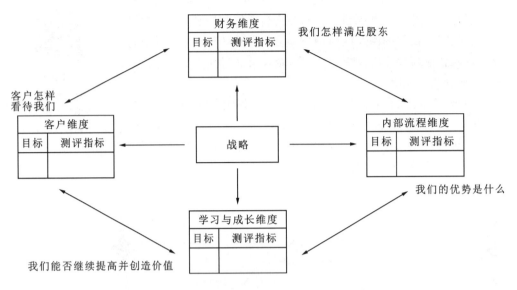

图 2-2 平衡计分卡绩效评价体系

1993年,菲茨杰拉德提出了从财务角度、资源利用角度、革新角度、竞争角度、服务质量角度、灵活性角度等来评价企业绩效。

3. 基于利益相关者的绩效管理

知识经济的发展促使企业治理模式的发展,企业已经由传统的单边治理模式逐渐转变为多边治理模式,即企业更多体现的是股东、债权人、员工、顾客、政府等众多利益相关者的整体有机组合。由于各利益相关者的出发点不同,存在不同的利益需求,所以在对企业进行综合评价时,股东利益已不再是评价的唯一重点。企业要为包括股东在内的更多利益相关者服务,只有实现了各利益相关者利益需求的均衡,各利益相关者才能持续参与配合,企业也才能更加繁荣地发展。所以,构建一套基于利益相关者角度的绩效评价系统显得十分必要,也更加符合企业可持续发展的要求。

利益相关者理论日渐盛行后,理论界就企业社会绩效应由利益相关者来评价达成了共识。利益相关者这一概念最早由伊戈尔·安索夫(1965)在他的《公司战略》一书中首次提及。在弗瑞曼(1984)的《战略管理——利益相关者方式》出版后,"利益相关者""利益相关者管理""利益相关者理论"等术语在很多地方得到广泛运用,但很少透析其确切含义。普瑞斯顿(1995)通过对传统投入产出模式(见图2-3)和利益相关者模式(见图2-4)的比较研究澄清了这一系列术语的内涵。1997年,美国学者米切尔和伍德提出了米切尔评分法,米切尔评分法将利益相关者的界定与分类结合起来。

20世纪80年代开始,西方理论界针对企业社会绩效相继提出了各种不同的利益相关者评价模型,其中影响最大的是美国学者索尼菲尔德(1982)的外部利益相关者评

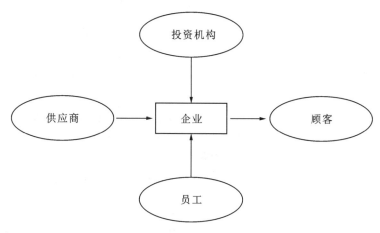

图 2-3 传统投入产出模式

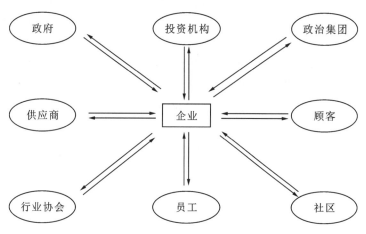

图 2-4 利益相关者模式

价模式和加拿大学者克拉克森(1995)的 RDAP 模式[①],RDAP 即对抗型(Reactive)、防御型(Defensive)、适应型(Accommodative)和预见型(Proactive)。1982 年,美国学者索尼菲尔德从外部利益相关者的利益出发,从社会责任和社会敏感性两个方面设计问卷,提出了企业绩效的外部利益相关者评价模式,问卷要求利益相关者对企业的社会责任和社会敏感性进行综合评价。1995 年,克拉克森从企业、员工、股东、消费者、供应商、公众利益相关者等方面建立了评价企业社会绩效的 RDAP 模式。克拉克森认为,企业不是政府或慈善机构,企业只需要处理其利益相关者的问题,不需要处理与其没有直接关系的社会问题,因此应该以企业利益相关者管理框架为基础,建立企业社会绩效的评价模式。

---

① Clarkson M. B. E. A stakeholder framework for analyzing and evaluating corporate social performance [J]. Academy of management Review,1995,20(1):92-117.

达文波特以伍德的公司社会绩效和弗里曼的利益相关者框架为基础，从企业伦理行为、利益相关者责任、环境责任三个方面，按照企业公民身份的要求，对企业绩效进行了评价。[①]

Sirgy 于 2002 年提出了"利益相关者关系质量"[②]的概念，将利益相关者分为内部利益相关者、外部利益相关者和远端利益相关者，建立了基于上述利益相关者关系质量的绩效评价体系。内部利益相关者主要包括企业员工、管理人员、企业部门和董事会；外部利益相关者主要包括企业股东、供应商、债权人、本地社区和自然环境；远端利益相关者主要包括竞争对手、消费者、宣传媒体、政府机构、选民和工会等。利益相关者理论的核心思想在于，一部分由股东掌握的企业决策权力和利益，应该移交到利益相关者的手中。

4. 主观评价和非财务指标重新获得重视

20 世纪 90 年代以来，随着信息技术的快速发展及经济全球化的到来，传统的依赖财务指标和量化指标的绩效评价方法已不能满足日益复杂的企业环境需要，这使得企业对主观评价和非财务指标重新予以重视。只有关注非财务信息和主观评价，并将财务信息与非财务信息、客观量化与主观评价合起来应用于企业的生产和管理实践，才能站在战略的高度上进行管理。

通过西方绩效管理的发展历程不难看出，绩效管理的目的是更好地实现企业盈利，时代会变，但是盈利目标不会变，随之而来的是对绩效管理的改变，让其更加适应社会发展需要，既能为企业增加利润，又能促进社会工业文明的发展。

二 西方绩效管理的经验借鉴与弊端

历史证明，西方绩效管理对西方经济社会发展有着重要作用，因此，有些做法值得借鉴。

（一）绩效管理需要讲究科学，随时而变，持续更新

在追求绩效管理的道路上，西方社会一直是理论结合实践不断摸索，讲究科学，并随着社会的发展及时调整绩效管理标准，始终保持着绩效管理的高效性与先进性。

---

① Davenport K. Corporate citizenship: a stakeholder approach for defining corporate social performance and identifying measures for assessing it[J]. Business & Society, 2000, 39(2): 210-219.

② Sirgy M. J. Measuring corporate performance by building on the stakeholders model of business ethics [J]. Journal of Business Ethics, 2002(35): 143-162.

(二)绩效管理要注重质量管理,保证产品使用安全

在西方绩效管理中,企业重视产品的质量标准,国家也能在全国层面上建立质量标准,让各企业有章可循,实现对本行业的质量把控,确保产品的使用安全。

(三)绩效管理过程强调企业与员工的稳定关系,实现企业与员工共同发展

在近期西方绩效管理中,很多管理理论强调人的作用性,并认识到人是企业发展的原动力和核心竞争力。在对员工进行绩效管理时,更加关注人的全面发展,包括物质层面、精神层面。很多企业强调企业是员工的家,努力营造一个让员工温馨、安心的办公环境,实现企业与员工的长期稳定发展关系。

在借鉴的同时,我们也不能忽视其弊端,只有正视其弊端才能更好地为我们提供借鉴。早期的绩效管理重视利润最大化,忽视人性。早期欧洲各国在进行资本积累时,绩效管理只是获取利润的辅助工具,资本家把工人当作挣钱机器,对他们进行压榨,忽视人性的重要性。在后期人性解放思潮及罢工运动下,资本家才对工人权利有了一定重视。

第二节 中国古代绩效管理思想

一 中国古代政府绩效管理思想发展

中国古代政府绩效管理思想源远流长,不同时期有着不同的特点。

(一)先秦时期政府绩效管理思想

据记载,最早的绩效管理来源于尧舜禹时期。《尚书》载:"帝曰:'格!汝舜。询事考言,乃言底可绩,三载,汝陟帝位。'""帝曰:'咨!汝二十有二人,钦哉,惟时亮天功。三载考绩。三考黜陟幽明。'"说的是三年一考,九年一个循环,根据三次考核来进行奖惩。根据王清贵编写的《大禹史料汇集》,大禹在治水前已经有了政绩,但舜还是要通过治水去考察禹,并以此来获得各部落的信服。

商周时期,继承了三年一考的传统,但有所改革。《周礼》记载,每三年对官吏的考

核,称为"大比",分别从善、能、敬、正、法、辨六方面进行,并对中央与地方官员设置不同的考核标准,对中央官员看重德行,对地方官员看重政绩,考核主要由直属长官负责。

春秋战国时期,各国战乱不断,为了强化本国实力,各地均实行变法。管仲认为:"君之所审者三:一曰德不当其位,二曰功不当其禄,三曰能不当其官。此三本者,治乱之原也。"也就是说对官吏要从"德""功""能"三个方面进行考核,这样能够实现本国安定。商鞅变法中按军功授爵,也强调"功"的作用,并将其放在突出的位置。考核方式称为"上计",每年向上级机构汇报"计书、计帐、计簿",主要包括户口、田地、税目、监狱犯人等情况,各部门负责人将该部门"上计"汇总报告君王,并由君王进行查核。

(二) 秦汉时期政府绩效管理思想

公元前 221 年,秦朝建立。秦朝继承并完善了"上计"制度,利用郡县制度实现"上计"的层层上报及考核。在考核标准上,根据《先秦之道》记载有"五善五失"的为官之道,"五善"为升职及奖赏标准,"五失"则是禁止官员的行为。并通过《除吏律》《课律》等律法,规范官员考核标准。汉朝在对官吏考核上主要沿袭秦朝,除了对官吏自身德行方面的考核外,还要求在人口、经济发展及社会治安方面的考核,丞相负责中央机构和地方郡守的考核,御史负责核实被考核官员的政绩虚实。

(三) 唐朝时期政府绩效管理思想

唐朝在绩效考核上由吏部负责,根据规定,唐朝大小官员均需要每年一小考,三到五年一大考,并以此作为升降的依据。对官吏的考核分为三等九级,以"四善""二十七最"作为考核的标准。一最四善为上上,一最三善为上中,一最二善为上下,无最二善为中上,无最一善为中中、职事粗理、善最不闻为中下,爱憎任情、处断乖理为下上,背公向私、职务废阙为下中,居官谄诈、贪浊有状为下下。被评为中上及以上者,可以在官职和俸禄上增加一级;评为中中者,官职俸禄均不变动;评为中下及以下者,官职和俸禄均需要降一级。可以说唐朝在绩效考核上较为具体细致。

(四) 宋朝时期政府绩效管理思想

宋朝的考绩标准沿袭唐朝,因其国势动荡,考绩时有变化,但均能以"四善三最"为考绩标准,其"三最"是对唐朝"二十七最"的简化,注重官员品德、廉明、守法、公正。分别由审官院、考课院负责考核京官和地方官,并由御史台监察百官。

(五) 元明清时期政府绩效管理思想

元代官吏考绩并无多大特色,虽是将"职官"与"吏员"分开考核,但更多的是看资历。直到至元八年，才对地方行政长官有了实际政绩考核。明朝对官吏考核破除了元朝的作风，提出"三等八次"考核标准，将考核的官员按八种行为进行考核，再结合官员所处职位与事务是否繁忙进行参照，分为"称职、平常、不称职"三等。这种考核机制能够打破平均主义，提升官员为政积极性。清朝实行"四格六法"制，在考核中看重才、守、政、年四格，每格分为三个等级，结合官员条件设置六法——不谨、疲软无为、浮躁、才力不及、年老、有疾，进行考核，作为奖惩依据。

二 中国古代政府绩效管理的经验与弊端

中国古代几千年的政府绩效管理，已经形成了较为完善的考核机制，对如今的政府绩效管理有着重要的借鉴作用。

（一）考核要重视管理德行与才能，标准应完善

中国古代政府无论是绩效管理还是选官任官，一直重视官员的德行操守，并将其作为首要标准，对中央官员强调德行操守，对地方官员则注重实绩。同时对不同的官职设置不同的考核标准，特别是汉代提出对人口、经济和治安方面的考核细则，能够让官员明白自己分内之事，具有较强的可操作性。如今提倡服务型政府，讲究政府部门要为社会提供服务，这就需要公务员队伍德行的提升，需要全体公务员队伍具有奉献精神。

（二）考核需覆盖全部对象，按固定年限考核

古代官吏等级森严，层级较多，自皇帝以下各级官员均需进行考核，并且基本是按照一年一小考，三年一大考的时间标准进行。在一些朝代冗官冗员现象严重，但依旧能够按考核要求进行，实属不易。全员考绩能够增加对官员的约束，对于整肃官僚队伍，维护国家长治久安具有重要意义。目前，我国公务员制度得到较好的发展，公务员队伍总体情况较好，但是也有个别"苍蝇""老虎"扰乱公务员队伍，给政府造成一些影响。将考核覆盖全体公务员，能够加强公务员队伍建设，强化队伍的抗腐化能力。

（三）考核需要得到统治者强有力的支持，才能长久有效进行

中国古代实施封建君主专制，君主具有至高无上的权力。进行官员考核，必须得到君主的肯定和支持才能进行，否则阻力很大。例如，王安石变法、张居正变法等，虽说是变法，但是也涉及政府官员考核，变法只有得到君主的强力支持才能得以进行，否则只能不了了之。

尽管有着较好的经验,但是中国古代政府绩效管理也存在不足,主要体现在监督、执行效率等方面。

1. 主要为监察监督,缺少民众监督与反馈

监察在于全民参与,才能做到无死角。但是,在古代社会,对官员的考核主要靠监察部门,民众不参与对官员考核,这就造成考察时一些官员做出勤政为民的假象,考核结束后一切返回原样。再者封建社会下,官民矛盾较为尖锐,百姓没有参政意识,也没有参政途径,导致不少地方官员为政不勤。

2. 考核标准虽较为全面,但实际操作不好细化

历代官员考核均有较为详细的考核标准,重视官员德行与操守。但是,德行这种标准在操作时很难量化细分,并且有些官职重视德行,容易让一些投机分子钻空子。

经典案例2-1

一、阅读材料

欧米茄公司的绩效管理

欧米茄公司是一家小型制造企业,公司销售额的多少主要取决于各自独立运营的连锁经销商所雇用的销售代表的业绩。现在,公司面临严峻挑战,这是因为,它无法控制那些为独立经销商工作的员工。然而,正是这些员工的绩效决定着公司的销售业绩。更为棘手的是,至今欧米茄公司对这些销售代表的角色还没有一个清晰的认识,并且没有制定规范的销售程序。这些销售代表的技能和知识水平差别较大,其中的大部分人只不过是在按要求做事,根本没有付出积极的努力,他们也没有增加销售额的动力。最后,这些经销商在管理战略以及是否依靠欧米茄公司方面的差别也很大。

近来,认识到需要改善销售代表的绩效后,欧米茄公司决定向一个培训销售代表的项目支付一部分费用。同时,经销商也同意共同开始实施一套绩效管理体系。第一步,经销商对销售代表这一职务进行了职位分析,编写了职位描述,并将其分发给所有的销售代表。为此,经销商还接受了一份连锁经营的使命陈述,提出这一使命陈述的主要原因是需要向客户提供高质量的服务。这一使命陈述张贴在所有经销商的办公室里,并且每个经销商都要告诉自己的员工,他们每一个人的销售额对于使命的实现能够做出怎样的贡献。第二步,管理者为每一位员工

都设定了绩效目标(也就是销售定额)。接下来,所有的销售代表都要参加密集的培训会议。在这种培训课程中,销售代表会收到基于他们的绩效所提供的反馈,然后再次提醒他们需要完成的销售定额。

等接受完培训重返工作岗位后,销售代表的上级管理人员还会根据他们完成销售定额的情况向他们提供反馈。然而,销售代表们没有办法真正监控自己在实现销售目标的道路上取得了怎样的进步,因为他们的上级所提供的绩效反馈无非就是重复一遍他们每个月完成销售目标的情况。由于没有绩效评价表格,上下级之间所进行的讨论也就没有被记录下来。这种缺乏反馈的情况一直在持续,虽然在开始的几个月里销售代表的销售定额都完成了,但是经销商同时收到了顾客关于他们所获得的服务质量太差了的抱怨。紧接着,销售额也开始下滑。不仅如此,许多订单还常常出错,顾客不得不将商品退回欧米茄公司。

(资料来源:赫尔曼·阿吉斯.绩效管理[M].刘昕,曹仰锋,译.北京:中国人民大学出版社,2008.)

二、阅读并思考

1. 从绩效管理流程角度,分析欧米茄公司的绩效管理过程中哪些环节得到了改进?
2. 欧米茄公司的绩效管理过程中哪些环节还存在问题?
3. 结合所学知识,你将采取怎样的措施来修复这些绩效管理过程中的断点?

第三节 中国现代绩效管理的发展及特点

一 中国现代绩效管理的发展

中国现代绩效管理从 20 世纪 50 年代开始,至今已有约 70 年历史。以改革开放为分界点,中国现代绩效管理可以分为两部分:改革开放前的平均主义及改革开放后与西方同轨的绩效管理。

（一）新中国成立初期至改革开放时期中国的绩效管理

新中国成立初期，我国在进行社会主义改造，加之国内外环境影响，物资生产和需要采取配给制。企业和政府机构都没有正式意义上的绩效管理系统，奖惩主要采取精神奖励及行政手段，总体上可称为缺乏绩效管理时期。

（二）改革开放至21世纪初中国的绩效管理

改革开放后，我国积极引进国外先进治理理念，企业和政府机构都进行了绩效改革。1988年，国务院发布了《全民所有制工业企业承包经营责任制暂行条例》，企业开始采用承包责任制方式进行生产，该方式不仅是一种激励手段，而且是一种绩效管理方法。在考核上各单位和企业开始采取德能勤绩考核办法，但该考核方法人情味比较重，不适用于业绩型企业，所以企业慢慢采取按能力给予报酬，实行多劳多得。

（三）21世纪初期中国的绩效管理

从20世纪80年代末，目标管理引入中国。此后，政府部门根据目标管理思想设置岗位职责，企业设定了以目标为考核标准的绩效办法。21世纪初，360度评估法和关键绩效指标（KPI）考核法传入中国并盛行起来，掀起了中国绩效管理理论思潮。各大企业重视绩效管理的应用，并结合方法纷纷制定了适合本领域的绩效管理方法。但也有不少企业在进行绩效管理时，未全面认识绩效管理，难以将绩效管理思想与企业实际相结合。

二维码 2-4
中国将
全面实施
预算绩效管理

（四）战略绩效管理时期中国的绩效管理

现如今提起绩效管理，更多是指战略绩效管理，尤其是指采用平衡计分卡方法。该方法把组织的战略和使命转化为具体的目标和绩效衡量标准，通过强调对人才发展的培养及对未来市场发展的精准把握，使得战略绩效管理受到新一代企业青睐。

二　中国现代绩效管理的特点

企业是一个有目标的组织,绩效管理是对企业是否达到目标的一种检验,因此,绩效管理是企业管理的核心内容。欧美等发达国家的企业有绩效管理,一些发展中国家的企业也有绩效管理。基于此,中国企业的绩效管理与国外企业的绩效管理有什么差别？如果有,这些差别是什么？为什么会有这些差别？近几十年的跨文化研究表明,管理活动是与文化息息相关的,不同国家的文化是有较大差异的。根据对中国和西方发达国家(主要是美国)绩效管理实践的对比,笔者认为中国的绩效管理主要有以下特点。

(一) 绩效至上文化

所谓绩效至上文化,就是把绩效考核当作管理的重中之重。绩效管理对企业管理是一个充分条件,即绩效管理是企业管理的一个子系统。但我国相当多的企业家把绩效管理当成一个充分必要条件,即把绩效管理与企业管理等同起来,甚至以考代管。在笔者曾经调研过的几十家企业中几乎没有不重视绩效管理的。中国企业的绩效至上文化主要表现在以下四个方面。①员工参与率高。笔者2006年曾在全国做过一个绩效考核方面的调查,发现97%的被调查公司有常规的绩效考核体系,略高于美国同类调查的结果。②考核频率高。在美国,69%的企业对员工主要是进行年度考核。在我国,31%的企业按月对员工进行考核,53%的企业对员工进行季度或半年考核,考核频率明显高于国外企业。③考核指标高。在西方国家,企业绩效考核主要有标准和目标2个标尺。前者是指绝大多数人在正常情况下可以达到的,后者则是应该争取的、只有少数人在少数情况下能够达到的。在中国,相当多企业的考核标准是按少数人在少数情况下能达到的目标来设置的。④考核结果对员工的影响严重。这主要表现在奖金的发放和职位的升降两个方面。有关对比研究的结果表明,中国企业员工相当一部分的收入,甚至半数以上的收入来自基于绩效考核结果的奖金。在美国等西方国家,普通员工几乎没有基于绩效考核结果的奖金。

(二) 结果重于过程

绩效考核来自英语的"performance appraisal"。在英语表达中,"performance"不仅有结果的意思,也有过程的意思。在我国企业中,绩效几乎成了结果的代名词,绩效考核变成了基于结果的考核。例如,在我国许多企业中,高层管理人员有年度经营责任书,营销人员有年度销售任务,生产人员有生产质量、数量、成本等考核指标,这是因为这些岗位的工作结果一般都很明确,便于考核,对企业的发展影响较大。但是,企业对行政和研发人员的考核,除了常规的打分和强制分布法之外几乎没有特别好的办法。此外,因受"老好人"思想的影响,我国一些企业过程考核的科学性和准确性相对较差。

(三)评估重于发展

根据绩效管理的目的,绩效考核可分为以下两种:① 评估型绩效考核,即偏向于对被考核员工进行定量评价,然后根据定量评价结果来决定被考核者的奖金、升迁等。② 发展型绩效考核,即偏向于对被考核员工进行定性的优缺点分析,有则改之,无则加勉,从而进一步提高员工和组织的业绩。换言之,评估型绩效考核着眼于过去,发展型绩效考核面向未来。我们可以把评估型绩效考核称为"秋后算账型",把发展型绩效考核称为"指点迷津型"。我国企业的绩效考核显然主要属于前者。目前,除了在中国的外企,国内企业很少实施基于绩效考核结果的业绩改进计划。

(四)绩效管理与企业的战略脱节

绩效管理与企业的战略及文化密切相关。从理论上来讲,企业应该先制定战略和文化,然后再选择与之相匹配的绩效管理方法。我国的绩效管理主要是从实践中产生的,"头痛医头、脚痛医脚"的痕迹很重。例如,平衡计分卡被认为是近年来在西方较有影响力的管理方法,它不仅是一种绩效管理方法,更是一种战略管理方法。在世界500强企业中,有超过300家企业采用平衡计分卡进行绩效管理。平衡计分卡虽然在我国也被广大学者和管理实践者大力推广,但事实上,使用平衡计分卡真正达到预期效果的企业很少。这除了同我国绩效管理总体水平比较落后有关外,绩效管理与企业的战略脱节也是该管理方法在我国难以得到大量推广的重要原因。

三 中国现代绩效管理的新发展

随着绩效管理思想及实践的发展,绩效管理的一些弊端在不断改善,中国现代绩效管理正朝着新趋势发展。

(一)从以考核为目的向以考核促发展的方向转变

在绩效管理初期,中国企业的绩效管理主要关注员工工作任务完成情况,并将该情况与薪酬挂钩。这种单项的绩效考核容易忽视员工的发展需求,降低员工的工作热情。以考核促发展的转变,使考核不再以与薪酬挂钩为目的,而是实现员工与管理者的双向沟通,能够让管理者在进行考核时,重视员工的发展需求,满足员工物质及精神需求。

（二）战略绩效管理成为主流

经过几十年的发展，中国企业家意识到绩效管理的重要性，并将其上升到战略高度，使之成为影响企业发展的重要环节。战略绩效管理有助于企业改变落后的绩效考核方式，合理设置企业发展目标，实现企业长期发展。有关调查表明，目前国内一些大型企业开始将目标管理、平衡计分卡、360度评估等方法结合自身情况，应用到本企业的绩效管理中。

（三）从重视个人绩效到重视团队绩效发展

全球化市场下，企业面临的竞争加剧，要进入全球化竞争并取得胜利，需要重视团队力量。企业在部门和目标设置上也逐步认识到团队作战的优势，在未来的发展中重视个人绩效将向重视团队绩效发展。

（四）信息化手段在绩效管理中的运用将更加普遍

如今，信息化普及迅速，单靠人力进行考核已跟不上社会发展步伐，信息化应用能够将绩效考核融入计算机，并通过特定的算法设计部门考核，能够快速、便捷地实现对整个企业的考核。

中英文关键术语

绩效管理思想（Performance management thought）
成本绩效管理（Cost performance management）
财务指标绩效管理（Financial index performance management）
基于经济增加值的绩效管理（Performance management based on economic value added）
战略绩效管理（Strategy based performance management）
基于利益相关者的绩效管理（Performance management based on stakeholders）

二维码 2-5
第二章自测题

复习思考题

1. 西方绩效管理经历了哪些阶段？
2. 中国古代有哪些典型的绩效管理思想？

3. 以质量为核心的绩效管理有哪些代表性思想?
4. 基于利益相关者的绩效管理有哪些代表性思想?
5. 中国现代绩效管理思想有哪些特点?

二维码 2-6
第二章参考答案

案例分析题

一、阅读材料

B 公司的绩效管理体系

B 公司总部会议室,赵总经理正认真听取关于上年度公司绩效考核执行情况的汇报,其中有两项决策让他左右为难:一是经过年度考核成绩排序,成绩排在最后几名的却是在公司干活最多的人。这些人是否按照原先的考核方案降职和降薪?下一阶段考核方案如何调整才能更加有效?二是人力资源部提出上一套人力资源管理软件来提高统计工作效率的建议,但一套软件能否真正起到支持绩效提高的效果?

B 公司成立仅 4 年时间,为了更好地进行各级人员的评价和激励,B 公司在引入市场化的用人机制的同时,建立了一套绩效管理制度。对于这套制度,用人力资源部经理的话说是,细化传统的德、能、勤、绩几项指标,同时突出工作业绩的一套考核办法。其设计的重点是将德、能、勤、绩几个方面内容细化延展成考量的 10 项指标,并把每个指标量化出 5 个等级,同时定性描述等级定义,考核时只需将被考核人实际行为与描述相对应,即可按照对应成绩累计相加得出考核成绩。

考核中发生了一个奇怪的现象:原先工作比较出色和积极的职工考核成绩却常常排在多数人后面,一些工作业绩并不出色的人和错误较多的人却排在前面。还有一些管理干部对考核结果大排队的方法不理解和有抵触心理。综合各方面情况,目前的绩效考核还是取得了一定的成果,各部门都能够很好地完成,唯一需要确定的是对于考核排序在最后的人员如何落实处罚措施。对于这些人降职和降薪无疑会伤害一批像他们一样认真工作的员工,若不落实却容易破坏考核制度的严肃性和连续性。此外,在本次考核中,统计成绩工具比较原始,考核成绩统计工作量太大,人力资源部只有 3 名员工,却要统计总部 200 多人的考核成绩,平均每个人有 14 份表格,统计、计算、平均、排序、发布,最后还要和这些人分别谈话。在整个考核的一个半月中,人力资源部几乎都在做这个事情,其他事情都耽搁了。

赵总经理决定亲自请车辆设备部和财务部的负责人到办公室深入了解实际情况。

车辆设备部李经理和财务部王经理来到了总经理办公室,当赵总经理简要地说明了原因之后,车辆设备部李经理首先快人快语回答道:"我认为本次考核方案需要尽快调整,因为它不能真实反映我们的实际工作。例如,我们车辆设备部主要负责公司电力机车设备的维护管理工作,总共只有20个人,却管理着公司总共近60台电力机车。为了确保它们安全无故障地行驶在600公里的铁路线上,我们的主要工作就是按计划到基层各个点上检查和抽查设备维护情况。在日常工作中,我们不能有一次违规和失误,因为任何一次失误都是致命的,也是会造成重大损失的,但是在考核业绩中有允许出现'工作业绩差的情况',因此我们的考核就是合格和不合格之说,不存在分数等级多少。"

财务部王经理紧接着说道:"对于我们财务部门,工作基本上都是按照规范和标准来完成的,平常填报表和记账等都要求万无一失,这些如何体现出创新的一级标准?如果我们没有这项内容,评估我们是按照最高成绩打分还是按照最低成绩打分?还有一个问题,我认为应该重视。在本次考核中我们沿用了传统的民主评议的方式,我对部门内部人员评估没有意见,但是实际上让其他人员打分是否恰当?因为我们财务工作经常得罪人,让被得罪的人评估我们财务工作,这样公正吗?"

听完大家的各种反馈,赵总经理心里想:难道公司的绩效管理体系本身设计得就有问题?问题到底在哪里?考核内容指标体系如何设计才能适应不同性质岗位的要求?公司是否同意人力资源部门提出的购买软件方案?目前能否有一个最有效的方法解决目前的问题?赵总经理陷入了深深的思考中。

(资料来源:中国人力资源开发网,2005年4月14日,有改动。)

二、思考与讨论

1. B公司绩效管理系统存在哪些问题?
2. 试根据B公司实际情况设计绩效管理体系改进措施。

第三章

绩效管理相关理论

本章引例

某机床厂的目标管理

某机床厂推行目标管理。为了充分发挥各职能部门的作用,充分调动 1000 多名职能部门人员的积极性,该厂首先对厂部和科室实施了目标管理。经过一段时间的试点后,逐步推广到全厂各车间、工段和班组。多年的实践表明,目标管理改善了企业经营管理,挖掘了企业内部潜力,增强了企业应变能力,提高了企业素质,取得了较好的经济效益。

按照目标管理的原则,该厂把目标管理分为以下三个阶段进行。

一、目标制定阶段

1. 总目标的制定

该厂通过国内外市场机床需求的调查,结合长远规划的要求,并根据企业的具体生产能力,提出了20××年"三提高""三突破"的总方针。"三提高"是指提高经济效益、提高管理水平和提高竞争能力;"三突破"是指在新产品数目、创汇和增收节支方面要有较大的突破。在此基础上,该厂把总方针具体化、数量化,初步制定出总目标方案,并发动全厂员工反复讨论、不断补充,送职工代表大会研究通过,正式制定出全厂20××年的总目标。

2. 部门目标的制定

企业总目标由厂长向全厂宣布后,全厂就对总目标进行层层分解、层层落实。各部门的分目标由各部门和厂企业管理委员会共同商定,先确定项目,再制定各项目的相关指标,其制定依据是厂总目标和有关部门负责拟定、经厂部批准下达的各项计划任务,原则是各部门的工作目标值只能高于总目标中的定量目标值。同时,为了集中精力抓好目标的完成,目标的数量不能太多。为此,各部门的目标分为必考目标和参考目标两种。必考目标包括厂部明确下达的目标和部门主要的经济技术指标;参考目标包括部门的日常工作目标或主要协作项目。其中,必考目标一般控制在2~4项,参考目标项目可以多一些。目标完成标准由各部门以目标卡片的形式填报厂部,通过协调和讨论,最后由厂部批准。

3. 目标的进一步分解和落实

部门的目标确定了以后,接下来的工作就是目标的进一步分解和层层落实到每个人。

(1)部门内部小组(个人)目标管理,其形式和要求与部门目标制定相类似,拟定目标也采用目标卡片,由部门自行负责实施和考核。要求各个小组(个人)努力完成各自目标值,保证部门目标的如期完成。

(2)该厂部门目标的分解是采用流程图方式进行的。具体方法是:先把部门目标分解落实到职能组,再分解落实到工段,工段再下达给个人。通过层层分解,全厂的部门目标就落实到每个人身上。

二、目标实施阶段

该厂在目标实施过程中,主要抓住以下三项工作。

1. 实施自我管理

目标卡片经主管副厂长批准后,一份存企业管理委员会,一份由制定单位自存。由于每个部门、每个人都有具体的、定量的明确目标,所以在目标实施过程中,人们会自觉地、努力地实现目标,并对照目标进行自我检查、自我控制和自我管理。这种自我管理,能充分调动各部门及每个人的主观能动性和工作热情,充分挖掘自身的潜力,完全改变了过去那种上级只管下达任务,下级只管汇报完成情况,并由上级不断检查、监督的传统管理办法。

2. 加强经济考核

虽然该厂目标管理的循环周期为一年。但为了进一步落实经济责任制,实时纠正目标实施过程中与原目标之间的偏差,该厂打破了目标管理的一个循环周期只能考核一次、评定一次的束缚,坚持每一季度考核一次和年终总评定。这种加强经济考核的做法,进一步调动了广大职工的积极性,有力地促进了经济责任的落实。

3. 重视信息反馈工作

为了随时了解目标实施过程中的动态,以便采取措施及时协调,使目标能顺利实现,该厂十分重视目标实施过程中的信息反馈工作,并采用了两种信息反馈办法。

(1)建立工作质量联系单来及时反映工作质量和服务协作方面的情况。尤其当两部门发生工作纠纷时,厂管理部门就能从工作质量联系单中及时了解情况,经过深入调查,尽快加以解决。这样就大大提高了工作效率,减少了部门之间不协调的现象。

(2)通过修正目标方案来调整目标。内容包括目标项目、原定目标、修正目标及修正原因等,并规定在工作条件发生重大变化需修改目标时,责任部门必须填写拟修正目标方案并提交厂企业管理委员会,由厂企业管理委员会提出意见交主管副厂长批准后方能修正目标。

该厂长在实施过程中狠抓以上三项工作,因此,不仅大大加强了对目标实施动态的了解,更重要的是加强了各部门的责任心和主动性,从而使全厂各部门从过去等待问题找上门的被动局面,转变为积极寻找和解决问题的主动局面。

三、目标成果评定阶段

目标管理实际上就是根据成果来进行管理的,故目标成果评定阶段显得十分重要。该厂采用了自我评价和上级主管部门评价相结合的做法,即在下一个季度第一个月的 10 日之前,每一部门必须把一份季度工作目标完成情况表报送厂企业管理委员会(在这份报表中,要求每一部门必须对自身上一阶段的工作做出恰当的评价)。厂企业管理委员会核实后,给予恰当的评分,如必考目标为 30 分,一般目标为 15 分。每一项目标超过指标 3% 加 1 分,以后每增加 3% 再加 1 分。一般目标有一项未完成而不影响其他部门目标完成的,扣一般项目中的 3 分,影响其他部门目标完成的则扣分增加到 5 分。加 1 分相当于增加该部门基本奖金的 1%,减 1 分则相当于扣该部门奖金的 1%。如果有一项必考目标未完成,则扣至少 10% 的奖金。

该厂在目标成果评定工作中深深体会到:目标管理的基础是经济责任制,目标管理只有与明确的责任划分结合起来,才能深入持久,才能具有生命力,从而达到最终的成功。

(资料来源:郝红,姜洋.绩效管理[M].北京:科学出版社,2012.)

第一节 目标管理理论

绩效管理的目的是实现组织目标,达成目标的必要手段是绩效考核。目标管理理论对绩效理论发展有重要指导作用。

一 目标管理理论

(一)目标管理理论的发展

20 世纪初,美国一些企业面临一些问题,组织机构臃肿、管理组织僵化、工作效率不高,影响职工积极性的发挥,因此亟待一种新的、更有活力的管理制度取而代之。在此情况下,目标管理应运而生。1954年,彼得·德鲁克在《管理实践》一书中首先使用了"目标管理"的概念。彼得·德鲁克认为,古典管理学派偏重于以工作为中心,忽视人性的一面,行为科学又偏重于以人为中心,忽视了同工作相结合。目标管理则综合了对工作的兴趣和人的价值,从工作中满足其社会需求,同时也实现了目标,这样就把工作和人的需要两者统一起来。乔治·欧迪伦认为,目标管理可以描述为一个过程,即一个组织中的上级和下级一起制定共同的目标;同每一个人的应有成果相联系,规定他的主要职责范围;并用这些措施作为经营一个单位或评价其每一个成员贡献度的指导。

目标管理起源于系统论、控制论、激励理论,并且激励理论是目标管理的核心和动力。人是管理的核心和动力,能否调动人的积极性,发挥人的创造性和主动性,是管理活动成败的关键。因此,目标管理需要强调目标的激励作用,认为目标是激发人们动机的诱因。运用激励理论解决好目标激励作用,是一个十分重要的问题。

20世纪50年代,尤其是60—70年代,目标管理的思想不断发展,其理论体系也逐渐完善,被广泛应用到美国企业。我国企业于20世纪80年代引入目标管理。

(二)目标管理理论的基础

目标管理是现代绩效管理的思想基石。目标管理理论汇集了众多学派思想,包括科学管理学派、人际关系学派、管理过程学派、社会系统学派等,这些学派思想都对"目标""计划""任务"做过研究。

(1)从任务管理到组织目标。泰勒认为,管理者首先要做的是分析工作,解决好要做什么,怎么去做,用多少时间去做,当做好这些事后则会有报酬。泰勒的这种任务管理虽与现在的目标管理不同,但是这种任务管理也有目标。另外,泰勒提出劳资双方密切合作的观点,实则也是现今的将个人目标与组织目标结合的雏形。

(2)从组织目标到组织职能。管理过程学派侧重于管理过程的研究,他们把计划作为管理的一种职能。其代表人物法约尔对计划有着独特的理解,并对计划与目标给予高度重视。英国教育家林德尔·厄威克在"法约尔五职能说"的基础上,把组织的职能划分为计划、组织、控制三项,并提出适用所有组织的八项职能。他认为组织目标是组织存在的前提,也是组织运作的方向。

(3)个人目标与组织目标的结合。人际关系学派把组织中的人当作社会人进行研究,非常重视个人目标与组织目标的关系;道格拉斯·麦格雷戈提出的"X理论""Y理论",直接将个人目标与组织目

二维码 3-1
上海浦东:
加装电梯
探索目标管理

标结合起来,对目标管理理论的产生有着重要影响。彼得·德鲁克在总结前人观点的基础上实现超越,凝练出了目标管理理论。目标管理作为一种现代的评估个人和组织绩效的方法被许多学者研究。有学者认为,目标管理是一种工具,且这种工具是为了实现集体目标(收入、支付、改进等)与个人目标(收入、报酬、改进等)的关系(Ramosaj,2007)。目标管理是一个将组织目标转化为个人目标的过程(Jafarietal.,2009)。海因茨·韦里克(2000)认为,在目标管理中应更加关注个人对组织目标的贡献。

(三)目标管理理论的基本思想

目标管理理论的基本思想如下。

(1)企业的任务必须转化为目标,企业管理人员必须通过目标对下级进行指导,并以此保证企业总目标的实现。

(2)目标管理是一种程序,使一个组织中的上下各级管理人员统一起来制定共同的目标,确定彼此的责任,并将此责任作为指导业务和衡量各自贡献的准则。

(3)每个管理人员或职工的分目标就是企业总目标对他的要求,同时也是这个企业管理人员或职工对企业总目标的贡献。

(4)管理人员或职工依据设定的目标进行自我管理,他们以所要达到的目标为依据,进行自我控制、自我指挥,而不是由上级来指挥和控制。

(5)企业管理人员对下级进行评估和奖惩也是依据这些分目标。

二 目标设置理论

(一)目标设置理论的发展

美国马里兰大学管理学兼心理学教授洛克和休斯在研究中发现,外来的刺激(如奖励、工作反馈、监督的压力)都是通过目标来影响动机的。目标能引导活动指向与目标有关的行为,使人们根据难度的大小来调整努力的程度,并影响行为的持久性。在一系列科学研究的基础上,洛克于1967年最先提出目标设置理论。许多学者作了进一步的理论和实证研究。尤克尔和莱瑟姆认为,目标设置应与组织成员参与、注意个别差异和解决目标艰巨性等因素结合运用,并提出了目标设置的综合模式;班杜拉和洛克等人则认识到目标对动机的影响受自我效能感等中介变量的影响;德韦克及其同事在能力理论基础上,区分了目标的性质,并结合社会认知研究的最新成果,提出了动机的目标取向理论等。

目标设置理论强调目标的设置特点会影响员工的激励水平和工作热情。洛克认为,目标具有激励作用,目标能把人的需要转变为动机,使人们的行为朝着一定的方向努力,并将自己的行为结果与既定的目标相对照,及时进行调整和修正,从而能实现目标。这种使需要转化为动机,再由动机支配行动以达成目标的过程就是目标激励。目标激励的效果受目标本身的性质和周围变量的影响。目标设置理论需要满足两个条件：一是员工必须知道目标，并知道用什么行动去实现目标；二是员工必须接受目标并愿意用必要的行动去执行目标。只有这两个条件都得到满足，目标设置理论才有效果。学者对目标设置理论的研究主要集中于高效率目标设置的特点、影响目标设置的因素、不同目标来源（上级安排、自己制定）对行动者的影响。

（二）目标设置理论的主要内容

1. 目标机制

二维码 3-2
阅读材料：
目标管理
有效性调查

目标本身就有助于个体直接实现目标。目标通过四种机制影响行为绩效。

（1）指引功能。目标引导注意和努力指向目标行为而脱离非目标活动。

（2）动力功能。目标有决定努力付出多少的作用，高目标比低目标要付出更多的努力。

（3）目标影响行为的持久性。如果允许工作者控制工作时间，困难目标延长了努力时间，在平衡了工作时间和努力程度之后会缩短努力时间。

（4）目标会通过唤醒、发现目标任务知识和策略的作用来间接地影响行为。

2. 目标设置的影响因素

在目标设置与绩效之间还有其他一些重要的因素产生影响。这些因素包括对目标承诺、反馈、自我效能感、任务策略、满意感等。

1）目标承诺

承诺是指个体被目标所吸引，认为目标重要，持之以恒地为达到目标而努力的程度。个体在最强烈地想解决一个问题的时候，最能产生对目标的承诺，并随后真正解决问题。

由权威人士确定目标，以及由个体参与设置目标，哪一种方式更能导致目标承诺、增加下属的绩效？研究发现，合理指定的目标（所谓合理，即目标有吸引力，也有可能达到）与参与设置的目标有着相同的激励力量。这两者都比只是简单地设置目标而不考虑目标的合理性要更有效。当人们认为目标能够达到，而达到目标又有很重要的意义时，对目标的承诺就加强了。研究者发现，人们认为目标能够达到，可以加强自我效能感。近来的研究发现，激励物对产生承诺的作用是很复杂的。一般来说,对于无法达到的目标提供奖金只能降低承诺,对于中等难度的任务给予奖金最能提高承诺。

2)反馈

目标与反馈结合在一起更能提高绩效。目标给人们指出应达到什么样的目的或结果,同时目标也是个体评价自己绩效的标准。反馈则告诉人们这些标准满足得怎么样,哪些地方做得好,哪些地方有待改进。

反馈是组织常用的激励策略和行为矫正手段。许多年来,研究者们已经研究了多种类型的反馈。其中研究得最多的是能力反馈。能力反馈是由上司或同事提供的关于个体在某项活动上的绩效是否达到特定标准的信息。能力反馈可以分为正反馈和负反馈。正反馈是指个体达到某项标准而得到的反馈,负反馈是个体没有达到某项标准而得到的反馈。另外,反馈的表达有两种方式:信息方式和控制方式。

信息方式的反馈不强调外界的要求和限制,仅告诉被试任务完成得如何,这表明被试可以控制自己的行为和活动。因此,这种方式能加强接受者的内控感。

控制方式的反馈强调外界的要求和期望,如告诉被试其必须达到什么样的标准和水平。它使被试产生了外控的感觉——其行为或活动是由外人控制的。

信息方式的正反馈可以加强被试的内部动机,对需要发挥创造性的任务给予被试信息方式的正反馈,可以使被试较好地完成任务。

3)自我效能感

自我效能感的概念是由班杜拉提出的,目标激励的效果与个体自我效能感的关系也是目标设置理论中研究得比较多的内容。自我效能感就是个体在处理某种问题时能做得多好的一种自我判断,它是以对个体全部资源的评估为基础的,包括能力、经验、训练、过去的绩效、关于任务的信息等。

当对某个目标的自我效能感较强的时候,对该目标的承诺就会提高。这是因为高的自我效能感有助于个体长期坚持在某一个活动上,尤其是当这种活动需要克服困难、战胜阻碍时。高自我效能感的人比低自我效能感的人坚持努力的时间要长。

目标影响自我效能感的另一个方面是目标设置的难度。当目标太难时,个体很难达到目标,这时其自我评价可能比较低,而一再失败会削弱一个人的自我效能感。目标根据重要性可以分为中心目标和边缘目标。中心目标是很重要的目标,边缘目标是不太重要的目标。安排被试完成中心目标任务可以增强被试的自我效能感,因为被试觉得其被安排的是重要任务,这是对其能力的信任。被安排中心目标的被试的自我效能感明显比被安排边缘目标的被试强。

4)任务策略

目标本身就有助于个体直接实现目标。首先,目标引导活动指向与目标有关的行为,而不是与目标无关的行为。其次,目标会引导人们根据难度的大小来调整努力的程度。最后,目标会影响行为的持久性,使人们在遇到挫折时也不放弃,直到实现目标。

当采取这些直接的方式还不能实现目标时,个体就需要寻找一种有效的任务策略。尤其是当面临困难任务时,仅有努力、注意力和持久性是不够的,还需要有适当的任务策略。任务策略是指个体在面对复杂问题时使用的有效的解决方法。

目标设置理论中有很多对在复杂任务中使用任务策略的研究。相对于简单任务，在复杂任务环境中有着更多可能的策略，而这些策略有很多是不好的策略。要想完成目标，得到更好的绩效，选择一个良好的策略是至关重要的。切斯利和洛克发现，在一个管理情境的模拟研究中，只有在使用了适宜策略的情况下，任务难度与被试的绩效才显著相关。

何种情境、何种目标更利于形成有效策略？通常认为，一般情况下，在能力允许的范围内，目标的难度越大，绩效越好。但有时人们在完成困难目标时选择的策略不佳，结果，其绩效反而不如完成容易目标时的好。对此现象的解释是，完成困难目标的被试在面对频繁而不系统的策略变化时，表现出恐慌，使他最终也没有学会完成任务的最佳策略。而完成容易目标的被试反而会更有耐心地发展和完善他的任务策略。

5) 满意感

当个体经过种种努力终于达到目标后，如果能得到他所需要的报酬和奖赏，就会感到满意；如果没有得到预料中的奖赏，个体就会感到不满意。同时，满意感还受到另一个因素的影响，就是个体对他所得报酬是否公平的理解。如果说，通过与同事相比、与朋友相比、与自己的过去相比、与自己的投入相比，个体感到所得的报酬是公平的，就会感到满意；反之，则会不满意。

目标的难度也会影响满意感。当任务越容易时，越易取得成功，个体就会经常体验到伴随成功而来的满意感。当目标困难时，取得成功的可能性较小，从而个体很少体验到满意感。这就意味着容易的目标比困难的目标能产生更多满意感。然而，达到困难的目标会产生更高的绩效，对个体、对组织有更大的价值。是让个体更满意好，还是取得更高的绩效好？这样就产生了矛盾。如何平衡这种矛盾，有下面一些可能的解决办法。

(1) 设置中等难度的目标，从而使个体既有一定的满意感，又有比较高的绩效。

(2) 当达到部分目标时也给予奖励，而不只是在完全达到目标时才给予奖励。

(3) 使目标在任何时候都是中等难度，但不断少量地增加目标的难度。

(4) 运用多重目标-奖励结构，达到的目标难度越高，得到的奖励越大。

3. 目标设置理论的主要观点

(1) 目标要有一定难度，但又要在能力所及的范围之内。

(2) 目标要具体明确。

(3) 必须全力以赴，努力达成目标。

(4) 短期或中期目标要比长期目标可能更有效。

(5) 要有定期反馈，或者说，需要了解自己向着预定目标前进了多少。

(6) 应当对目标达成给予奖励，用它作为将来设定更高目标的基础。

(7) 在实现目标的过程中，对任何失败的原因都要抱现实的态度。人们有将失败归因于外部因素（如运气不好），而不是内部因素（如没有努力工作）的倾向。只有诚实对待自己，将来成功的机会才能显著提高。

三 目标一致性理论

（一）目标一致性理论概述

日本学者中松义郎在其《人际关系方程式》一书中指出,如果个体在缺乏外界条件或者心情抑郁的状态下,就很难在工作中充分展现才华、发挥潜能,个体的发展途径也不会得到群体的认可和激励。特别是在个人方向与群体方向不一致的时候,整体工作效率会蒙受损失,群体功能水平也会下降。个人潜能的发挥与个人和群体方向是否一致之间,存在着一种可以量化的函数关系,见图3-1。据此,他提出了目标一致理论。

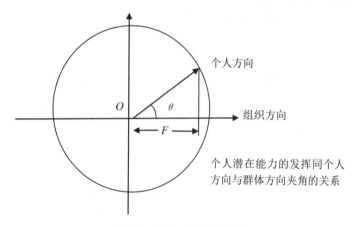

图 3-1 目标一致性理论图

图3-1中,F表示一个人实际发挥的能力,F_{max}表示一个人潜在的最大能力,θ表示个人目标与组织目标之间的夹角。图中表示出三者之间的关系:$F = F_{max} \cdot \cos\theta$（$0°\leqslant\theta\leqslant90°$）。显然,当个人目标和组织目标完全一致时,$\theta=0°$,$\cos\theta=1$,$F=F_{max}$,个人的潜能得到充分发挥;当二者不一致时,$\theta>0$,$\cos\theta<1$,$F<F_{max}$,个人的潜能受到抑制。要解决这个问题,需要让个体目标主动与组织目标靠拢,引导自己的兴趣与群体一致。如果无法让个体兴趣与群体兴趣一致,则个体可考虑流动到与自己兴趣一致的部门去。

目标一致性理论指的是在评价系统中,应实现系统目标、评价目的和人力绩效指标相一致。当个人目标与组织目标一致时,才能更加激发其工作潜力。所以在绩效管理中要注意个人目标与组织目标的一致性,才能实现绩效管理的初衷。

为了协调好员工与企业之间的关系（即减小θ）,达到个体与组织两者目标一致,通常有两种解决办法。

1. 个人目标主动向组织目标靠拢或组织目标向个人目标方向靠近

个人要从实际出发,自觉限制或改变自己的行为方向,引导自己的志向和兴趣向组织和群体方向转移,并努力趋于一致。而企业一方则积极对个人进行生活或心理方面的关心,进行业务方面的指导,促进个体向群体方向转化。但这样做往往容易碰到困难,或者由于价值观上的差异难以弥合,或者由于人际关系上的矛盾难以克服,或者由于业务努力方向上难以达成一致。总之,个人目标与组织目标之间的差异难以在短期内解决,因此,这一途径可取性不高。

2. 进行人才流动,流动到与个人目标比较一致的单位或岗位去

合理的人才流动是行业人力资本在整个行业领域内的一种重新配置和优化,是一个博弈的过程,也是实现帕累托最优的必然途径。当个人的努力方向与组织的期望比较一致时,个人的积极性、创造性得到充分发挥,个人的行为容易受到组织的认同和肯定,形成良性循环。

(二)目标一致性理论的主要内容

1. 人力绩效评价指标与系统总目标的一致性

系统目标即在决策和计划中确定的人们所期望的内容及其数量值。系统输出的评价均体现为目标实现的程度,在人力系统中,就是业绩水平,这决定了业绩评价必须和系统目标相联系。人力绩效评价指标表达的是评价的要求,必然要与系统目标相一致,主要体现在以下两个方面。

(1)内容一致。人力绩效评价指标的内容应能反映目标的实质含义,做到具有一致性。人力绩效评价指标的内容不仅能够正确评价系统输出对目标值的实现程度,而且能引导系统朝正确的方向发展。

(2)内容能够反映目标的整体性。评价目标的内容应能反映系统总目标的整体和各个侧面。综合评价要求人力绩效评价指标不应该是单一的,而是根据系统的总目标进行科学的分析、系统的了解,建立一套能够反映系统总目标和整体效率的多方面、多层次、有机联系的人力绩效评价指标体系。

2. 人力绩效评价指标与评价目的的一致性

人力绩效评价指标体系是一组既独立又相关并能较完整地表达评价要求的评价因子,也就是说,人力绩效评价指标体现的是评价要求、评价目的。由于评价目的不同,人力绩效评价指标也应该有所变动。

3. 评价目的与系统目标的一致性

人力绩效评价指标既要与系统目标一致,又要与评价目的一致。这就要求评价目的与系统目标具有良好的一致性,否则,设计人力绩效评价指标体系过程将遇到难以两相适应的局面,导致评价工作的失败。此外,系统目标决定了一切活动,评价工作必

须服务于系统目标。评价只是一种手段，为评价而评价的活动是毫无价值的。因此，评价目的与系统目标的一致性，也是目标一致性原理所要求的。

四 目标管理理论与绩效管理的关系

目标管理相关理论包括目标管理理论、目标设置理论和目标一致性理论，这些理论都是从目标方面与绩效管理建立关系。要进行绩效管理，首先要有明确和可操作的目标，并按目标细则制定相应的绩效标准，所以目标管理是绩效管理制定标准的依据。当然绩效管理对目标管理进行引导和激励，绩效管理能够引导员工向组织目标方向努力，激励员工实现部门分目标，从而促进组织总目标的实现。

（一）两者相互交织，将目标实施于绩效中

绩效管理不仅要让员工有更大的自我管理空间，也要让员工工作与组织目标相契合。所以，在实施绩效管理时，需要员工共同参与，才能在将组织目标分配到部门目标再细分到个人时，实现绩效管理与组织目标的一致性。

（二）两者相互帮衬，以目标管理建立有效的绩效管理

绩效管理既重视结果，又重视过程。有效的绩效管理包括计划、实施、管理、评估和反馈。这几方面相互协调构成了绩效管理完整的过程。在绩效计划中，计划的制订需要目标为参照，才能让计划有执行的依据。目标管理理论对绩效管理有重要启示作用，见表3-1。

表 3-1　目标管理理论对绩效管理的启示

目标理论	提出者	主要内容	目标管理理论对绩效管理的启示
目标管理理论	德鲁克（1954）	强调自我控制和参与管理。设定总目标并进行分解，实现员工参与	合理设定总目标，并让各部门按实际情况设定分目标，参与管理
目标设置理论	洛克（1967）	强调目标的设置特点会影响员工的激励水平和工作热情。他认为目标具有激励作用，能够把人的需要转化为行动，再由行动按照目标的设定路径去实现目标	目标设置要遵循"SMART"原则，尽量创造条件让员工接受目标，并为目标行动

续表

目标理论	提出者	主要内容	目标管理理论对绩效管理的启示
目标一致性理论	中松义郎（1990）	目标一致性理论是在一个完整的工作系统中，应实现系统目标、评价目的和人力绩效指标相一致	引导个人目标与组织目标的一致性

二维码 3-3
广西：强化目标管理 优化小微企业发展环境

第二节 关系绩效理论

一 关系绩效理论的背景

关系绩效的提出是建立在组织公民行为等相关概念的基础之上，同时是在与任务绩效相比照而得来的。卡茨和卡恩主张有效能的组织具有三种基本行为形态：组织必须吸引并留住员工于组织系统；确保员工以可信赖方式实现组织特定角色要求；员工必须有创造性与自发性的行为，其表现超越角色规范。一个组织仅依照规定和规章行事将是一个脆弱的社会系统，组织需要有合作帮助、改善建议、利他行为与其他形态的公民行为。卡茨和卡恩在1978年提出的三维分类法是对职务绩效进行划分的基本理论框架之一，他们把绩效分为三个方面：一是加入组织并留在组织中；二是达到或超过组织对员工所规定的绩效标准；三是自发地进行组织规定之外的活动，如与其他成员合作，保护组织免受伤害，为组织的发展提供建议、自我发展等。

研究表明，有一些管理者在对下属的职务绩效进行评定时，会根据下属的这两种行为，即规定的和自愿的行为进行判断，这就为任务绩效和关系绩效的划分提供了依据。波曼和摩托维德罗在1993年提出了与任务绩效相区别的关系绩效念。波曼和摩托维德罗指出，工作绩效除了包括任务绩效以外，还应该包括关系绩效。任务绩效是指任职者通过直接的生产活动提供材料和服务对组织的技术核心所做的贡献，它主要受任职者的经验、能力以及与工作有关的知识等因素的影响。关系绩效不是直接的生产和服务活动,而是构成组织的社会、心理背景的行为,它可以促进其中的作业绩效,从而提高整个组织的有效性,如自愿承担本不属于自己职责范围内的工作,帮助同事,并与之合作完成作业活动。

阅读材料

斯普林特公司的任务绩效和关系绩效

斯普林特公司是一家总部位于弗吉尼亚州雷斯顿市的提供本地电话、无线电话、长途电话和 IP 电话服务的运营商。斯普林特公司对所有员工都要进行绩效评价,并利用五项核心胜任能力或核心"维度"来制订开发计划。这些维度包括做事诚实正直、关注顾客、达成结果、建立人际关系和展现领导力。它们不仅仅用于促使企业战略和目标的实现,同时也是一个展示怎样才算在公司内取得成功的模板。这些维度同时考虑到任务绩效和关系绩效。在绩效评价和开发阶段,公司要求员工把自己在各个维度上表现出来的行为事例写下来。例如,达成结果这个维度就与员工在本职位上承担的特定工作任务存在清晰关系。为了保证公司正常运营,每位员工都承担着需要完成的一些日常性的特定工作任务。公司还非常关心员工是如何完成这些工作的,以及他们如何对形成一个追求卓越的工作环境做出自己的贡献。这种情况很显然又与员工如何与他人建立关系以及如何诚实正直地履行日常工作职责等这样的一些维度存在联系。总之,斯普林特公司认识到了绩效管理体系充分考虑任务绩效和关系绩效的重要性。公司不仅要评价员工的工作结果,同时还要评价他们是如何通过与他人合作达到这些结果的。

二 关系绩效的构成

国内外学者对关系绩效内容构成的见解存在着分歧,比较有代表性的观点有以下几种。

1993 年,波曼和摩托维德罗描述了关系绩效的 5 个方面:自觉完成额外工作;当被提出完成重要工作的要求时,保持热情;帮助并与他人合作;甚至当个人不便时也遵守规则;公开赞同、维护和支持组织目标。

1996 年,斯考特和摩托维德罗将关系绩效分为人际促进和职务奉献,认为作业绩效包括对作业的精通和有效完成作业的动机,关系绩效包括维持良好的工作关系和帮助他人完成作业的动机。

2000年,科尔曼和波曼通过对27种关系绩效行为进行整合,提出了三维模型:人际关系的公民绩效、组织公民绩效、工作-作业责任感。人际关系的公民绩效由有利于他人的行为组成,包括利他行为,帮助他人的行为,与他人合作的行为,以及社会参与、人际促进、谦虚、文明礼貌等行为。组织公民绩效由有利于组织的行为组成,包括遵守组织规则和章程,赞同、支持和捍卫组织目标,认同组织的价值和方针,在困难时期留在组织,以及愿意对外代表组织,表现出忠诚、服从、公平竞争精神、公民品德和责任感。工作-作业责任感主要由有利于工作或作业的行为构成,包括为完成自己的作业活动而必需的持久热情和额外的努力,自愿承担非正式的作业活动,对组织改革的建议,首创精神,以及承担的额外责任。

三 关系绩效的特点

(一) 关系绩效与工作任务没有直接关系

关系绩效理论所探讨的行为和职务描述与工作要求没有直接的关系,该理论的提出就是为了弥补传统的绩效考评方法的不足,是被工作任务所遗漏的,或者这些行为是职务描述所没能够预测到的。

(二) 关系绩效是工作情境中的绩效

关系绩效的概念指出了在组织中工作与一个人单独工作是不一样的,要考虑情境因素,使得绩效评价融合更多组织的社会特征。在组织中工作,除了对于单独的工作任务有要求以外,还有对于仪表、风格、言谈、举止等方面的要求。研究表明,上司对于下属绩效的考评不仅受到工作任务完成的数量与质量的影响,而且受到社会性因素的影响。下属所表现的助人、谦让、守时等方面的因素可以影响到上司对整体绩效的评估。个体的关系绩效行为所表现的有利于组织绩效的气氛,如主动、承诺、自豪、积极,可以影响到对整个群体与组织绩效的认识。

(三) 关系绩效行为能够促进群体与组织绩效

除了完成工作任务以外,企业员工之间会有相互联系、相互协调、相互合作的行为。研究表明,这些行为可以减少部门内摩擦,辅助协调工作,提高组织绩效。关系绩效理论认为个体绩效已经不只与个人有关,与组织有关的因素,如沟通能力、人际能力、领导能力等也应当是绩效评估的重要内容。

（四）关系绩效是一种过程导向与行为导向的绩效

关系绩效理论表明，绩效标准已经从一些单纯的结果标准向综合的行为与过程标准转化。在传统的人力资源工作中，绩效是可以考察的数量化标准，如产量、单位时间内生产件数、合格率、企业业绩、市场份额等一些"硬指标"。而关系绩效理论则提出，许多绩效行为只能在工作过程中体现出来，而不是能够单独考评的结果，如个人纪律、同事之间的勉励自律行为等。绩效同时也包括许多动机因素的考评，如尽责程度、成就取向、奖励偏好、依赖性等等。另外一些有助于组织发展与组织核心价值建立的行为，如自我发展培训、开创与自发、公民美德、传播良好意愿、对组织目的的维护与承诺等等，虽然与任务结果没有短期的直接联系，但有利于组织的远期战略性发展，也是绩效的一种。

四 影响关系绩效的因素

影响关系绩效的因素可以分为两类：一类属于个体特征，主要是人格；一类是与工作特征相关的因素。大量研究已经证实，认知能力和工作知识会影响任务绩效，而个性则对关系绩效有很好的预测效果。但不同的个性因素对关系绩效的预测情况也有差异。如萨洛蒙提出大五人格的外向和责任感两个维度，更多地预测了关系绩效的职务奉献；大五人格的宜人性和经验与关系绩效相关。穆罕默德研究了能力、经验和人格对绩效的影响，发现大五人格的责任感、外向、宜人性等三个维度均与关系绩效的"合作行为"维度相关。另外，针对不同的个体，个性变量对关系绩效的影响作用是不同的。有研究表明，大五人格中外向在经理和销售员中具有预测效度，神经质对警察和技术工人样本的工作绩效具有一定作用，宜人性在经理和警察样本中表现出效度，责任感则对于所有职业的人员都具有相当预测效度，开放性只对经理样本有一定作用。

与工作特征相关的因素主要包括工作责任感、工作情境、工作满意感和组织承诺以及绩效评定程序。米勒等人对工作责任感在组织中所扮演的角色进行了研究，发现工作责任感直接影响了关系绩效，比能力更能提高预测绩效及关系绩效的正确性。贝蒂通过创造鼓励关系绩效行为的工作情境，发现工作情境直接影响了关系绩效行为。古德曼等人研究发现，关系绩效与工作满意感和组织承诺紧密相关。芬德利等人提出，绩效评定程序与关系绩效紧密相关。

五 关系绩效对组织的影响

Podskoff 等人认为，组织公民行为能够充当组织运行的"润滑剂"，减少组织各个

"部件"运行时的相互摩擦,促进生产效率的提高,有效地协调团队成员和工作群体之间的活动,增强组织吸引和留住优秀人才的能力,从而促进整个组织效率的提高。具体而言,其作用表现在以下五个方面:

(1)组织公民行为是一种自愿合作行为,能自觉维护整个组织的正常运行,从而可减少由于维持组织正常运行而被占用的稀缺资源数量,即减少对稀缺资源的占用;

(2)能使组织所拥有的资源摆脱束缚,投入到各种生产活动之中;

(3)能促进同事和管理人员生产效率的提高;

(4)能有效地协调团队成员和工作群体之间的活动;

(5)能增强组织吸引和留住优秀人才的能力。

波曼和摩托维德罗分辨了作业绩效和关系绩效在人员选拔中的作用,认为关系绩效包含组织公民行为和亲组织行为,上级在评定下属的绩效时会平等地对待其作业绩效和关系绩效。人格有效地预测关系绩效,并成为总绩效的调节变量,而且人格与关系绩效之间的相关性,高于人格与总绩效之间的相关性,这种联系提高了人员选拔的有效性,摩托维德罗和斯考特的研究表明,作业绩效的有效预测源是认知能力,而关系绩效的有效预测源是人格,这说明在人员选拔中使用人格测验,将会提高测验的整体效度。由此可见,关系绩效影响人员选拔的有效性,这在人事招聘与选拔方面有重要意义。

关系绩效的提出改变了传统的、以工作技能为基础的培训内容,它要求培训能够鼓励工作情境中的关系绩效。培训研究人员已经提出了与团队培训相关的事项,其中一个就是关系绩效的内容应该增加,就像沃纳和乔恩所提出的,他们的工作怎样与更宏大的组织规划相适合,以及在他们的立场上,自觉行动如何能帮助其他成员更有效地完成工作,等等。

关系绩效的提出扩展了绩效行为指标的内涵,把那些职务说明书未明确规定的,但是会对组织绩效做出贡献的行为上升为绩效,从而使传统的绩效评定由强调"人-职务"相结合的个体层次,向强调"人-组织"相合的组织层次转变。康威认为,关系绩效对整体绩效的贡献与作业绩效相当,而且其各个方面对整体绩效都有独特的贡献;摩托维德罗和斯科特提出,人际促进和职务奉献两个维度对整体绩效的预测能力超过了作业绩效的预测能力。

六 关系绩效理论对人力资源管理的影响

国内外研究者对关系绩效理论在实践中的应用问题进行了多年的研究。关系绩效理论加深了人们对组织行为和绩效的理解,在人力资源管理实践上也为实际工作者提供了工作分析、招聘与选拔、员工的培训与开发、薪酬决策、绩效评估等方面的新思路。

（一）工作分析

工作分析是人力资源管理的基石和导向。工作分析是选拔、培训、薪酬、绩效等人事决策的基础和依据。如果绩效包括任务绩效和关系绩效，并且大多数管理者在设定报酬时考虑了关系绩效，那么关系绩效在工作分析中就应受到重视。关系绩效理论在工作分析中的应用主要体现在以下方面。

(1) 工作分析在内容上的拓展。企业改变以往只强调工作任务的完成，如在工作分析中只描述了一些具体的任务，企业也应关注员工个体特征，如在工作中应表现出的合作性、主动性等。由于关系绩效只能靠行为表现，因此，工作分析可运用关键事件法让关系绩效被包含其中，施密特指出，如果关系绩效不能用工作描述的事件来定义，那么绩效结构的建立应遭到批评。他还进一步指出，传统的工作分析和职位描述未能确认在高绩效目标工作中一贯很重要的行为，而这些行为是高绩效的一部分。

(2) 工作分析在程序方法上被拓展。关系绩效应用到工作分析中就要考虑工作角色的差异性。不同的工作角色要求有不同的关绩效范围和水平。工作角色既包括那些传统工作描述中的最可能出现的固定任务成分，也包括在特殊工作环境中，员工努力执行工作任务时发展的紧急任务成分。工作分析应力图整理特定工作角色要完成的事件，在系统的记录和区分固定和紧急的工作任务成分中，能够明晰该角色所需要的任务和关系绩效。

（二）招聘与选拔

在人事选拔中，企业希望雇用到高质量员工而采用先进、有效的测量工具。但为什么选拔测验的效度往往和这种测量工具呈负相关呢？除实用性、费用对合法性担心等问题能部分解释其原因，采用非结构化面试是主要原因。关系绩效对招聘、选拔的贡献之一就是在人事选拔时采用结构化面试。盖特伍德和菲尔德指出招聘面试应考察员工三个方面的特征：业务知识、人际关系和组织行为。在组织行为下，可罗列出以下特征：可靠性、责任心、稳定性和持久性。这些方面很大程度上与关系绩效相重合。关系绩效支持采用能够反映员工各方面特征的情境面试（结构化面试）。拉萨姆和斯卡利克发现情境面试能有效地预测针对组织和群体的关系绩效。

关系绩效对人事选拔领域的另一贡献就是人格测验在人员选拔中的运用。波曼和摩托维德罗强调个性对关系绩效的预测作用，提出关系绩效与任务绩效有不同的预测变量。前者主要是个性因素，后者主要是与任务有关的技能、知识和能力。有研究指出，责任心比其他个性变量更显著地与关系绩效相关。这说明在人员选拔过程中，合理地使用人格测验会增加整个选拔过程的附加值，提高测验的整体效度。

（三）员工的培训和开发

培训对于提高企业质量管理水平起关键作用,特别是对于那些重在提高工作质量的团队更明显。团队成员需要学习高绩效任务的技术,也同样需要接受协调人际关系的技能培训,如学习矛盾冲突解决手段。在全面质量管理下,许多团队发展所需要的技术都和关系绩效有关,由于这些技巧没有在工作说明书中规定,往往被培训者忽视。关系绩效要求在以后的团队培训中增加关系绩效的内容,在培训中提升员工对关系绩效的认识水平,将其理解为一种拓宽了的工作范围。比如,他们的工作怎样与宏大的组织蓝图相联系,在工作流程中自发行动如何帮助"上游"和"下游"的员工更有效地完成工作等。

招聘选拔中,组织会雇用那些有关系绩效倾向的员工,但有研究表明:在工作中,员工关系绩效水平会受动机因素的影响,并且低的动机水平不会使关系绩效和任务绩效的培训有效果。培训者应该通过有效的培训计划提高员工的动机水平,如提高员工的自我效能,综合运用目标设置理论、需要理论、期望理论等学习理论。

个性、态度、感情、承诺等个体差异变量影响员工关系绩效水平,组织应通过培训培养或加强有利于关系绩效发挥的个体特质、改变态度、增加组织忠诚感。在培训中,运用各种方法强调工作情境中的关系绩效或组织公民行为,如情境模拟、角色扮演等。让员工认识到哪些行为是组织所认同、推崇的,有助于任务绩效和企业的发展。

（四）薪酬决策

绩效是员工薪酬支付的基础。关系绩效理论在薪酬领域有着重要意义。关系绩效不仅影响着上级的薪酬决策过程,而且涉及员工的公平感、激励机制等问题。许多研究表明,关系绩效与报酬奖励之间有着显著的相关性。比如,由于提出新观点或结构性建议而受到奖金奖励的员工,会执行对组织职能有效的而一般不被预先规定的行为,即关系绩效行为。

研究指出,在组织报酬实践的觉察与关系绩效之间也有显著的相关性。当员工察觉到任务绩效和关系绩效都被平等地付酬时,就会有增加关系绩效的倾向。而且关系绩效和程序公平之间要比它和贡献公平之间有更高的相关性,这说明员工对公平与公正的知觉更可能是与绩效的广义定义联系的。

关系绩效也影响着上级的薪酬决策。研究表明,"任务绩效"与关系绩效的"人际促进"都对上级薪酬决策偏好有着正向的影响,且是互动的。"人际促进"对上级薪酬决策偏好的正向影响倾向于随着任务绩效水平的增加而增加,任务绩效对其影响也有随着人际促进水平的增长而增长的趋势。研究进一步表明。当上级观察到其中一个维度的无效行为时就低估了另一维度有效性的价值。这是一种知觉性的错误,它导致评估者在观察到个体在任何一个重要维度无效时就会过度贬低个体整个贡献的价值。

显然,任务绩效和关系绩效都是非常重要的,以至于在上级关于薪酬分配的决策中,它们任何一方的有效都不足以弥补另一方的无效。这种任务绩效和关系绩效的相互影响作用,给管理者的启示是:对于那些技术方面有效率的人,应该对他们的关系促进方面的成绩给予更多的奖励;而对于那些在人际关系方面表现出色的人,应该对他们的技术方面取得的成绩给予更多的奖励。

(五)绩效评估

关系绩效理论修正了企业的绩效结构,改变了人们只将绩效看成是一种结果或仅仅是具体任务的完成的观点。它直接或间接地推动了绩效在实践和理论上的发展。

企业改变在绩效考核中从只注重对结果或产出的评估转移到强调对行为的评估。在绩效体系中,企业应健全与工作相关的评估标准,尽可能地把标准制定得详尽、可操作化。企业应开发出一套反映新绩效结构的行为测量方法来代替对反映员工特征,如合作性、主动性的主观描述评价。

默菲和莎瑞拉提出绩效评估中通常缺乏信度可能是由于绩效本身是多维度的,但在进行绩效测量中常被看成单一维度。组织需要明确在其特定的环境里绩效的真正含义,绩效评价标准不能仅限于传统的工作分析,还应包括在组织中有价值和受推崇的行为标准。研究表明,关系绩效对整体绩效评价的贡献与任务绩效相当,关系绩效的各个方面对整体评价都有独立的贡献,并且评价能力要超过任务绩效的预测程度,企业应根据自己的发展特点和战略确定任务绩效和关系绩效在绩效评估中的权重。

关系绩效应用在企业绩效中就需要保证考评者对员工关系绩效的一般认知是可靠的。在评估考核标准里并不需要大量地罗列出每一种关系绩效的行为,而应该选出少量具有典型性的企业所推崇的员工绩效行为,这可以通过清单列表或行为锚定法来实现,另外,有研究表明,由于同事比上级能更好地评价员工关系绩效,因此在对员工绩效的整体评估中,上级评价更适用于对员工任务绩效的评价,同事评价则多适用于评价员工责任心、额外努力、团队合作等行为。

(六)其他方面

关系绩效理论使得对劳资关系的研究从以往对工会的强调转移到更广泛的对雇员关系的关注、对工作场所的平等与公平研究的关注。与关系绩效相关的主题主要有程序公平、绩效监督、领导者公平以及雇员信任。有关调查表明,管理人员和工会领导者都已经意识到雇员绩效中关系绩效的重要性,现在对于工会领导者的培训也倾向于提升关系绩效的水平。

经典案例3-1

一、阅读材料

Z公司的目标管理

Z公司每半年考核一次,眼见离考核的日子越来越近,公司信息中心的主管张童心里却很不是滋味,原来他听到了公司其他部门对信息中心的批评意见。现在公司的信息中心简直就是服务部门,哪里单子急就朝哪里去,谁的需求来了都不敢怠慢,可是信息中心就这么几个人,而且一有需求都说是特急的事儿,也拿不准该听谁的;并且像个救火队,根本没有什么时间做技术储备和超前研发,对将来毫无计划。

最重要的是,在张童的印象里,公司一直以来对信息中心的考核始终没有一个明确的说法。总结大会上,领导总是以几句类似于"信息中心为我们实现今年的目标做出了突出贡献"之类的概括性极强的话一笔带过。至于信息中心人员的考核,人事部参照的是业务部门的考核体系,只不过稍微更改了几项考核指标。去年,人事部在信息中心的绩效考核中又增加了一项:其他部门给信息中心打分。对此,人事部给出的解释很简单:既然信息中心的自我定位是服务部门,那么就应该考核服务满意度。结果,信息中心的考核成绩比公司平均水平差了一大截。张童觉得人事部的做法不妥。但究竟怎样考核才算科学、公平?他也说不出个道道来。"都说信息中心的功过得失看不清楚、投入产出比难以量化,这话不假啊!"张童时常感慨。前不久,他从朋友那里听说平衡计分卡可以解决这个问题,但到底效果如何,实施过程中有哪些问题?他一头雾水。跟人事部的人提起来,他们的反应居然是:"有这个必要吗?多半会简单问题复杂化。"为了让他放心,他们信誓旦旦地说:"我们一定会找到更合理的考核方法。不用平衡计分卡,也能把信息中心的绩效问题整得像小葱拌豆腐一样,一清二白。"

话说得掷地有声,但张童的心里一直犯嘀咕:"为什么不用平衡计分卡?人事部所谓的'更合理的考核方法'在哪儿呢?"半年考核很快就要到了,张童很想在这之前给自己部门的人一个说法。

(资料来源:http://www.chinahrd.net/article/2013/05-15/32653-1.html,有改动。)

二、阅读并思考

1. 目标管理的实施步骤有哪些?
2. 目标管理的优缺点有哪些?

第三节 激励理论

绩效管理强调发挥人的积极性,激励人的行为。激励理论作为对人的激励研究,能够给绩效管理提供丰富的理论基础。

一、人性假设理论

人性假设理论是管理学中的重要理论,它关乎管理者对待人的看法,进而影响着管理者对人的管理方式。人性假设理论由美国学者麦格雷戈1957年在《企业的人性面》一书中加以论述,之后,获得学术界的认可与关注。从西方管理学理论开始,西方学界对人性的认识可以归纳为:"经济人"假设、"社会人"假设、"自我实现人"假设和"复杂人"假设。

(一)"经济人"假设

"经济人"假设是由英国经济学家亚当·斯密提出的。他认为人的行动均是基于经济诱因,人工作是为了获取经济报酬,所以需要利用金钱利诱,组织机构操纵及权力控制,才能使员工做出预想行动。

麦格雷戈将"经济人"这一类思想统称为"X理论",主要观点如下。
(1)多数人是懒惰的,不愿意付出劳动,总是希望能够逃避工作。
(2)多数人的目标与组织目标不一致,必须要采用强制办法才能实现组织目标。
(3)多数人没有远大理想,不愿负责任,甘愿接受领导。
(4)多数人工作只是为了获得金钱,只有金钱才能激励他们工作。
"经济人"假设的管理特点如下。
(1)管理工作重点在提高生产效率,忽视对人的情感需求满足。
(2)严格执行按件计酬,用金钱收买劳动力,利用金钱实施奖惩。
(3)管理只是少数人的事,大部分人员只是听从指挥。

(二)"社会人"假设

"社会人"假设是由美国学者梅奥1933年总结霍桑实验得出的。他认为人类工作动机除了获得经济利益外,还有工作中的社会关系。只有满足了工人的金钱需求和社会关系需求,才能调动他们工作的积极性。"社会人"假设主要如下。

(1)人的行为除了获得金钱,还有社会需求。
(2)工人的工作热情会随着管理者对工人的需求满足程度的变化而变化。
(3)人的思想活动更多地由情感而不是固定性逻辑引导。
(4)组织中除了正式组织,还有非正式组织存在,能够满足部分人员的社会需求。

1981年,威廉·大内根据"X理论""Y理论",结合对美、日两国的一些代表性企业的研究,得出"Z理论"。该理论认为企业的成功离不开信任、敏感与亲密,所以主张以开放、沟通为基本原则,形成畅通的管理体制,关注员工成长,并对员工实行长期雇用关系。

(三)"自我实现人"假设

"自我实现人"是美国学者马斯洛提出的一个概念,指的是人都有发挥自己的潜力和表现才能的需求,只有人的潜力和才能得到发挥,人才会得到最大的满足。他指出人的需求是有层级的,只有当基层的需求得到满足,才有高层的需求,且只有层级需求都得到实现,人才能得到最大的满足。麦格雷戈总结了马斯洛、阿吉里斯等人的观点,结合管理问题将"自我实现人"假设称为"Y理论"。主要内容如下。

(1)人都是勤劳的,有较强的责任心,会主动承担责任。
(2)个人目标与组织目标没有根本利益冲突,如果条件允许,他们愿意将个人目标与组织目标相契合。
(3)控制和奖惩不是控制员工的唯一手段,员工在执行任务时会有自己的想法,有一定的自主性。

(四)"复杂人"假设

20世纪60年代末70年代初,复杂论学者认为前面三种人性假设理论均有片面性,所以提出了"复杂人"假设。他们认为人是综合性的、复杂的,并不仅仅是单一的"经济人"或者"社会人",人的行动受多种综合性复杂因素影响。因其是"Y理论"的延伸,大部分学者称其为"超Y理论"。主要观点如下。

(1)人怀着各种动机参加活动或者工作,但最主要的是实现自我目标。
(2)人是复杂的,而且是变动的。
(3)人的需求与其所处的环境有关,当环境发生变化时,需求也会相应变化。
(4)当人的一个目标得到实现时,成就感会自动激发他向着更高目标奋进。
(5)人可以依靠自己的需求和能力,对不同的管理方式进行应对,所以不存在一套对任何人都适用的管理方式。

二 需要激励理论

需要激励理论中较为著名的有需求层次理论、双因素激励理论和成就需要理论。

（一）需求层次理论

1943年，马斯洛在《人类激励理论》中提出需求层次理论。他将人类的需求分为五个层次：一是生理需求，包括水、食物、住所、衣物、性等需求；二是安全需求，包括健康保障及家庭、财产、住所安全不受威胁的需求等；三是情感和归属需求，包括亲情、友情、爱情上的需求及照顾；四是尊重需求，包括他人对自己的尊重、有稳定的社会地位、有威望及成就感等；五是自我实现需求，包括实现自身抱负、发挥自身潜力、成就自我。他认为人的需求是按这五个层次逐级递增的，只有前面的需求获得满足，才会有后面的需求，且只有前面的需求得到保障，后面的需求才显得有意义。

（二）双因素激励理论

双因素激励理论（又称"双因素理论"）是由赫茨伯格在20世纪50年代末提出的。该理论是在马斯洛需求层次理论提出后，赫茨伯格通过进一步研究，从工人角度，询问他们在工作中希望获得什么，工作中什么事项让他们感到满意，什么事项感到不满意，并通过对不同环境下的工人的回答，将基本希望获得的需求称为保健因素，将更高层次的需求划分到激励因素。保健因素包括薪酬、工作条件、行政管理、福利待遇、安全措施及人际关系等；激励因素则是工作上的成就感及自豪感、职务上的责任感及自身对未来的发展期望。他指出保健因素是造成员工不满的因素，当保健因素得不到满足时，员工就容易闹情绪，消极怠工，这些因素只是维护员工基本的工作需要，无法达到激励员工的目的。而激励因素则是更高层次的因素，能够让员工感到满意，极大地激发员工热情，实现自我价值。

二维码3-4
微帖：
弗雷德里克·
赫茨伯格简介

需求层次理论和双因素激励理论都是对人的基本需求和发挥人的积极性所做出的层次理论，它们之间有着较多的相似性。可以说需求层次中的前三层需求为双因素理论中的保健因素，而后两层需求则与激励因素相对应。双因素激励理论是对需求层次理论在工作环境中的一种延伸与细化,具体见图 3-2。

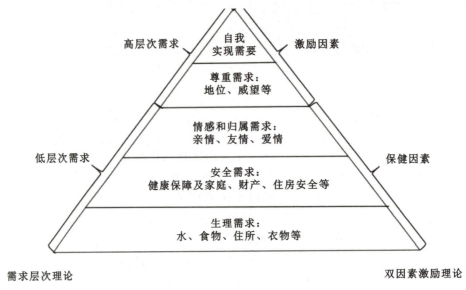

图 3-2　需求层次理论与双因激励素理论比较

(三)成就需要理论

成就需要理论是麦克利兰通过对人的需求和动机进行研究而得出的。他认为人的很多需要都是社会性的,而不是生理性的,而且由于受教育环境和素质的不同,人的需要也会不同,"自我实现"的标准自然不同。他将人在工作中的需要划分为三种。

1. 权力需要

权力需要指的是影响或者控制他人且不受他人控制的需要。麦克利兰等研究者发现,高权力需要者对影响或者控制他人有较强的兴趣,喜欢对别人发号施令。他们常常喜欢争辩、健谈、性格坚定、爱教训人,善于在公开场合演讲。

2. 归属需要

归属需要是指与别人建立良好的交往关系,希望被他人接纳的需要。有这种需要的人能从交往中得到乐趣,渴望有着良好的社交关系,喜欢合作和融洽的工作环境,希望员工之间多沟通和理解。

3. 成就需要

成就需要指追求卓越、渴望获得成功的需要。有些人希望得到物质上的满足,但是对于另一些人,他们对物质需要没有多大兴趣,而是更加渴望实现自我,他们喜欢挑战,追求荣誉。这种需要与马斯洛的自我实现需求类似,但是更具体。成就需要者渴望把事情做得更加完美,需要自我潜力的发挥,喜欢设定工作目标并以此来检验自己是否有进步。

三 期望理论

期望理论由维克托·弗鲁姆于1964年在《工作与激励》中提出。弗鲁姆认为,人总是渴求满足一定的需要并设法达到一定的目标。这个目标在尚未实现时,表现为一种期望,这时目标反过来对个人的动机又是一种激发力量,而这个激发力量的大小,取决于目标价值(效价)和期望概率(期望值)的乘积。

$$M = VE$$

式中,M 表示激发力量,是指调动一个人的积极性、激发人内部潜力的强度;V 表示目标价值(效价),是指达到目标对于满足他个人需要的价值;E 是期望值,是人们根据过去经验判断自己达到某种目标的可能性是大还是小,即能够达到目标的概率。

弗鲁姆的期望理论,对于有效地调动人的积极性,具有一定的启发和借鉴意义。期望理论是在目标尚未实现的情况下研究目标对人的动机影响。一个好的管理者,应当研究在什么情况下使期望大于现实,在什么情况下使期望等于现实,以更好地调动人的积极性。

四 公平理论

(一)公平理论概述

公平理论是美国行为科学家斯塔西·亚当斯在《工人关于工资不公平的内心冲突同其生产率的关系》(1962)、《工资不公平对工作质量的影响》(1964)、《社会交换中的不公平》(1965)等著作中提出的一种激励理论。该理论侧重于研究工资报酬分配的合理性、公平性及其对职工生产积极性的影响。

公平理论指出:人的工作积极性不仅与个人实际报酬多少有关,而且与人们对报酬的分配是否感到公平更为密切。人们总会自觉或不自觉地将自己付出的劳动代价及其所得到的报酬与他人进行比较,并对公平与否做出判断。公平感直接影响职工的工作动机和行为。因此,从某种意义来讲,动机的激发过程实际上是人与人进行比较,做出公平与否的判断,并据以指导行为的过程。公平理论研究的主要内容是职工报酬分配的合理性、公平性及其对职工产生积极性的影响。

亚当斯认为：职工的积极性取决于他所感受的分配上的公正程度（即公平感），而职工的公平感取决于一种社会比较或历史比较。所谓社会比较，是指职工对他所获得的报酬（包括物质上的金钱、福利及精神上的受重视程度、表彰奖励等）与自己工作的投入（包括自己受教育的程度、经验、用于工作的时间、精力和其他消耗等）的比值及他人的报酬与投入的比值进行比较。所谓历史比较，是指职工对他所获得的报酬与自己工作的投入的比值同自己在历史上某一时期内的这个比值进行比较。

每个人都会自觉或不自觉地进行社会比较，同时也会自觉或不自觉地进行历史比较。当职工对自己的报酬做社会比较或历史比较的结果表明收支比率相等时，便会感到受到了公平待遇，因而心理平衡，心情舒畅，工作努力。如果认为收支比率不相等时，便会感到自己受到了不公平待遇，从而产生怨恨情绪，影响工作积极性。当认为自己的收支比率过低时，会产生报酬不足的不公平感，比率差距越大，这种感觉越强烈。这时职工就会产生挫折感、义愤感、仇恨心理，甚至产生破坏心理。少数时候，也会因认为自己的收支比率过高而产生不安的感觉或感激心理。

（二）公平理论公式

公平理论公式[①]如下：

$$Q_p/I_p = Q_o/I_o$$

式中，Q_p 代表自己所获得报酬的感觉；I_p 代表自己对个人所作投入的感觉；Q_o 代表自己对他人所获报酬的感觉；I_o 代表自己对他人所作投入的感觉。

当等式成立时，个人才觉得公平，否则会产生不公平感。

（三）个人感到不公平时会产生的行为

1. 自我安慰

当职工感到不公平时，他可能千方百计进行自我安慰，如通过自我解释，主观上造成一种公平的假象，以减少心理失衡或选择另一种比较基准进行比较，以便获得主观上的公平感。

2. 要求改变

采取某些措施改变自己（消极怠工，减少付出）或者别人（向上级申诉）的收支比率，让自己觉得达到公平。如要求把别人的报酬降下来、增加别人的劳动投入，或要求给自己增加报酬、减少劳动投入等。

---

① 孙伟,黄培伦.公平理论研究评述[J].科技管理研究,2004(4):102-104.

3. 更换比较对象

当自己的收支无法与他人比较达到公平时,会降低自己的先前目标,另找他人进行比较,以实现公平感。

4. 发牢骚,制造矛盾

可能采取发牢骚,讲怪话,消极怠工,制造矛盾或弃职他就等行为。

二维码 3-5
微帖:
斯塔西·亚当斯
简介

五 强化激励理论

(一)强化激励理论概述

强化激励理论由伯尔赫斯·弗雷德里克·斯金纳提出,对一种行为的肯定或者否定的后果,会在一定程度上决定该种行为以后出现的次数,这就是强化。① 他研究人的行为与外部因素的刺激之间的关系,在外部影响因素中能够影响人的行为因素称为强化物,其有正负之分:能够吸引人的因素称为正强化物,如奖励、肯定;而消极的因素则称为负强化物,主要有惩罚、否定等。根据理论,当员工的某些行为受到奖励后,其可能会继续重复这种行为,这就是正强化作用;而当某种行为受到惩罚后,该种行为将会减少,这就是负强化作用。所以在进行绩效管理时,需要采取适当的强化物引导员工的行为。斯金纳提出强化物需要有吸引性、排他性及合理性,这样才能吸引员工的注意。

(二)强化激励理论应用原则

(1)经过正强化的行为会趋向于再次发生,而经过负强化的行为则会减少发生。

---

① 毕蛟.斯金纳和强化理论[J].管理现代化,1988(6):47-48.

(2)强化物应与行动者的付出相匹配,才能具有强化作用。

(3)要明确训练需要还是激励需要。这两者的明晰能够使激励和训练产生不同效果。

六 激励与绩效管理的关系

激励与绩效管理存在着共生共存的关系,绩效管理的目的是激励员工实现组织目标,激励的目的是为绩效的产生给予动力保障。

(一)相互促进

从人性假设论中管理者对待员工的看法,到需要、强化等激励理论,都是关乎管理者如何提高员工工作积极性的研究。人性假设论中,管理者对待员工看法的变化,说明员工的主体意识在不断显现,也说明管理者在进行绩效管理时更加注重员工的利益。而在需要、强化等激励理论中,管理者主动寻求能够引起员工注意的激励因素,并以此来激发员工的积极性。

(二)相互影响

在组织活动中,员工的积极性直接影响着管理绩效,而要发挥员工的积极性,则少不了激励手段,所以激励与绩效管理有着重大联系。可以从员工角度出发:员工工作的目的是什么?员工在工作中对什么是满意和不满意的?只有想清楚了这两个方面,管理者才能进行下一步,让员工按着组织目标采取积极行动。员工角度是需求,管理者角度采取的激励手段,两者的结合就成了绩效管理。

(三)共生共赢

在绩效管理中要利用激励手段,必须明确员工的需求,采取适当的强化物,才能激励员工。而激励理论则是管理者进行绩效管理的参照,通过对激励理论的了解,可以让管理者知道自己的员工需要什么。管理者采取的激励行动又能够丰富激励理论,实现激励与绩效管理的双赢。

激励理论对绩效管理的启示见表 3-2。

表 3-2 激励理论对绩效管理的启示

理论	提出者	主要内容	对绩效管理的启示
人性假设理论	麦格雷戈 梅奥 马斯洛	(1)亚当·斯密提出"经济人"假设,认为人是懒惰的,不愿工作,需要强制劳动等。 (2)梅奥提出"社会人"假设,认为人除了金钱需求,还有社会需求。 (3)马斯洛提出"自我实现人"假设,认为人都有发挥自己潜力的欲望。 (4)20世纪六七十年代的"复杂人"假设,认为人是复杂的,受多种因素影响	绩效管理应该重视人的发展,关注人的自主性
需要激励理论	马斯洛 赫茨伯格 麦克利兰	(1)马斯洛提出需求层次理论:人类需求具有五个层次,分别是生理需求、安全需求、情感和归属需求、尊重需求及自我实现需求。 (2)赫茨伯格于20世纪50年代提出双因素激励理论,将影响员工积极性的因素划分为激励因素与保健因素。 (3)麦克利兰提出成就需要理论,认为员工有权力需要、归属需要、成就需要	管理者需要了解员工处于哪个需求阶段,并采取合适的激励手段与员工的需求结合起来,才能发挥员工工作积极性
期望理论	弗鲁姆	目标具有激励作用,能把人的需要转化为动机,使人朝着一定的方向努力,当行动与目标出现偏差时,目标的吸引力会促使人及时修正行动,从而实现目标	管理者需要加大实现目标时的激励,正确利用目标去吸引行动者行动
公平理论	亚当斯	员工的行动依据为收入与回报是否公平,其自身认为的公平性将影响其工作态度	管理中尽可能实现报酬公平,当出现不公平时要积极纠正
强化激励理论	斯金纳	将影响人行动的因素称为强化物,奖励等称为正强化,有积极作用;处罚为负强化,有抑制作用	利用好强化物的作用,积极引导员工行为

中英文关键术语

目标管理理论（Management by objectives）
关系绩效理论（Contextual performance theory）
激励理论（Motivation theory）
人性假设理论（Hypothesis theory of human nature）
需要激励理论（Hierarchy of needs）
双因素激励理论（Two factor theory）
期望理论（Expectancy theory）
公平理论（Equity theory）

二维码 3-6
第三章自测题

复习思考题

1. 目标管理理论的内容是什么？
2. 目标管理理论和绩效管理的关系是什么？
3. 影响关系绩效的因素有哪些？
4. 人性假设理论中的"社会人"定义是什么？
5. 双因素理论的主要内容是什么？
6. 强化激励理论的应用原则是什么？

二维码 3-7
第三章参考答案

案例分析题

 一、阅读材料

  A 公司是深圳一家创立近 3 年的传媒有限公司，主要负责推广央视某节目制作。成立初期公司效益较好，办公地点由偏远地区搬至福田区。2015 年，小明来到公司任职，了解了公司的运作，公司主要由业务部构成，业务部负责发掘、联系意向客户，并向客户发出邀约，以参会方式向客户宣传公司产品。

  入职后，小明发现并没有培训时人力资源部说得那么简单，公司每个礼拜的运作基本差不多，周一到周三邀约客户，周四准备会议材料，周五召开会议。周末本是自由放假时间，但是每个周六、周日都需要整理会后总结及开始收集新的客户资料，没有自己的自由活动时间，每个月都是高强度的工作节奏。薪酬方面：底薪 3000 元，不包吃住，有产品提成，每销售出一套 24 万元的产品，会有近 1 万元提成。在小明任职的 2 个月里，整个公司 300 多人，共销售出去 12 套产品。员工活动方面：每天早晨和晚上下班前都会有例会，布置任务和总结工作情况，月底不定时会有部门聚会。

小明入职 2 个月发现，不少老员工因各种理由辞职，而招聘网站上每天都有招聘信息更新。慢慢地，骨干老员工离职，新员工进进出出，没有一个稳定的团队，公司业绩每况愈下。在此情况下，公司开辟东莞市场，将深圳部分员工安排到了东莞分公司，深圳公司日渐单薄，东莞分公司也没见多大起色。2 个月后，小明因事离职，在离职表上写下：公司快速的发展需要有坚实的基础。

 二、讨论题

1. 请用激励需要理论分析 A 公司离职率高的原因。
2. 请结合自身认知，分析 A 公司每况愈下的原因。

第四章

绩效计划

本章引例

惠普员工业绩指标的"SMTABC"原则

作为入驻世界上第一个高科技工业园——斯坦福研究院的第一批公司之一，惠普公司一直都被认为代表了美国硅谷的神话。惠普公司近几年的业绩难称理想。在2015年，惠普公司被拆分为惠普企业（HPE）和经营PC与打印机业务的惠普（HP）。在对公司绩效管理方面，惠普公司要求公司每个层面的人员都要制订各自的计划。股东和CEO要制订战略计划，各业务单位和部门要制订经营计划，部门经理和其团队要制订行动计划。通过不同层面人员的相互沟通，公司上下就能制订出一致性很高的计划，从而有利于发展步骤的实施。

惠普公司在汲取德鲁克目标管理原则基础之上，制定了以"SMTABC"6个英文字母命名的员工绩效指标。S(Specific,具体性)，要求每一个指标的每一个实施步骤都要具体详尽；M(Measurable,可衡量)，要求每一个指标从成本、时间、数量和质量等四个方面能作综合的衡量；T(Time,定时)，业绩指标需要指定完成日期；A(Achievable,可实现性)，员工业绩指标需要和高管、事业部及公司的指标相一致且易于实施；B(Bench mark,以竞争对手为标杆)，指标需要有竞争力，需要保持领先对手的优势；C(Customer oriented,客户导向)，业绩指标要能够达到客户和股东的期望值。

正是因为惠普公司制订的完善、科学的绩效计划，在经历拆分危机之后的2017年，惠普公司突然强势反弹，PC出货量为5516.2万台，一举超越联想公司而成为全球PC老大。惠普创造出理想业绩的原因离不开科学的绩效计划。

第一节 绩效计划概述

一 绩效计划的含义

古人云："预则立，不预则废。"没有具体的行动计划，目标只能反映一个美好的愿望。计划作为管理职能中最基本的职能,是实施其他管理职能的前提条件。组织通过计划,既可以为组织的行动提供方向,又可以为组织的行动设置标准,以易于控制活动,避免资源浪费。一项完整的计划,通常应该包括"5W1H"。What(要做什么),即需要什么样的行动,需要明确的所进行的活动及要求。Why(为什么做计划),即组织为什么需要这项行动,需要明确计划的目的和原因,使计划者了解、接受和支持这项计划。When(什么时候做),即何时行动,需要规定计划中各项工作开始和结束的时间。Where(在什么地方做),即在何处行动,需要规定计划实施地点或场所,了解计划实施的环境条件及限制因素,以便合理地安排计划实施的空间。Who(由谁来做),即谁应该为这项行动负责,需要划分部门和组织单位的任务,规定由哪些部门和人员负责实施这项计划,包括每一阶段的责任者、协助者,各阶段交接时由谁鉴定、审核等。How(怎么做),即如何行动,需要制定实现计划的具体措施以及相应的政策、规则,对资源进行合理分配和集中使用,对生产能力进行平衡,对各种派生计划进行综合平衡。

绩效计划作为绩效管理的第一步,也是最重要的一步,是实现高水平的企业绩效的基础条件。通过它可以在公司内建立起一种科学合理的管理机制,能有机地将股东利益和员工的个人利益整合在一起,其价值已被国内外众多公司所认同和接受。绩效计划并不是一份简单的工作,它强调管理者与员工之间的互动,强调双方为了达到绩效目标所应做出的努力,比如员工用何种方式最有效地实现预期绩效,以及管理者针对员工的现状,设置何种人力资源培训与开发等措施帮助员工达到绩效目标等内容。一些学者认为,绩效计划是组织将一定时期内的绩效目标自上而下进行分解、员工全面参与管理、明确自己的职责和任务的过程,是绩效管理的一个至关重要的环节。还有学者认为,绩效计划是在新的绩效周期开始时,管理者和员工就其在该绩效周期内要做什么、需做到什么程度、为什么要做、何时应做完、员工的决策权限等问题进行讨论,促进相互理解并达成协议。绩效计划作为绩效管理系统的首要环节,是对企业绩效工作进行计划的过程,也具有计划的特点和功能。

本书认为,绩效计划是指在进行新的绩效管理周期的时候,管理者和下属通过绩效沟通的方式针对组织的战略目标和年度工作计划,对组织的目标达成一致的认识,并进一步明确各部门岗位的职责与目标,在管理者和下属之间达成正式工作契约的过程。这一阶段的主要任务是确定员工的绩效考核目标、考核指标以及绩效考核周期。绩效计划的制订过程是一个双向沟通的过程,沟通的结果最终会以正式计划书的形式落实。在这个双向沟通的过程中,绩效计划主要涵盖以下内容。

(一)绩效计划是关于组织目标选择和标准的契约

组织如果缺乏明确的目标,或者多个目标相冲突,则很难取得较高的绩效。因此为了保证组织成员有效地完成计划,管理者和下属需要对组织和个人的工作目标和行为标准达成一致的认识。这份契约需要明确的内容包括:员工在本次绩效周期的工作职责;所要达到的工作目标;工作目标的完成时限;各岗位工作结果的衡量和评估指标;绩效信息的获取渠道;绩效工作的指标权重等。

（二）绩效计划的制订是管理者与下属双向沟通的过程

传统绩效计划制订是组织管理者单向制订的过程，通过管理者制定好总目标然后逐层分解到组织的各个部门、各个岗位当中。而现代科学的绩效计划制订流程则是管理者与下属双向互动式的沟通过程，管理者和下属双方都对绩效计划负有责任。整个过程就是双方不断交换意见、最终达成共识的过程。在这个过程中，需要注意以下两点。

1. 管理者要向下属阐释说明的事项

管理者要向下属阐释说明组织的战略总目标以及战略总目标之下的子目标是什么；为达到绩效周期内的子目标，管理者对下属的期望是什么；对下属的工作的考核指标是什么；对下属的工作的考核标准是什么；各个考核指标的权重是什么；完成工作的时限应如何制定。

2. 下属需要和管理者沟通的事项

下属需要向管理者表述自己对所设定工作目标和如何完成工作目标的认识；对自己的工作目标所存在的疑惑和不解之处；自己对工作目标的规划；在完成目标的过程中可能遇到的困难及需要组织提供哪些资源和支持。

（三）全员参与和承诺是制订绩效计划的前提

绩效计划需要人力资源管理专业人员、组织管理者及员工三方力量的全面参与合作的过程，是一个在人力资源管理专业人员指导下开展的双向沟通的过程。人力资源管理专业人员主要向组织中的管理者和员工提供指导和帮助，辅助制订绩效计划，以确保绩效计划工作、绩效结果与组织绩效标准保持一致。而组织管理者熟悉各岗位在绩效周期内的工作职责，所以他们主要负责与下属协商并制订绩效计划。沟通中员工的有效参与则是绩效计划得以有效实施的保证。目标设置理论认为，由员工参与制订计划有助于提高员工的工作绩效。社会心理学通过人们对某件事情态度的研究证实，当人们亲自参与了某项决策的制定，他们在计划实施过程中的立场会更坚定，投入程度也更高，这就提升了计划的可执行性，有利于组织目标的达成。在绩效计划的制订过程中，让组织员工参与其中，给予员工更高的自主权和参与机会，才能有效地保证员工个人目标和组织目标的趋同性。从这个层面上讲，绩效计划的沟通过程离不开组织中员工的参与。一定要让下属充分发表自己的建议，参与整个绩效计划的制订，使绩效计划更加符合实际，同时下属应该对自己参与制订的绩效计划进行表态，承诺完成当期的绩效计划。

> # 阅读材料
>
> ## 发现金融服务公司的绩效计划
>
> 发现金融服务公司采取了一系列措施及步骤来确保绩效计划及员工发展能够符合组织的发展目标。发现金融服务公司是摩根士丹利公司下属的一个运营单位,主要负责经营发现卡系列品牌。这一品牌旗下包含多款银行卡,包括发现经典卡、发现黄金卡、发现白金卡以及一系列慈善卡。除此之外,发现公司还提供包含发现定期存款、货币市场账户、汽车保险及家庭贷款业务在内的附加服务。该公司总部设在美国伊利诺伊州伍兹镇,拥有1.4万名员工。发现公司的人力资源管理专家需要定期参与公司的业务会议,这样做的目的是了解什么样的知识、技能可以满足一些特定业务部门的发展需求。发现公司同时还要求管理者参与统一的课程与网络这习,在学习的过程中,这些管理者要形成讨论小组来探讨他们都学到了什么,以及学到的这些东西如何帮助他们应对自己的独特工作任务的挑战。同时,在这个有关学习的战略中还包含其他几个步骤的内容:首先,管理者要在绩效计划阶段与员工开会讨论,就绩效计划阶段的标准达成一致;其次是制定行动方案;最后要制定一项评价和打分标准来评判这一学习是否取得了成功。总之,发现金融服务公司采取了一系列绩效管理措施来确保员工开发活动成为公司的一项焦点内容,而且这些开发活动能与营造支持高绩效的工作环境这样一个使命保持高度相关。
>
> (资料来源:Whitney K. Discover:it pay to develop leaders[J]. Chief Learning Officer,2005(48).)

二 绩效计划的特征

与其他计划一样,组织绩效计划具有目的性、预见性、可行性、效率性等主要特征。

(一)绩效计划具有目的性

尽管不同组织的类型、规模、性质存在差异,但是所有的组织制订绩效计划的目的都是一样的,即实现组织的战略目标。它的目的绝不是为了计划而计划,因此,每项绩效计划及所派生的子计划都应根据组织的战略目标来设定,以保证组织战略目标的实现。组织需要根据自身想要实现的整体战略目标来制订组织的具体绩效计划。

（二）绩效计划具有预见性

绩效计划是基于组织的实际发展状况，并结合组织当前所处的外部环境提出的行动方案，是针对组织未来发展的一种战略性思维。因此，准确预见未来是绩效计划的最基本的要求和显著特征。当然，绩效计划不可能对组织未来行动的一切细节都做出详细的设计和规定，但对以未来为主导、与环境相联系和直接影响预定目标实现的活动，必须予以充分考虑，并做到周密规划。这就是组织绩效计划的预见性。可以说，预见的准确与否是决定组织绩效计划工作的成败的关键因素。

（三）绩效计划具有可行性

绩效计划的可行性是和预见性紧密联系在一起的，只有预见准确的绩效计划才是可行的。这是组织绩效计划得以顺利实施的保证。没有可行性，计划就如同一纸空文，没有任何用处。因此，计划的目标、任务、方法、步骤、要求、措施等，都应当是符合客观规律、切实可行的，这就从客观上保证了绩效计划的实施，而不可行的绩效计划只是一种空想。

（四）绩效计划具有效率性

绩效计划不仅要确保组织目标的实现，而且要达到合理利用资源并提高效率的目的。绩效计划的效率是以实现组织的总目标和一定时期的目标所得到的利益，扣除为制订和执行计划所需要的费用和其他预计不到的损失之后的总额来测定的。只有实际收入大于支出，并且兼顾各方利益的计划才是完整的绩效计划，才能体现出绩效计划的效率性。

三 绩效计划的类型

由于组织绩效评估与组织管理活动的复杂性和多样性，组织绩效计划的类型也变得十分复杂多样。根据不同的分类标准，组织绩效计划可分为不同的类型，见表 4-1。

表 4-1　组织绩效计划的分类

分类标准	类型
绩效层次	组织绩效计划、部门绩效计划、个人绩效计划
内容明确性	具体性绩效计划、指导性绩效计划
时间期限	长期绩效计划、中期绩效计划、短期绩效计划
范围广度	战略性绩效计划、战术性绩效计划、作业绩效计划

尽管组织绩效类型的划分多种多样,但是需要认识到的是,各类绩效计划之间的划分并不是独立的,他们之间是相互联系、相互渗透、相互融合的关系。在绩效管理的实践过程,这些种类繁多的分类方式中运用最普遍的仍然是根据组织绩效层次的差别将绩效计划分为组织绩效计划、部门绩效计划、个人绩效计划。

(一) 组织绩效计划

组织绩效计划是对组织战略总目标的分解和细化。组织绩效计划的内容来自上一期组织绩效结果的改进计划,如针对上一期组织绩效实施过程中存在的问题所提出的改进办法,或者对于上一期组织绩效管理过程中的好经验的推广策略等。组织绩效目标和绩效指标在组织的绩效计划体系中起着指引性作用,决定着绩效计划体系的方向和重点。就所涉及的对象来说,组织绩效计划关联到整个组织或组织的方方面面。

(二) 部门绩效计划

部门绩效计划是组织绩效计划的子计划,是为达到组织的分目标而确立的,是在组织绩效计划的基础上制订的。它包括各种职能部门制订的职能计划,在内容方面具有单一性特征。部门绩效计划的核心是从组织绩效计划分解和承接而来的部门绩效目标,是对组织绩效周期内总目标的具体化。同时,部门绩效计划还需要反映与部门职责相关的工作任务。

(三) 个人绩效计划

个人绩效计划也是员工绩效计划,它包含组织内所有人员的绩效计划,即高层管理者绩效计划、部门管理者绩效计划和员工绩效计划。高层管理者绩效计划直接来源于组织绩效计划,是对组织绩效目标的承接;部门管理者绩效计划直接来源于部门绩效计划,是对部门绩效目标的承接;员工绩效计划是对部门绩效计划的分解和承接,同时也反映个人岗位职责的具体要求。

四 绩效计划的作用

绩效计划对于整个绩效管理工作的成功与否甚至组织的发展都具有重要影响,主要体现在以下几个方面。

（一）为员工提供努力的方向和目标

绩效计划具有明确的目标性，它是保证企业绩效目标实现的基础，同时，又为员工指明努力的方向，明确员工的工作任务与目标，增强员工后续工作的计划性。

（二）提供对组织和员工进行绩效考核的依据

绩效管理是由制订绩效计划、绩效辅导实施、绩效考核评价、绩效考核面谈等环节组成的一个系统。绩效计划设定考核指标和标准，有利于组织对员工工作的监控和指导，同时也为考核工作提供了衡量指标和标准，使考核得以公正、客观、科学，容易获得员工的接受。有了绩效计划，考核期末，就可以根据员工本人参与制订并做出承诺的绩效计划进行考核。

（三）保证组织、部门目标的贯彻实施

绩效计划是将组织战略目标和员工的考核指标相结合的重要环节，只有经过这一环节，才能使绩效考核与绩效管理上升到组织战略目标的高度，有助于组织战略目标的实现。个人绩效计划、部门绩效计划、组织绩效计划是依赖和支持的关系。个人绩效计划的实现支持部门绩效计划，部门绩效计划的实现支持组织整体的绩效计划。在制订组织、部门和个人绩效计划过程中，通过协调各方面的资源，使资源向对组织目标实现起瓶颈制约作用的地方倾斜，促使各级绩效计划的实现，从而保证组织目标的实现。

经典案例4-1

一、阅读材料

A家电公司的绩效计划制订问题

A公司是一个家电制造企业，长期以来依靠对家电产品质量、销售和生产的投入取得成功，随着竞争的加剧，近年来在新产品研发上的投入也不断加大，建设了一支具有一定规模的研发队伍。但是在绩效管理上，该家电公司还是继续采纳以前的模式。

每年的年底和次年的年初,总经理会将绩效管理工作完全授权给人力资源部门。在2~3个月时间内,陈先生要根据总经理对下年度总体目标的指示,经过自己的理解,将公司目标分解为市场体系、研究体系、生产体系、财经体系等的分目标,并要和这些体系的主管副总、各个职能部门经理分别进行一对一沟通,达成共识,最后总经理审核通过。为了达成公司目标(公司目标没有书面文件,有时候也不是太明确),哪些指标是最重要的;哪些指标是次要的,各占多少权重,指标值设定多少才合适,跨部门的目标如何处理,都很难量化。如何设定目标?很多部门对陈先生提出的指标有异议,甚至以人力资源部不懂业务为由拒绝接受。

这些都让陈先生十分头疼。虽然,这几年陈先生花了不少时间来了解各个部门的业务,但还是被各个部门主管认为是外行。这些指标全靠陈先生和各部门经讨价还价确定。有时候明明知道研发部门避重就轻地选择一些好量化、容易达到的指标,比如"出勤率""客户问题解决率""新产品开发周期"等,而将一些指标以不好衡量、难以量化、不确定性程度太高为由推卸掉,比如"关键技术掌握程度""员工能力培养""产品领先度""新产品竞争力"等,但苦于自己的专业知识不足,拿不出足够的理由来反驳。

每到季度考核和年度考核,陈先生的工作是采集各种绩效数据,计算出各大系统和部门的绩效考核结果,和目标对比打分。通常情况下,各个部门都能达到目标,相应地每年的工资和奖金都稳步增长。一切都表明,绩效管理制度似乎运行不错,指标完成率在90%~110%之间,并且每年的计划准确率都在提高。但是公司总体绩效目标总是达不到,总经理非常不满意。一些目标,比如技术积累、新产品竞争力、竞争地位等"软性目标",反倒感觉和竞争对手的差距越来越大。

二、阅读并思考

1. 该公司研发绩效计划制订中存在哪些问题?
2. 如果你是人力资源管理者,你认为A公司如何解决上述问题?

第二节 绩效计划的准备

一 信息准备

（一）组织信息

绩效计划的制订需要结合企业自身的基本情况，在进行绩效计划沟通之前，管理者和员工都需要重新回顾并熟悉企业的实际情况，只有对企业基本情况了解清晰了，绩效计划的制订和实施才能保持正确的方向。

为了使员工的绩效计划能够与企业的目标有效结合，管理人员与员工将在绩效计划会议中就企业的战略目标、公司的年度经营计划进行沟通，并确保双方对此目标没有任何歧义。首先，管理者与员工应该学习企业的战略规划和年度经营计划，并分析组织战略与部门及个人之间的关系，以确保部门的绩效目标、员工的绩效目标与企业的战略方向是一致的。其次，要学习组织的绩效管理制度，对组织规定的绩效管理流程、各项职责、绩效周期及绩效评估结果应用等关键内容进行研究，确保部门绩效计划与个人绩效计划符合组织的绩效管理政策。

（二）员工个人信息

组织员工个人信息中主要有三方面的信息。一是工作说明书中的职责信息，它规定了从事该项工作的员工的主要职责。员工绩效目标的设定要参考职责信息，因为只有这样，设定的绩效目标才符合实际要求，才不会出现绩效目标过高或者过低的现象。二是员工在上一个绩效期间的评估结果。每个绩效周期的工作目标通常是相关的，在制定本绩效周期的工作目标时，通常都会参照上一个周期的绩效目标和考核结果。更重要的是，在上一个周期内存在的问题和有待进一步改进的方面也需要在本次的绩效计划中得到体现。三是员工的个人信息。这一点常被组织忽视，却直接影响员工绩效目标的实现。员工对落实到自身上的绩效目标负有直接责任，绩效目标的实现不仅受到组织和团队信息的影响，还与员工本身有关。比如，隋杨等（2012）通过实证研究，指出员工的心理资本与其工作绩效呈正相关。员工的个人信息主要包括员工的知识水平、工作能力、身体素质、家庭情况等。所以，在将组织或团队的目标分解到员工这一基础层次时，同时考虑到员工的个人信息，能够帮助企业制定更为人性化的个人绩效目标。对于员工来讲,他们的工作积极性会更高,从而更有利于目标的实现。

在员工的工作描述中,通常规定了员工的主要工作职责。以工作职责为出发点设定工作目标,可以保证个人的工作目标与职位的要求联系起来。工作描述需要不断地修订,在设定绩效计划之前,对工作描述进行回顾,重新思考职位存在的目的,并根据变化了的环境调整工作描述。

(三) 关于团队的信息

每个团队的目标都是根据组织的整体目标分解得到的,这个分解过程除了要知道企业及员工的个人信息外,还要收集关于团队的信息,包括团队在组织目标体系中的位置、团队的成员及技能情况、团队以往的工作得失等。对于团队来说,不但经营性的指标可以分解到生产、销售等业务部门,而且对于业务支持部门,其工作目标也与组织的整体经营目标紧密相连。

例如,某公司2010—2012年的整体经营目标是:公司的销售量增加40%以上;公司的市场占有率提高60%以上;产品品牌细分,提高品牌美誉度等。人力资源部门作为一个业务支持部门,在上述整体经营目标之下,将本部门的工作目标设定为:在人员招聘与甄选方面,注重人际关系、开拓性、观察力、说服力等方面的核心素质。在培训与开发方面,向员工提供销售基础知识、销售技巧、销售市场知识、品牌管理等方面的培训。在绩效管理方面,建立激励机制,鼓励员工提高销售量、开拓新市场、开发和推广新品牌等行为。在薪酬管理方面,对达到绩效目标尤其是超过绩效目标的员工在物质薪酬上给予相应的回报,同时为员工设置多种福利,满足员工多方面的需求。

二 沟通准备

在绩效管理活动启动前有必要预先实施一套成功的沟通计划,以获得大家对该绩效计划的认同。主要工作包括交流信息和动员员工,使各层次绩效计划为实现组织的总目标服务。具体来说就是,在制订绩效计划前,企业管理者要选择恰当的沟通方式与员工进行充分的交流,就本次绩效期间企业绩效计划的主要内容达成一致的认识,并通过绩效协议做出承诺。绩效沟通的形式和沟通的内容要结合企业绩效管理的实际需要确定,比较常见的沟通方式有员工大会、小组会议和小组面谈等形式。

(一) 沟通环境

管理人员和下属确定一个专门的时间用于绩效计划的沟通。并且要保证在沟通时不被打扰。在沟通的时候气氛要尽可能宽松,不要给下属太大的压力,把讨论的焦点集中在绩效计划制订的原因和应该取得的结果上。在讨论具体的岗位职责之前,管理者和员工需明白组织的战略目标、发展方向以及对讨论具体工作职责有关系和有意义的其他信息,包括组织基本发展状况、员工的工作描述和上一轮绩效期间的评估结果等。

(二)沟通原则

在沟通之前,管理者和员工都应该对以下几个问题达成共识:一是管理者与员工在沟通中的地位是平等的,目标是一致的;二是员工是最了解自己工作的人,因此应尽量多地听取员工的意见;三是管理者应着眼于如何使员工个人目标与组织目标结合在一起,并保证员工个人目标与其他人目标的协调配合;四是管理者应帮助员工作决定,而不是代替员工作决定,应尽量发挥员工的积极性。

(三)沟通内容

不同发展阶段的组织,沟通内容也不同。对首次实行规范的绩效管理的组织,在制订绩效计划的时候,通常需要让所有人员明确以如下问题。

(1)绩效管理的主要目的是什么?
(2)绩效管理对员工个人、部门以及组织有什么好处?
(3)员工个人绩效、部门绩效与组织绩效的关系是什么?如何保持一致?
(4)绩效管理系统中,重要环节和关键决策有哪些?
(5)如何才能在组织内部建立起高绩效文化?

对于已经建立健全完善的绩效管理系统的组织,需要在良好的沟通环境和氛围下,集中进行以下几个方面内容的交流。

(1)高层管理者需要提供组织信息,包括组织战略目标和具体行动计划。
(2)中层管理者需要传达组织信息,并提供全面的部门信息,特别是部门的关键业务领域、重点任务和主要计划等相关信息。
(3)选定绩效管理工具,并在此基础上进行沟通。
(4)管理者向下属提供系统全面的绩效反馈信息。
(5)员工提供初步的绩效计划以及行动方案,包括在绩效执行过程中可能遇到的困难和需要提供的支持和资源。
(6)为了确保绩效计划的科学性和可操作性,管理者和下属还需要在计划制订之前收集其他信息。

二维码 4-1
微帖:
沟通准备不足会引起哪些沟通偏差?

三 绩效计划主体选择及培训

组织的整体绩效目标,是通过组织中每位成员绩效目标的实现来达成的。在每个绩效周期开始之前,企业有关人员会制订一份绩效计划,以指导每位员工的工作。那么,绩效计划工作应由谁来负责呢?显然,从事某项工作的员工和其直接上级,对该工作有更深入的体验,所以,员工和其直接上级应加入到绩效计划工作中。但仅有这两者是不够的,还需要有领导者主持、协调这项工作。通常,绩效计划是由人力资源部门的绩效管理专业人员或组织高层领导主持的。综合来看,绩效计划的主体包括绩效管理专业人员、员工的直接上级和员工本人。

对于绩效管理专业人员,他们在指导员工和其直接上级开始绩效计划工作之前,会为各方提供进行绩效计划所需参考的信息。从员工层次到组织层次的各级信息都是必需的,这些信息为绩效计划提供方向,比如出现绩效计划不恰当的情况。然后,协调绩效计划工作还要制定绩效计划管理制度,以规范整个绩效计划工作,指引员工和其直接上级根据每个职位的情况,制订符合具体情况的绩效计划,保证绩效计划工作的顺利进行。人力资源管理专业人员的责任就是帮助相关人员确保绩效计划工作围绕如何更好地实现组织的目标顺利进行。

由于绩效计划过程要求掌握许多相关的职位信息,直接上级在整个过程中是十分重要的角色,是整个绩效计划工作的最终责任人,他们是最了解每个职位的工作职责和每个绩效周期内应完成各项工作的人。此外,他们需要根据绩效计划最终可能确定的结果,进行各方面的工作安排,协调各项工作,指导员工朝着绩效目标努力。所以,由他们与员工协商并制订绩效周期的计划能够使整个计划更加符合现实情况,更加具有灵活性,更有利于部门内部人员之间的合作。例如,他们能够根据每个绩效周期的特定工作安排修订各个职位的绩效目标和绩效标准,以确保员工在本绩效周期的工作任务得以顺利完成。

员工参与是提高绩效计划有效性的重要方式。员工对所从事的工作有切身的体验,能够给绩效计划工作提供实际的意见。同时,通过这种过程,员工的心声得以表达。目标设置理论认为,员工参与到制订计划的过程中有助于提高员工的工作绩效。通过参与制订绩效计划,员工能够对所制订的计划产生更高的认同感,从而实现更高的投入水平。并且,社会心理学强调,由于人们对于自己亲自参与做出的选择投入程度更大,从而增加了目标的可执行性,有利于目标的实现。另外,绩效计划不仅仅能够确定员工的绩效目标,更重要的是能够帮助员工了解如何才能更好地实现目标。员工可以通过绩效计划的互动过程,了解到组织能为员工提供的资源支持和组织内的绩效沟通渠道,从而在目标实现过程中遇到障碍时,获得来自管理者或相关人员的帮助等。

总体来看,绩效计划主体包括绩效管理专业人员、直接上级和员工,他们的职责和作用见表 4-2。

表 4-2 绩效计划的主体

绩效计划的主体	职责	作用
绩效管理专业人员	普及组织的发展战略和经营计划,组建绩效管理班子; 制定绩效计划管理制度,规范绩效计划工作; 搞好以直接上级为主的绩效计划培训工作,解决绩效计划中遇到的问题	从制度和组织(人员)上保证绩效计划的实施; 从方法与技能上促进绩效计划的有效达成; 促进组织战略目标的实现
直接上级	向员工传达组织战略和经营计划,分解组织目标; 分解部门或团队任务,引导并推动员工确立科学、合理的绩效目标,设定可行的考核标准; 与下属员工共同制订员工绩效计划	从等级权力和个人权威的角度促进科学合理的绩效计划的制订; 提高员工参与绩效计划的积极性和责任心
员工	了解组织战略目标和经营计划,结合组织、部门、团队目标以及个人实际情况确定个人绩效目标; 拟定个人绩效计划,提出疑问,探讨措施	使绩效计划更具操作性和可行性; 员工的参与能极大地提高绩效计划的认同感,从而增强绩效计划的执行力

作为绩效管理体系第一个阶段的准备工作,需要对评价者进行培训,具体的培训内容包括以下几个方面。

(一)绩效管理观念和意识培训

绩效计划主体要了解实施绩效管理的意义与目的、绩效管理体系的构成及操作流程、相关政策等。在实践当中,由于对绩效管理没有正确的认识,管理员或员工在绩效管理的实施过程中对绩效管理十分抵触。通过培训,让管理者和员工认识到绩效管理的真正目的,它并不是为了考核,而是为了改善行为,提升员工的绩效,能够帮助员工更好地发展自我,更好地胜任工作。通过全员绩效管理理念的培训,充分调动员工对参与绩效管理活动的积极性。同时,管理层需要通过相关的培训,获得必要的绩效考核知识和技能,为绩效管理计划的实施打下基础。这种培训通常是全员性,以绩效管理的动员大会为序幕。

（二）绩效管理知识和理论的培训

绩效管理知识和理论的培训是一个系统且具有一定专业深度的工作。通常是基于人力资源管理理论系统展开，结合薪酬管理和员工开发的知识和理论，集中于绩效管理，对绩效管理的系统知识和理论进行培训。

（三）绩效信息收集方法的培训

绩效计划阶段的信息收集是制订绩效计划的基础。为了确保绩效计划的科学性和可行性，并给接下来的绩效评估和绩效反馈工作提供充足的信息，绩效计划主体必须充分收集各种组织的基本信息与员工的岗位工作信息。关于绩效信息收集方法的培训，一般以专题讲座的形式开展。

（四）绩效指标培训

绩效指标培训是指对绩效计划主体熟悉并掌握各个绩效指标的真正含义的培训，让其在绩效考核中得到正确的运用。绩效评估系统中设计了多角度、多内涵的各种指标，不同指标所传达的信息不同，这些指标作用的有效发挥基于评估主体对其内涵的真正了解。绩效指标往往是在人力资源管理专业人员、管理者以及员工三者充分沟通的基础上制定的。绩效指标培训通常采取人力资源管理部门人员或专家专题讲授的形式开展。

第三节 绩效计划的制订

一、绩效计划制订的目的

实现组织的战略目标是绩效计划制订的最终目的。绩效计划阶段的主要任务就是将组织的战略目标层层分解为部门绩效目标和个人绩效目标，使组织所有员工的工作行为和结果都能够有效促进组织绩效的持续改进和提升，以实现组织的战略总目标。因此，绩效计划的目的就是确保部门和每个员工的绩效目标与组织的战略目标协调一致。

（一）指导绩效管理活动

绩效管理体系是一个复杂、内容繁多的体系，任何一个环节出了问题都有可能影响整个体系的有效运行。因此，在绩效周期开始时制订好绩效计划，可以为管理者的管理活动提供指导，并确定绩效管理的活动方向，帮助下属找准工作路线，认清工作目标，以便绩效体系内的其他活动都能按计划有步骤地进行。

（二）增强绩效管理措施的可操作性

绩效计划的制订涉及绩效管理专业人员、职能部门管理者以及员工三方的参与，在计划编制的过程中能有效加强管理者和员工的参与感，使绩效管理活动更具操作性。现代管理学认为，管理人员不但要编制计划，而且要尽量参与到绩效计划的执行过程中。由管理者和下属亲自参与到绩效计划的编制中，相较于由他人制订好计划而由他们来执行所产生的效果是完全不同的。首先，管理者和下属在相互沟通后制订的绩效计划是对事实的反映，这就使计划更具科学性，不是空洞的计划，执行起来就更加具有操作性；其次，管理者和下属制订绩效计划的过程，由于投入了自己的心血，对结果便有所期待，双方就会更努力地去执行绩效计划。

（三）对绩效管理活动进行前置控制

绩效计划是面向组织未来发展的规划，而未来在时间和空间上都具有很大的不确定性。绩效计划能根据过去和现在的信息，预测未来绩效管理可能发生的变化，把握组织发展趋势，有效分配组织资源，并在科学预测的基础上制定相应的补救措施，起到前瞻性的控制作用。绩效计划通过科学的预测，还可以帮助管理者在特殊的时候对计划做出必要的修正，将风险降到最低程度，弥补未来情况变化所带来的损失，提高绩效管理目标的可实现性。

二 绩效计划制订的原则

绩效计划带有明显的主观性，绩效计划编制是否能够达到有效的绩效管理结果，取决于它和客观实际的符合程度。所以，在绩效计划的编制过程中，必须要遵循一系列基本原则。

（一）战略相关性原则

战略相关性原则指的是工作标准与组织战略目标的相关程度。绩效计划是以组织目标为导向的,因此绩效计划的制订要与企业的战略目标保持一致。员工绩效目标是对公司和部门绩效目标的分解,因此,只有员工绩效计划与组织发展战略和年度绩效计划相一致,才能保证员工、组织绩效目标的实现。

(二) 全员参与原则

绩效计划不是人力资源部门或者管理者单方面的工作。员工的直接上级和员工本人都必须参与到绩效计划的编制过程中。人力资源管理专业人员的责任是协助并确保绩效计划工作围绕如何实现组织的目标顺利进行。管理者是整个绩效计划工作的最终责任人,他们需要根据每个绩效周期的特定任务,合理安排修订各个职位的岗位职责和绩效标准。员工必须参与绩效计划的制订过程,通过与管理者的互动,确定一个全员认可的绩效目标和评估标准,以推动实现各岗位的工作目标。

(三) 重点突出原则

绩效计划是对工作描述的补充,其中设定的绩效目标应尽量控制在一定数量以内,一般以3~5个为宜,并且只对主要工作任务或执行的主要项目拟定绩效目标。这样可使组织员工将注意力投入到有限的、重要的工作内容上,以提高工作效率。绩效计划无法做到面面俱到,只需要抓住重点即可。

(四) 弹性原则

绩效计划是对组织未来一段时间的规划,而未来具有很大的可变性,绩效管理在实施的过程中也存在着很大的不可控性。组织环境复杂性和绩效管理活动中的不可控因素的存在,要求在制订绩效计划的时候要遵循弹性原则,确保绩效计划具有可调节的余地,以应对随时可能发生的不可控风险。

(五) 客观公正原则

绩效计划的目标、指标以及指标权重的制定要建立在对员工岗位职责及工作任务的难易程度客观分析的基础上。要充分考虑到下属工作任务的内外部客观环境,制定符合实际的工作目标和标准。

(六) 可行性原则

制订绩效计划是为了实现组织的战略目标而采取的行动,因此所制订的绩效计划必须是可行的。在制订绩效计划时,坚持可行性原则就要做到运用科学的手段和方法,寻找能顺利达到组织目标的各种备选方案,并对这些方案的可行性进行科学的分析,以便最后抉择。

三 绩效计划制订的步骤

绩效计划的制订过程应该按照绩效层次来进行,通过对组织战略的层层分解、细化、承接,最终落实到个人绩效计划之中。绩效计划制订的步骤通常包括准备、沟通、确认、调整等步骤。

(一)绩效计划的准备

为了使绩效计划顺利达到预期效果,员工和管理者都需要在沟通之前进行一些准备,包括对有关信息的准备和沟通的准备。完善的绩效计划建立在充分的信息基础之上。前面已经提到在绩效计划制订前需要收集组织的基本信息,包括组织的发展战略目标、组织文化、员工的特点以及要达到的工作目标等基本信息。沟通准备就是组织在计划沟通之前,管理者先讨论决定出绩效计划沟通的具体形式。沟通方式影响着沟通结果的有效性。可供选择的沟通方式有小组会议、单独会谈、员工大会等。

(二)绩效计划的沟通

沟通阶段是绩效计划制订的关键步骤。在这个阶段,管理者与下属之间经过充分交流,对下属在本次绩效周期内要完成的工作目标达成共识。具体程序如下。

1. 阐述沟通的目的,回顾有关信息

管理者向下属解释本次沟通的目的,强调员工自己参与工作目标设定的重要性,化解下属的抵触心理,并与下属共同回顾前一阶段准备的信息和上一个绩效期间的绩效结果等,为后面设定绩效目标和行动方案作铺垫。

2. 明确绩效指标,设立绩效目标

在此阶段,每个下属根据组织和部门的目标、自身的岗位职责设定具体的工作目标。管理者与下属逐条讨论目标,引导员工自己列出所有重要的绩效可衡量的目标,并获得员工的承诺。为确定关键绩效指标。在该阶段管理者要鼓励下属提出对绩效计划和目标的建议,管理者对下属的个人绩效计划进行审查,根据组织总计划对其下属的个人绩效计划进行必要的调整。

3. 对要完成绩效计划、所需支持和资源达成共识

绩效目标设定之后,管理者需要与下属讨论目标实现过程中可能遇到的问题、所

需的资源及协助,帮助下属克服主观上的障碍,对下属承诺提供必要的支持和资源。同时,管理者要结合员工上一个绩效期间绩效考核的结果及本绩效期间员工的工作目标,分析员工在工作能力和工作态度方面可以改进的地方。

(三)绩效计划的确认

为了达成绩效目标、行动方案、个人发展计划上的共识,管理者要与下属员工进行多次的沟通,沟通阶段最终以达成共识为终点。之后,再进入绩效计划的确认阶段。此阶段双方要再次审定已经达成的共识,并试图回答以下几个问题。

(1)下属工作目标是否与组织总体目标、部门目标相一致?

(2)下属工作目标是否覆盖了当前的工作职责?

(3)双方是否就达成目标所需完成的主要任务、各项任务的重要性、任务完成后的衡量标准、完成任务过程中拥有的权限等达成了共识?

(4)达成目标过程中可能遇到的障碍是否充分考虑在内,且是否明确了管理者需要提供的资源和帮助?

(5)是否确定何时对绩效计划的执行过程实施跟进和检查进度?

以上问题都得到解决之后,可以就协商结果签订协议,形成书面绩效计划加以保存。

(四)绩效计划的调整

绩效计划是关于绩效完成水平的协议,是上下级之间的承诺。进入绩效实施阶段后,可能因为一些不可抗拒的原因,导致实际进度提前或滞后于绩效目标进度,这个时候就需要根据实际情况进行适度调整,最终的绩效考核以调整了的绩效计划为准。

经典案例4-2

一、阅读材料

K公司的绩效计划

小李是K公司的老员工,大学一毕业就到了这家公司,到现在即将10年了。10年间,小李从最基层的销售人员做到如今的销售经理,为公司做出了很大的贡献。但是,最近小李萌生了离职的想法。

原来,K公司在年初制订了销售计划,与去年相比,销售目标提高了近100%。

小李作为销售经理,认为这个目标并不合理。这两年市场竞争越来越激烈,公司的产品线也比较老旧,缺乏创新,在市场上明显缺乏竞争力,但销售计划要比去年提高100%,小李觉得不合理。她向上级领导反映了好几次,但上级领导认为根据公司销售人员状况和公司业务增长情况,这一销售计划是可行的。而且公司改变了原来的考核方法,把原来的按季度考核变成了按月考核,完不成目标就要进行罚款。尽管员工提出了反对意见,但公司还是实行了新的考核办法。一个季度过后,销售部的销售业绩与销售目标相差甚远,员工的绩效奖金也比之前少了很多,大家的积极性也受到严重打击。

小李作为销售经理,压力很大。她认为公司制订的销售计划不切实际,绩效目标设置太高导致员工无法完成,基层员工怨声载道,对公司存在严重不满。而上级领导认为是员工干劲不足才导致无法完成目标。因此,小李非常苦恼。

二、阅读并思考

1. 请根据案例情形,分析 K 公司的绩效计划存在的问题及产生的影响。
2. 你认为应该如何改进绩效计划?

第四节　绩效计划的内容

绩效计划的制订是一项技术性很强的工作。绩效计划内容的完整性、系统性、科学性和可操作性对绩效计划环节乃至于整个绩效管理系统都会产生非常重要的影响。本节将对绩效目标、绩效指标体系、绩效标准、行动方案等绩效计划的核心内容进行系统的介绍。

一　绩效目标的制定

(一)绩效目标的含义

绩效不仅包括结果绩效,还包括过程绩效。制定员工绩效目标是绩效计划的起始环节,也是十分重要的环节。绩效目标是指在绩效周期内应该完成的主要工作及其效果的陈述。绩效目标是开发和设计绩效管理系统的关键内容,它是组织战略目标经分解后与组织绩效管理实践相结合的纽带,更加全面反映员工尤其是基层员工的表现。在具体的绩效管理实践中,贯彻和体现是组织制定绩效指标、评价标准和行动方案的基础。理解绩效目标的内涵还需掌握以下内容。

1. 绩效目标的来源

绩效目标主要有两个来源。首先,绩效目标来源于对组织战略的分解和细化。通过对组织战略的分解与细化形成组织绩效目标、部门绩效目标和个人绩效目标来引导组织员工的工作努力方向,从而确保组织战略的顺利达成。其次,绩效目标来源于员工的具体职位职责。职位职责描述了各个职位在组织中应该扮演的角色,即这个职位对组织有什么样的贡献或产出。职位职责相对比较稳定,除非其本身发生根本性变化。

2. 绩效目标的差别

使用不同的绩效管理工具,对绩效目标的理解有较大差别。在目标管理中,绩效目标通常采用"绩效指标加上目标值"的表述形式。在关键绩效指标中,不同层次的绩效计划是通过指标分解建立起相互联系的。在平衡计分卡中,主张将绩效目标和绩效指标分开,绩效目标具体表现为一个动态词组,在不同层次的绩效计划体系中,通过绩效目标的承接与分解建立关系,在一个绩效计划之内,强调绩效目标之间是一个具有因果关系的逻辑体系。

(二)绩效目标制定的基本步骤

将组织目标层层分解转化为绩效考评中可操作的明确的绩效目标是一个从"软"目标到"硬"目标的过程。这个过程通常包含以下几个步骤。

第一,成立一个战略规划小组。这个规划小组必须由组织高层管理者参与,并负责拟定和描述组织的愿景。在组织高层管理者之间达成共识后,确定组织的战略目标。一般直接根据组织的愿景和战略,结合组织的年度工作规划,制定组织的绩效目标。

第二,各分管部门的管理者组成小组,提出各部门的目标,然后基于各部门目标和部门工作计划,制定部门绩效目标。在制定部门绩效目标时,管理者需要注意部门绩效目标和组织绩效目标的纵向协同和不同部门之间的横向协同。

第三,部门管理者与员工进行充分沟通,并依据组织、部门目标制定个人的绩效目标。在这一过程中,上级需要协调每个员工的工作内容,保证本部门的目标能够实现。同时要避免像传统的由上到下的单向制定方式,在制定各级目标时保证每个员工都有充分的参与并表述自己的意见,鼓励下属参与绩效目标的制定。

（三）绩效目标制定的 SMART 原则

制定员工绩效目标时必须遵循 SMART 原则，SMART 原则的五个要点分别是：S（Specific），具体的；M（Measurable），可衡量的；A（Attainable），能达到或能完成的；R（Relevant），有相关性的；T（Time-based），有时间限制的。

1. S（Specific）：具体的

绩效目标要有特定的工作指标、而不是笼统的。根据 SMART 原则，绩效目标首先要具体而明确。主要强调两点：一是设定的绩效目标不能过于宽泛；二是设定的绩效目标不能过于主观。具体而客观的绩效目标才能让员工按照其要求去实践。例如：如果设定绩效目标时提出"提升和增强公司的整体服务意识"，在这里提升和增强服务意识就是一个相对模糊的目标，服务意识的提升途径、反馈结果具有很强的不确定性，服务意识本身也表现在很多方面。因此，需要绩效目标真正落地、可执行。例如：组织要在 3 个月内将客户的投诉率由 3% 降到 1%，具体措施有六条，分三个阶段完成。

2. M（Measurable）：可衡量的

具有可衡量性的绩效目标是非常明确的，有量化的标准，大家可参照与执行。如果绩效目标无法被量化，其是否可实现也就无法判断。例如，领导问："本季度的任务目标还剩下多少没有完成？"员工回答："就剩下一小部分了。"在这里，员工和领导就没有使用目标量化，原因是他们没有给目标设立可衡量的标准。再如，"从下个月开始，对新职工进行深入的技能提升培训"，这里"深入的"就是一个既明确又无法被量化的绩效目标。什么样的培训才是深入的技能培训？是只要开始了培训就可以完成任务？不考虑培训效果，只提"深入的"这一个无法确定量化的目标，就很难完成绩效目标的考核。

3. A（Attainable）：能达到或能完成的

这里强调的是使员工通过努力能够完成绩效目标。就好比摘树上的桃子，员工可以跑起来摘，可以蹬着板凳摘，也可以直接爬到树上摘。但如果让其摘星星或月亮，这就无法完成了。将很高的绩效目标强压给员工，员工很可能会回应："我可以接受这个目标，但能否完成目标很可能没有多少把握。"一时无法完成目标，员工就会说："我已经说过这个目标很可能完成不了，是你非要强加给我。"员工的这种表现实际上就是一种心理和行为上的抗拒。因此，制定绩效目标一定要合理，要让员工通过努力能达到或能完成。

4. R（Relevant）：有相关性的

这里强调人与目标、目标与目标之间要有相关性，如果目标与目标之间不相关或相关性很小，就会失去意义。

5. T（Time-based）：有时间限制的

这里强调的是目标是"有时间限制的"。例如，合同上要求工程在2022年9月30日前必须完工，承建公司就要按照这个日期安排施工，做出进度安排，在制定绩效目标时，就要将时间限制条件加进去。

二 绩效指标体系设计

绩效目标确定之后，关键的工作就是如何衡量这些目标是否达成。把绩效目标转化为可衡量的指标，是绩效计划的又一项既具体又有难度的工作。在绩效管理系统中，对员工行为的引导很大程度上就体现在绩效指标的选择和设计上。绩效监控和绩效评价就是对绩效指标的监控和评价，因此，绩效指标设置的科学与否在很大程度上影响着整个绩效管理系统的成败。

（一）绩效指标与绩效指标体系

绩效指标是指用于评价和管理员工绩效的定量化或行为化的标准，是对绩效进行评价的维度，即通过对绩效指标的具体评价来衡量下属的绩效目标的实现程度。人们要对评价对象的各个方面或各个要素进行评估，而指向这些方面或要素的概念就是评价指标。只有通过评价指标进行衡量，评价工作才具有可操作性。在绩效管理的过程中，绩效指标既用于衡量实际绩效状况，又对管理决策和员工行为产生指引作用。绩效指标具有以下特征。

1. 增值性

绩效指标的增值性是指绩效指标对组织目标是具有增值作用的，该增值作用是指绩效指标的管理可以产生"1+1>2"的产出效果以及对组织有贡献行为的鼓励作用。此时的绩效指标不仅是连接个体绩效与整体目标的桥梁，而且是组织内部进行绩效沟通的基石。

2. 定量化

绩效指标的定量化是指绩效指标能够用数量的方式来表示，用数量的方式来表示是为了方便衡量。无法用数量表示的指标缺少可操作性,绩效考评结果就可能丧失客观性,应予舍弃。

3. 行为化

绩效指标的行为化是指绩效指标的工作内容是否能够付诸行动,是否被执行,表现结果是工作是否完成,任务完成了没有。很多指标如果不能用数量表示,则尽量用行为来描述。行为化的目的是使绩效指标更具可操作性。

绩效指标体系是绩效指标的集合,它是一组既独立又相互联系,并能够较完整地表达绩效评估的目的和评估对象系统运行目标的评估指标。组织由不同层次和类别的员工组成,因此绩效评估指标体系呈现出层次分明的结构。组织绩效评估、部门绩效评估、员工绩效评估是绩效评估指标体系的三大层次。另外,对不同岗位的工作性质进行分类,如管理类、技术类、生产类等,其评估指标也呈现出层次分明的结构。绩效指标体系的设计还须考虑各个评估指标的整合,以实现绩效评估的目的。

(二) 能力指标设计

不同的岗位对员工的工作能力要求是有差异的,因此在绩效考核体系中需要加强员工工作能力方面的考核指标,使考核的结果真正反映出员工的整体素质。另外,在绩效指标设计时还可以通过能力指标的行为引导作用,鼓励员工提高相关的工作能力,并通过能力指标考核的结果,进行有关的人事调整决策。这里的能力主要包括员工工作能力和体能两个方面。员工工作能力主要有员工的专业技能、人际技能、沟通技能、协调技能、组织技能、分析与判断技能、解决问题的技能等;体能主要包括员工身体的健康状况、忍耐力、对环境的适应能力、对压力的承受能力、精神的健康状况、意志力的坚韧性等。

(三) 态度指标设计

工作态度是工作业绩的干涉变量,工作态度与工作能力在一定程度上共同决定了一名员工的实际工作业绩。组织中员工不同的工作态度会产生不同的工作绩效。在组织中常常可以看到这样的现象:有的员工能力很强,但是在工作中并不卖力,没能实现对其期望取得的较高的工作业绩;而有的员工能力一般,但其兢兢业业,做出了非常突出的工作业绩。这就是两种不同的工作态度产生的截然不同的工作结果。因此,要对员工的行为进行引导,从而达到绩效管理的目的,这也在一定程度上说明了将工作态度作为考核指标的必要性。工作态度主要包括主动性、创新精神、敬业精神、自主精神、忠诚度、责任感、团队精神、事业心等。

（四）关键绩效指标设计

关键绩效指标是最重要、最核心的绩效指标，是指将组织的战略目标进行全面的分解而产生的、具有可操作性的、用以衡量组织战略实施效果的指标。要分析和归纳出支撑企业战略目标的关键成功因素，继而从中提炼出企业、部门和岗位的关键绩效指标。应将关键绩效指标作为一种战略性绩效管理工具，抓住组织的关键成功领域，洞悉组织的关键绩效要素，通过关键绩效指标的牵引，使得个人目标、部门目标与企业目标之间保持一致，体现企业的发展战略，从而保证企业的长足发展，进而打造持续的竞争优势。每个组织所面临的竞争环境不同，其所涉及的关键绩效指标也存在很大的不同。即使同一组织在不同的发展阶段，其关键绩效指标也可能存在差异。事实上，组织内部的各项评价指标并不是毫无关联的，而是相通的，且绩效指标中肯定会涵盖一部分关键绩效指标；成果指标中也会涵盖一部分关键绩效指标。

以关键绩效指标为基础的绩效管理系统的构建，通常是以组织关键绩效指标、部门关键绩效指标和个人关键绩效指标为主体，其他分类方式为补充。在设计基于关键绩效指标的绩效管理体系的时候，组织层面的绩效指标通常都是关键绩效指标。不同部门所承担的指标的构成不同，有的部门承担的关键绩效指标多，有的部门承担的关键绩效指标少，有的部门甚至不承担关键绩效指标。

（五）基于职责的绩效指标设计

基于职责的绩效指标是指对一般性、常规性岗位职责的履行情况进行评定而设定的指标。员工的岗位职责可以从其岗位说明书中获得。在制定岗位绩效指标之前，首先必须对岗位进行工作分析，明确每个员工的岗位职责。岗位职责描述的是员工在组织分工协作中所应该扮演的角色和其应该承担的责任。关于岗位的界定包括三个方面，即工作责任划分、任务分解和工作权利确认。其中，工作任务分解就是把组织生产经营活动的不同方面内容区分开来，分别由不同的工作主体承担。一般而言，可以将工作地点的统一性、操作方法的相似性以及时间前后的连接性等作为分解的依据。职位说明书是设立员工绩效指标的基本依据，必须确保对于职位的分析结果能够支持工作绩效的实现。为了全面考核员工的客观工作表现，真实反映员工对组织的贡献，在订立绩效评价体系时，通常是结合运用关键绩效指标和岗位绩效指标这两类考核指标。

三 绩效标准的确定

（一）绩效标准概述

绩效标准是绩效计划制订的基础，是衡量绩效目标在绩效周期内完成程度的尺度,即各个绩效指标应该达到什么样的水平。因此在制订和修订绩效计划之前,必须确定每个岗位的绩效标准。绩效标准描述的是组织对岗位工作的要求,只有在确定绩效标准的基础上,才能根据员工的具体情况有针对性地制定绩效目标和计划。完整的绩效评估标准包括绩效指标、考评要素、考评标度三个主要因素。绩效标准的合理与否对于一定时期内员工的努力方向和积极性有重要影响。不同类型的组织、不同的岗位绩效特征及不同的绩效评价指标,对于绩效标准的定义存在较大差异,一般可以归纳为基本标准和卓越标准两大类。

1. 基本标准

基本标准是组织管理者对组织成员所处的岗位期望达到的绩效水平。这种标准是每个组织成员经过努力都能够达到的水平。对一定的职位来说,基本标准可以有限度地描述出来。基本标准主要用于判断组织成员的绩效是否能够满足基本要求。最终的评价结果一般用于决定一些非激励性的人事待遇,如员工的基本绩效工资。

2. 卓越标准

卓越标准是指对组织成员未做要求和期望但是可以达到的绩效水平。与基本标准不同的是,卓越标准并不是每个被评估者都能够实现的,通常情况下只有少部分员工可以达到卓越标准的要求。同样,卓越标准也不像基本标准那样可以有限度地描述出来。由于卓越标准并不是所有成员都能够达到的,所以其作用主要是为了树立职位榜样。卓越标准评价的结果可以用于一些激励性的人事待遇,如额外的奖金、分红、职位的晋升等。

绩效标准应由组织员工及其所在的部门的管理者共同讨论后制定,并同意此项绩效标准,以此作为绩效管理和执行的依据。绩效评价标准的制定由管理者和员工参与完成较为妥当,组织员工参与并协助制定标准,可使员工有更多的承诺,对他们达成甚至超越绩效标准起到激励作用。让员工参与制定绩效标准的途径如下:管理者在考虑所有因素之后预先拟定暂时标准草案,再与下属讨论而达成协议。管理者需倾听并适当接纳下属的意见;主管、部属分别拟订一份暂定标准,经过双方讨论之后,达成最终的绩效标准方案。

(二)工作业绩指标

所谓工作业绩,就是指组织成员的工作行为所产生的最终结果。员工业绩的评估结果能直接反映、提高组织的整体绩效以实现既定目的。工作绩效指标通常是管理者对下属进行年度考核所用的目标值,它由多个指标构成:完成工作的质量指标、数量指标、工作效率指标、成本费用指标。每个指标都与组织关键的目标值相关,同时对每个指标在整个考核体系中占的权重、目标值、考核依据都要进行一一说明,以便年终考核兑现。组织成功的关键要素决定了管理者在进行绩效评估中需要确定的关键绩效结果。这种关键绩效结果规定了在评估员工绩效时应着重强调的工作业绩指标。这些指标体现为该职务的关键工作职责或某一阶段的目标,也可以是年度的综合业绩。

(三) 工作态度与工作能力指标的绩效标准

根据现代心理学与组织行为学的研究成果,决定组织中个体绩效的因素可归结为业绩、能力、态度三个方面,且这三者之间具有内在的逻辑关系。工作能力是员工的工作业绩的基础和潜在条件,缺乏工作能力的员工是无法创造出优秀的业绩的。工作态度是影响员工工作能力发挥的个性因素,当然,员工工作能力的发挥还受内部、外部条件的约束。

组织成员的工作态度可通过以下内容进行衡量:纪律性、协作性、积极性、主动性、服从性、执行性、责任性、归属性、敬业精神、团队精神、钻研精神、贡献意识、进取精神、开拓精神、使命感、荣誉感、事业心、信誉、忠诚度、健康心态、良知与良心等。

工作能力衡量内容包括体能、知识、智能、技能等。
(1) 体能:取决于年龄、性别和健康状况等因素。
(2) 知识:包括文化水平、专业知识水平、工作经验等。
(3) 智能:包括记忆、分析、综合、判断、创新等能力。
(4) 技能:包括操作、表达、组织等能力。

(四) 绩效指标权重

绩效指标是一个多维度系统,各项绩效指标对绩效管理后期考核结果的影响程度与该指标在绩效整体考核中的相对重要程度成正比。权重即各个绩效评估指标在评估体系中的重要性或者说绩效评估指标在总体中所占的比重,是每个绩效评估指标在整个指标体系中重要性的体现。各个评估指标对于不同的评估对象来说,作用各不相同。因此,在分配与确定不同绩效指标的权重时要根据不同评估主体、不同评估目的、不同评估对象、不同评估时期和不同评估角度,以及各评估指标对评估对象的反映程度恰当地进行划分。确定指标权重的目的是突出绩效目标的重点项目,避免在执行过程中产生避重就轻,引导员工工作的重心,为组织进行绩效评估工作树立标杆。组织管理者在分配绩效指标权重的时候通常涉及以下几个相关概念的处理。

1. 管理绩效指标与经营绩效指标

管理绩效通常是组织高层在推进组织管理改善、提高内部运营效率方面的措施,为了推进这些管理措施,有必要将其列入绩效指标的范围。经营绩效则是指组织正常的经营目标,基本用财务结果来衡量,通常反映组织的外部业绩。一般而言,投资中心和利润中心更关注外部业绩,而成本中心更关注内部效率。

2. 财务绩效指标与非财务绩效指标

财务绩效主要是从财务数据的角度对组织的绩效进行评价，一般以财务指标体系为绩效指标的主要组成部分，包括销售收入及增长、利润及增长、投资及增长、投资收益率、现金流等。非财务绩效指标是取得财务绩效的动力和来源，但往往被人们所忽视，包括客户关系、员工发展、业务创新、内部控制质量等指标。财务指标往往是既成事实的结果，只有到特定周期结束才能评估。而非财务指标往往是过程指标和先导指标，不必等待特定周期结束，就可以发现未来结果的趋势。在绩效指标权重选取时应当注意两者的平衡。

3. 短期绩效指标与长期绩效指标

短期绩效指标往往反映的是一种既定事实，但是短期内良好的绩效并不代表组织未来的竞争力。组织未来的竞争力往往体现在对未来的投入即长期绩效指标上，如果在绩效指标中忽略了长期绩效方面的指标，会纵容员工关注短期利益，忽视长期利益，致使企业失去未来的竞争力。

4. 结果绩效指标与过程绩效指标

结果绩效指标指可以用数字衡量的指标，而过程绩效指标指在实现结果产出的过程中是否遵守了组织有关价值观与行为方面的要求。结果绩效指标与过程绩效指标的统一往往代表着不仅对事，而且要对人进行评估，促使员工按照组织要求的价值观与行为标准进行工作，最终将价值观内化为员工的自觉行动。

四　绩效周期的确定

在绩效计划阶段，还需确定合适的绩效周期。所谓绩效周期，就是指在实施绩效管理时，以多长时间作为一个管理周期的时间界定。如何合理地设置考核周期是任何组织都不可忽视的问题。这里需要指出的是，首先，由于企业中不同的岗位工作性质和实现工作成果的周期不一样，以及受企业其他相关因素的影响，在一个企业中一般会根据岗位的种类等因素设计不同的绩效管理周期。其次，绩效管理周期的长短应根据企业中具体岗位的性质和特点来定。由于绩效管理活动的需要，绩效周期过短会增加组织管理成本。但是，绩效周期过长，容易产生近因效应，降低绩效考核的准确性，不利于员工工作绩效的改进，从而影响绩效管理的效果。绩效周期一般而言可以分为月度考核、季度考核、半年度考核和年度考核。另外，根据组织特性的差异，特殊的情况下还可以按旬考核、按周考核和按项目结点考核。绩效管理周期并没有绝对的参照标准，组织绩效周期的设定受岗位性质和任务特征影响。

（一）岗位特征

由于各个职位职能的差异，在设计考核周期的时候，应该考虑到部门的职能特点。一般来说，职位的工作绩效比较容易考核，考核周期相对要短一些。岗位的任务简单而员工又具备所要求的能力，则主管采用标准的绩效周期为宜；对于管理岗位和专业技术岗位，在较长的时间内才能够看到员工的成绩，因此对其绩效评估周期，就要相对地长一些。另外，不同部门在不同阶段的工作性质和责任的重要程度等方面有所差异，绩效周期也有差别。

（二）任务特征

从所评估的绩效指标来看，不同的绩效指标需要不同的评估周期。对于任务绩效的指标，可能需要较短的评估周期，这样做的好处是：一方面，在较短的时间内，评估者对被评估者在这些方面的工作产出有较清晰的记录和印象，如果都等到年底再进行评估，恐怕就只能凭借主观的感觉了；另一方面，对工作的产出及时进行评价和反馈，有利于及时地改进工作，避免将问题一起积攒到年底来处理。对于周边绩效的指标，则适合在相对较长的时期内进行评估，例如半年或一年，因为这些关于人的表现的指标具有相对的稳定性，需较长时间才能得出结论，一般情况下绩效管理以一年1～2次为宜。绩效管理活动太频繁会给员工带来压力，会让员工把关注点放在绩效评估而不是工作上。

五 绩效考核常用表格设计

绩效考核常用表格设计是绩效管理工作中的一项比较重要的内容，绩效考核常用表格的内容必须涵盖组织中所有的绩效领域，并清晰地描述出来，且考核表格不易太长、太复杂，并且要求具有一定的适应性，能适用于不同的岗位；不同组织的绩效考核表格形式繁多，但无论考核表的形式如何，对考核表最基本的要求就是能涵盖企业对员工工作绩效期望的主要信息。一份完整的考核表应涵盖的信息包括以下几个方面。

1. 组织员工的基本信息

这部分表格包括员工姓名、职位名称、所属部门、岗位级别、薪资等级等。

2. 绩效目标和评价标准

绩效目标和评价标准是绩效考核表的核心内容。绩效考核表在设计的时候应为绩效考核指标名称、绩效标准、权重等预留一定的空间，以备考核者后期填写。

3. 关键事项

这部分表格的设计主要是用于记录员工在考核期内的关键事件，比如说特别优秀的行为或特别差的行为，以为绩效评价结论提供支持。

4. 员工意见以及考核者意见

这部分表格用于记录员工以及考核者对绩效评价结果或绩效表现做出的某种说明。

二维码 4-2
视频讲解：
绩效计划分解过程中需要注意的问题

5. 签字

这部分表格用于员工、考核者、人力资源部门对绩效评价结果的确认。

绩效考核表可按表 4-3 设计。

表 4-3　某公司的绩效考核表

被考核人姓名		职务		部门	
考核人姓名		职务		部门	
序号	指标类型	考核指标	权重	绩效目标值	考核得分
1	定量指标				
2					
3					
4					
5					
6	定性指标				
7					
8					
9					
10					
特别加分项目					
本次考核总得分					
关键行为说明					
被考核人意见： 签字：　　日期		考核人意见： 签字：　　日期		复核人意见： 签字：　　日期	

六　具体行动方案的制定

在组织实施绩效管理工作中,导致绩效目标与指标未能实现,往往不是因为绩效指标定得不合适,而是因为没有详细的、可操作的工作推进计划,行动方案的制定是绩效管理目标实现的重要过程。实现组织的绩效计划和目标的具体行动方案包括以下内容。

(1)每个项目小组,由中层管理者本人编制绩效目标行动方案表,见表4-4。

表4-4　绩效目标行动方案表

绩效目标	主要行为	呈现结果	时间节点	责任人	资源与时间	风险	备选方案

主管领导：　　　　　　　　　　　　　　　考核对象：

注:一个绩效目标,可以有多个主要行为,本表中"绩效目标"栏名称重复使用的主要目的是分解多个绩效目标的行为过程。

(2)组织的中层管理者针对一个绩效周期的绩效目标初步填写绩效目标行动方案表,并主动召集行动方案所涉及的相关人员。这些人员可以跨部门,进行交流讨论,重点讨论方案的可行性以及资源的保证程度,并做好讨论记录。参加会议人员应在会议记录上签字。

(3)在讨论过程中,涉及组织对资源支持承诺方面的情况,如果超越资源预算,应主动和资源管理人员进行沟通,尤其关注资源的使用时间。

(4)如果行为方案涉及部门较多,中层管理人员应召集会议,并邀请主要领导参与,保证对具体行为方案的资源支持到位。

(5)最终的绩效目标行动方案表经主管领导签字通过后,本人留存,并将复印件分发给相关责任人作为工作推进的检查依据。需要说明的是:绩效目标行动方案表应同时报项目组的绩效管理工作人员一份,用作个人绩效计划表的附件。

中英文关键术语

绩效计划(Performance plan)
绩效周期(Performance cycle)
绩效目标(Performance objectives)
绩效指标(Performance indicators)
绩效标准(Performance standards)
绩效指标权重(Performance indicator weight)
绩效指标体系(Performance indicator system)

二维码 4-3
第四章自测题

复习思考题

1. 如何理解绩效计划的内涵,以及绩效计划在绩效管理体系当中的地位?
2. 组织绩效计划的构成要素和制订程序是什么?
3. 组织绩效计划制订前需要开展的准备工作有哪些?
4. 如何确定绩效标准?
5. 怎样确定各个绩效指标的权重?
6. 公共部门与企业组织相比,其绩效目标有什么不同?

二维码 4-4
第四章参考答案

案例分析题

 一、阅读材料

奋进化肥公司绩效计划

奋进化肥公司是奋进集团下属子公司,成立于2012年,主要从事各种化肥的研发和生产,"奋发肥"牌肥料家喻户晓,已成为本地的标志性品牌。但是,每年初制订公司绩效计划的时候,都是王总头疼的时候。

在经营目标确定方面,公司每年会确定一个大的方向,但是没有具体详细的说明,由各部门自行上报重点工作和目标,由规划发展部汇总后,王总和几位分管领导最终拍板确定今年的经营目标。但是每年都会存在分管领导尽量避免设定过高的绩效目标导致分管部门绩效考核分数不高的情况,最终这些指标要王总来综合衡量去敲定。有时候明明知道一些部门避重就轻地选择一些好量化、容易达到的指标,但苦于自己专业知识不足,拿不出足够的理由来反驳。

在绩效过程管理上,各部门月度计划基本是日常工作的重复,跟公司年度经营目标和重点工作相关度不高,难以实现对公司目标的聚焦和支撑。

在考核结果上,去年上级集团对公司的考核结果排名非常不理想,反而公司各部门的考核结果非常好,几乎没有扣分的情况。今年,王总面临这样的情形,由于公务缠身,没有太多时间参与绩效计划的制订,在各分管领导和各部门都达成一致情况下,大笔一挥签字同意,由规划发展部下达给各部门执行。

(资料来源:https://zhuanlan.zhihu.com/p/109403641.)

二、阅读并思考

1. 请从案例中描述的情形,分析该公司的绩效管理存在哪些问题?
2. 你认为该公司每年的绩效计划制订流程应该如何改进?

第五章

绩效监控

本章引例

A 公司的绩效沟通

A 公司每个绩效周期内都会召集组织员工接受一次小组评价,评价小组的组成人员主要由公司各层级的领导者构成,被考核的员工不参加;此小组会议主要讨论在绩效实施期间的各种问题及员工在绩效期间的表现。会议讨论的结果通常被用来作为绩效管理后期评定员工绩效水平、调整绩效工资和决定培训发展计划的依据。此小组会议对公司绩效目标的顺利实现产生着重要的作用。但也存在一些问题,评价小组成员可能认为自己不会参与绩效考核,因此,可能不会与公司的考核对象进行沟通。同时会觉得此会议并没有太大的意义,毕竟,绩效指标的确定以及最终的绩效考核都由公司中少数人员决定。因此评价小组中不少成员抱怨,没有必要持续不断地进行绩效沟通。

第一节 绩效监控概述

一、绩效监控的内涵

绩效监控是实现全过程绩效管理的重要环节,是连接绩效计划和绩效评价的中间环节,是耗时最长的一个环节,也是保障绩效管理实现预期目标的重要手段。在这个环节,管理者需要与下属进行持续的沟通,对绩效计划的执行情况进行监控,针对存在的问题进行充分交流,提供必要的绩效辅导,并收集相关的绩效信息,从而为绩效目标的顺利达成提供有力保障。

众所周知,管理的基本职能包括计划、组织、领导和控制。我们在理解绩效监控的内涵时,不能简单地将其与管理学中的"控制"等同起来,更不能将其简单视为一个束缚下属手脚的贬义词。绩效监控是为了达成组织战略目标和实现竞争力的全面提升,对绩效计划实施情况进行全面监控的过程,涉及管理学中的组织、领导、控制等基本职能。

绩效监控指的是在绩效计划实施过程中,管理者与下属通过持续的绩效沟通,采取有效的监控方式对下属行为、绩效目标进展进行持续的追踪、检查和指导,对出现的各种偏差进行纠正,对工作人员进行适当激励,及时收集员工的绩效信息,并对目标、计划进行跟踪和修正,从而确保绩效目标的实现与绩效评价有据可依的过程。绩效监控主要包括以下几个方面的内容。

(一)绩效监控目的是提高组织绩效、实现组织战略目标

绩效监控的工作重点是管理者对绩效计划实施情况进行全面监控,通过对下属工作行为及结果的全面监控,来实现部门和组织绩效整体水平的持续提升,绩效监控是为实现组织战略目标服务的。

(二)绩效监控实质上是一个持续沟通的过程

绩效监控是管理者为了掌握员工的绩效实施情况而进行的一系列沟通。一个善于沟通的管理者能够及时发现绩效周期内可能存在的问题,并有效地解决,从而更好地完成绩效计划。绩效监控的突出作用就是通过持续的绩效沟通,及时发现绩效计划执行过程中可能出现的问题并及时加以引导。

(三)绩效监控的首要任务是绩效辅导和收集绩效信息

绩效监控环节的工作重点是发现绩效计划在执行过程中可能出现的问题或潜在危机之后,提供及时的绩效辅导,消除绩效计划执行过程中可能出现的障碍。另外,绩效监控和绩效评价决策都要建立在准确、有效的绩效信息之上,因此,准确记录并定期汇总下属工作中的关键事件和绩效数据是绩效监控的主要任务之一。

二 绩效监控的意义

在绩效管理过程中,管理者要根据已经制订好的绩效计划,对下属绩效计划的执行工作进行持续的绩效监控。从绩效管理的流程上看,绩效监控是绩效管理过程中耗时最长的环节,并贯穿绩效实施与实现的整个过程。通过绩效辅导,管理者可以及时发现下属工作过程中存在的问题,帮助下属不断改变工作方法与技能,随时纠正下属偏离工作目标的行为,并根据实际情况的变化及时对工作目标进行修正与调整,绩效计划能否落实和完成主要依赖于绩效监控过程。具体来讲,绩效监控的意义如下。

(1)绩效监控的直接目的就是帮助下属在各项指标上达成或者超越绩效目标,促进绩效目标的全面实现。当下级在绩效计划实施过程中遇到问题时,管理者能及时地对其进行适当的指导,并为其提供克服困难所需的资源和支持。

（2）随着环境的变化，绩效计划阶段制定的绩效指标和目标可能无法实现，在绩效监控的过程中，管理者可适时地对下属在执行绩效目标、达成绩效指标时进行调整，以免下属因工作中遇到的问题而陷入消极情绪，影响绩效计划的完成。

（3）当下属的行为偏离预定轨道时，管理者能及时地发现，防微杜渐，避免给组织造成重大的损失。

（4）员工在日常工作中，由于面对紧张的压力，特别需要管理者对其努力和成果的关注和认可。在实施绩效监控的过程中，管理者对下属及时、积极的正反馈会产生"罗森塔尔效应"，绩效监控所产生的激励效果甚至会超过物质激励的作用。

（5）通过绩效监控，管理者可为绩效管理循环后面的绩效考核和绩效反馈提供客观、公正的信息依据。

总之，绩效计划环节设定的绩效指标和绩效目标能否顺利地完成，以及绩效考核和绩效反馈所需的信息能否顺利获取，都依赖绩效监控，绩效监控环节的工作直接影响到整个绩效管理的成败。

三　绩效监控的过程

在明确绩效计划之后，只有持续不断地进行绩效监控，才能实现绩效目标。绩效监控是一个持续的沟通过程，从绩效协议的签字确认到绩效评价阶段，绩效监控贯穿始终。在绩效监控过程中，管理者主要承担两项任务：一是通过持续不断的沟通，对员工的工作给予支持，并修正工作任务与目标之间的偏差；二是收集信息，记录工作过程中的关键事件或绩效数据，为绩效评价提供信息。

在绩效监控阶段，管理者可以通过把握监控的关键问题来提升监控的效率和改善监控的效果。这些问题主要包括以下几个方面。

第一，以是否有利于组织战略的实现和绩效目标的完成为依据，进行持续的双向沟通，保障绩效计划实施过程中能及时发现问题，并提出解决方案。

第二，针对绩效监控中发现的问题，进行及时的绩效沟通辅导，为下属提升绩效提供支持，并纠正绩效管理计划实际完成情况与目标之间的偏差。

第三，帮助下属正确理解绩效沟通和绩效辅导的关系。绩效监控的目的是帮助下属达成绩效目标。但是，绩效贯穿于整个过程，绩效辅导仅仅在下属绩效计划执行中出现问题时才需要；绩效沟通是管理者和下属之间绩效信息的双向传递，绩效辅导则是管理者通过沟通的形式帮助下属达成绩效目标的行为。

第四，收集绩效信息，特别是记录下属工作过程中的关键事件或绩效数据，为接下来的绩效评价工作提供信息支持。

第二节 绩效沟通

一 持续的绩效沟通

在整个绩效管理过程中,管理者和下属之间都需要进行有效的绩效沟通。绩效沟通的效果在一定程度上决定着绩效管理的成败。绩效监控也是绩效沟通最集中的阶段。持续的绩效沟通就是管理者和下属共同工作、分享有关绩效信息的过程。这些信息包括绩效计划的实施情况、潜在问题、可能的解决措施等。它是连接绩效计划和绩效评估的中间环节。通过妥善有效的绩效沟通,有利于及时发现组织管理上存在的或潜在的问题,并采取有效的应对策略,防患于未然,降低组织的管理风险。同时也有助于员工下一阶段的工作绩效的提升,提高下属工作满意度,从而推动组织整体战略目标的完成。持续性沟通具有以下意义。

1. 持续性沟通是调整绩效计划的需要,有利于绩效管理过程的动态性和有效性

管理者和员工共同制订了绩效计划,但并不等于这项计划会一直沿着双方期望的方向和进度进行。由于组织内外部环境的变化,组织不得不调整原先设定的绩效标准、绩效期限和指标权重等。因此,在绩效实施过程中进行持续不断的绩效沟通,可能对绩效计划进行适时调整,从而适应组织环境的变化。

2. 持续的绩效沟通是管理者与下属的共同需要

对管理者而言,沟通有助于全面了解下属的工作情况、掌握工作进度;有助于及时找到潜在问题,在问题恶化前及时加以解决;有助于管理者有针对性地提供相应的辅导和资源支持;有助于掌握绩效评价的信息依据,客观准确地评价下属的工作绩效,从而提高员工对绩效管理及与其密切相关的激励机制的满意度。对于下属来讲,沟通有助于得到关于自己工作绩效的反馈信息,从而不断改进绩效、提高技能;有助于及时获得管理者相应的资源和支持,以便更好地达到目标;发现自己在工作中的不足,为绩效改进提供参考。

二 绩效沟通的目的

绩效沟通在绩效管理的每个阶段都扮演着重要角色。广义的绩效沟通泛指贯穿于绩效管理全过程的沟通行为。狭义的绩效沟通特指发生在绩效实施过程中的沟通，是绩效实施期间，管理者和下属为实现绩效目标就绩效相关信息而展开的建设性、平等、双向和持续的信息分享和思想交流。其中，绩效沟通中的信息包括工作进展情况的信息、工作中存在哪些潜在的问题、各种可能解决的措施等。本章主要讨论的是狭义的绩效沟通。绩效沟通是一个闭环的流程，下属要及时将绩效计划执行情况上报给向上级领导，让管理者准确知道计划执行的情况。在绩效监控过程中，管理者必须掌握沟通的技巧，在进行沟通时充分考虑下属的感受，并且坚持平等原则，保证信息传递顺畅。

从绩效沟通的内涵中可以看出，绩效沟通就是指管理者与下属在共同工作的过程中分享各类与绩效有关的信息的过程，其目的是管理者通过沟通实现下属绩效的改善和提升。管理者是绩效沟通的设计者和主导者，对绩效沟通具有决定性影响。为了提高绩效沟通的质量，管理者必须深入理解绩效沟通的重要性。对管理者和下属来说，绩效沟通的目的包括以下几个方面。

（一）应对组织内外部环境变化，保持工作过程的适应性

组织的内外部环境具有复杂性和变化性，当环境发生变化时，管理者必须与下属进行及时绩效沟通，及时调整员工的绩效目标。适时调整绩效计划以回应变化的环境对组织战略的不断挑战是绩效沟通的首要目的。另外，绩效计划也会随着环境因素的变化，变得不切实际或根本无法实现。顾客需求的变化、竞争对手产品的变化、意外的困难或障碍的出现等不可控因素的发生，都是管理者不得不调整绩效标准和各项工作目标指标权重的依据。管理者在绩效实施过程中积极进行绩效沟通，及时变更绩效目标和任务，保持绩效管理过程的动态性和适应性，能够帮助应付各种变化。即使没有变化，组织也需要获得信息来确保在发生变化的时候能够及时应对。

（二）获取信息，保持管理者和下属行为的方向性

绩效沟通的一个重要任务就是获取绩效信息。管理者掌握下属的工作情况，诊断员工的绩效问题，以便适时给予激励和指导，帮助下属改善绩效水平。利用广泛的信息来协调组织团队的工作，争取团队行为与组织目标相一致。从下属角度来说：经常的、具体的有关他们工作现状和绩效的反馈信息，识别并排除绩效障碍，可以指导、帮助下属了解他们的工作任务、组织使命及目标之间的关系，产生激励员工绩效行为、促进下属成长的作用。

(三)实施管理,保持绩效管理系统的稳定性

绩效管理是一个持续的沟通交流过程,绩效沟通的目的是使管理者与下属之间达成绩效计划或绩效契约,确保个人和组织"双赢",将受益的组织、员工和管理者真正融入绩效系统,从而达到系统目标的稳定性。若没有绩效沟通过程,绩效管理就不完整,仅仅是计划和评估而已。保持绩效系统的稳定性与可靠性,需要员工和管理者的相互理解与共同合作,即需要双方进行持续的绩效沟通。及时了解信息还可以避免在发生意外的时候措手不及,可以在事情变得棘手之前进行处理。

三 绩效沟通的方式和内容

绩效沟通是一个充满细节的过程。管理者与员工的每一次交流(不论是书面的还是口头的)都是一次具体的沟通。沟通有各种各样的方式,每种方式都有其优点和缺点,都有其适合的情境,因此,关键是在不同的情境下选用合适的沟通方式。

(一)绩效沟通的内容

为了保证绩效沟通的有效性,管理者必须先确定双方沟通的具体内容。对于管理者和员工来说,双方在绩效沟通中所要了解的内容是不同的。我们可以通过回答问题来确定沟通的具体内容,首先,对组织管理者而言,为了更好地履行绩效管理职责,需要从员工那里获得什么样的信息,以帮助他们更好地协调员工的工作,并在必要的时候向上级汇报?必须提供给员工哪些信息和资源,以帮助他们完成工作?此外,对组织员工而言,为了顺利地完成工作职责,必须从管理者那里得到什么样的信息或资源?必须向管理者提供哪些信息,以保证更好地完成工作目标?对这四个问题的回答,可以使管理者能够更好地明确绩效沟通的内容,可以给管理者提供一个非常实用的绩效沟通的思路。具体来讲,绩效沟通包括以下内容。

1. 了解工作情况

绩效沟通最基本的内容,就是了解员工的工作情况。管理者要询问员工在完成绩效目标的过程中所遇到的各种具体问题。包括员工工作进展,对员工问题的理解越是具体和清晰,对员工的辅导也会越有效和越有针对性。员工需要把工作中遇到的问题如实地加以反映,这样才可能得到管理者最大限度的帮助。双方需要沟通的内容包括工作的进展、所用的手段、遇到的问题、问题的原因等。了解员工为实现绩效目标所使用的手段,防止出现危害组织利益的行为发生。还要了解员工在实现绩效目标过程中出现的困难及其原因。

2. 反馈沟通

管理者应对员工平时的工作表现进行及时反馈，使员工的行为不会偏离组织绩效目标。当员工表现优秀时给予正面激励，强化员工的积极表现；反之，当员工没有按计划完成工作时，也要进行负面反馈，帮助其改正和调整。在目标实现过程中给予反馈，是实现激励的重要因素。如果没有及时、具体的反馈，下属无从对自己的行为进行调整，能力得不到提高，甚至丧失继续努力的意志。

（二）绩效沟通的方式

绩效沟通可以分为正式绩效沟通和非正式绩效沟通。正式绩效沟通是指在组织系统内，依据一定的原则定期进行的信息传递和交流。非正式绩效沟通是指管理者和员工在正式渠道以外的不按照正规的组织程序、隶属关系、等级关系来进行的信息交流和传递方式，它不在组织管理范围之内，不受组织监督，自由选择沟通渠道。

1. 正式绩效沟通

通常正式绩效沟通主要包括定期书面报告、定期会面两种形式。

1）定期书面报告

定期书面报告是组织管理者进行正式沟通的重要形式之一，在大部分组织中，管理者都会要求下属定期进行工作汇报，以便对下属的工作情况和遇到的各种问题进行了解，同时还会要求下属提出一些建设性意见。

书面报告最大的优点就是简单易行，能够提供文字记录，避免管理者进行额外的文字工作。为了让员工更好地完成书面报告，管理者应该让员工有机会决定他们在报告中写些什么，而不应由管理者一厢情愿地决定。当双方就这个问题达成一致后，管理者可以设计出一个统一的样表，以方便下属填写。这种表格的形式非常多，但通常需要包括工作目标的进展情况、工作中遇到的问题、建议和意见等栏目。另外，书面报告的形式在很大程度上还要取决于员工的文化水平；对不同文化程度的员工，工作报告的要求也往往不同。

但是书面报告的沟通方式比较消耗时间，在很多情况下，员工不喜欢书面报告，他们将这项工作视为额外的负担，只是应付了事。如果把握不好，容易走向无意义的形式主义，且这种沟通方式还存在另外一个主要的缺陷，即书面报告通常是单向的信息流动，缺少及时的反馈环节，管理者和下属缺乏面对面的沟通机会，这种单向的信息流动使大量的信息变成摆设。所以，大部分组织会将书面报告与其他沟通方式结合起来使用，以避免这个问题。书面报告要产生预期的效用，报告的内容、报告的形式就需要选择恰当。报告要以简要的形式记录工作的完成情况、困难和问题等。报告周期不能太长，内容不宜太多。

2)定期会面

书面报告毕竟不能代替管理者与员工之间面对面的口头沟通。为了寻求解决问题的更好途径,管理者与员工之间的定期会面是非常必要的。这种面对面的会谈不仅是信息交流的最佳机会,而且有助于在管理者与员工之间建立一种亲近感。这一点对培育团队精神,鼓励团队合作是非常重要的。定期会面可以是管理者与员工一对一的会谈,也可以采用团队会谈的形式。

一对一会谈是管理者与员工之间最常见的沟通形式。在每次会谈的开始,管理者应该让员工了解这次会谈的目的和重点。例如,管理者可以说这样的开场白:"今天我想和你谈一谈你的工作进展情况。上次会谈中谈到的问题是否得到了解决,是否又有什么新的问题……"由于是一对一会谈,管理者应该将会谈集中在解决员工个人面临的问题上,以使会谈更具实效。例如,让员工了解企业整体经营方向的变化非常重要,但更关键的是让其明确各种变化对于其个人的工作产生了什么影响。也就是说,应该将问题集中在调整员工的工作计划、解决员工个人遇到的问题上。

大多数管理者都会犯的一个错误就是过多"教训"而忘记倾听。管理者应该更多地鼓励员工进行自我评价和报告,然后进行评论或提出问题。如果问题是显而易见的,就应该让员工尝试着自己找出解决问题的方式。另外,管理者应该在面谈的最后留出足够的时间让员工有机会说出其想说的问题。员工是最了解其工作现场情况的人,从其口中了解情况是非常重要的。

在面谈中,管理者还应该注意记录一些重要的信息。特别是在面谈中涉及一些计划性的事务时,更应如此。例如,对于工作计划的变更、答应为员工提供某种培训等,都应该留有记录,以防过后被遗忘。

书面报告和一对一会谈的一个共同缺陷就是涉及的信息只能在两个人之间共享。由于很多工作都是以团队为基础开展的,这两种方式都不能完全实现沟通的目的。这时,就需要采用一种新的方式——有管理者参加的团队会谈。管理者参加的团队会谈应精心设计交流内容,避免不恰当的内容造成无效沟通而浪费时间或在团队成员之间造成不必要的摩擦或矛盾。在团队工作的环境中,团队成员之间在工作中相互关联并发生影响。每个成员都能够不同程度地了解和掌握其他成员的工作情况,而且每个成员都能够通过解决大家面对的问题提高个人乃至团队的绩效。因此,群策群力是解决问题的最好方式之一。

需要注意的是,涉及个人绩效方面的严重问题不应轻易成为团队会谈的话题。任何人都有犯错的时候,这种公开的讨论是一种严厉的惩罚。不同的文化背景决定了人们对这种情况的承受能力。通常情况下,这种针对个人的绩效警告应该在私下进行。

团队会谈意味着更多的时间和更高的复杂性。并且,要确定一个适合所有人的会谈时间有时也不是件容易的事情。对于较小的团队,这种问题还比较容易解决。如果团队规模过大,会谈就不能过于频繁。有时可以采用派代表参加的方式解决这个问题。

团队会谈更要注重明确会谈重点,控制会谈进程。管理者可以要求每个人都介绍一下工作的进展和遇到的困难,以及需要管理者提供什么帮助才有利于工作更好地完成等。管理者可以使用一些结构化的问题提纲和时间表来控制进程。例如,管理者可以要求每个参会人员谈一谈工作的进展情况、遇到的问题以及可能的解决方法。如果找到了问题并能够很快地解决,就应该立即安排到个人,以确保问题得到及时解决。如果不能在规定的时间内找出问题的解决方法,可能的解决方式是:计划开一个规模更小的小组会或要求某个人在规定时间内草拟一份方案等。不能由于个别难以解决的问题而影响整个会谈的进度,毕竟这种团队会谈的时间是十分宝贵的。只有充分利用每一分钟,才能够使会谈发挥最大的效益。因此,强调时间限制是十分重要的。

与一对一会谈相同,团队会谈也应该做好书面的会议记录。参会成员可以轮流做这项工作,并及时向参会人员反馈书面记录的整理材料。

为了有效利用以上两种定期会面的绩效沟通形式,应当特别注意以下两个方面的问题。

无论是一对一会谈还是团队会谈,最大的问题是容易造成时间的无谓耗费。如果管理者缺乏足够的组织沟通能力,这种面谈就可能成为无聊的闲谈,也可能变成人们相互扯皮、推卸责任的场所。因此,掌握一定的沟通技巧对管理者是非常必要的。

沟通频率是管理者需要考虑的另一个重要问题。从事不同工作的人可能需要不同的沟通频率,甚至从事同一种工作的人需要交流的次数也不尽相同。管理者应该根据每个下属的不同情况,安排绩效沟通(书面的或口头的)的频率。对于团队会谈,管理者应该充分考虑所有团队成员或参会人员的工作安排。

2. 非正式绩效沟通

无论采取何种正式沟通方式,都可能会造成员工的紧张不安情绪。而非正式绩效沟通能够让员工更放松、更开放地表达自己的想法,容易拉近上下级之间的距离。在绩效沟通中,恰当地使用非正式绩效沟通,可以取得意想不到的效果。非正式绩效沟通形式灵活多样,不需要刻意准备,不受时空的限制。采用非正式绩效沟通解决问题非常及时,因为发现问题就及时进行沟通,这样可以使问题高效率地得到解决。因此,大部分组织采取的是非正式绩效沟通,非正式绩效沟通主要包括走动式管理、开放式办公、工作间歇或业余的沟通等。

1)走动式管理

走动式管理主要是指管理者在员工工作期间不时地到现场走动,与组织员工进行交流并指导工作,或者解决员工提出的问题,纠正员工偏差,或者对员工及时地问候和关心,减轻他们的压力、鼓舞和激励他们。这是一种常用且比较奏效的沟通方式。但是这种沟通方式可能会产生一个问题,如果管理者掌握不好走动的频率及方式,会让员工感觉管理者在监视其行为、对其过多干涉、不信任他们,因而产生排斥的情绪。管理者在管理过程中应注意不要对员工具体的工作行为过多地干涉,否则会给员工一种突击检查的感觉,反而使员工产生心理压力和逆反情绪。

2）开放式办公

开放式办公是一种已经被许多组织采用的绩效沟通方式，它指的是管理者的办公室随时向下属开放，只要在没有客人或开会的情况下，下属可随时进入办公室与管理者沟通交流，向他们咨询问题。这种方式的最大优势就是创造出了一种开放式的便于沟通的环境，下属在绩效沟通中处于主动地位，而且员工能及时同管理者讨论所遇到的问题。但是这种方式也存在许多缺点。首先，员工随时进入办公室会干扰管理者的工作；其次，管理者可能会因忙于应付员工的问题而疏忽了自己的本职工作；最后，员工来回进出办公室，会影响组织正常的工作气氛，干扰其他员工的正常工作。

3）工作间歇或业余的沟通

除了在工作时间进行绩效沟通，管理者可以选择在一些较为轻松的氛围中就某些双方都感兴趣的话题进行沟通，如工作的间歇、员工就餐期间，甚至是公司私人聚会等情境，在这些情境中进行沟通的效果会更好。研究表明，人们大都倾向于接受正面信息，对负面信息往往会采取排斥的态度。而在宽松的环境下，负面信息的刺激性就会大大降低，从而变得易于接受。但是管理者在沟通时需要注意，不宜直接提起与工作有关的严肃性话题，以免破坏轻松的氛围。管理者可以先通过谈论一些轻松的事情，在轻松的气氛中自然而然地把话题引入到与工作相关的问题上。如果可能，尽量让下属主动提出这些问题。这类轻松的情境是反馈不良绩效的好时机。

二维码 5-1
视频：
如何有效进行
绩效面谈

四 绩效沟通的原则

实现高效的绩效沟通并不是一件简单的事情，管理者和下属都需要为绩效沟通做好充分的准备，既要掌握基本的沟通技巧，又要遵循基本的绩效沟通原则。以下三项基本的绩效沟通原则对规范沟通行为、提高绩效沟通效果具有重要作用。

（一）问题导向原则

人们在沟通中存在两种导向：问题导向和人身导向。所谓问题导向，指的是沟通时把关注重点放在问题上，注重寻找解决问题的方法；而人身导向的沟通则更多地关注出现问题的人。绩效沟通的问题导向原则要求沟通双方针对问题本身提出看法，充分维护他人的自尊，不轻易对人下结论，从解决问题的目的出发进行沟通。人身导向的沟通往往会带来很多负面的影响。但是，人们在遇到问题时往往会非常直接地将问题归咎于人,甚至带有一定的人身攻击。因此,人身导向的沟通往往只是牢骚,并不能为解决问题提出任何积极可行的措施。另外,如果将问题归咎于人,往往会引起对方的反感和防御心理。在这种情况下,沟通不但不能解决问题,还会对双方的关系产生破坏性影响。人身导向的沟通不适用于批评,同样也不适用于表扬。即使你告诉对方"你好优秀啊",如果没有与具体的行为或结果相联系,也可能会被认为是虚伪的讽刺而引起对方的极度反感,这一点往往被人们忽视。

(二)责任导向原则

所谓责任导向原则,就是在绩效沟通中引导对方承担责任的沟通模式。与责任导向相关的沟通方式有自我显性沟通与自我隐性沟通两种沟通形式。自我显性沟通通常使用第一人称的表达方式,而自我隐性沟通则采用第三人称或第一人称复数,如"有人说""我们都认为"等。自我隐性沟通通过使用第三方或群体作为主体,避免对信息承担责任,从而逃避就自身的情况进行真正的交流。如果不能引导对方从自我隐性沟通转向自我显性沟通,就不能实现责任导向沟通。因此在绩效沟通中,管理者要引导下属从自我隐性沟通向自我显性沟通的转变。责任导向沟通,有利于实际问题的解决。

另外,通过遵循责任导向原则,人们通过自我显性沟通,能够更好地建立管理者与下属双方之间的联系,表达合作与协助的意愿。"我想这件事情可以这样……""在我看来,你的问题在于……"等说法都能够给人这样的感受。与此对应的是,人们往往通过自我隐性沟通逃避责任,这往往给人一种不合作、不友好的感受。在建设性沟通中,人们应该使用自我显性沟通,与沟通对象建立良好的关系。

因此,当下属使用自我隐性沟通时,管理者在给下属表达想法的同时,要引导下属采用自我显性沟通,使员工从旁观者立场转变为主人翁立场,自然而然地为自己的行为承担责任。

(三)事实导向原则

在前面问题导向原则中谈到,建设性沟通应该避免轻易对人下结论的做法。遵循事实导向原则能够帮助我们更好地克服这种倾向。事实导向原则是指在沟通中以描述事实为主要内容的沟通方式。通过对事实的描述避免对下属的直接攻击,从而巧妙地维系沟通双方的关系。特别是在管理者向下属指出其工作过程中的问题和缺点时,这个原则就显得十分奏效。在这种情况下,管理者可以遵循以下三个步骤进行描述性沟通。首先,管理者应描述需要修正的情况。这种描述应基于事实或某个特定的、公认的标准。例如,可以说"你在这个季度的销售额排名处于部门最后一名的位置","这个月你受到了3次有关服务质量的投诉"等。这种描述能够在很大程度上避免下属的抗拒心理。但是,仅仅描述事实是不够的。在描述事实之后,还应该对这种行为可能产生的后果作一定的描述。例如,可以说"你的工作业绩出乎我的意料,这将对我们整个部门的销售业绩产生不良的影响""顾客表示无法接受这样的服务水平,他们宁可放弃我们的产品"等。在这里,管理者应该注意不要使用过于严厉的责备的口吻,否则下属会将精力集中于如何抵御攻击,而不是如何解决问题。最后,管理者可以提出具体的解决方式或引导下属主动寻找可行的解决方案。当然在现实中,并不是所有情况都应遵循这三个步骤。上面的例子是针对指出下属工作中的问题而言的。总之,管理者在可能的情况下应用事实根据来代替主观判断,这样能最大限度地避免下属的不信任感和抵御心理。以事实为导向的定位原则能够帮助组织更加顺利地进行建设性沟通。

经典案例5-1

 一、阅读材料

林经理的绩效沟通

林先生是一家互联网公司的部门经理,在他手下有12名员工。公司对员工的绩效实施过程进行管理的方法是要求员工每月末向主管经理上交一份月报,然后主管经理就这份月报的内容与员工进行10分钟左右的沟通。

在开始一段时间,员工们都能准时地将月报交上来。但逐渐地,公司的业务进入了高峰期,每个人的工作都异常繁忙。这时,林先生感到收集月报十分困难,上个月就有5名员工没有按时上交月报,经过了催促后才交上来。这个月到了交月报的日子,只有3个人交了上来。

于是林先生想到,员工不按时上交月报一定有自己的原因,或许是月报这种沟通形式本身存在问题。因此,林先生决定与员工交流一下这个问题。在与员工的面谈中,当林先生问到员工们为什么不按时交月报时,员工们的意见是:"我们忙得根本没有时间做。""有些事情当面与您说就很清楚了,没有必要写成报告给您了吧?""我们每个月做月报至少要花费2个小时,而把这些情况与您讲一下只需要15分钟。"

 二、阅读并思考

1. 本案例存在的沟通问题有哪些?
2. 陈先生应如何实施持续的绩效沟通?

第三节 绩效辅导

在传统组织中,管理者往往扮演领导者、决策者和监督者的角色,对员工的工作内容了如指掌。而如今的管理者遭遇了一个难题,随着组织内部的专业分工日益明细、知识型员工的比重不断增加,对管理者的管理水平与艺术提出了更高的要求,那些掌握了专业技能的员工都是各自领域的专家,管理者从前的示范和监督作用似乎难以发挥。在管理者与员工关系发生巨大变化的今天,管理者应重塑自己的角色,实现从"领导"向"导师"转变,特别是在员工完成工作的过程中,管理者应适时提供有效辅导,帮助员工改变工作方法与技能,纠正工作偏差,保证绩效目标的实现。

一 绩效辅导的内涵

要想给下属的行为带来改变或维持其高水平的绩效,就要将绩效的结果不断地反馈给员工,这主要是依赖绩效辅导来实现的。绩效辅导是指管理者采取恰当的领导风格,在进行充分的绩效沟通的基础上,根据制订的绩效计划对下属完成绩效目标的过程进行辅导,协助下属不断改进工作方法和技巧,激励下属的正面行为,并确保下属工作不偏离组织绩效目标的持续过程。管理者作为绩效辅导的主导者和推动者,不仅需要对下属提出的各种要求做出积极回应,还需要能够前瞻性地发现潜在问题并加以解决。绩效辅导包含以下几个方面的内容。

(一)管理者对下属提供帮助是绩效辅导的关键

绩效辅导的最终目的是实现部门和组织的绩效目标,而为达到这个目的,必须在下属执行绩效计划的过程中及时提供帮助和支持,以协助下属克服这个过程中遇到障碍和困难。为使下属具备顺利完成绩效计划所需的知识和技能,必要的时候,还需要给下属提供适当的培训机会,使其具备完成绩效计划必备的知识和技能。绩效辅导不仅仅是在问题出现时才需要,更重要的是提高下属获得持续的高绩效的能力。

(二)激励下属是绩效辅导的重要职能

绩效责任制是绩效目标得以实现的基础。在进行绩效辅导时,管理者需要培养下属对绩效的责任意识,帮助其树立自信,提高下属工作的成就感,促使下属不断为实现绩效目标而超越自我，为承担更具挑战性的工作任务而不断提升个人的知识、技能和对组织的责任感。

（三）领导风格对绩效辅导效果有重要影响

管理实践中面对的实际情况是多种多样的，管理者的领导风格却相对稳定。绩效辅导由管理者具体执行，并且领导风格和管理者的特征对绩效辅导有较大的影响。因此，在绩效管理实践中，需要注意管理者领导风格和绩效辅导之间的匹配，依据具体情境选择恰当的领导风格。

（四）及时沟通是绩效辅导成功的关键

管理者要根据绩效计划的执行情况，及时对下属实施绩效辅导。要做到辅导沟通的及时，就要求管理者全面收集绩效计划执行过程中的各种信息，并做出准确的辅导决策。对绩效水平未达到要求的下属给予及时的辅导，为其提供培训机会；对顺利达成预期绩效目标的下属，则需要及时给予正面激励，激励下属为实现更高水平的绩效目标而不断努力。

二 绩效辅导风格与方式

管理者为了提高绩效辅导的效果，需要对不同的员工采取不同的辅导方式。而管理者的个性特征和行为偏好又会对绩效辅导风格产生较大的影响。管理者在帮助员工实现绩效目标的过程中，需要考虑员工的自身特点和环境因素，选择恰当的绩效辅导风格。一般来说，管理者的绩效辅导风格有四种：推动型、说服型、温和型和分析型。

（一）推动型

在帮助员工实现绩效目标的过程中，管理者可以采取推动式的绩效辅导方法，直截了当地告诉被辅导的员工应该如何去完成工作。这种绩效辅导风格的管理者的注意力主要集中在工作任务和事物上，不太善于表达，很少对员工流露个人感受，但他们对于自己的想法非常自信，因此说话时的语速较快且语气非常坚决。

（二）说服型

管理者可以采用劝说的方式来说服员工按其想法去工作。与推动型管理者一样，说服型管理者也十分自信，管理者通过劝说员工来达到目的，他们会尽力向员工解释，充分向员工传达自己如此主张的原因所在。他们在表达的时候更多地谈论人际关系，且倾向于使用丰富的肢体语言协助其表达,流露出丰富的个人感受。

(三) 温和型

管理者采取一种较为温和的风格进行绩效辅导。这种管理者的主观性很可能多于客观性,他们之所以指导下属用某种方式进行工作,只是因为从"感觉上来说"这样做应该是对的,或者是因为下属觉得这样做是对的。与推动型和说服型绩效辅导者相比,温和型绩效辅导者的最大特征是缺乏自信,所以其主观性多于客观性。他们说话时语气比较柔和,很少打断下属的话,并且偏爱做很多有条件的陈述。

(四) 分析型

分析型绩效辅导者属于理性主义者,他们尊重事实和数据,喜欢用一种系统的、逻辑性较强的方式对员工绩效进行分析,并与员工进行沟通。分析型绩效辅导者不是很自信,但与推动型绩效辅导者相似的是他们也更多地把精力放在讨论工作任务和事实上,不显露自己的个人感受。在对员工提出建议的时候,往往会依据一些相关的规则与流程。

上述四种绩效辅导风格各有利弊,很难界定哪一种绩效辅导风格更有效。因为,每种绩效辅导风格在不同的绩效管理情境中会体现出各自不同的优势。比如,对于自主性较强的员工,采用推动型辅导风格不如分析型有效,而对于较感性的员工,温和型辅导风格可以发挥出非常积极的效用。因此,管理者要能够根据员工个性特点和工作类型的不同调整自己的辅导风格,将四种绩效辅导风格加以综合运用,而非固守单一的辅导方式。

阅读材料

如何有效进行教练式绩效辅导?

1. 建立真诚的和谐关系

有效的绩效辅导源于融洽关系。如果管理者和员工之间不能建立真诚的和谐关系,就难以实现坦诚的沟通。所以,在绩效辅导之前,管理者可以通过姿势、手势、表情、眼神以及语气等和辅导对象保持同频,快速建立和谐关系,创造出相互信任的沟通氛围。

2. 提问引导深入思考

当员工在执行任务的过程中出现一些错误和问题时,管理者先不要纠结如何批评和惩罚员工,而是应该通过一些提问性的语言。例如:"你觉得这次任务对你来说,最有难度的一点是什么?""如果重新给你一次机会,你会怎么做?"引导员工思考自身存在的问题,以及出现问题的原因,然后再让员工自己找到解决方案。

3. 带着同理心深度倾听

很多领导者认为绩效辅导是管理者针对员工的问题提出建议,是一个单向沟通过程。实际上,绩效辅导是一个双向沟通的过程,倾听是最为关键的一个环节。它决定了管理者能否听出员工的真正意图,进而帮助员工解决问题。例如,当员工针对公司的绩效问题提出一些看法和建议时,管理者需要耐心地倾听员工的意见,了解绩效管理是否存在问题。

4. 给出描述性的反馈

在绩效反馈中,要尽可能详细地、不加批判地对问题及其背后的思考进行描述,帮助员工客观地评价自己的工作,激发他们的责任意识。例如:"你这次任务的核心目标是什么?""你认为目前的行动多大程度上实现了这一目标?""你是否觉得还有其他方面需要努力?"

5. 让员工自主设定改善目标

教练式绩效辅导强调,只有在有必要帮助的时候才给出建议。所以,反馈之后,管理者要避免立刻给出建议,而是引导员工自主设定改善目标。例如:"你觉得怎样才能尽快解决这个问题?"员工对目标的自主性越强,行动的内驱力就越大。

三 绩效辅导时机

管理者不可能随时对员工进行绩效辅导。对管理者而言,准确判断绩效辅导的时机是一个技术性问题。为了对员工进行有效的指导,帮助员工发现问题、解决问题,更好地实现绩效目标,管理者必须把握辅导的时机,确保绩效辅导的及时性、有效性。通常管理者选择在以下时间进行指导会获得较好的效果。

(1)当员工向管理者征求意见时,管理应给予及时的辅导。比如,员工向管理者咨询问题或者就某个新想法征求管理者看法时,管理者可以在做出回复时不失时机地对员工进行辅导,因为员工已经明白地向管理者表达了自己存在的问题。

(2)当员工希望管理者帮助解决某个问题时,管理者可以给予恰当的指点。比如,员工在工作中遇到障碍或者难以解决的问题,希望得到管理者的帮助时,管理者可以适时地传授给员工一些解决问题的经验和技巧。

(3)当管理者发现员工的绩效有可改善的空间时,可以向员工提供新的解决方法。比如,员工正在从事某项工作,而管理者认为采取其他方案能更有效地完成任务时,可以在肯定员工的前提下辅导其采用这样的方案。

(4)当员工通过培训学习掌握了新技能时,如果管理者希望他能够将新技能运用于工作中,就可以辅导他使用该技能。

(5)当员工面临新的职业发展机会时,管理者认为该发展机会有助于员工能力的提升,同时为组织实现更有效的人员配置,可以辅导员工争取该发展机会。

(6)当员工在工作中出现问题时,目前的努力方向偏离了既定的绩效目标时,管理者必须引导员工回到正确的轨道上来,尤其在员工浑然不知出现问题的情况下,管理者更要积极主动地修正员工的行为。

绩效辅导并不是一项临时性工作,而是管理者不断收集员工信息对员工进行指导时,管理者必须通过使用特定的方法收集所需数据,如关键事件记录法等,才能够保证获得与下属相关的足够信息,确保管理者的辅导有的放矢。

四 绩效辅导流程

基于之前绩效辅导的论述,我们可以对绩效辅导的具体流程有一个比较清晰的认识。其具体流程如下。

(一)制定绩效目标

绩效目标是绩效计划的一个关键组成部分,是通过对员工需要改进的领域进行仔细分析之后得到的。绩效辅导流程的第一个任务是根据组织的绩效计划制定开发目标。开发目标具体包括:改善在当前职位上的绩效水平,保持在当前职位上的绩效水平,为员工的发展做准备,丰富下属的工作经验。这些目标的设定必须是合理的、可达到的。另外,制定员工绩效目标时还要综合考虑员工的短期和长期职业发展目标。

(二)确认开发资源和开发策略

绩效辅导的第二步是确认有助于员工达到其绩效目标的各种资源和策略。这些资源和策略包括在职培训、授课、导师指导、自学、参加会议、职位轮换、短期任务安排、在学术性或商业性协会中成为会员或担任领导等。

(三)实施既定的策略

绩效辅导的第三步是实施能够使员工达到其绩效目标的开发策略。在这个阶段,员工可以开始一项职位轮换计划或者是参加某个在线课程的学习。

（四）观察并记录员工绩效行为

绩效辅导的下一步工作是收集员工的绩效数据，并对其进行评价，以衡量员工绩效目标的完成程度。管理者对员工通过开发活动取得的绩效进行观察时可能受到时间、情境、活动等因素的约束。为应对这些约束，确保管理者能够观察到员工在开发活动方面的绩效，就需要有一份良好的沟通计划来解释有效实施一项开发计划的好处，这有助于管理者接受这样一项计划。此外，还应当对管理者实施行为观察培训和自我领导培训，并认真记录员工在实现开发目标方面取得的进步。

（五）提供反馈

实施绩效辅导的管理者还需要针对员工为达成绩效目标所取得的进展向员工提供反馈，这是绩效辅导的关键组成部分。这里所提供的反馈既包括员工过去的工作成果，也包含未来的内容；既有正面的信息反馈，也有负面的信息反馈。信息反馈须及时、具体。根据员工每一项绩效目标的实现程度来向员工提供反馈，然后再对绩效目标进行修订，而这时，新一轮绩效辅导流程又开始了。

二维码 5-2
微帖：
绩效辅导的
三个误区

第四节　绩效信息收集

德鲁克在《21世纪的管理挑战》中所说的"信息的挑战"，是指要想衡量绩效，企业主管要有一整套诊断工具，包括基本信息、生产率信息、竞争优势信息以及与稀有资源有关的信息。这充分说明了信息在管理活动中的重要性。在绩效监控环节，管理者应该通过各种途径收集和记录绩效信息，为绩效监控提供信息支持，防止重大事故的发生，并为绩效评价做好信息准备。

一　绩效信息收集的目的

赫伯特·西蒙认为："决策过程中至关重要的因素是信息联系,信息是合理决策的生命线。"全面准确和客观公正的绩效信息是做出绩效管理相关决策的基础,绩效信息的质量在一定程度上也是绩效管理成功的基础和关键。一方面,为了保证绩效评价时有明确的依据,避免出现传统绩效评价中根据主观臆断或对绩效表现的回忆来评价员工绩效的现象,管理者持续不断地收集信息,特别是记录员工在实现绩效目标过程中的关键事件,从而确保评价结果的公正及其信度。另一方面,管理者通过持续地收集信息,记录关键事件,有助于诊断员工的绩效,进而通过绩效监控、绩效评价和绩效反馈过程中的有效沟通达到改进绩效的目的。在绩效监控过程中,管理者需要持续地收集和积累大量准确有效的绩效信息,为绩效管理的监控和评价工作提供可靠的信息基础。信息、数据的收集与分析是一项长期性、有组织、系统地收集有关员工工作活动和组织绩效的方法,其目的如下。

（一）发现和预防计划执行中的问题，并提供绩效辅导的依据

绩效信息是绩效监控决策的基础。通过对绩效计划执行过程中各种绩效信息的收集和分析,可以及时发现绩效计划执行中存在的问题,帮助管理者掌握绩效计划总体情况,并在下属需要时及时提供绩效辅导。特别是它可以预防重大绩效风险的发生。在重大绩效问题出现之前及时做出正确的决策,及时改进员工在计划执行过程中的工作。在员工需要绩效辅导时,能基于现有信息做出正确的辅导决策,以帮助员工达成绩效目标。

（二）为绩效评估提供事实依据

在绩效监控过程中,收集绩效信息,为接下来的绩效评估环节提供全面的信息基础,具有重要的意义和价值。在绩效实施过程中对员工的绩效信息进行记录和收集,是为了在绩效评估中有充足的客观依据。绩效评价的权威性、科学性和公平性是保障绩效管理系统有效性的重要方面。绩效评价需要建立在准确的绩效信息基础上,同时避免管理者的主观随意性。这些信息除了可以作为对员工的绩效进行评估的依据,也可以作为晋升、加薪等人事决策的依据。

（三）提供改进绩效的事实依据

绩效管理的目的是解决问题、改善员工的绩效和工作能力。但要解决问题,必须清楚问题所在和问题产生的原因。通过对绩效信息的整理和全面分析,挖掘下属

绩效优秀的原因,并发现影响绩效提升或导致绩效低下的各种因素,为组织绩效的持续提升提供信息支持。可以对绩效较好的员工和绩效较差的员工进行全面的对比研究,特别是对关键事件进行对比分析,挖掘其深层次的原因,及时推广成功经验;而对绩效低下的员工提供培训,及时调整绩效管理中存在的问题,以达到绩效持续提升的目的。

(四) 在争议仲裁中保障组织或员工的利益

保留员工绩效表现记录也是为了在发生争议时有事实依据。万一组织成员对绩效评估和人事调整决策产生争议,管理者就可以利用这些记录作为仲裁的信息来源。这些记录不但可以保护组织的利益,也可以保护当事人的利益。

二 绩效信息的来源和内容

(一) 绩效信息的来源

在大多数组织中,员工的直接上级是主要的绩效信息来源。上级通常是最重要的信息来源,因为他们了解公司的战略目标,清楚绩效要求,并且通常负责管理员工绩效。然而,除上级以外,还有一些绩效信息来源,如同事、下级、员工本人、客户等。目前,很多组织全方位收集绩效信息,要求高层管理者、部门管理者、员工本人、客户等都参与到绩效信息的收集中,保障绩效信息的准确性和客观性。下面对不同绩效信息来源渠道进行简要说明。

1. 上级

员工的直接上级是绩效信息的主要来源,在有的组织、部门甚至绩效信息来源的唯一来源。在传统科层制组织架构的广泛影响下,上级被认为是员工绩效信息的唯一来源。将员工的上级作为绩效信息来源的好处是,上级通常是最能根据组织的战略目标对员工的绩效做出评价的人。同时,员工的上级通常也是根据绩效评价结果做出人事、报酬决策,不管被评价员工经验如何,上级都能区分他们的各种绩效维度。但是将上级作为绩效信息来源也存在缺陷,因为上级不能掌握下属所有的工作信息,还有许多工作是上级没有办法观察的,比如营销人员、教师、医生等的工作,上级就没有客户了解其绩效表现。另外,上级也存在个人喜好,在收集绩效信息的过程中,可能存在偏见。直接上级在对员工进行绩效评价时,其依据很可能是员工对于直接上级本人认为重要的那些目标做出贡献的程度,而不是员工对于整个组织重视的那些目标做出贡献的程度。例如,员工的直接上级可能会对那些帮助自己在公司内部取得职业发展的员工给予较高水平的绩效评价,而对于那些致力于帮助组织达成战略目标的员工并未给予较高的绩效评价等级。因此,仅有上级信息来源还不够。还应当考虑其他评价信息来源。例如,在绩效评估和审查过程中,员工的自我评价是一个非常重要的部分。除了员工的自我评价和直接上级评价之外,还可以从员工的同事、客户以及下属(假如他们有直接下属的话)那里收集绩效信息。

2. 同事

在共事的过程中,同事能够观察到员工的工作行为,他们可以彼此提供与工作方法、价值观和行为表现有关的信息。因此,许多组织把员工的同事作为绩效信息来源的主要渠道。举例来说,一家大型国际金融服务银行就实施了这样一种体系。这家银行通过一系列的兼并活动,实现了快速成长,因此,它的战略目标就是实现各业务单位之间的团结和统一。显然,变革管理对于该银行实现这种团结和统一是极其重要的。而这家银行相信,团队合作对于变革管理的成功来说又是非常关键的。因此,这家银行对自己评价中高层管理人员的"团队合作"能力的方式进行了修订。新的评价方式特别规定,一个人在这种胜任能力上的得分有三分之一的部分是由他们的同事来决定的。但是,在让同事提供员工绩效信息时,为了避免影响组织的人际关系,必须以匿名的形式进行。

由同事提供绩效信息会存在以下三个方面的问题。第一,当员工相信在工作中存在友情偏见时,这种绩效评价结果可能不容易被员工所接受。换言之,如果一位员工认为,他的同事对他做出的评价之所以比对另外一位同事要差,只不过是因为被评价的另外这位同事跟作为评价者的这位同事关系更好,那么,员工将不会把绩效评价结果当回事。这样,员工也就不会运用所得到的反馈来进行绩效改进。第二,与直接上级评价相比,同事评价往往会在被评价者的所有绩效维度上保持较高的一致性。换句话说,如果同事对于一位员工的某一绩效维度评价很高,那么,他们很有可能会对被评价者在所有绩效维度上的表现都给予较高评价,即使在这些需要被评价的绩效维度之间可能并不具有关联性,或者是它们要求员工具备的知识、技能很不相同。第三,同事评价会受到情境的影响。同事评价的结果会因为评价者的不同考量而有所不同。因此,将同事作为唯一的绩效信息来源是很不明智的,同事评价可以作为绩效评价体系的一个组成部分,但还应该从其他信息渠道获取员工的绩效信息,其中包括员工的直接上级。

3. 下级

下级是对上级的授权能力、领导能力、组织能力及沟通能力进行评价的一种很好的信息来源。组织通常会要求管理人员的下级对其上级的以下几种能力做出评价:解决员工面临的潜在问题的能力,使员工不受困扰的能力,改善员工工作能力的能力。请注意,在实施这种类型的绩效评价体系时,如果下属觉得比较难堪,他们可能不愿意提供这种自下而上的反馈。然而,如果管理人员愿意花时间与下级进行沟通和接触,真诚地请他们发表意见,则员工会更愿意提供诚实的反馈。

许多组织都非常认真地对待这种自下而上的反馈。以计算机巨头戴尔公司为例。迈克尔·戴尔在1984年时基于直接向顾客销售电脑系统这样一种简单的理念创立了这家公司。2004年,在《财富》杂志发布的最受尊敬的美国企业排行榜上,戴尔公司名列榜首,在戴尔公司,每隔6个月,所有的员工都要通过一种名为"告诉戴尔公司"的调查来对他们的直接上级做出评价,迈克尔·戴尔本人也要接受这种评价。迈克尔·戴尔说:"如果你是一位管理者,而你又没有重视员工的问题,那么,你将得不到薪酬。如果在这种调查中,你的评价分数一直处在最底层,那么,我们将会把你叫来,然后对你说'或许这份工作不适合你'。"

由下级提供绩效信息的目的在于所提供的绩效信息的准确性会产生影响。如果这些信息是为了进行管理人员的开发,而不是用于管理的目的,则由下级提供的绩效信息会更加准确。如果其目的是进行管理,比如说人事岗位调整,下级可能担心较低的绩效分数会遭到上级的打击报复,他们往往会有意提高所给出的绩效评价分数。所以,如果把管理者的下级作为绩效信息的来源,则收集信息的保密性非常重要。

4. 员工本人

在任何一套绩效管理体系中,组织员工的自我评价都是其中一个重要的组成部分。管理者可以让员工在工作过程的节点、某个项目或任务完成时以及在绩效周期末提交格式化的工作报告或自评报告,提供与工作有关的信息。某些特别的岗位则需要员工在完成任务时按规定填写原始记录。当员工参与绩效管理过程时,他们对最终结果的接受程度可能会提高,而在评价面谈阶段的防御心理会被弱化,有助于提高员工对绩效考核管理的最终决策的认同感。员工本人提供绩效信息的另一个优势是,由于管理者可能需要同时关注多个员工的绩效表现,员工是在整个绩效周期内追踪本人工作活动的最佳人选。然而,在进行管理决策时,员工本人不能作为唯一的绩效信息来源,这是因为,相对于其他信息来源(例如直接上级)而言,员工的自我评价可能会更加宽松且误差更大。正是由于这种原因,绝大部分世界500强企业都没有将员工本人的自我评价作为绩效管理体系的一个组成部分。不过,当自我评价被用于开发目的而不是管理目的时,评价宽松的情况就会受到削弱。此外,下列建议也有助于改善自我评价的质量。

1)利用相对绩效衡量体系而不是绝对绩效衡量体系

例如,不是让员工运用从"很差"到"卓越"这样的评价尺度来进行自我评价,而是给他们提供一个相对尺度,让他们将自己的绩效同他人进行比较,例如"低于平均水平""平均水平""高于平均水平"。

2)允许员工练习自我评价技能

为员工提供进行多次自我评价的机会,因为自我评价技能是可以通过不断实践来加以锻炼的。

3)确保保密性

确保从员工个人那里收集来的绩效信息不会被泄露出去,不会与除员工的直接上级和有关方面(比如同一个工作小组中的成员)之外的其他人分享这些信息。

4) 强调未来

对绩效评价表格中的开发计划部分应该给予充分的重视。员工应该表明自己的未来开发计划以及所要取得的成果。

5. 客户

客户甚至其他重要的利益相关群体作为组织战略目标实现的决定性因素，同样可以作为绩效信息的来源。从组织的客户那里收集信息的成本非常高。尽管如此，对于那些需要与公众或与工作有关的特定群体紧密接触的工作（例如采购经理、供应商以及销售代表等）来说，由客户提供绩效信息非常有用。此外，还可以从组织的内部客户那里收集绩效信息。例如，直线管理人员可以提供组织中的人力资源管理人员的绩效信息。虽然客户可能并不充分了解组织的战略方向，但是其仍然可提供有用的信息。

以联邦快递公司为例，联邦快递公司对其绩效管理体系进行了修订，将与客户服务的绩效指标纳入了评价体系。目前，该公司采用了一份包含六个问项的客户满意度调查问卷，在每年年底由员工所服务的客户的代表来进行评估。由于把客户的意见以及客户开发目标纳入了绩效评估过程，该公司的员工现在更加关注满足客户的期望。一项研究对美国一些大型广告公司对高级客户经理进行绩效评价的表格进行了考察，结果表明，这些公司对内部客户的重视程度要远远超过对外部客户的重视程度。具体来说，在这些被调查的公司中，只有21％的公司对外部客户所做出的反馈进行了衡量。大约27％的公司根本就没有对自己的客户经理在客户关系维护以及增加客户业务方面所进行的贡献进行评价。简而言之，这些广告公司如果能够不仅仅从内部客户的角度，同时从外部客户的角度来对客户经理们的绩效进行评价，那么它们必将会受益。

值得注意的是，对客户信息收集时机的把握也非常重要，比如很多服务性工作，通常需要员工在提供服务结束时就立即收集绩效信息，电信运营商和商业银行的满意度评价信息的收集通常都采用的是这种形式。

（二）绩效信息的内容

组织中并非所有的数据都需要收集和分析，也不是收集的信息内容越多越好。因为任何信息的收集行为都需要占用组织资源，如时间、人力和财力资源。组织的资源是有限的，绩效信息收集过多，有可能抓不住组织的关键问题，把握不了最有价值的信息。当然，绩效信息收集太少又不能满足绩效管理的需要。因此，要确定所需绩效信息的具体内容。绩效信息收集既要重视结果，也要重视过程。绩效内容的确定需要关注如下几个方面。

1. 组织的绩效目标决定着绩效信息收集的范围

绩效信息收集的最终目的是保证组织绩效目标的实现。因此，所有与实现各层次绩效目标有关的主要绩效信息都需要收集、记录和保存下来,凡是与组织战略目标相关的绩效信息都需要特别关注。

2. 信息收集的内容需要面向绩效评价

绩效评价与绩效监控的信息在内容上是一致的,绩效评价需要的信息就是绩效监控的重要内容。绩效评价是一项鉴定活动,是依据绩效信息对绩效计划执行情况所进行的评判。在绩效监控过程中,需要对绩效信息进行全面的收集和整理,为下面的绩效评价工作提供有力的数据信息支撑,以确保绩效评价的公正性和准确性,保障组织员工对绩效评价结果的认可。

3. 绩效信息一般分为关键事件、业绩信息和第三方信息三种类型

关键事件是指一些具有代表性的行为或具体事件,当关键性事件发生时,要客观具体地做记录,不应当加入任何主观的判断和修饰。记录的内容主要是全面描述事件,包括事件具体发生的时间、当时的情况、员工具体的行为以及最后的结果等,总之应尽可能客观具体地列出当时的重要的关键事件或结果信息。业绩信息是员工实施绩效计划时的各种业务记录,特别需要注意收集绩效突出和有效问题的相关信息。业绩信息收集的过程也是对绩效相关的数据、观察结果、沟通结果和决策情况等的记录过程,主要确定"需要做什么、为谁做、什么时候做",从而帮助员工创造好的绩效。员工是绩效的主要责任者,让员工参与收集信息同时也是使员工参与绩效管理过程的好方法。通过收集信息,员工不再将绩效管理看成监督和检查的工具,而是把绩效管理看成发现和解决问题的工具。第三方信息是指让客户等帮助收集的信息。内部记录的绩效信息通常是不全面的,管理者也不可能了解员工的每个工作细节。比如,管理者不可能总是盯着电话是不是响了十几声之后才被接听,也不可能总是观察员工接听电话的内容和态度,因此有必要借助第三方来收集信息。

三 绩效信息收集方法

科学的信息收集方法是获取准确的绩效信息、做出科学的绩效管理决策的基础。信息收集方法运用的正确有效与否直接关系到信息的质量,并影响到绩效管理的有效性。所以管理者需要选择恰当的方法收集绩效信息,以保障信息收集工作的效用。当前有以下几种主要的绩效信息收集方法。

(一)工作记录法

员工的某些工作目标完成情况是通过工作记录体现出来的。对需要详细记录的工作进行监管时,就需要使用工作记录法收集相应的绩效信息。比如,与销售、财务、

生产、服务有关的数量、质量、时限等指标,就需要使用工作记录法,规定相关人员填写原始记录单,定期进行统计和汇总。工作记录法要求管理者使用规范的信息收集表格,在条件允许的情况下,也可以使用电子表格或者绩效信息系统进行收集,以便于绩效信息的存储、统计、汇总与分析。

(二) 观察法

观察法是指管理者直接观察员工的工作行为,并记录员工的工作表现。在各种信息收集方法中,观察法通常是准确性最高的。观察是一种收集信息的特定方式,通常是由管理者的亲眼所见、亲眼所闻,而不是从他人那里获得的。管理者常采用走动式管理,对员工的工作现场进行不定时的观察,从而获取第一手绩效信息。

(三) 他人反馈法

当管理者无法对员工的某些工作绩效进行直接观察,或缺少日常的工作记录时,可以采用他人反馈的信息作为绩效评价的依据。这种方式与观察法截然不同。一般来说,当员工的工作是为他人提供服务或者与他人关系密切时,就可以从员工提供服务的对象或发生关系的对象那里获取有关的信息。例如,对于从事客户服务工作的员工,管理者可以通过发放客户满意度调查表或对客户进行电话访谈的方式了解员工的绩效;对于组织的行政后勤等服务性部门的人员,也可以从其提供服务的其他部门成员那了解信息。

(四) 关键事件法

这种方法要求在绩效实施过程中,管理者记录员工一些特别突出或造成特别严重后果的关键事件,为管理者对突出业绩进行及时奖励和对重大问题进行及时辅导或纠偏做好准备,并为绩效评价和绩效改进工作提供基础信息。具体来讲,管理者在绩效信息收集过程中主要做以下方面的工作。

(1) 定期安排与员工会面来评价他们的绩效。
(2) 对照事先建立的职位说明书或行动计划检查工作进展,考察绩效是否达到了目标。
(3) 回顾在评价周期开始的时候形成的报告或者目标列表。
(4) 到各处巡视工作的进展情况,并与下属进行非正式的讨论。
(5) 从下属的同事那里获得关于下属绩效相关信息的反馈。
(6) 检查工作的产出和结果,以检查其质量或准确性。
(7) 要求下属做工作进展报告。
(8) 提出要求后,检查任务完成情况,或者看是否有需要帮助下属解决的问题。

(9)通过分析工作结果、讨论改进方案,评价工作任务或绩效目标完成的情况。

(10)关注顾客的投诉和满意度(内部或外部),以便评价、检查员工的绩效。

中英文关键术语

绩效监控(Performance monitoring)

绩效沟通(Performance communication)

正式绩效沟通(Formal performance communication)

非正式绩效沟通(Informal performance communication)

绩效辅导(Performance coaching)

绩效信息收集(Performance information collection)

工作记录法(Work record method)

他人反馈法(Others feedback method)

关键事件法(Critical incident method)

二维码 5-3
第五章自测题

复习思考题

1. 试述绩效监控的意义,有哪些绩效监控方法?
2. 绩效辅导风格有哪些?
3. 绩效辅导应该注意哪些问题?
4. 常用的绩效辅导方式有哪些?如何选择适当的绩效辅导时机?
5. 绩效沟通可以采取哪些正式、非正式的方式?
6. 收集绩效信息的来源有哪些?分别可以收集到什么内容?

二维码 5-4
第五章参考答案

案例分析题

一、阅读材料

小高的绩效沟通困惑

小高是公司某部门的高级产品经理。半年前,他的老板、产品总监阿阳由于新业务发展需要被调去做新业务线的总监。在阿阳的建议下,小高被任命接替阿阳的位置,从原来管理一个子项目被临时提拔上来管理整个项目以及整个产品经理团队。小高虽然过去有过带团队的经验,但毕竟原来的团队也只有3~4个产品经理,而且多半下属工作年限比较短但很有冲劲。如今,小高需要带领8~9个人的团队,其中有两三个下属不仅工作年限比小高长,而且原来与小高同时将工作情况汇报给阿阳。对于新的工作局面和团队,小高表现出了前所未有的冲劲,他一方面不希望辜负阿阳和决定提拔他的公司副总勇哥的信任,另一方面也希望抓住这个快速成长的机会做出更大的成绩。小高这半年的工作节奏可以说是昏天黑地,起早摸黑。经过半年的努力,小高一方面基本保证年初制定的业务发展计划如期完成,另一方面在带团队方面也积累了不少经验。

虽然积累了不少管理经验,但小高也遇到一些困惑和难题。最近很让他棘手的事,是关于下属小王的绩效管理。小王是团队一个子项目的高级产品经理,小王虽然比小高入公司时间短,但行业工作时间比小高长。另外,原来小王和小高以前都是将工作汇报给阿阳,而阿阳离开部门前为了确保部门稳定,把小王升到了高级职位。

最近几个月,小高陆续收到开发团队和其他合作团队对于小王的投诉。大都说到小王沟通有问题。主要表现为与合作团队的沟通很生硬,常常让对方觉得他的沟通方式很粗鲁,对于一些问题的细节还会钻牛角尖。譬如他会在不理解问题的前提下要求对方的团队做这做那,甚至不讲场合地直接找了对方的领导,也不愿意听对方的意见。更加令小高苦恼的是小王不认为他的沟通有问题,他把他的沟通问题归结于某些人对他的偏见,用他的话来说"等某某人走了你看还会有沟通问题吗"。虽然大家都觉得小王对项目很有热情,也愿意为项目付出努力,但是沟通问题已经成为他和团队合作的鸿沟。开发团队希望小高能给他们换个产品经理。小高经过观察,发现小王除了沟通,产品经理其他方面的能力例如产品设计、执行力和对产品未来方向的敏锐度,都未达到高级产品经理应有的水平。

小高在管理小王的事情上,咨询了人资、阿阳和勇哥的建议,在日常一对一会议时多次建议小王要学会倾听别人的需求、提高沟通的有效性,同时就小王提出的产品方案加以指点和讨论。又过了一段时间,小高发现小王在团队沟通上仍是我行我素,其他团队对小王的不满,还是时不时地传到小高的耳朵里。小王在产品经理其他能力方面,进步也不明显。小高花了不少力气,试图帮助小王改进,但还是收效甚微。

最近,发生了一件让小高很为恼火的事。小王和新来的小韩同时申请出差,但在审核过小王的出差需求后,小高发现小王目前所在的项目阶段不适宜出差,在日常一对一会议时,小高跟小王沟通了自己的想法,暂时驳回了小王的申请,建议他等时机合适再去。小王为此不仅到勇哥那边告状说小高不能全面看清项目的优先级,还在私底下说小高针对自己。

(资料来源:https://zhuanlan.zhihu.com/p/26050853。)

 二、阅读并思考

1. 请结合案例中描述的情形,分析小王的沟通存在哪些问题。
2. 小高下一步该怎么办?

第六章

绩效评价

本章引例

华为的绩效考核

华为能够发展为业务遍及全球170多个国家和地区,服务全世界1/3以上的人口的全球化公司,与其管理经营理念与实践密不可分。华为的人力资源管理体系是国内许多企业人力资源管理的标杆,而绩效考核作为人力资源工作体系的重要内容,在华为的人力资源管理过程中发挥了突出的作用。华为的绩效考核遵循实用原则。从绩效评价体系到绩效考核过程,再到绩效考核结果的应用,都是围绕结果(价值)展开的。这也是华为绩效管理看似普通,却大放异彩的原因。

1. 基于价值的考核体系

华为的绩效考核体系建立在企业价值的基础上。《华为基本法》作为华为的"管理大纲",是其企业价值追求的浓缩。它对建立在公司价值评价理念基础上的绩效考核做出了明确说明。根据《华为基本法》,华为绩效考核的目的是建立一支庞大的高素质、高境界和高度团结的队伍,以及创造一种自我激励与自我约束的机制。绩效考核的原则是公正、公平和公开。绩效考核的内容是工作态度、工作能力、工作业绩、个人适应性和潜能、管理能力。绩效考核体制实行二级考核体制,对直接上级进行一级考核,对上级的上级进行二级考核。绩效考核的责任与权利:各级管理者有责任记录、掌握、指导、支持、协调、评价、约束与激励下属人员的工作;下属有权对认为不公正的处理向直接上级提出申诉。

2. 考核围绕绩效结果展开

华为的绩效考核有严格的等级划分体系,不同的等级对应不同的分配比例。考核等级包括月度考核等级、年度考核等级以及不良事故造成不良后果的程度。其中,月度考核和年度考核都是总分1000分,分为优秀、良好、称职、基本称职和不称职五个等级,考核结果实行强制分布。不良事故考核根据对应的不良事故造成的不良结果程度,划分为重大、一般、轻微三个等级,结合员工计薪类型对应相应的薪酬或奖金扣除惩罚。表6-1展示了年度考核等级及其对应的分配比例。

表6-1 年度考核等级及其对应的分配比例

等级	A(优秀)	B(良好)	C(称职)	D(基本称职)	E(不称职)
标准	100%月基本工资	80%月基本工资	60%月基本工资	50%月基本工资	无
比例(%)	5	20	50	20	5

注:基本薪酬=基本工资+绩效工资。

3. 考核结果运用

华为绩效考核等级结果最直接也最重要的应用主要集中于两个方面：货币性薪酬和职业生涯。具体的应用根据员工计薪类型的不同而有所差异。以等级薪酬制员工为例，绩效考核等级对等级薪酬制员工的货币性薪酬的影响主要包括绩效工资和奖金的分配。奖金主要包括月度奖和年度奖，月（年）度考核不合格者，免月（年）度奖；绩效工资实际支付不仅与员工月度考核成绩挂钩，还与当月公司总体业绩的完成情况有关。考核等级与相应的绩效工资分配比例如表6-2所示。

表6-2 考核等级与相应的绩效工资分配比例

工资支付比例(%) \ 等级 \ 公司总体业绩完成情况	100%以上	95%～100%	90%～95%	85%～90%	85%以下
A（优秀）	100	95	90	85	50
B（良好）	100	90	80	70	50
C（称职）	100	80	70	60	50
D（基本称职）	90	75	65	55	50
E（不称职）	80	70	60	50	50

注：公司总体业绩完成情况一栏中，各区间范围包括下限而不包括上限。

绩效考核等级对等级薪酬制员工职业生涯的影响主要包括晋升和辞退等。晋升主要由年度考核的结果决定，考核优秀的可在本职等内晋升两级，考核良好、称职或基本称职的可在本职等内晋升一级，考核不称职的免晋级。辞退和警告则由月度或年度考核不称职的次数决定，连续两次月度考核不称职给予警告处理，累计三次月度考核不称职或连续两次年度考核不称职则直接辞退。

4. 实行PBC计划

华为实行严格的PBC（个人业务承诺）计划。PBC计划采取自上而下的方式制订，将公司目标逐一分解到各部门，员工根据本部门的年度目标进行个人PBC设计。每年年初，华为所有员工都会制订详细的工作计划。从2009年开始，员工主要按照半年度为周期对PBC进行设计，二级部门主管以上主要以一年为周期进行设计。对于PBC内容，要求有明确的权重区分及目标衡量标准，在工作的具体开展过程中，如遇到突发事件和重大的人力资源变动，需对事先制定的PBC及时进行调整和更新。

5. 考核周期

2009年以前，华为绩效考核主要按季度进行，每年年初根据员工季度PBC完成情况对员工进行季度考核，并于评估期间制订下一季度PBC计划。2008年底2009年初，华为进行了全面的绩效考核周期改革，根据员工族群及职级采取不同的绩效考核周期。一般为：普通员工(二级部门主管以下)从原来的按季度进行评比，调整为以半年为单位进行考核的方式；二级部门主管以上采取按年度评估的考核方式；而操作族中的文员、秘书等岗位人员和生产类技术工人一般采取季度考核和月度考核结合形式。

6. 考核方式

绩效考核主要采取自下而上的方式进行。绩效考核方式根据人员职级等有所区分，目前在公司二级部门主管以上主要采取平衡计分卡的考核方式，其他员工则主要采取关键事件法。当然，每种考评法不是孤立运用的，往往结合其他方法使用。考核表采用电子化和纸质结合形式，普通员工一般采取标准电子流模板，二级部门主管以上领导一般采取纸质考评形式。

7. 考核内容

重视绩效管理过程中各项绩效数据的收集整理。绩效评价主要根据员工PBC和KPI完成情况进行评估，以客观绩效指标为依据。对于各级主管，格外重视其在人员管理方面的情况，含课程开发、讲课学时、员工流失率、后备干部培养等。将人员管理各项内容采取积分形式，并于绩效考评时对累计积分进行统计。一般管理者要求每年必须达到32个积分，对于未完成积分的人员，原则上年度绩效只能评定为"C"及以下等级。

8. 考核流程

第一步，自评。由员工根据个人PBC进行自我打分，并根据分数评定绩效等级。第二步，主管评价。主管根据员工PBC完成情况，结合员工工作态度及自评分数对员工进行打分并做出评价，确定员工绩效等级。第三步，人力资源部审核。人力资源部对部门人员绩效比例控制情况进行审核，并对绩效评定等级中有明显异常的情况进行跟踪审查。第四步，一级部门经理人团队评议。员工绩效最终结果由所在一级部门经理人团队进行评定。一级部门经理人主要对绩效等级评定比例、等级合理性进行评审讨论，讨论通过后报一级部门总裁进行确认，并将结果进行反馈。

9. 注重沟通与反馈

半年度绩效考核结果出来后，各级主管必须第一时间与员工进行充分的沟通，对绩效结果评定的原因进行说明，帮助员工制定绩效考核方案，并签订下半年PBC。如果员工对绩效结果存有异议，可以向人力资源部或经理人团队进行投诉。

10. 注重过程监督和控制

人力资源部每季度对各部门绩效考核执行情况进行检查，重点检查绩效考核和辅导过程，采取自检和抽检相结合的形式。华为专门聘请党政机关、事业单位离退休老干部组成第三方团队，对绩效考核的公正性、客观性进行访谈，并负责对公司员工部分投诉和突发事件进行处理。

阅读并思考：

1. 结合材料，华为绩效考核的特点有哪些？
2. 谈谈华为绩效考核中值得学习的地方。

第一节　绩效评价概述

一　绩效评价的内涵

绩效评价又称绩效考核，是绩效管理的核心环节，涉及"评价什么"、"谁来评价"、"多长时间评价一次"和"如何评价"等重要问题，在实践中受到管理者和员工的广泛关注。国外一批学者对绩效评价展开了研究，斯潘伯格认为，传统的绩效评价是一个相对独立的系统，通常与组织中的其他背景因素相关，如组织目标与战略、组织文化、管理者的承诺与支持等。而这些背景因素对于成功地实施绩效评估有着非常重要的作用。正因为传统的绩效评估对于提高员工的满意度和绩效的作用非常有限，对完成组织目标的作用也不大，所以导致绩效管理系统的发展受阻。帕蒙特指出，应该把传统的绩效评价的目的转移到员工的提高上来。传统的绩效评价存在着严重的不足：由于评价的主观性，评价没有得到很好的执行；许多管理者对员工的评价表面上和私下里是不一致的，表面上的评价分数可能很高，私下里却想解雇他们；注重评价的过程和形式，不注重评价的价值，对组织和员工的作用不大等。汤姆·科思和玛丽·金肯斯在总结许多管理实践案例后，指出应当废止绩效评价。范德瑞指出，应该用绩效管理系统代替每年的绩效评价。国内学者对绩效评价也展开了大量的研究。霍楚红从个体心理角度对绩效评价过程中的情感或对被评价的喜爱程度进行了研究。[①] 她认为被评价者的情感及情绪对绩效评估过程具有潜在的影响，积极的情感有助于对存储信息的回忆，能增加评定者在认知上的信息交流效果，提高评估的质量，但同时，其负面影响则是对评定者的喜爱可能产生晕轮效应而造成评估结果产生放大或者缩小的作用。唐翰岫、罗炜、唐元虎在调查与分析一些企业实际情况的基础上，提出了一个全新的整体绩效考评体系，并给出了该考评体系中所涉及的考评原则、指标体系以及考评标准的确定方法，指出该考评体系适合国有资产管理部门对国有企业的绩效考评。[②]

[①] 霍楚红.建立科学的员工绩效管理系统[J].中山大学学报论丛,2002(4):5-10.

[②] 唐翰岫,罗炜,唐元虎.企业整体绩效考评体系之研究[J].科学管理研究,2000(18):48-51.

刘苑辉、张毕西通过分析 LG 电子有限公司在绩效考核过程中存在的问题,提出建立以人为本的绩效管理体系改造方案:建立绩效管理系统,强调绩效改进,淡化薪酬与绩效的管理,科学地确定绩效考核指标,激励员工与企业一起成长。①

绩效评价也称绩效评估,是绩效评价主体根据绩效目标所确定的绩效周期和绩效标准,采取科学的评价方法,识别、观察、测量和评价组织、部门和个人绩效目标真实完成情况,并及时反馈评价结果的过程。在绩效周期结束时或在特定的情况之下,组织需要通过绩效评价,对下属的绩效表现进行评价,得出下属真实的绩效表现结论,为确定下属绩效薪酬、进行人事调整、员工培训开发等提供客观依据。尼克尔斯认为,从绩效评价发展到绩效管理依赖于以下四个原则:必须设定目标,目标必须为管理者和员工双方所认同;测量员工是否成功达到目标的尺度必须被清晰地表述出来;目标本身应该是灵活的,能够反映经济和工作场所环境的变化;员工应该把管理者不仅仅当作评价者,同时还是指导者,帮助他们获得成功。所以,绩效评价要以绩效计划阶段设定的相关目标、指标、目标值等内容为依据。实施有效的绩效评价是组织管理过程中必不可少的工作,其具体工作内容如下。

1. 绩效评价培训

在进行绩效评价工作前,需要对评价者和被评价者进行与绩效评价知识、技巧方面有关知识应用的培训。

2. 收集绩效信息

评价者通过各种渠道收集被评价者绩效水平方面的信息,为绩效评价的开展提供信息支持。

二维码 6-1
阅读材料:
西方国家的
绩效评价
源于英国的
文官制度

3. 绩效评价

评价者根据掌握的被评价者关于工作绩效方面的信息,对绩效水平做出评定。

4. 评价成绩控制

采取一定的技术方法,对绩效评价成绩进行控制,以便于绩效评价结果的应用。

---

① 刘苑辉,张毕西.绩效考核 以人为本[J].企业经济,2005(8):46-47.

二 绩效评价的意义

评价下属绩效并不是组织开展绩效管理的目的,通过绩效评价促进员工绩效的提升才是组织的追求。绩效评价是绩效目标达成的关键环节。实施绩效评价是组织管理过程中必不可少的工作,对组织绩效目标的实现具有非常重要的意义。

(一)绩效评价能够推动组织战略的实现

绩效评价的内容具有行为导向作用,使组织成员的行为聚焦于组织战略。组织想要实现既定战略,必须界定清楚与战略相关的目标是什么,通过员工什么样的行为和结果能够达到战略目标,然后将这些内容转化为绩效评价的内容传递给组织内所有成员。评价的内容对组织目标的实现具有决定性意义。绩效评价时设定的绩效指标、指标的定义与权重都在向组织成员传递着工作中努力的方向,表明组织重视员工什么方面的表现、组织成员须具备怎样的能力和怎样的工作态度等信息。通过绩效评价对员工的引导和传递功能,协助组织成员调整工作行为和结果指向组织战略,从而有利于组织绩效计划的顺利实施。

(二)绩效评价能够促进员工绩效水平的提升

管理者通过对组织绩效、部门绩效和个人绩效的评价,能够及时发现员工在工作中存在的绩效问题。通过及时的沟通和反馈,分析导致绩效水平不佳的原因,制订并切实执行绩效改进计划,从而提高组织各层次的绩效水平。

(三)绩效评价为各项人事管理决策提供依据

绩效评价的结果可以为管理者实施人力资源管理决策提供支持,是薪酬决策、晋升决策、培训与开发决策的依据。只有将绩效评价的结果与人事管理的相关决策紧密联系起来,才能对组织成员起到激励和引导的作用,同时也能提高管理者各项人事管理决策在员工群体当中的接受程度。

三 绩效评价的原则

组织在进行绩效评价时必须遵循以下几个原则。

（一）公正客观原则

绩效评价主体要遵循公正客观原则，以事实为依据进行考核与评价，避免受评价者的主观臆断和个人情感因素的影响。尽可能确保评价的结果不受评价者和被评价者个人特质的影响，而产生差别待遇等不公平的现象。评价者要注重评价过程的公正性，针对评价结果施予的奖惩一定要公平、公正，不可偏颇，尽量避免出现人为的判断失误。

（二）公开透明原则

公开透明原则主要指在进行绩效评价时，应最大限度地让评价过程和结果在透明的环境下进行，加强评价双方对评价过程的认知。让被评价的员工了解评价的程序、方法和时间等事项，提高绩效评价的透明度。评价前，要让评价者和被评价者双方进行沟通协调，共同参与绩效标准的制定，要让组织全体成员公布评价标准细则；评价结束后，要公开评价的最终结果。遵循公开透明原则，让组织成员参与到评价的过程中，加强对评价工作的信任感，成员对评价结果才能够持理解和接受的态度。

（三）制度化原则

员工的绩效评价不仅是对员工过去的绩效行为做出评定，更是对其未来的绩效的预测。因此，绩效评价必须定期进行，组织成员对绩效评价前、评价时、评价后要做什么必须形成规范的认识。只有将绩效评价定期化和制度化，员工的潜能才能被全面挖掘，问题才能被及时发现和解决，组织才能持续健康发展。

（四）弹性原则

绩效评价要保持适当的弹性。当组织面临的内外部环境发生变化时，管理者能针对变化的情况进行具体分析，及时采取调整措施。一个良好的绩效评价系统应该对组织的战略调整、外部环境的变化等因素具备一定的敏感性，能够及时做出反应。组织绩效评价系统本身就应该包含一套及时应变的机制。因此，绩效评价工作应适当根据企业外部环境、组织内部环境以及员工自身状况进行评价标准的调整。

（五）可行性与实用性原则

绩效评价的可行性原则是指绩效评价方案的制定所需要的时间、物力、财力要为参与评价的各方所处的客观环境所允许。任何组织为追求绩效评价过程和结果上的完美都会尽力地要求各方力量的配合。因而绩效评价要从实际出发，从组织、员工、管理者的实际出发,不要耗费评价双方太多的时间,避免本末倒置。在制定评价方案时,也应根据评价目标,合理设计方案,并对其进行可行性分析。在对评价方案进行可行性分析时,应考虑以下因素。

1. 限制因素分析

任何一项评价活动都是在一定的条件下进行的,必须研究该评价方案所拥有的资源、技术以及其他条件,分析评价方案适用对象如何、适用范围如何。

2. 目标、效益分析

全面分析和确定评价所要实现的目标,全面衡量评价方案对组织所能带来的直接和间接的效益,包括经济效益和社会效益。

3. 潜在的问题分析

预测每一评价方案可能发生的问题、困难、障碍,发生问题的可能性和后果如何,找出原因,准备应变措施。解决这一问题的办法是在实施评价活动前,对各种评价工具进行预试,通过预试发现问题,减少评价误差。

绩效评价的实用性原则,包括两个方面的含义:一是评价工具和方法应适合不同测评目的的要求,要根据评价目的来设计评价工具;二是所设计的评价方案应适应不同行业、不同部门、不同岗位的人员素质的特点和要求。

(六)及时反馈原则

在现代人力资源管理系统中,缺少反馈的评价是没有任何现实意义的。没有积极反馈的绩效评价,是无法真正激励和帮助员工改进绩效、提高能力的,这也是和现代绩效管理理念相违背的。因此,为方便被评价者提高绩效水平,评价者需要及时调整评价方法。评价信息只有被员工及时地获得才能更好地发挥效用,滞后的信息可能会导致不当的反应,甚至会误导员工的绩效行为。因此,绩效评价必须及时反馈给被评价的员工。

四 绩效评价者的选择

绩效评价实施的成功与否和绩效评价者的自身素质密切相关,评价主体的选择是决定绩效评价系统科学性、有效性的关键因素。由于评价内容和被评价者等不同,评价者的选择也有所差别。评价主体的选择不仅仅是为了更好地落实绩效评价工作,也是为了更好地对成员的绩效进行管理。在前文中,我们分析了在绩效实施的过程中,主管、下属、员工本人、同事等都可以是收集绩效信息的渠道。同样,在绩效期末进行绩效评价的时候,他们中的大部分也充当着绩效评价主体的角色。

不同的评价主体具有不同的特点,因此,各类评价主体在绩效评价过程中所承担的评价和管理责任也各不相同。选择不同评价主体不仅仅是绩效评价的需要,也是实现绩效管理目的的需要。从这一点上看,绩效评价主体的选择并不仅仅是为了更好地落实绩效评价工作,也是为了更好地对员工绩效进行管理。

(一)直接上级评价

直接上级在绩效管理过程中自始至终扮演着关键性的角色,在大多数组织中,上级评价是最主要、最常见的绩效评价主体。研究表明,目前大约有98%的组织将绩效评价视为直接上级的责任。员工的直接上级作为组织中独立的评价主体,具有比较明显的优势:上级通常最熟悉下属的工作情况,而且比较熟悉绩效评价的具体内容,在评价下属的工作绩效方面占据着最有利的位置,同时也承担了更多的管理职能。对于上级而言,绩效评价作为绩效管理的一个重要环节,为他们提供了引导、激励和监督下属行为的重要手段,帮助他们促进组织或团队工作的顺利进行,推动绩效计划的实施和目标的完成。如果上级主管对下属没有评价的权利,则会削弱他们对其下属的领导力。另外,上级作为绩效评价的主体,还可以把一些在其他绩效指标中难以用数据反映的内容描绘出来,以定性方式弥补定量评价的缺陷。

虽然由上级作为绩效评价主体有着多种优点,但其弊端也不容忽视。比如,直接上级可能会因为与下属的私人交情较好而强调其业绩突出方面,或者因为直接上级与员工存在私人矛盾,就夸大其绩效不好的一面,从而丧失绩效评价本该具有的真实性和客观性,帕蒙特指出应该把传统的绩效评价的目的转移到员工能力的提升上来。传统的绩效评价存在着严重的不足:由于评价的主观性,评价没有得到很好的执行;许多管理者对员工的评价表面上和私下里是不一致的,表面上的评价分数可能很高,私下里却想解雇他们;注重评价的过程和形式,不注重评价的价值,对组织和员工的作用不大等。在很多组织中,通常会采取其他评价主体的参与来弥补上级作为绩效评价唯一主体的弊端。

(二)同级评价

同级评价是由处于同一等级的员工互评绩效,以达到绩效评价的目的。这里的同级不仅包括评价对象所在部门的成员,还包括其他部门的成员。这些人员一般与评价对象处于组织命令链的同一层次,并且与评价对象经常有工作联系。因为上级与下属接触的时间有限,相互的交流和沟通不多,而下属总会在上级面前表现自己最优秀的方面,因此,上级对员工进行绩效评价可能会产生误差。而同事之间工作在一起,相处的时间较长,他们熟悉被评价者的实际工作情况和工作方法,能观察到主管无法观察到的真实表现。此外,让同级作为评价主体来补充上级评价,有助于形成关于绩效问题的一致性意见,并且帮助组织成员消除偏见,促进被评价的员工更好地接受绩效评价的结果。并且同级员工能够比较精准地预测谁将来能在管理方面获得成功,谁最有可能得到提升。研究表明,同级评价具有非常高的信度与效度,同时同级评价还是工作绩效的有效预测因子。

但是,同级评价也可能出现一些问题。当绩效评价的结果与薪资、人事调整等激励机制关系比较密切时,同级之间会产生利益冲突。嫉妒心态等因素或多或少地会发生于评价的过程中,从而影响绩效评价的信度和组织工作氛围。另外,不存在利益冲突时,同级之间的个人关系也可能导致测评结果失真。员工经常担心给其他员工评分过低会影响他们之间的友谊而遭到报复;倘若碰巧评价对象是与其私交较差的同事时,往往会不考虑其绩效而给予较低的评价。同级评价中还可能会存在相互串通问题,相互将对方的工作绩效评价为较高的等级。

(三) 员工自我评价

员工自我评价是指让组织员工自己充当评价主体对自己的绩效水平进行评价。自我评价的理论基础是班杜拉的社会认知理论,这一理论包括自我目标设定、对目标执行的自我监控、自我实施奖励和惩罚等。该理论认为,许多人都了解自己在工作中哪些做得好、哪些是需要改进的,如果给他们机会,他们就会客观地对自己的工作业绩进行评价,并采取必要的措施进行改进。

员工自身无疑是较直接、较现实的绩效评价主体,员工自己最清楚自己的工作内容和绩效水平。员工自我评价具有以下优势,一是员工自身了解运作机制,真正把握业绩,可以简化评价程序,提高评价效率;二是如果直接上级的评价和员工的自我评价在某些方面趋于一致,两种形式的评价得出的数据就具有集中性。这里,明确的工作职责及直接上级和员工之间的沟通,是使两种评价趋于一致的关键。最后,自我评价可提高员工自我意识、有助于上级和员工之间的沟通。

但是,大多数研究都显示,员工对自己的工作绩效水平做出的评价通常比上级或同事做出的评价要高。为避免员工过高估计自己的绩效水平,就需要对员工正确的自我评价进行激励。给予员工一个明确的相对参照标准,让员工按照此标准来进行评价。同时对评价的结果要保密,直到自我评价结果的偏差得到纠正。

(四) 下级评价

下级评价又称"自下而上的绩效反馈",它更多的是基于管理者提高管理技能的考虑。下级评价的结果能使组织的高层管理者更多地了解中、基层管理人员的管理风格,发现组织中潜在的管理问题,并按照组织所期望的要求来适当纠正某些管理者的绩效行为。这种方法对于评价中、基层管理者的信息沟通能力、资源配置能力、处理员工之间关系的能力等方面都是十分有效的。但是,由于下级评价与传统的自上而下的管理方式相悖,管理者担心其权利会受到下属评价方式的削弱,因而在实际的绩效评价工作中采用这种评价方式的组织不多。另外,下级作为评价主体的效果也会受到上下级关系以及下属自身能力和道德水平的限制。因此，在选取下级作为绩效评价主体时，首先要正确对待下级评价的重要性，要把下级评价与其他评价主体的评价结合使用。不要将管理者们的薪资、晋升决策等与下级评价联系得太紧密。另外，选取下级作为评价主体，宜采取匿名方式，让下级放心、如实地进行评价，也可避免管理者日后的寻机报复。此外还需要扩大下级评价群体的数量，让下属感到"人数上是安全的"。也就是说，小团体不适合采用下级评价的方法，只有人数超过一定数量时，下级才会认为讲真话是安全的。

下级评价是一种管理突破，在一定程度上有利于提高管理质量和培育良好的工作氛围，因此越来越多的组织让评价对象的下级以匿名的方式参与绩效评价。下级评价在一定程度上能够反映管理人员在管理工作上的表现。另外，在各类组织诊断中，来自普通员工的判断能够在更大范围内体现组织的绩效状况。因此，对员工进行广泛的问卷调查成为了解组织管理状况的重要手段。即使员工并没有作为评价主体，管理者在日常管理工作中也不应该忽视来自下属的意见。各类组织可以尝试将不定期的下属调查作为一项日常工作。

（五）客户评价

在一些组织中，比较熟悉员工工作情况的客户也可以成为评价主体之一。最常见的做法就是将外部客户纳入到评价主体之中，这种做法主要是为了了解那些只有特定外部人员才能感知到的绩效状况，或者通过引入这类外部评价主体达到引导评价对象行为的目的。因为有些行业的绩效水平只有客户才最了解。例如，在服务行业中，以客户作为评价主体对服务人员进行绩效评价，可以更深入地了解其在实际工作中的表现。更重要的是，客户满意度也是影响组织成功的关键因素之一，这类组织通过将客户作为评价主体来引导员工行为，可以提高员工的服务水平。

采用客户评价存在的主要问题是，顾客在进行评价时与组织所进行的工作绩效评价在目的上可能会有所不同，客户评价往往是不全面的，并且有可能忽视员工工作的一些重要方面。因此，在利用客户进行评价时，要慎重地选择适合的客户作为评价人员。此外，采用客户评价的形式也有可能导致员工与客户的关系发生扭曲，双方可能发生串通一气的情况，这些都是需要注意解决的问题。

（六）外聘专家评价

在有些组织中，有时也会聘请外部专家来帮助进行评价。外部专家作为评价主体具有一些明显的优势，主要体现在他们拥有高超的专业评价技能和丰富的评价经验上；同时，由于他们置身组织之外，与被评价者没有人际关系的纠葛，在评价结果的客观性能够得到认可。因此，管理者和员工双方都愿意接受外部专家作为评价者。但是，利用外部专家来进行评价也存在缺陷，主要是外部专家没有机会观察被评价者的工作情况，对工作的许多方面理解有限。此外，与其他评价主体相比，外部专家的评价成本较高。

通过对以上几种主要评价主体所进行的分析可以看出,每一种评价主体都具有自身的优势和不足。在绩效评价系统中,评价主体的选择通常是以直接上级或主管人员为主,同时还要根据其他评价主体的优缺点,结合被评价者所从事的工作性质、所处的层次和组织其他方面的具体情况,在众多评价主体中进行选择。因此,最终形成的评价主体往往是多重的,形成了以直接上级或主管人员为主体的360度评价,其主要特点是所有与被评价者有关的方面(利益相关者)都可以作为评价主体来进行全方位的评价。

二维码6-2
阅读材料:
大禹是绩效评价的始祖

(七) 主要评价主体的优缺点

不同的评价主体在进行绩效评价中,各自都存在一些优缺点,具体见表6-3。

表6-3 主要评价主体的优缺点

评价主体	优点	缺点
直接上级	熟悉被评价者的工作情况; 对评价的责任心强; 符合逻辑	个人偏见和私人关系有可能影响评价的公正性; 容易出现操纵评价结果的情况
同级	有充分的机会观察被评价者的工作情况; 熟悉被评价者所从事的工作	容易出现相互之间达成默契,把对方评为较高的等级的情况; 可能会造成同事关系紧张,降低团队的凝聚力
自我评价	给予员工参与评价的机会; 有利于减少对工作绩效评价的抵触情绪	人们对自己更加宽容,倾向于做出更高的评价
下级	有充分的机会观察被评价者的工作情况; 熟悉被评价者所从事的工作	可能削弱管理者的权威; 担心所做的评价被上级察觉而做出有利的评价
客户	能获得其他渠道难以获得的信息	评价目的不同; 可能会忽视被评价者一些重要方面
外聘专家	拥有高超的评价技术和丰富的评价经验; 客观程度高	对被评价者及其工作情况了解有限; 成本高

第二节 绩效评价方法与选择

一 绩效评价方法

评价方法的选择是绩效评价的重点和难点，正确地选择评价方法，对于能否得到客观的评价结果具有重要意义。需要特别指出的是，绩效评价方法与绩效管理工具是不同的概念，二者不能混淆。绩效评价方法解决的是某个具体指标怎么评价的问题，而绩效管理工具解决的是利用哪种方法提高绩效水平的问题。绩效评价方法种类较多，每一种绩效评价也有特别的适用范围。迄今为止，没有一种方法能够适用于所有的组织，也没有一种方法可以满足实践中的所有要求。在管理实践中，它们往往被综合使用，以适应不同组织不同阶段对绩效评价的不同需要，满足绩效评价的不同目的。

评价方法的分类与评价标准的分类密切相关。一般来说，评价标准可以分为两类：相对标准与绝对标准。与此相对应，我们可以将评价方法分为相对评价和绝对评价。相对评价又称比较法，是通过在部门或团队内对人员进行相互比较得出评价结论，而不是根据事先统一制定的评价标准进行评价。绝对评价是根据统一的标准尺度衡量相同职位的人，也就是将个人的工作情况与客观工作标准相比较，通常使用量表法来进行评价。利用客观尺度进行绝对评价是绩效评价发展的大趋势。实施绝对评价之前，必须通过研究和分析，事先确定一个客观的评价标准。这种客观标准的表现形式在各种具体的评价方式中各不相同。例如，可以用数量、质量、时间等因素来表示工作业绩的客观标准（结果导向型评价指标），或者用一些具体的关键事件的发生情况作为客观的评价标准（行为导向型评价指标）。绝对评价的标准不以评价对象为转移，是客观存在的、固定的。由于绝对评价的这个特点，可以对组织成员单独进行评价。

下面介绍实践中比较常见的几种评价方法。

（一）排序法

排序法又称排列法、排队法、排名法，是一种简单实用的绩效评价方法，是根据某一评价维度对全体评价对象的绩效按照从好到差的顺序依次进行排序，从而得出评价结论。排序法使用较早,设计和应用成本较低,操作起来比较简便,能够有效地避免宽大化倾向、中心化倾向以及严格化倾向等问题。但是排序法也存在评价过程的主观性和随意性等问题,使得评价结果容易引发争议,因此得出的评价结果常常不利于各种人事以及管理方面的应用。另外,当几个人的绩效水平相近时,难以进行排列,容易发生晕轮效应。具体来讲,就操作程序的差别可分为直接排序法和交错排序法。

1. 直接排序法

直接排序法(见表 6-4)是最简单的排序法,由评价者根据其经验认识和主观判断,以自己对评价对象工作绩效的整体印象为依据进行评价,再将本部门或一定范围内需要评价的所有人从绩效最高者到绩效最低者排出一个顺序。这一方法评价的人数不能过多,以 5～15 人为宜,而且只适用于评价同类职务的人员,不适合在跨部门的人事调整中应用。

表 6-4　直接排序法

顺序	等级	员工姓名
1	最好	王××
2	较好	钱××
3	一般	赵××
4	较差	张××
5	最差	李××

2. 交替排序法

交替排序法是根据一项或多项评价要素将评价对象的绩效结果按照从好到差的顺序依次进行排序,具体的操作方法与直接排序法略有不同。按照人们的认知习惯,在群体中,人们总是最先注意到最好和最差两个极端,交替排序法就是根据该原理设计出来的。具体操作方法如下。首先,列出所有需要接受评价的下属人员的名单,将其中自己并不是很熟悉的因而无法对其做出评价的名单划去。然后,在如表 6-5 中标注出,被评价的某一特征方面,表现最好的是哪一位,表现最差的又是哪一位。接着,在剩下的所有评价对象中选出表现次好和次最差者。依此类推,直至所有需要接受评价的员工都排列完毕。

表 6-5 交替绩效评价表

交替排序评价表

所依据的特征要素：

  针对所要评价的每一种特征要素，列出需要加以排序的所有员工的姓名。将绩效水平最高的员工的姓名列在第 1 行的位置上；将绩效水平最低的员工的姓名列在第 20 行的位置上。然后，将绩效次好的员工的姓名列在第 2 行位置上；将绩效次低的员工姓名列在第 19 行的位置上。将这一交替排列继续下去，直到所有员工的姓名都被列出。

1. _____	11. _____
2. _____	12. _____
3. _____	13. _____
4. _____	14. _____
5. _____	15. _____
6. _____	16. _____
7. _____	17. _____
8. _____	18. _____
9. _____	19. _____
10. _____	20. _____

（二）图评价尺度法

  图评价尺度法是最简单且运用最普遍的工作绩效评价方法。图评价尺度法列举了一些特征要素，同时主管人员分别为每一个特征要素列出绩效的取值范围，主管人员找出其中哪一个分数最能反映下属员工在某一项特征要素上的实际表现，然后在这个分数上画圈或者打钩，再将员工在所有要素上的得分进行加总。

  图评价尺度型的绩效评价表通常能够衡量四大职位相关维度中的一个或多个绩效维度。

1. 以通用的工作维度为基础的评价表

  一些管理者可能会选择评价一些通用的工作维度，如沟通、组织知识、团队合作、完成经营目标等，如表 6-6 所示。

表 6-6　以通用的工作维度为基础的评价表样本

员工姓名＿＿＿＿＿＿＿＿＿＿＿＿＿＿　　层级：入门级员工

直接主管姓名＿＿＿＿＿＿＿＿＿＿＿＿

关键工作职责　　　　　　　　　　　　　需要实现的结果或目标

1.＿＿＿＿＿＿＿＿＿＿＿＿＿＿＿＿　　1.＿＿＿＿＿＿＿＿＿＿＿＿＿＿＿＿

2.＿＿＿＿＿＿＿＿＿＿＿＿＿＿＿＿　　2.＿＿＿＿＿＿＿＿＿＿＿＿＿＿＿＿

3.＿＿＿＿＿＿＿＿＿＿＿＿＿＿＿＿　　3.＿＿＿＿＿＿＿＿＿＿＿＿＿＿＿＿

4.＿＿＿＿＿＿＿＿＿＿＿＿＿＿＿＿　　4.＿＿＿＿＿＿＿＿＿＿＿＿＿＿＿＿

沟通

　　　　　1　　　　2　　　　3　　　　4　　　　5

低于期望	达到期望	杰出榜样
即使是在得到指导的情况下，也不能及时、准确地准备好一些简单的沟通材料，其中包括各种表格、文书和记录；所完成的工作需要得到最低程度的修正。 即使是在得到指导的情况下，也不能通过灵活调整沟通风格和沟通材料来沟通一些简单的信息	在得到指导的情况下，能够及时、准确地准备好各种简单的沟通材料，其中包括各种表格、文书和记录；所完成的工作需要得到最低程度的修正。 在得到指导的情况下，能够通过灵活调整沟通风格和沟通材料来沟通一些简单的信息	能够及时、清晰、准确、独立地准备好各种沟通材料，其中包括各种表格、文书和记录；所完成的工作只需要极少的修正（如果需要的话）。 可以独立通过灵活调整沟通风格和沟通材料来沟通一些简单的信息

组织知识

　　　　　1　　　　2　　　　3　　　　4　　　　5

低于期望 （在这里描述绩效标准）	达到期望 （在这里描述绩效标准）	杰出榜样 （在这里描述绩效标准）

个人能效

　　　　　1　　　　2　　　　3　　　　4　　　　5

低于期望 （在这里描述绩效标准）	达到期望 （在这里描述绩效标准）	杰出榜样 （在这里描述绩效标准）

续表

团队合作

	1	2	3	4	5	
低于期望 (在这里描述绩效标准)			达到期望 (在这里描述绩效标准)			杰出榜样 (在这里描述绩效标准)

完成经营目标

	1	2	3	4	5	
低于期望 (在这里描述绩效标准)			达到期望 (在这里描述绩效标准)			杰出榜样 (在这里描述绩效标准)

2. 以工作职责为基础的评价表

一些管理者选择的是评价职位实际包含的工作职责,如表 6-7 所示。该表评价了任职者在这个职位上的一些主要和具体的工作职责方面的履行情况,其中的一项工作职责是"保持充足的比萨饼面团存货"。根据表 6-7,管理者可以对员工在每一项职责上的表现进行评价。

表 6-7 以工作职责为基础的评价表样本

职位:比萨饼厨师长			
职位一:保持充足的比萨饼面团存货	评价等级		
每个比萨饼面团的重量必须在 12～14 盎司之间;在放入能够控制温度的冰箱之前至少应揉两分钟以上,在使用之前要在冰箱中储存 5 小时以上。库存量必须充足,但是不能超过每天的需求量	需要改进	令人满意	优秀

3. 以胜任素质为基础的评价表

这种评价表集中考察员工表现出的对于职位来说必不可少的胜任素质,如表 6-8 所示。例如,一位护士长需要具有的胜任素质是什么? 其中的一项或许是"通过培训一种开放的和宽容的文化来提高门诊护理水平"。关注护士长在提升门诊护理质量方面的胜任素质,可能会为医院的战略提供更多的支持。

表 6-8　以胜任素质为基础的评价表样本

第一部分　支持部门目标实现的职责或目标及绩效标准
"通过提高员工的职业资格水平帮助他们取得优异成绩"

主要的绩效期望： 职责或目标及绩效标准	年中进度记录	对期末工作完成情况及其有效性的评价： 通过在评价尺度上打√进行评价 不强　　　　　非常强
目标 1：		├──┼──┼──┼──┤
目标 2：		├──┼──┼──┼──┤
目标 3：		├──┼──┼──┼──┤
目标 4：		├──┼──┼──┼──┤
目标 5：		├──┼──┼──┼──┤
为下一个绩效评价周期提供共同认可的目标：	年中评价：	
评价者　　日期　　员工　　日期	评价者　　日期	员工　　　　日期

第二部分　绩效胜任素质
"通过共同工作和学习取得优异成绩"

指标	年中进度记录	对期末工作完成情况及其有效性的评价： 通过在评价尺度上打√进行评价 不强　　　　　非常强
工作知识/胜任力：能表现出有效完成工作所需要的各种知识和技能。了解职位的期望并能及时掌握本人工作职责领域中的最新进展情况。能根据工作流程和公司政策履行工作职责。能在他人求助的时候向他们提供必要的帮助		├──┼──┼──┼──┤

续表

指标	年中进度记录	对期末工作完成情况及其有效性的评价：通过在评价尺度上打√进行评价 不强　　　　　　　　非常强
工作质量和数量：能彻底、准确、及时地完成工作任务并达成预期结果。关心部门的目标和需求，关心依赖其提供的服务或产品的其他人。能有效地承担多种工作职责。能有效地利用工作时间		├───┼───┼───┼───┤
计划/组织能力：根据本部门、本单位或管理中心制定的目标来设定清晰的目标，并对本人承担的责任加以组织。能识别达成目标所需要的各种资源。在目标和工作的优先顺序不清楚时能主动寻求指导		├───┼───┼───┼───┤
主动性/履行承诺能力：在履行职责时显示出责任心，能够为本部门和本机构的目标实现提供支持。能在最低程度的监督下完成工作。能够满足本职位的工作时间和出勤的要求		├───┼───┼───┼───┤
问题解决能力/创造力：与同事和其他相关人员保持和谐、高效的工作关系。能够适应工作优先顺序和需求的变化。能够通过与他人共享信息和资源来促成一种积极的、合作性的工作关系		├───┼───┼───┼───┤

续表

指标	年中进度记录	对期末工作完成情况及其有效性的评价：通过在评价尺度上打√进行评价 不强　　　　　　非常强
人际关系能力：积极有效地处理好与同事和其他相关人员之间的关系。表现出对所有人的尊重		├──┼──┼──┼──┤
沟通能力：能够通过口头和书面形式有效地传递信息和想法。能仔细倾听他人的讲话，并通过不断确认来确保自己能正确理解对方的意思		├──┼──┼──┼──┤

（资料来源：https://www.case.edu/finadmin/humres/policies/perfexempt.pdf.）

（三）配对比较法

配对比较法，亦称逐对比较法或对偶比较法，是指根据某一种特征要素，将每一位评价对象与所有其他成员逐一进行比较，得出员工在每个评价要素上的名次，即两两比较，然后排序。该方法是由排序法衍生出来的，它使排序法变得更为精确。

假设运用配对比较法对5个人进行评价。首先，设计出如表6-9所示的表格；其次，标明要评价的绩效要素，并列出被评价的员工名单。再次，将所有人根据表中标明的要素进行配对比较，将比较结果填入两个比较对象相交的单元格中。用"0"表示两者绩效水平一致。用"＋"表示"优于"，即A栏上的人比B栏上的人绩效水平高。用"－"表示"次于"，即A栏上的人比B栏上的人绩效水平低。最后，再将A栏每一个人得到的"＋"纵向相加。得到的"＋"越多，则说明这个员工的评价得分越高，绩效水平也越高。

表 6-9　配对比较法评价要素：工作质量特征

B A	员工1	员工2	员工3	员工4	员工5
员工1	0	＋	＋	－	－
员工2	－	0	－	－	－
员工3	－	＋	0	＋	－
员工4	＋	＋	－	0	＋
员工5	＋	＋	＋	－	0

评价结果：员工2的绩效等级水平更高。

一般来说，这种方法在人力资源管理中经常用于对职位的评价。这时选取几个指标，比如职位的重要性、影响程度、风险等，分别对职位进行配对比较，依次评估出不同的职位对公司的价值，并以此作为确定该职位薪酬的依据。

（四）强制分布法

强制分布法是按照事物的正态分布的规律，即"两头小、中间大"的分布规律，先确定好各绩效等级人数在被评价总人数中所占的比例，将员工的绩效水平划分成等级，再依据每个被评价者绩效的相对优劣程度，将其强制分配到不同的等级中去。在实际使用过程中，通常将绩效水平分为"优秀、良好、一般、差、很差"五个等级，每个等级所占的比例一般为10％、25％、30％、25％、10％，当然，也可以根据实际情况而定。强制分布法评价表如表6-10所示。

表 6-10　强制分布法评价表

绩效等级	比重
优秀	10％
良好	25％
一般	30％
差	25％
很差	10％

强制分布法的主要优点在于它适用于评价人数较多的绩效评价场合，该方法的评价过程简易方便，可以避免评价者过分偏宽、偏严或高度趋中等偏差；便于管理控制；被评价的员工往往会担心因多次落入绩效最低等级而遭解雇，所以强制分布法具有较强的激励功能。缺点在于，如果强制分布法用在被评价群体样本太小或者群体绩效状态呈明显的非正态分布的情境下，不仅其优势难以发挥，还会影响评价结果的客观公正性，挫伤组织员工的积极性。另外，企业要小心谨慎地确保这种评价方法不会被管理者滥用。为避免这种评价方法不会受员工提出的不公平或有偏见的抱怨，管理者需

要采取一些措施,比如:指定一个审查委员会对绩效排序靠后的员工的情况进行复核;通过培训让评价者了解怎样才能保持客观性;考虑在运用强制分布法时利用多位评价者来进行评价。

强制分布法的应用也在不断变化。通用电气公司是第一家普及应用强制分布法的企业,现在,这家企业已在强制分布法中引入了更多的灵活性。例如,它现在告诉管理者应当更多地利用常识来进行绩效等级的确定,而不是再严格坚持它原来一直采用的非常有名的20%、70%和10%的百分比等级划分方法了。需要注意的是,区分绩效最好和最差的员工往往并非难事,但是对剩下80%的人进行绩效等级划分就是一个比较大的挑战了。

阅读材料

通用电气公司的强制分布法

提到强制分布法,通用电气公司是常被提及的公司之一。通用电气公司位于康涅狄格州的费尔菲尔德市,该公司向全球客户提供包括金融服务、媒体娱乐、医疗保健、能源技术,以及器械和塑胶制品在内的多种产品和服务。

1981年,杰克·韦尔奇从上一任CEO雷金纳德·琼斯手中接过职位时,通用电气是一个机构臃肿、效率低下、官僚主义盛行的组织。公司虽然业务比较稳定,但是公司的增长只能与美国的经济增长挂钩,并没有任何其他的成长点。于是,杰克·韦尔奇从群策群力、无边界组织、全球化、数字化、六西格玛几个方面对通用电气进行了一次非常成功的改革,让通用电气进入了一个高速发展的辉煌时期。

在韦尔奇时代,强制分布法的内容是根据360度绩效考核的内容,让管理者把员工按照A(20%)、B(70%)、C(10%)分成三个等级,对20%的员工不断给予强激励,包括股权、奖金、升职、加薪等。对末尾的10%予以观察,如果绩效不能改进的话,则予以淘汰。这种强制把员工按照A、B、C三个等级进行分布,可以避免绩效考评结果中出现趋中趋势,也就是常见的分数都很相近,拉不开差距的现象。比如一些主管在对下级进行评价的时候,碍于一些原因,导致80%的员工都在中等偏上水平,打造出一片欣欣向荣的景象,导致真正好的员工和差的员工之间的差距拉不开。

强制分布法的依据也不仅仅只与绩效考核相关,周边绩效的一些内容以及员工能力、潜力也会作为评判内容之一。韦尔奇认为,他的强制分布法是为了将员工绩效的改进和提升作为重点,而不是单纯地要把所有员工强制分个三六九等。对于当时的通用电气公司来说,强制分布法的作用是在扁平化臃肿的组织的同时保持竞争力。所以在韦尔奇时代,通用电气公司每年的裁员率都在10%左右。总之,通用电气公司的强制分布法的实施为其他公司的绩效评价提供了很好的范例。

(五)关键事件法

关键事件法是由美国学者弗拉纳根和巴拉斯在1954年创立的,这是一种根据影响员工绩效水平的关键性事件依次来评定其工作绩效的方法。关键事件法是主管人员需要从一位下属人员的工作相关行为中找出那些能够代表非常好的绩效或非常差的绩效的事例(关键事件),并记录下来,然后每隔6个月左右,主管人员和下属人员在记录下来的事件基础上,共同讨论后者的工作绩效。关键事件一般分为有效行为和无效行为。关键事件法要求评价者通过平时观察,及时记录评价对象的各种有效行为和无效行为,是一种最为常见的典型的描述法。

美国通用汽车公司在1955年运用这种方法获得了成功。通用汽车公司一位一线领班对他的下属杰克的工作的"协作性"的记录如下。其一,有效行为。虽然今天没有轮到杰克加班,但他还是主动留下来加班到深夜,协助其他同事完成了一份计划书,使公司在第二天能顺利地与客户签订合同。其二,无效行为。总经理今天来视察,杰克为了表现自己,当众指出了约翰和查理的错误,导致同事之间的关系很紧张。

关键事件法的优点在于以事实为评价依据,客观的记录提高了绩效评价的准确性,使评价结果更具有说服力,也不会挫伤评价对象的积极性。对评价对象来说,低评价针对的不是他的人格,而是他的工作行为,并且是可以明确指出的特定行为,所以比较容易得到评价对象的认同。另外,关键事件法具有连续性,记录提供了关于员工如何消除不良绩效行为的实例,有利于员工明确改进绩效的方向。由于关键事件法只关注极端事件,因此员工的平均绩效水平得不到描述。它的不足之处在于,关键事件法属于定性的测量方式,缺乏量化的评价数据,难以进行比较。另外,以关键事件法进行绩效评价,需要耗费管理者大量时间和精力去收集、概括、分类和记录那些关键事件。受限于时间和精力,管理者很难对每个下属的所有关键行为都能保存精确全面的记录。也容易造成上级对下级的过分监视,导致关系紧张。并且评价报告是非结构化的,容易发生评价误差。关键事件法应用举例,见表6-11。

表 6-11 厂长助理的关键事件举例

日常职责	工作目标	关键事件
安排工厂的生产时间表	工厂中的人员和机器设备利用率达90%;及时完成订单生产	采用了新的生产计划安排系统;上个月将订单的延误率降低了10%;上个月将机器设备的利用率提高了20%
监督原材料的采购和库存控制	在保证充足的原材料供应前提下,使库存成本降到最低	上个月导致库存成本上升了15%;"A"类和"B"类零部件的采购过剩20%;"C"类零部件的采购则短缺了30%
监督机器设备的维修保养	不出现因机器设备故障而造成的停产	在工厂中建立了一套新的预防性机器设备养护系统;由于及时发现机器零部件的故障而防止了一次机器停工事件的发生

（六）行为锚定量表法

行为锚定量表法（BARS）是美国学者帕特里夏·凯恩·史密斯和洛恩·肯戴尔在1963年提出的绩效评价方法，是量表法与关键事件法的结合，是典型的行为导向型量表法。使用这种方法，可以对员工关键事件中有效和无效的绩效行为进行更客观的描述。熟悉一种特定工作的人能够识别这项工作的主要内容，再对每项内容的特定行为进行排列和证实。它为组织中每个职务的各个评价维度都设计出一个评价量表，并附有典型的行为描述性说明与量表上的对应刻度（评分标准）的联系，供绩效评价者评定员工实际绩效分数作参考依据。在这种评价方法中，每个水平的绩效都以特定的标准行为来加以界定，在一定程度上弥补了其他评价方法的缺陷。行为锚定量表法的评价指标之间的相互独立性较强，评价尺度也更加精准，具有良好的反馈功能，适合用来为分配奖金提供依据。但是与其他评价方法相比，行为锚定量表法设计较麻烦，耗时较多，适用范围也比较有限，仅适合较为简单的工作。

行为锚定量表法的实施步骤如下。

第一，获取关键事件。选定对工作内容较为了解的评价者并找出代表各个等级绩效水平的关键事件，进行描述，将其一一列出。

第二，初步定义评价指标。由评价者将获取的关键事件合并为几个（通常是5～10个）评价指标，并对评价指标给出明确的定义。

第三，重新分配关键事件，并确定对应的评价指标。让另外一组同样熟悉工作内容的评价者对关键事件进行重新排列，再将这些关键事件分别划到合适的绩效指标中。如果第二组中大部分人（通常是50%～80%）将某一关键事件划入的评价指标与前一组评价者相同，那么关键事件的最终位置就确定了。

第四，对关键事件进行评定。第二组的评价者，评定各关键事件的等级（一般采用7点或9点的尺度，可以是连续尺度的，也可以是非连续尺度的），这样就确定了每个评价指标的"锚定物"。

第五，建立最终的行为锚定评价体系。

基于行为锚定量表法，建立评价表的应用举例如表6-12和图6-1所示。

表6-12　关于"工作计划和编制文件"的锚定评价表

锚	分值
制订综合的工作计划，编制好文件，获得必要的批准，并将计划分发给所有相关人员	7（优秀）
计划、沟通并观察重大事件，每星期陈述有关计划的执行情况。编制最新的工作计划完成图及累计待办的工作，采用这些方法使任何要求修改的计划优化。运行中偶尔会有一些小的操作问题，但能够有效地沟通	6（很好）

续表

锚	分值
列出每项工作的所有组成部分,对每一部分的工作做出时间安排。努力提早完成计划,以留出充裕时间。满足顾客的时间要求,超时和超支现象很少发生	5(好)
制定了工作日期,并随工作进展的情况修改日期,经常增加不可预见事件,经常激起顾客的抱怨。可能制订了一个不错的计划,但没有记载工作进展的重大事件,也不报告时间安排中的疏漏或者发生的其他问题	4(一般)
没有很好地制订计划,编制的时间进度表通常是不现实的。不能提前一两天制订计划,对于工作的到期日一无所知	3(低于平均水平)
对将要从事的工作没有计划或安排,对分配的任务不制订计划或者很少制订计划	2(很差)
因为没有计划,且对制订计划漠不关心,所以很少完成工作。由于缺少计划且不查明如何改进,所以常常失败	1(不能接受)

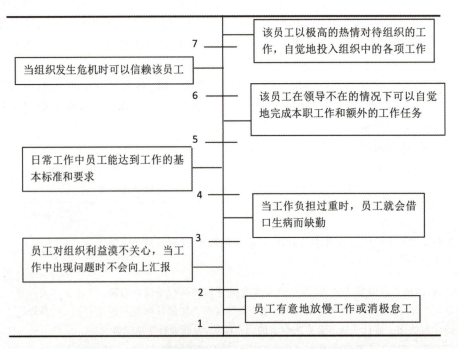

图 6-1 行为锚定量表法:员工在工作中的行为表现评价

行为锚定量表法是量表法与关键事件评价法综合运用的产物。这一方法与一般量表法最大的区别在于,它是用特殊的行为锚定的方式规定评价指标的尺度。行为锚定量表法所使用的评价尺度是行为导向的,因而要求评价者对正在执行任务的个人进行评价,而不是针对预期的工作目标进行评价。这在实际操作中往往会造成一定的困扰。人们会感到疑惑:是否只有这一种行为方式才能够带来预期的绩效结果?这一点也是行为导向型量表法共同的问题。另外,行为锚定量表法的最大问题可能在于,评价者在尝试从量表中选择一种代表评价对象绩效水平的行为时,往往会有困难,因为有时一个人的行为表现可能出现在量表的两端。科学的设计过程有助于尽量避免这种情况,但实践中难免会发生这种情况。做出评价的并不是机器,而是充满思想的人,人的行为往往会受到各种内外因素的干扰,呈现出不稳定的状态。

二 绩效评价方法的选择

绩效评价的每一种方法都各有优缺点,每一种方法也各有不同的适用性,只有选择合适的评价方法才能在管理的成本和效用上做到二者兼顾。组织在选择绩效评价方法时,必须考虑以下几点影响因素。

(一)组织绩效评价的目的

组织绩效评价的目的对评价方法的选择起着决定性作用。不同类型的组织或者同一类组织的不同发展阶段,其绩效管理策略是不同的,对员工进行绩效评价的目的也不尽相同,选择恰当的评价方法对于实现绩效评价的目的能够起到事半功倍的效果。如果绩效评价是以员工发展为主要目的,则选择关键事件法、行为锚定量表法会比较有效。

(二)下属的工作性质与特点

处于不同工作岗位的员工,其工作性质与特点必然存在很大差异。组织管理者在选择绩效评价方法时,应根据下属不同的工作性质与特点选择不同的绩效评价方法。比如销售人员的工作岗位目标比较明确,工作需要独立完成,且绩效结果容易量化,这时就可以选择用目标管理法进行评价;而有些岗位的员工绩效目标难以量化,比如行政人员、一般管理人员等,就宜采用关键事件法或行为锚定量表法进行评价。

(三)绩效评价方法本身的特点

每种评价方法都有其局限性,也有其适宜性,对每种方法在组织的运用中要考虑它的信度、效度、可操作性、实施成本等。组织在考虑评价的目的、下属工作的性质之外，还需要结合评价方法本身的特点。

（四）开发和实施绩效评价方法的成本费用

在选择绩效评价方法时，成本费用问题也是管理者必须考虑的重要因素之一，这里的成本费用包括资金成本、时间成本。有些方法开发成本不高，但实施起来需要花费大量的人力、物力、财力；而有些方法，开发和实施成本都很高。当组织财力有限时，对非核心岗位员工进行评价时就不宜选择一些较为复杂的评价方法。

经典案例6-1

 一、阅读材料

F公司的绩效考核问题

F公司是一家从事电脑、数码产品及其相关配件销售的公司。公司下面有8个分店，共有员工200余人，由于不同产品的顾客群不同，如电脑主要销售给企事业单位，而数码产品主要面向个人，目前公司没有建立起相应的考核体系。

公司的李总经理看到了一则某著名跨国公司绩效考核的成功案例：按照员工的业绩和潜力，将员工分成A、B、C三类，三类的比例符合正态分布。被评为C类的员工，如果工作表现没有进步，公司将给予不同程度的惩罚。李总经理觉得这个方法很好，决定在公司内部实施这种绩效考核管理办法。人力资源部根据指示，将制定的方案很快上报给了李总经理。方案采用强制分布法将分店的员工分为A类（优秀）、B类（一般）、C类（较差）三个等级，其中A类和C类各占20%，B类占60%。同时将公司的工资结构变成了"基本工资＋浮动工资"的形式，如表6-13所示。

表6-13 店员的新旧工资对比表

员工原来的工资	员工现在的工资		
	类别	基本工资	浮动工资
3800元	A类	3600元	400元
	B类	3600元	200元
	C类	3600元	0元

公司把员工的基本工资下调了200元，变为3600元，同时增加了浮动工资，在月度考核后，绩效优秀的A类员工除可拿到基本工资之外，还可以拿到超过他个

人工资标准的超额浮动工资 400 元;B 类员工也可以拿到 200 元的浮动工资;而绩效差的 C 类员工浮动工资就要被全部扣除。

绩效考核与薪酬制度经总经理审批后颁布实施了。但是,对于新的绩效和薪酬制度,员工们并不认同。

C 类员工认为,这只是变相扣除部分员工的工资,然后加到部分人的头上。这样公司所发的工资总额并没有变动,自己的收入却减少了。

C 类员工有怨言,不足为奇。而拿到超额工资的 A 类员工,也觉得不自在。因为他们多拿的钱就是和他们同一个店中的 C 类员工被扣工资的部分,同事之间总是抬头不见低头见,钱拿得多自然会不好意思。

各分店店长在实施过程中,也会感受到来自员工的压力,因为谁被评为 C 类员工,谁就会有意见,会严重影响分店的内部关系,而他们认为店内的团结与和谐才是最重要的。

有的店长认为自己的员工都是很合格的,很难分出等级,而公司的制度又必须执行,没有办法,只能抽签决定。还有的店长干脆采取中"轮流坐庄"的方式:这个月你拿的钱多,下个月你就少拿些。

这样的绩效考核已经变了味,公司的绩效和薪酬体系也失去了相应的作用,员工的不满情绪日益加剧。

(资料来源:李作学.人力资源管理案例[M].2 版.北京:人民邮电出版社,2012.)

二、思考与讨论

1. 该公司的绩效考核存在什么问题?
2. 应该如何解决上述问题?

第三节　绩效评价实施

一　绩效评价实施程序

绩效评价的过程就是一个收集信息、整合信息、做出判断的过程。要想使评价达到预期效果,组织必须采用一套行之有效的评价程序。

（一）观察绩效信息

收集绩效信息是绩效评价的起点，该阶段评价者的主要工作是观察员工在日常工作中的绩效行为、工作态度等。有学者把这个过程看作是绩效评价过程的准备阶段。观察员工的绩效信息在整个绩效评价过程中的意义非常重大，因为所观察到的一切信息都有可能成为最终绩效评价结果的依据，对绩效评价结果的准确性和真实性产生直接的影响。

（二）记录绩效信息

绩效评价者将观察到的员工的工作行为、态度等信息记录下来，作为员工整体绩效的一个组成部分。在这一过程中，评价者就已经形成了对被评价者的原始印象。评价者记录员工的绩效信息的方式包括大脑记录和书面记录两种方式。因为评价者不可能时时刻刻用书面方式记录员工的绩效表现，有时会将绩效信息储存在记忆里。但是这种方式会使信息发生遗忘，所以书面记录成为另外一种很好的补充方式。

（三）分析与评价绩效信息

分析与评价绩效信息就是运用具体的评价方法来确定评价结果的过程。评价者要根据组织的特点、评价对象的职位特点、评价内容和评价目的等，选择合适的方法和形式。将所记录的员工的所有绩效信息与各个绩效维度进行对比，剔除无用的信息，最终确定被评价者的评价等级。通过使用适当的方法进行评价后，就要给出一个具体的评价结果。评价结果不仅仅是简单的绩效得分或绩效排名，而且应当分析其中绩效不佳的具体原因，以便在下一个绩效周期进行绩效改进。

（四）反馈

评价者和员工通过充分的沟通，使员工能够充分了解评价结果，这是绩效评价的目的之一。更重要的是，评价者要帮助被评价的员工认识到自己在工作中取得的进步和仍存在的问题。评价结果的反馈也是评价者必须注意的绩效评价过程的收尾工作。

二 绩效评价实施

在绩效评价的前期准备工作完成以后，整个评价工作就进入了关键的一步，即按照评价程序对组织员工逐一进行评价。

（一）评价方式及地点的选择

评价方式有集中评价和分散评价两种。集中评价就是将所有评价主体集中在同一场地进行绩效评价。分散评价就是在明确评价标准后，评价主体各自分散参照标准进行评价。评价时可根据实际情况选择具体的评价方式，有时也可以将两者结合起来使用。

（二）评价的资料来源

绩效评价的资料来源主要有客观数据、人力资源管理资料和评判数据三种。

1. 客观数据

许多组织用客观的生产数据作为员工工作绩效的指标。

2. 人力资源管理数据和资料

绩效评价的另一种资料来源是人力资源管理数据和资料。采用得较多的有缺勤率、离职率、事故率和迟到情况等。在这些数据和资料中，缺勤率是工作表现最有效用的指标之一。

3. 评判数据

评判数据是绩效评价中运用最广泛的资料。评判数据以管理人员的评定为主，还包括员工本人的评判、同事的评判以及下属人员的评判等。

（三）实施绩效评价

在确定了具体评价的时间、地点、方式及获得了资料后，就可以安排具体的评价工作。主要是评价主体根据已有的资料和对评价员工的了解情况，对照评价标准对评价对象进行评价。评价主体应该客观、公正地填写评价表。评价完毕之后，评价表应由部门主管或专职人员回收，并注意为评价主体保密，以避免评价中因担心泄露评价情况而造成心理负担。

二维码 6-3
微帖：
两个规范，
明确了未来
一段时间的
绩效管理

（四）整理绩效评价结果

评价数据的整理就是通过对实施评价所获得的数据进行分类、

汇总,利用概率论、数理统计等方法进行加工、整理,以得出评价结果的过程。

三 绩效评价中常见的误区

绩效评价过程中出现的误区主要是由于绩效评价主体的心理误差所导致的。因为,无论选择的是哪一类评价主体,都是由不同心理特征和心理活动的具体的人组成的,在绩效评价活动中,由于信息的感知、评价人员的知识、经验、态度、感情等影响,都可能产生评价结果的误差。绩效评价比较常见的误区主要有以下几种。

(一) 晕轮效应

晕轮效应最早是由美国著名心理学家爱德华·李·桑代克于20世纪20年代提出的。他认为,人们对人的认知和判断往往只从局部出发,扩散而得出整体印象,也即常常以偏概全。爱德华·李·桑代克根据心理试验的结果发现,评定者在对一个人进行评价时,往往会凭主观印象行事,从而使评价结果有偏高或偏低的倾向,这种现象被称为晕轮效应。晕轮效应又称光环效应,它是一种严重影响人际知觉的心理因素。当我们根据个体的某一种特征形成对其总体印象时,就会受到晕轮效应的影响。霍楚红则从个体心理角度对绩效评价过程中的情感或对被评价的喜爱程度进行了研究。她认为被评价者的情感及情绪对绩效评价过程具有潜在的影响,积极的情感有助于对存储信息的回忆,能增加评定者在认知上的信息交流效果,提高评价的质量。同时,其负面影响则是对评定者的喜爱可能产生晕轮效应而造成评价结果产生放大或者缩小的作用。在绩效评价中,晕轮效应具体是指由于个别特性评价而影响整体印象的倾向。晕轮效应可能会给评价结果带来两方面的误差:一是以差概好的晕轮效应,即因为根据某些事例对被评价员工的某方面得出了较差的印象后,会把其他的弱点也加在他身上,对该员工其他方面的优点也会做出不信任的解释或不当的归因分析;二是以好概差的晕轮效应,即因为对被评价员工的某方面产生好感,而把这种好印象泛化到其他方面去,忽略被评价员工的缺点。

(二) 首因效应

首因效应是由美国心理学家洛钦斯于1957年首次提出的,也叫首次效应、优先效应或第一印象效应。首因效应主要是由于先接收的信息易受到更多的关注,忽视后接收的信息,即受"先入为主"印象的影响。所以,在首次与人接触、进行认知时,留下的良好印象会左右人们对其以后的一系列特征做出解释,反之亦然。在绩效评价中,被评价员工在初期的绩效表现对绩效评价者评价其以后的绩效表现会产生延续性影响。例如,某员工在刚进入某个部门时工作热情很高,很快取得了良好的业绩,给他的上级留下了深刻的印象。而实际上他在整个绩效周期的工作绩效并不是很好,但管理者还是根据最初的印象给了他较高的评价。另外,不同的评价主体对评价对象的第一印象可能存在明显的差异,这些都会对绩效评价的结果产生负面影响,使评价结果偏离评价对象的真实情况。

(三)近因效应

近因效应与首因效应相反,是心理学家 A. 卢琴斯于 1957 年提出来的。近因效应是指绩效评价者仅凭绩效评价对象的近期行为表现进行绩效评价,导致评价者对其在整个绩效周期的业绩表现得出相同的结论。一般而言,人们对近期发生的事情的印象比较深刻,而对远期发生的事情印象比较淡薄。所以,当评价某项具体的评价要素时,评价者难以回想起在整个评价周期中发生的与该评价要素相关的评价对象的所有行为,这种记忆衰退就会造成近因效应。评价者对近期行为的记忆往往要比对过去行为的记忆更加清晰,这就会使绩效评价得出不恰当的结论。在绩效评价时往往会出现这样的情况,评价者对被评价员工某一阶段的工作绩效进行评价时,通常只注重近期的绩效表现,以近期印象来代替被评价员工在整个评价期的绩效表现情况,从而造成评价误差。

(四)刻板效应

刻板效应是由沃尔特·李普曼提出的。刻板效应是指对某人或者某一类人产生的一种比较固定的看法。组织行为学理论指出,当以某人所在的团体知觉为基础对其进行判断时,就称这种行为受到了刻板印象的影响。在进行各种评价时,评价者对评价对象的看法往往会受到被评价者的性别、种族、地位、年龄及其所属社会团体等的影响而造成人为的不公平,或者偏爱与自己的行为或人格相近者。刻板效应容易阻碍人们对于某类成员新特性的认识,使认识僵化、保守。一旦形成不正确的刻板印象,用这种定型去衡量评价对象,就会产生认知上的偏差,进而造成评价结果偏离客观真实。我们可以通过对评价主体培训来克服这个误区,要求评价者从组织发展的大局出发,抛弃个人偏见,实施公正的评价。

(五)逻辑推理效应

逻辑推理效应指的是评价者在对一些有逻辑关系的评价指标进行评价时,使用简单的推理而产生的误区。在绩效评价过程中产生逻辑误区是由于两个评价指标之间的高相关性。比如,大部分人认为"社交能力和谈判能力之间存在密切的逻辑关系",于是,评价者在进行绩效评价时,往往会根据"既然社交能力强,谈判能力当然也不错"而对评价对象做出这样的评价。这种凭个人经验进行简单逻辑推理的方法是简单化的人际知觉,它容易造成与事实不符的知觉偏见,常常无意识地操控着评价主体的实际行为,干扰着绩效评价活动,进而造成评价结果的误差。

（六）从众效应

从众效应是美国心理学家阿希在 20 世纪 50 年代提出的，阿希通过实验证明从众行为的客观存在。从众效应是个体遵从群体行为的一种趋势。绩效评价主体是社会性生命体，其行为必然受到群体之间的相互制约。在多种主客观因素的作用下，个人会自觉、不自觉地趋向与别人观点相同的行为，特别是在评价小组的成员之间。作为群体成员的顺从者有以下几种情况。

(1)出于知觉的歪曲。群体中个体成员，认为多数人赞成的就是正确的，因而顺从多数人赞成的观点。

(2)出于判断的歪曲。群体中的个体成员，由于对自己的判断缺乏信心，当看到自己的判断与别人的意见相左时，总是认为别人的观点才是正确的，从而改变自己的意见。

(3)出于行为的歪曲。有时即使个体成员相信自己是正确的，但是出于不愿意表露自己而做出从众的行为。这些情况的发生都会影响评价结果的客观性。

（七）宽大化倾向

宽大化倾向是最常见的评价误差行为。在绩效评价过程中，评价主体的标准尺度过宽，对所有评价对象的评定普遍偏高，出现宽大化倾向。这种现象产生的原因主要有：评价者出于保护评价对象而不愿意严格地评价；评价者希望本部门员工的业绩水平高于其他部门员工的业绩；评价者对评价工作缺乏自信心；绩效评价标准不明确等。在宽大化倾向的影响下，绩效评价的结果会出现极大的偏差。组织可以通过明确绩效评价要素的内容和评价标准，加强对评价主体的培训等措施来解决这一问题。

（八）严格化倾向

严格化倾向是与宽大化倾向相对应的另一种行为倾向，是指绩效评价者对评价对象工作业绩的评价过分严格的倾向。现实中，有些评价者在进行绩效评价时，倾向于采用比既定标准更加苛刻的尺度。严格化倾向产生的原因有：评价者对各种评价因素的了解不够；为了惩罚顽固的或难以对付的评价对象；评价主体情绪不佳；迫使有问题的员工主动辞职；为有计划的裁员提供证据；遵守绩效评价小组的某项规定等。

（九）趋中倾向

趋中倾向是广泛存在的。在绩效评价中，趋中倾向是指评价者可能对全部下属做出的评价结果相差不多，或者说在评定绩效等级的时候，评价者为避免出现极高和极低的两个极端，而不自觉地将所有评定向中间等级靠拢。造成趋中倾向的原因有：评价主体不愿意作"极好""极差"之类的极端评价；对评价对象不了解；对评价工作缺乏信心等。绩效评价的趋中倾向容易使绩效评价结果失去价值，因为这种绩效评定不能区分员工绩效水平之间的差别，既不能为管理决策提供帮助，也不能为员工培训提出有针对性的建议。因此，在绩效评价过程中，要减少绩效评定的趋中倾向，关键是让评定者认识到区分被评价者和评定结果的重要性。如有必要，组织可以明确要求评定者尽量减少选择中间等级的次数。

（十）人际关系化倾向

人际关系化倾向通常指把被评价者与自己的关系好坏作为评价的依据，或作为拉开评价档次的重要因素，或把绩效评价作为打击报复的工具。

（十一）评价者个人偏见

评价者个人偏见是指评价者在进行各种评价时，可能在员工的个人特征，如种族、民族、性别、年龄、性格、爱好等方面存在偏见。或者偏爱与自己行为或人格相近的人，造成人为的不公平。评价者个人偏见可能表现在：对与自己关系不错、性格相投的人会给予较高的评价；对某些群体持有偏见，给予较低的评价等。

（十二）对照效应

对照效应是指把某一被评价者与前一位被评价者进行对照，从而根据评价者的印象和偏爱做出与被评价者实际工作情况有偏差的结论。例如，如果评价者接待的前一位被评价者，在评价者看来各方面表现都很出色，那么在对比之下，就可能会给后一位被评价者带来不利的影响。相反，如果前一位被评价者的工作业绩及表现很差，那么后一位被评价者就容易获得高分。心理学家认为，对照效应在评价中是广泛存在的，因为它是人们的一种心理现象。对员工进行评价，因为涉及员工的自身利益，所以必须尽量避免这种心理现象的产生，以保证评价误差缩小到最低限度。

绩效评价活动毕竟是评价主体根据主观价值判断得出的结果，在实施的过程中难免会产生误区，因而要提高绩效评价结果的信度和效度，必须掌握评价主体在绩效评价过程中可能产生的各种心理误差，并采取有效的措施加以调控，使评价的误差降至最低限度。

经典案例6-2

 一、阅读材料

A 公司的绩效评价

A 公司是一家国内知名的国有企业，由于国家政策的变化，该公司目前面临着众多小企业的竞争与挑战。公司从前几年开始，着手加强绩效评价工作。人力资源部负责绩效评价制度的制定和实施。人力资源部在原有的评价制度基础上制定出了《中层干部评价办法》。

在每年年底正式进行评价之前，人力资源部又出台当年的具体评价方案，以使评价达到可操作化程度。A 公司的做法通常是由公司的高层领导与相关的职能部门人员组成评价小组。评价的方式和程序通常包括被评价者填写述职报告、在自己单位内召开全体职工大会进行述职、民意测评、向科级干部甚至全体职工征求意见（访谈）、评价小组进行汇总写出评价意见并征求主管副总的意见后报公司总经理。

绩效评价的内容主要包含三个方面：被评价单位的经营管理情况，包括该单位的财务情况、经营情况、管理目标的实现等方面；被评价者的德、能、勤、绩及管理工作情况；下一步工作打算，重点努力方向。具体的评价细目侧重于经营指标的完成、思想品德，对于能力的定义则比较抽象。各业务部门（子公司）都在年初与总公司对于自己部门的任务指标进行了讨价还价。对中层干部的评价完成后，公司领导在年终总结会上进行说明，并将具体情况反馈给个人。尽管评价方案中明确指出评价与人事的升迁、工资的升降等方面挂钩，但最后的结果总是不了了之，没有下文。

公司在第一年进行操作时，获得了比较大的成功。由于被征求了意见，一般员工觉得受到了重视，感到非常满意。领导则觉得该方案得到了大多数人的支持，也觉得满意。但是，被评价者觉得自己的部门与其他部门相比，由于历史条件和现实条件不同，年初所定的指标不同，觉得相互之间无法平衡，心里还是不服。评价者尽管需访谈三百人次左右，忙得团团转，但由于大权在握，体会到权威，还是乐此不疲。在评价方案修改进行到第二年时，大家已经失去了第一次时的热情。第三年、第四年进行评价时，员工考虑到前两年评价的结果出来后，业绩差或好的领导并没有任何区别，自己还得在他手下干活，领导来找他谈话，他也只能敷衍了事。被评价者认为年年都是那套评价方案，没有新意，只不过是领导布置的事情，不得不照做罢了。

（资料来源：张培德．绩效考核与管理[M]．2 版．上海：华东理工大学出版社，2009．）

二、阅读并思考

1. 该公司在绩效评价过程中出现了什么问题?
2. 产生上述问题的原因是什么?

中英文关键术语

绩效评价(Performance appraisal)
评价主体(Performance appraiser)
评价方法(Performance method)
比较法(Comparison method)
晕轮效应(The halo effect)
首因效应(Primacy effect)
近因效应(Recency effect)
刻板效应(Stereotype effect)
逻辑推理效应(Logical reasoning effect)
从众效应(Bandwagon effect)
宽大化倾向(Leniency tendency)
严格化倾向(Strictness tendency)
趋中倾向(Centripetal tendency)
人际关系化倾向(Interpersonal tendency)
评价者个人偏见(Evaluator's personal bias)
对照效应(Contrast effect)

二维码 6-4 第六章自测题

复习思考题

1. 什么是绩效评价?组织绩效评价主要包括哪些内容?
2. 常见的绩效评价方法有哪些?
3. 在选择绩效评价方法时需要考虑哪些因素?
4. 绩效评价的主体有哪些?
5. 在进行绩效评价的过程中,评价主体的心理误差会导致评价结果出现什么误区?
6. 公共部门绩效评价的评价内容与企业相比有什么不同之处?

二维码 6-5 第六章参考答案

案例分析题

 一、阅读材料

某集团公司是一家以开发、生产和销售电源、电线杆为主要业务的公司。公司前身为乡镇企业,始建于20世纪80年代。90年代末,公司转制成为有限责任公司,2005年又改制成为集团公司。近年来,该集团公司先后获得工业经济突出贡献奖、明星工业企业、重点骨干企业、诚信企业、劳动关系和谐企业、银行资信AAA级企业、纳税信用AAA级企业、重合同守信用AAA级企业等荣誉称号。

随着公司的不断发展壮大,公司走出了一条多元化经营、集团化管理的发展道路。目前,集团下属15家公司,2000多名员工,连续8年利税超千万元。2017年公司销售收入为17.5亿元,实现利润7200万元。但随着公司规模的扩大和内部机构的完善,公司管理也遇到一些问题。其中,比较突出的是绩效评价问题。

以前,公司没有实施绩效评价,年终奖金的发放由总经理一人说了算。人少的时候倒也相安无事。不过近年来随着公司规模的扩大,部门的增多,绩效评价方面的问题变得更加突出。首先是各个部门都对现行的绩效评价方法有意见,都觉得对自己不公平,而且常常为此闹矛盾。其次是似乎各个层面的人都对绩效评价和"红包"发放不满。

总经理觉得这样下去也是个问题,于是要求人力资源部经理做一套绩效评价方案,对公司员工进行全面绩效评价。很快,公司绩效评价方案制定出来,规定对员工每隔半年进行一次绩效评价。

在绩效评价会上,林强所在的企划部遭到了其他部门的"炮轰"。一向说话温和的林强,提高了嗓门,就部门受到的委屈吐了一肚子苦水。林强认为,他所在部门虽然没有经常陪着客户吃喝,没有整天在外面跑,但并不比其他部门差。主要表现在以下几个方面。

(1)企划部是一个综合服务部门,公司要实施什么项目,要开展什么工作,不敢怠慢半步。

(2)上半年,企划部为了确保电源项目能尽快得到认证,几乎把所有的精力全投到这上面了,所以对其他部门项目的策划只能放到一边。因此,其他部门纷纷把矛头指向企划部。

林强很是无奈,他也很想通过各项具体的绩效评价指标和数字,把企划部的成绩明白无误地说出来。可惜,公司对于企划部的绩效评价始终是一笔糊涂账。每年的总结大会,公司领导总是以几句类似于"企划部为我们实现今年的目标做出了突出贡献"的话一笔带过。对企划部人员的绩效评价,人力资源部参照的是业务部门的绩效评价体系。由于企划部的定位是服务部门，人力资源部又增加了其他部门对企划部的绩效评价栏。结果，企划部的绩效评价成绩比公司平均水平差了一大截。

前不久，林强从朋友那里听说平衡计分卡可以解决这个问题，但到底效果如何，实施过程中有哪些问题？他一头雾水。跟人力资源部的人提起来，人力资源部的主管说："有这个必要吗？多半会把简单问题复杂化。"

半年绩效评价很快就要到了，林强很想在这之前给自己部门的人一个说法……

（资料来源：https://zhuanlan.zhihu.com/p/42919319.）

二、阅读并思考

1. 企划部的绩效评价存在哪些问题？
2. 在绩效评价中如何做好工作分析？
3. 应怎样选择绩效评价方式？

第七章

绩效反馈与面谈

本章引例

AAH 大药房的绩效反馈体系

AAH 大药房使用了一套具有良好的反馈体系应当具备的多项特征的360度反馈体系。AAH 大药房主营药品批发,有3800名员工,主要在英国提供医药产品和服务。在专业咨询师的帮助下,AAH 大药房发现360度反馈体系既能提供绩效反馈,又能提供对开发计划有用的信息。为了消除员工的顾虑,公司向他们明确表示,使用这套工具的唯一目的就是用来制订开发计划和提供反馈,而且这些信息绝对不会用于其他任何目的。员工可以自主选择是否与其上级主管人员分享这些信息。这套体系通过一个自动的在线问卷调查系统收集多重来源的绩效评价信息,同时确保这些信息都是匿名的和保密的。当所有反馈结果都产生之后,所有的参与者要在一个非办公地点针对这些反馈结果举行为期一天的会议。这个会议的目的是通过一对一的结果解释以及与咨询师进行相关内容的讨论来建立一套开发计划。在这次会议结束6个月之后,公司还要召开跟进会议,以审查开发目标的实现情况。AAH 大药房发现,如果先让一批管理者对这套体系进行完整的流程体验,然后再让他们制订计划来向更多的员工推广这套体系,会让这套体系推广得更加顺利,也能让更多的员工抓住和利用开发机会。总之,AAH 大药房使用的这套体系反映出了一个成功的360度反馈工具都有哪些组成要素。

(资料来源:赫尔曼·阿吉斯.绩效管理[M].刘昕,曹仰锋,译.北京:中国人民大学出版社,2008.)

第一节 绩效反馈

绩效反馈是绩效管理的最后一个环节,是由员工和管理者一起,回顾和讨论绩效考核的结果。如果不将考核结果反馈给被考核的员工,考核将失去极为重要的激励、奖惩和培训功能。可见,绩效反馈对绩效管理起着至关重要的作用。

一 绩效反馈的内涵

绩效反馈是指管理者就上一绩效管理周期中员工的表现和绩效考核结果与员工进行正式的绩效面谈的过程。在许多组织中,绩效反馈并没有得到足够的重视,它们往往将填写评价表格、计算评价结果视为绩效评价乃至绩效管理的全过程。实际上,如果缺少将评价结果和管理者的期望传达给评价对象的环节,就无法实现绩效管理的最终目的。

二 绩效反馈的分类

根据反馈的内容和态度,一般将绩效反馈分为三类:正面反馈、负面反馈、中立反馈。其中,负面反馈和中立反馈都是针对错误行为进行的反馈,而正面反馈则是针对正确行为进行的反馈。

(一) 正面反馈——针对正确行为的反馈

一般情况下,管理者的目光都易聚焦于员工的错误行为,往往忽视了对员工的正确行为进行反馈。实际上,不论哪一种绩效反馈,管理者的最终目的都是提高员工的绩效。达到这种目的可以通过两种途径:一是减少不良的行为,二是增加良好的行为。对错误行为的反馈将注意力集中于减少不良的行为上,这种反馈很有可能会带来一些负面的效果。而针对正确行为进行恰当的反馈能避免这些问题,并有效地提高员工的绩效水平。

著名的行为科学家赫茨伯格提出的双因素激励理论能够很好地解释这个问题。20世纪50年代末,赫茨伯格和他的助手在美国匹兹堡地区对200名工程师、会计师进行了调查访问。访问主要围绕两个问题:在工作中,哪些事项是让他们感到满意的,并估计这种积极情绪持续多长时间;又有哪些事项是让他们感到不满意的,并估计这种消极情绪持续多长时间。赫茨伯格以对这些问题的回答为材料,着手去研究哪些事情使人们在工作中快乐和满足,哪些事情造成不愉快和不满足,结果他发现,使职工感到满意的都是属于工作本身或工作内容方面的;使职工感到不满意的都是工作环境或工作关系方面的。他把前者叫激励因素,后者叫保健因素。

保健因素的满足不能起到激励作用,但当保健因素处理不好,会使员工产生对工作的不满意。那些能带来积极态度、满意和激励行为的因素就叫激励因素,这是那些能满足个人自我实现需要的因素。如果这些因素具备了,就能对人们产生更大的激励。按照双因素激励理论的阐述,激励因素包括成就感、得到肯定、工作本身、责任、进步等。保健因素包括公司政策、管理措施、监督、人际关系、物质工作条件、工资、福利等。

在激励因素中,一个重要的因素就是"得到肯定"。双因素激励理论告诉我们,只有激励因素才能激励人们有更高的生产力。如果"成就感"与"得到肯定"是影响工作动机的两个重要因素,那么一个提高员工绩效的最有效的方式便是,在工作中提供更多的产生成就感的机会,同时也使管理者有更多的机会去肯定员工。这种肯定,就是我们所说的对正确的行为的反馈。

管理者往往会忽视对正确行为的反馈,他们声称没有足够的时间来做这种事,或者找不到合适的方式进行这种反馈。实际上,最好的肯定方式就是对员工行为的直接的认同和赞扬。主管可以直接对员工说"这件事你做得太棒了""谢谢你这段时间以来的努力""连我都没法将它做得那么好"等。

另外,许多管理者没有能够对员工的正确行为进行有效的反馈还有一个原因,那就是他们对所谓正确行为的理解是不全面的。有相当一部分管理者也知道应该在员工很好地完成了一项工作之后给予及时的肯定,但他们对于犯错减少的情况视而不见。

管理者往往觉得对于员工减少错误的所谓进步做出正面的反馈是一件困难的事情。他们觉得对改进错误的行为进行肯定的反馈就相当于赦免了这项错误。另外,当管理者试着要对错误减少的人进行称赞时,他们往往不知该如何表达才能避免被视为讽刺而引发尴尬的局面。为了解决这些困惑,管理者们应该注意:称赞员工减少犯错误的行为并不等于称赞这个错误本身。如果你对他们的进步进行了有效的正面反馈,他们将会在未来取得更多的进步。

下面是管理者在进行正面反馈时应遵循的原则:

(1)用正面的肯定来认同员工的进步,例如应使用"成功率的提高"而不用"失败率的降低";

(2)要明确地指出受称赞的具体行为,例如"您处理客户投诉的水平真有两下子";

(3)当员工的行为有所进步时应给予及时的反馈;

(4)正面反馈中应包含着可能对团队、部门乃至整个组织的绩效造成有利局面的行为。

(二)负面反馈和中立反馈——针对错误行为的反馈

针对错误行为的反馈就是我们通常说的批评。但批评并不一定是消极的,批评也可以是积极的和建设性的。两种批评的区别也是负面反馈和中立反馈(又称建设性批评)之间的区别。

1. 负面反馈

从字面上容易理解负面反馈的含义。下面这些抱怨之词就属于负面反馈："你到底是怎么了？难道你不能更努力一些，准时上交季度报告吗？""你接电话的态度糟透了，你必须尽快使自己掌握职业化的行为方式，否则你将失去这份工作！""在开会的时候你总是在打断别人，你把大家都当成什么了？"

可以看出，上面这些反馈都很无理，而且也不够具体。很显然，这样的反馈不能产生应有的作用。

2. 中立反馈

管理者针对员工的错误行为进行反馈的目的，就是通过让员工了解自身存在的问题而引导其纠正错误。但是，员工通常并不清楚自己犯了多少错误甚至是否犯了错误。有时候，员工也许知道自己犯了多少错误，但往往猜测别人也都犯了相同的错误，以此作为自我辩护的根据。

举一个很简单的例子——迟到。有效的反馈不能是负面反馈，而应该是中立反馈。在反馈中，管理者应该让员工了解到他们迟到的次数，管理者无法接受这样的行为（并不是无法忍受这个人本身），并提出改进的具体意见。例如，管理者可以这样说："我注意到上周的五天内你有三天迟到。这种行为违反了公司制度。请你以后注意！"在员工表示接受这样的批评之后，管理者还应该通过一些认同的表示，例如"这样就好了""谢谢"等，以加强反馈的效果。

从上面的例子可以看出，虽然中立反馈针对的是错误的行为，但也可以是积极的、建设性的。要使中立反馈变成积极的、建设性的反馈，许多学者提出了不同的看法。

美国加利福尼亚大学洛杉矶分校的心理学家亨得利·文辛格对批评作了大量的研究，他发现以下七个要素能够有效地促成建设性的批评。

1）建设性的批评是战略性的

战略性的批评要求我们应该有计划地对错误的行为进行反馈。在批评之前，应充分明确反馈的目的，理清思路，并选择恰当的语言。管理者往往会在发现员工出现失误的情况下由于生气而对自己的言行失去控制。要知道，在这种情况下进行的反馈将是消极的。如果发生这样的情况，建议管理者应首先要求自己冷静下来，不要因为生气而口无遮拦。在绩效管理中，对员工的错误行为进行反馈的目的是让员工了解自身的情况，从而找到改进绩效的方法。这才是反馈的战略性目的所在。

2）建设性的批评是维护对方自尊的

每一个管理者都应该记住：自尊对每个人来说是一件脆弱而宝贵的东西。消极的批评容易伤害人，容易打击自尊，对人际关系具有破坏性。因此，为了进行建设性的批评，管理者应当在绩效反馈中采用一种保护对方自尊的方式。

人们在批评别人的时候往往容易忽略对方的感受。例如，某个员工又一次迟到了。经理见状气愤地喊道："你怎么又迟到了？你这个人就是没有时间观念！"这样的批评方式十分常见，但往往会伤害员工的自尊，从而造成管理者与员工之间的紧张关系。因此，建议管理者使用下面的批评方式来避免这类问题的发生："你是不是需要……的帮助才能够……""我是不是忘了告诉你……"

为了做到这一点，最简单的方法就是在你批评对方之前进行一下简单的换位思考：如果你是被批评的人，你会不会由于听到这样的话而感到自尊受到伤害？如果管理者能够做到这一点，管理者与员工双方的关系就能够得到很大的改善。

3）建设性的批评发生在恰当的环境中

在绩效管理中，寻找恰当的时机进行绩效反馈是每一个管理者都应该掌握的管理技巧。管理者在进行批评之前应充分考虑时间、地点和环境等因素，寻找这些因素的最佳组合，以确定员工接受批评的最佳时机。通常，人们主张采用单独与犯错误的员工进行交流的方式。这种方式能够最大限度地维护员工的自尊。但是，这一点并不是绝对的。例如在团队的工作环境中，只进行私下的批评往往得不到充分的信息或帮助，不利于员工最大限度地改进绩效。如果管理者能够在团队中形成一种批评公开化的良好氛围和文化，这类反馈就能够放到团队成员的集体会议上进行。在这种情况下，整个团队的成员能够对犯错误的员工提供必要的帮助。在团队管理中一种常见的方式就是团队成员集中起来，使用头脑风暴法给出现问题的员工出点子。这样的团队会议能够激发成员之间团结互助的良好关系，有利于提高所有团队成员的工作绩效。

4）建设性的批评是以进步为导向的

批评的最终目的是促使员工取得进步。因此，管理者在进行绩效反馈时，应着眼于未来，而不应该抓住过去的错误不放。强调错误的批评方式会使员工产生防御心理，这将对绩效反馈的成效起消极作用。可以通过下面的例子来说明这一点。例如，王小姐在进行市场调查的工作中选择了不恰当的样本采集方法，因而影响了统计结果的可信度。管理者在发现这一问题之后不应嚷嚷"你的方法简直太笨了！""这个报告完全不能说明任何问题！"而应基于促使改进绩效目的用下面的方式进行批评："你应该……""用……的方法能够使……"这类以进步为导向的批评才能真正达到绩效反馈的最终目的，即提高员工未来的绩效。

5）建设性的批评是互动式的

相较于建设性批评，消极的批评往往是单向的。这种完全由管理者单方操纵和控制的单向批评往往会引起员工的难堪，引起员工对管理者的排斥心理，产生员工对团队的离心力，不可能产生任何积极的效果。建设性的批评主张使员工参与到整个绩效反馈的过程中，这就是所谓的互动式绩效反馈。管理者应该通过有效的提问引导员工针对工作中出现的问题提出他的看法和建议。管理者可以采用如下提问方式："你认为为什么会出现这样的问题？""是不是我没能告诉你……"

6）建设性的批评是灵活的

所谓灵活性，就是要求管理者在批评时应当针对不同的对象和不同的情况采用不同的方式，并在批评过程中根据对方的反应进行方式上的调整。有许多管理者习惯于进行破坏性的批评。他们通常是严厉的上级，有强烈的指挥欲望。他们的绩效反馈方式就是直接告诉员工其错误何在，对意见交流不感兴趣。通过前面几条原则的了解，已经知道了这种做法的弊端。管理者应该让员工有机会说出他们的想法，并根据员工的反应适当地调整沟通的方式。前面在第一条中谈到了反馈之前进行计划的必要性。然而，并不是说整个反馈的过程就应该严格按照计划中的安排来进行。灵活的批评要求管理者对批评的方式进行随时调整，以达到最佳效果。

7）建设性的批评能够传递帮助信息

建设性的批评应该让员工感受到管理者对他们的关注，管理者相信他们会进步，并相信自己能够得到来自管理者的充分帮助。管理者在批评的时候应该强调改进而不是单纯地指出错误；应该明确地授权，表示他对员工的信心；应该提供明确的、具体的建议以表明自己帮助他们的愿望。这种传递帮助的批评能够改善员工与管理者之间的关系，提高员工对管理者的信任感；在团队的工作环境中还能够增强团队的凝聚力。这对于更好地实现绩效管理的目的是非常有益的。

只要管理者在针对错误行为进行绩效反馈时注意上述原则，就能够避免无效的负面反馈，将中立反馈变成积极的、建设性的反馈，从而达到绩效管理的目的。

三 绩效反馈的作用

绩效反馈是对评价对象整个绩效周期内的工作表现及完成情况进行的全面回顾，有效的绩效反馈对绩效管理起着至关重要的作用。

（一）绩效反馈有利于提高绩效评价结果的可接受性

绩效反馈在绩效评价结束后为评价双方提供了一个良好的交流平台。一方面，管理者要告知评价对象绩效评价的结果，使其真正了解自身的绩效水平，并就导致评价结果出现的原因进行深入的探讨，使被评价对象能够充分地接受和理解绩效评价结果；另一方面，评价对象也可以就一些具体问题或自己的想法与管理者进行交流，指出绩效管理体系或评价过程中存在的问题，解释自己超出或没有达到预期目标的主要原因，并对今后的工作进行计划与展望。总之，绩效反馈为管理者和下属建立起了一座沟通的桥梁，使评价对象拥有知情权和发言权，有利于双方在绩效评价结果上达成共识，确保绩效评价结果的公平和公正，进而提高绩效评价结果的可接受性。

（二）绩效反馈有利于评价对象了解自身取得的成绩与不足

绩效反馈还是一个对绩效水平进行全面分析的过程。当评价对象取得成绩时，管理者给予的认可和肯定，可以起到积极的激励作用；此外，管理者也要让评价对象认识到自身在知识、技能等影响绩效水平方面存在的缺点与不足，并提出改进建议。绩效反馈使得评价对象既获得了鼓励，又发现了不足，从而为进一步提升绩效水平奠定了重要基础。

（三）绩效反馈有利于绩效改进计划的制订与实施

绩效反馈的一个重要目的是实施绩效改进，即针对评价对象当前绩效存在的不足提出改进计划，为下一个绩效管理周期中工作的开展提供帮助和指导。绩效改进计划对于绩效不佳的组织、部门和个人尤为重要，如果相关管理部门对此不能给予充分重视，评价对象自身也缺少绩效改进的动力，不去分析导致绩效偏差的原因，那么绩效不佳者很难发现改进绩效的有效途径和方式，也就无法达到提高绩效水平这一重要目的。另外，让评价对象参与绩效改进计划制订过程的做法，会让其更容易接受绩效改进计划，增强对绩效改进的承诺，有利于绩效改进计划的贯彻落实。

（四）绩效反馈能够为员工的职业规划和发展提供信息

员工的职业生涯发展是建立绩效管理体系的目的之一，因此在绩效反馈阶段，管理者应当鼓励下属讨论个人发展的需要，以便建立起有利于达成这些发展的绩效目标。此外，为了帮助下属掌握职业发展所需技能，管理者和下属要讨论是否需要培训以及需要在哪些方面进行培训，管理者应当为员工提供一定支持。在绩效反馈面谈结束后，管理者和下属要根据反馈结果，结合组织、部门和个人的下一步计划，共同制订员工个人的发展计划。这些发展计划必须非常具体，明确员工需要做些什么，什么时候做；管理者要做些什么，什么时候做等。

二维码 7-1
阅读材料：
员工优秀
表现的
重要条件：
及时的绩效反馈

四　绩效反馈的原则

（一）具体原则

绩效反馈要直接而具体，不能做泛泛的、抽象的一般性评价。对于管理者来说，不论是赞扬还是批评，都应该以具体客观的事实或结果为依据，使员工明白哪些地方做得好、哪些地方还存在差距。如果员工对反馈的内容有异议，要进行申辩或解释，也要以具体客观的事实为依据。只有双方交流的是具体而准确的事实，绩效反馈才是有效的。

（二）互动原则

绩效反馈应该是一种双向的沟通。由于层级地位的差异，管理者往往在双方的沟通中占据主导地位，员工则更多的是被动地接受。为了获得员工的真实想法，管理人员应该鼓励员工多说话，充分表达自己的观点，不应打断或压制。对于员工的好建议，管理者应该给予肯定，并共同制定双方发展、改进的目标。

（三）灵活原则

绩效反馈不应该是一成不变的，管理者采取的反馈方式应当因人而异、因时而异、因地而异，灵活地调整反馈策略。首先，同样的问题反馈给不同岗位、不同性格的被管理者应当采用不同的反馈技巧；其次，反馈的时间要考虑问题的严重程度以及管理者和被管理者的具体事务安排；最后，进行反馈也应当选择适当的环境，根据反馈目的选择单独进行或者团队进行等。

（四）对事不对人原则

绩效反馈的过程中，双方需要讨论的是工作行为和工作绩效，也就是工作中的一些事实表现，而不是讨论员工的个性特点。员工的个性特点不能作为绩效评估的依据，比如个人气质的活泼或者沉静。性格特点本身没有优劣好坏之分，虽然关键性的影响绩效的性格特征需要被指出来，如有的员工个性中不爱与人沟通，但不应将它作为指责的焦点。

（五）正面引导原则

绩效反馈中相当大一部分内容是对员工过去的工作绩效进行回顾和总结，但这并不意味着反馈的目的在于过去的事实，而应是从过去的事实中总结出一些对未来发展有用的经验或教训。不管员工的考核成绩是好是坏，一定要多给员工一些鼓励，引导员工发现和勇于承认自己的过失，并给予辅助和建议，将双方的目光聚焦于员工和企业未来的发展。

五　绩效反馈的程序

（一）通报员工当期绩效考核结果

通过对员工绩效考核结果的通报，使员工明确其绩效表现在整个组织中的大致位置，激发其改进现在绩效水平的意愿。在沟通这项内容时，主管要关注员工的长处，耐心倾听员工的声音，并在制定员工下一期绩效指标时进行调整。

（二）分析员工绩效差距与确定改进措施

绩效管理的目的是通过提高每一名员工的绩效水平来促进组织整体绩效水平的提高。因此，主管负有协助员工提高绩效水平的职责。改进措施的可操作性与指导性来源于对绩效差距分析的准确性。所以，主管在对员工进行过程指导时要记录员工的关键行为，按类别整理，分成高绩效行为记录与低绩效行为进行记录。通过表扬与激励，维持与强化员工的高绩效行为；还要通过对低绩效行为的归纳与总结，准确地界定员工绩效差距。在绩效反馈时反馈给员工，以期得到改进与提高。

（三）沟通协商下一个绩效考评周期的工作任务与目标

绩效反馈既是上一个绩效考评周期的结束，也是下一个绩效考评周期的开始。在考核的初期，明确绩效指标是绩效管理的基本思想之一，需要主管与员工共同制定。主管不参与会导致绩效指标的方向性偏差，员工不参与会导致绩效目标的不明确。另外，在确定绩效指标的时候一定要紧紧围绕关键指标内容，同时考虑员工所处的内外部环境变化，而不是僵化地将季度目标设置为年度目标的四分之一，也不是简单地在上一期目标的基础上累加几个百分比。

（四）确定与任务和目标相匹配的资源配置

绩效反馈不是简单地总结上一个绩效周期员工的表现，更重要的是要着眼于未来的绩效周期。在明确绩效任务的同时确定相应的资源配置，对主管与员工来说是一个双赢的过程。对于员工，可以得到完成任务所需要的资源。对于主管，可以积累资源消耗的历史数据，分析资源消耗背后可控成本的节约途径，还可以综合有限的资源情况，使有限的资源发挥最大的效用。

六 绩效反馈中要注意的问题

（一）鼓励参与

人力资源工作者要鼓励受测者积极参与到人员绩效反馈过程中。人力资源工作者可以有三种方法对员工进行绩效考核结果反馈。第一种是应用最多的一种方法："讲述-推销法"。即人力资源工作者告诉考核对象他们的考核结果，然后让受测者独自接受这种结果。第二种是"讲述-倾听法"，即人力资源工作者告诉员工考核的结果，然后再让他们谈一谈对自己的这种结果持怎样的看法。最后一种方法是"解决问题法"，即人力资源工作者和员工在一种相互尊重和相互鼓励的氛围中讨论如何解决绩效考核结果反映出来的问题。事实证明，第三种方法即让员工参与的方法是效果最好的。当公司与员工对考绩结果意见不同时，公司要多多听取员工的意见，并适时地提出具体的评分依据或记录，让员工明白绩效考核的客观性。

（二）正面激励

坚持正面激励就是要多赞扬肯定受测者的优点和长处，尽量少批评。人们通常认为，绩效反馈过程的焦点应当集中在找出员工能力、素质和工作业绩方面所存在的问题上，他们往往把绩效反馈看成是一个对员工进行批评惩罚的机会，然而事实并非如此。

绩效反馈的目的是提供准确的考核结果，以扬长避短。这其中既包括查找不良工作作风和业绩，也包括对优良作风和有效业绩的认可。赞扬员工的优良作风和有效业绩有助于强化其有利于组织的行为。此外，它能使员工意识到人力资源工作者不仅仅是为了寻找自己的问题，也是为了找到自己的优势和潜力，从而增加员工对绩效考核结果的接受程度和可信性。

（三）注重改进发展

对考核结果的武断解释和反馈会打击员工的信心，形成不良的心理暗示，影响其今后的职业生涯发展。因此人力资源管理工作者在绩效反馈时必须明白：绩效考核的目的并不是拼个你输我赢，而是要在双方心平气和的氛围中找到共同进步的方向和措施，让员工的工作表现更有绩效，让企业的发展更为健全，为明年的工作带来新的启示。针对绩效考核结果所反映的问题，要注重改进与未来发展。对于员工未能达到绩效目标的部分，或能力与素质不足的部分，可以和员工共同商议下一年度改进的方向与计划。对员工表现优秀的部分或专长，可以和主管一起讨论未来的规划与发展，并适当规划配套的培训以帮助员工发展。

（四）勿忘参照

绩效考核的实质是一种评价，这种评价的有效性必须考虑它的常模团体和不同的考核条件。在绩效反馈过程中，不能根据考核的直接结果给予员工反馈，要根据最相近的团体和最匹配的情境中获得的资料来解释结果。在绩效考核的过程中，由于员工的工作环境、工作对象和工作内容的区别，分数往往有很大的差异。例如，在基层人员的考核中，参与考核的往往是普通职工，可能对管理者的意见很大，因而导致他们的得分较低。

办公室管理人员的考核中，参与考核的往往是同事，大家一团和气，可能导致得分虚高。因此，必须将不同团体的得分分开比较和反馈，才能真实反映员工的实际情况。在进行反馈时，不能拿不同岗位、不同职级的考核结果直接反馈，要关注考核对象的整体背景和个人经历，不能因为某个指标得分低就横加指责，也不能因为某个指标得分高就大力表扬。

（五）适度保密

坚持保密性原则，就是在绩效考核反馈中尊重和保护考核对象的隐私。这是直接关系到结果反馈效果的一条重要的原则。首先，只有为考核对象保密，才能给考核对象提供一种心理安全感，减轻他们的心理负担，使他们愿意敞开心扉。其次，员工的隐私又往往正是个人问题所在，只有深入了解问题的原因，才能提供有效的解决问题的方法。保密性原则涉及的内容很多。比如，不随意谈论考核对象

二维码 7-2
音频讲解：
大多数
有效反馈
都应当做到

的结果，除特许的本部门的专业人员以及有关部门人员外，不允许其他人查阅考核结果，等等。

第二节 绩效面谈

一 绩效面谈的准备

（一）选择合适的时间

绩效面谈往往在一个绩效周期结束时进行，而这段时间通常又是很多部门工作繁忙的时候。面谈的时间选择对于最终反馈效果有很大影响，管理者应该选择一个双方都可以全身心投入面谈过程的时间，最好不要被其他事情打断或干扰，应尽量避免接近上下班的时间和非工作时间。确定的时间应该是一个时间段，长短要适宜，过长会引起疲倦和厌烦；过短可能沟通不充分而达不到预期效果。管理者一定要在征得员工同意的情况下，再对绩效面谈的时间做出最终的决定。一方面体现对员工的尊重，另一方面便于员工安排好手头的工作。

（二）选择合适的地点

一般来说，办公环境主要的面谈地点有管理者的办公室、会议室、接待室等。其中小型会议室、接待室是比较理想的选择，因为这些地方一般远离电话、传真，是不易被干扰的场所。当然，现实工作中由于条件有限，管理者的办公室成为最常见的面谈地点。办公室给人以严肃、正式的感觉，但是容易受到电话、来访者的打扰，而且给人以明显的上下级感受，容易给员工带来压力。当然，这种非正式沟通场所可以营造管理者与员工之间的亲密关系，进而使双方更加轻松、充分表达自己的想法。同时管理者还应该注意安排好双方在面谈时的距离和位置，不同的距离和位置往往会营造不同的沟通氛围。

面谈双方的距离要恰当，距离太远会影响信息传递效果，而距离过近又会使双方感到压抑。同时，面谈双方的位置也会对员工的心理产生影响。如图 7-1 所示，图 A 营造的是严肃的气氛，面对面方式使得双方的目光直视，容易给员工带来心理压力，不宜选择。

图 B 营造的是理性的气氛,距离偏远,可能使得双方缺乏亲密感。图 C 营造的是和缓的气氛,距离偏近,空间距离感也拉近了彼此的心理距离,但也有一部分人不能接受这种过于亲密的方式。这种气氛让其感到不自在,甚至是尴尬,而且并排的角度不利于观察对方的表情,也不利于非语言沟通方式,如手势、形体动作等的使用。图 D 是理性缓和的气氛,是最佳的选择。管理者和员工呈一定角度而坐,能够避免心理紧张,也有利于观察对方和接收对方所表示的信息,营造理性、和缓的氛围。

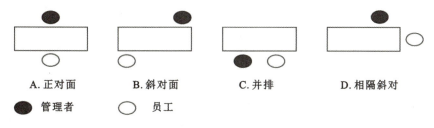

图 7-1　反馈面谈位置对双方反馈沟通效果影响图

(三) 收集、整理信息

管理者和员工都要收集和整理日常积累的有关绩效的各种信息与事实。绩效面谈之前,管理者必须准备好面谈所需资料,主要包括绩效评价表格、员工日常工作情况的记录和总结、该绩效评价周期的绩效计划以及员工的基本绩效评价结果(包括各评价主体对员工的评价,经过加权处理的各个绩效评价标准的评价结果)。在面谈过程中,员工往往会根据自己的实际情况陈述整个周期的工作情况,因此员工应充分收集、整理一些能够表明自己绩效状况的事实依据;员工还可以通过这个机会就各种日常问题与管理者交换意见,因此员工也可以收集汇总这方面的信息。

二维码 7-3
微帖:
关于记录绩效
信息的建议

另外,管理者还需要掌握有关员工个性特点的信息,以便在面谈过程中建立与员工之间的信任感和认同感,同时还要对员工可能在面谈过程中表现出来的情绪和行为进行估计,尤其是要准备好一旦员工与管理者的意见不一致时如何解释和对待。

(四) 设计面谈过程

事先设计完整而合理的面谈过程是成功实现绩效面谈的保证。在进行面谈前,人力资源部门可能会提供一个指导面谈的提纲,但具体进行面谈的管理人员要在面谈提纲的基础上对面谈的内容和程序进行详细的计划,包括面谈的对象和目的、开场白的设计、过程步骤、预期时间和效果、可能出现的问题等。事先要设计好绩效反馈面谈计划表和绩效面谈表，见表 7-1、表 7-2。

表 7-1　绩效反馈面谈计划表

年　月　日　　　　　　　　　　　　　　　　　　　　　　　　　主管

1. 面谈者及面谈基本信息

姓名		年龄		工龄		所属		职务	
经历		最近的行业				家庭状况			
面谈地点				面谈注意事项					
时间	年　月　日　时　分到　时　分				场所布置				
场所									

2. 面谈事项（问题分析）

问题概要		面谈目的	
面谈类型	事实发现情报收集型　指导、激发向上型　问题解决型		
事前调查			
面谈内容			
解决办法			

3. 面谈进行计划（指导、激发向上型）

(1) 使对方轻松 打开话题、新闻 家族、趣味 其他	
(2) 使对方产生乐意接受指导之心情 目的、期望 本谈话的重要性及意义 对方的话题	

续表

(3)把指导的内容告诉对方 具体的项目 关系资料、论据等 指导方法	
(4)让对方自己作决定 被约谈者自己的决定 事实与陈述的区别 发文,确认事项	
(5)确认 换个内容要点的重述及确认 换个观点的发问 互谈今后的做法 激励和感谢,结束	

表 7-2 绩效面谈表

部门		职位		姓名	
考核日期		年　月　日			
工作成功的方面					
工作中需要改善的地方					
是否需要接受一定的培训					
本人认为自己的工作在本部门和全公司中处于什么状况					
本人认为本部门工作最好、最差的是谁？全公司呢？					
对考核有什么意见					
希望从公司得到什么帮助					
下一步工作目标和绩效改进方向					
面谈人签名				日期	
备注					

二 绩效面谈的实施

（一）面谈开场白

绩效面谈开始的时候，管理者应该简短、明确地向面谈对象说明面谈目的和基本程序。有的情况下员工可能会比较紧张，这时管理者可以选择一些轻快的话题开始谈话，缓和对方的心情和气氛。如果员工对面谈目的比较了解、情绪平和稳定，就不妨开门见山地进入主题。

（二）员工自我评价

员工可以参照初期制定的绩效计划和绩效目标，简明扼要地汇报考核周期内的工作情况。此时，管理者应该做到：注意倾听，不要轻易插话和随意打断；关注工作实绩，并留意其失误的事实；对于不清楚的地方，应适时询问；适当记录。当员工自我评价结束后，管理者可以进行小结。

（三）确认绩效结果

管理者和员工双方应对照绩效计划和目标对员工的绩效行为和结果进行讨论。考虑到员工的接受能力，一般先谈员工表现好的地方，然后谈有待改进之处；先谈重要的问题，后谈次要的问题。这样逐项沟通，双方意见一致就继续往下进行；如果意见不一致，就进行讨论；如果实在无法达成一致，可暂时搁置。在这一过程中，管理者要耐心听取员工对绩效结果的意见，让员工对有出入的信息或结论作必要的说明和解释。

（四）分析诊断结果

由于绩效的特征使得最终影响绩效的原因是多方面的，因此管理者和员工应该共同分析，找到导致最终绩效差距的真正原因。一旦弄清楚绩效差距的原因，接下来就要寻找解决问题的办法以纠正错误。经过充分交换意见后，面谈双方在彼此要求和期望方面达成共识，即管理者对员工的要求和希望，员工在今后工作中需要组织提供的必要条件和支持等。管理者要认真听取员工的建议，对其提出的合理要求和措施建议应该给予积极的肯定和支持。

（五）面谈结束

当面谈目的达到或已经无法取得进展时，应该结束面谈，不要拖延。在绩效面谈结束之际，管理者应当对员工进行积极的鼓励，让其振奋精神、鼓足干劲，以积极、乐观的情绪开始下一阶段的工作。一般在面谈的结尾，谈过的事情或约定的事项应该互相再予以确认，要留一些继续面谈的可能性和话题给双方，以便最终全面达到面谈目的。员工离开后，管理者要将面谈记录整理归档，并且设计落实双方达成一致的绩效改进和发展计划。最后，对整个面谈过程进行评估，作为将来改进面谈质量的依据。

二维码 7-4
阅读材料：
面谈项目
检查的内容

三 绩效面谈的技巧

（一）鼓励员工说话

面谈是一种双向沟通，但有些员工可能会因为紧张、害羞或者性格上的原因而不敢说话。因此，管理人员要运用各种方法鼓励员工发表自己的意见。当然，建立彼此之间的信任有助于打开僵局，但有时可能需要管理人员提出具体的问题，才能让员工说话，因而灵活地运用各种提问技巧引导员工发言不失为一种好方法。例如，可以提一些开放性的问题，像"你认为怎样才能使条件变得更好？"多用一些激励性的话语进行追问，例如："还有呢？"不能用如下的话语："这么简单的事情，你怎么就做不好呢？"

（二）认真地倾听

要想从面谈中获得有用的信息，就必须做一个好听众。当员工发表自己的意见和看法时，管理者要认真地倾听，尽量不要打断。这种倾听不仅是保持沉默不说话，而是要真正地去听，去捕捉员工谈话中的关键信息。这种倾听也是一个动态的过程，管理者要去发掘员工的想法和感受。当双方同时开口，管理者应该停下来让员工继续，这一点对于有的管理者而言较为困难，但是有助于保持整个面谈过程双向的信息交流，这等于告诉员工："你要说的比我要说的重要。"

（三）运用肢体语言

运用姿势、手势、表情等非语言手段也可以把自己想表达的心意传达给对方，这就是肢体语言。在面谈过程中，有时恰当地运用肢体语言可以收到比口头语言更好的效果。例如，倾听员工说话时，可以用点头表示赞同，可以使身体前倾或做一下笔记表示对话题感兴趣。另外，注视说话人的眼睛可以使对方感到自己的谈话受到重视。当然，管理人员在利用肢体语言传达自己心意的同时也要注意观察员工的表情、手势、动作等反应，以发现其中隐含的言外之意。

（四）小道具的运用

在面谈中，适当地运用一些小道具作为媒介，将有助于制造谈话的气氛。例如倒杯茶给对方，可以产生双方亲近的感觉。尤其在谈话突然中断、陷于尴尬沉默的一刹那，运用类似的动作对双方都是一种缓和，可以松一口气，使谈话再继续下去。

（五）妥善处理员工的对抗情绪

防御性反应是人们在适应社会的过程中自然形成的，在面谈过程中，当员工被指责为表现差的时候，其第一反应往往是防御性的，因为承认自己的缺点对于很多人而言比较困难。员工通常会为自己的行为找出各种各样的客观原因，甚至会变得异常恼怒并带有攻击性。此时，管理人员要明确员工这种防御行为的必然性，不要立刻批驳，待员工情绪较为平静时，再继续进行讨论。另外，管理人员还要明确一点，员工之所以会有这种反应是因为他预期自己会受到指责，因此，管理人员如果不是指责员工而是以一种建设性的态度来讨论员工的不足，这种对抗性的反应会相应地减弱一些。

经典案例7-1

 一、阅读材料

HR 经理们，你进行过这样的面谈吗？

经理：小 A，有时间吗？（评：面谈时间没有提前预约）

小 A：什么事情，头？

经理:想和你谈谈,关于你年终绩效的事情。(评:谈话前没有缓和气氛,沟通很难畅通)

小A:现在?要多长时间?

经理:嗯……就一小会儿,我9点还有个重要的会议。哎,你也知道,年终大家都很忙,我也不想浪费你的时间。可是人力资源部总给我们添麻烦,总要求我们做这做那。(评:推卸责任,无端牢骚)

小A:……

经理:那我们就开始吧,我一贯强调效率。

于是小A就在经理放满文件的办公室对面,不知所措地坐下来。(评:面对面的谈话容易造成心理威慑,不利于沟通。双方最好呈90度直角面谈)

经理:小A,今年你的业绩总的来说还过得去,但和其他同事比起来还差了许多,但你是我的老部下了,我还是很了解你的,所以我给你的综合评价是3分,怎么样?(评:评估没有数据和资料支持,主观性太强,趋中效应严重)

小A:头,今年的很多事情你都知道的,我以为我自己还是做得不错的呀,年初安排到我手里的任务我都完成了,另外我还帮助其他的同事做了很多的工作……

经理:年初是年初,你也知道公司现在的发展速度,在半年前部门就接到新的市场任务,我也对大家作了宣布的,结果到了年底,我们的新任务还差一大截没完成,我的压力也很重啊!

小A:可是你也并没有因此调整我们的目标啊?(评:目标的设定和调整没有经过协商)

这时,秘书直接走进来说:"经理,大家都在会议室里等你呢!"

经理:好了好了,小A,写目标计划什么的都是人力资源部要求的,他们哪里懂公司的业务?现在我们都是计划赶不上变化,他们只是要求你的表格填得完整、好看(评:人力资源部在考核的时候大多注重形式而忽视内容),而且,他们还对每个部门分派了指标。其实大家都不容易,再说了,你的工资也不错,你看小王,他的基本工资比你低(评:将评估与工资混为一谈),工作却比你做得好,所以我想你心里应该平衡了吧。明年你要是做得好,我相信我会让你满意的(评:轻易许诺,而且有第三人在场)。好了,我现在很忙,下次我们再聊。

小A:可是头,去年年底评估的时候……

经理没有理会小A,匆匆地和秘书离开了自己的办公室。

二、阅读并思考

1. 你认为这是一个成功的面谈吗?
2. 请指出问题所在及解决方法。

中英文关键术语

绩效反馈(Performance feedback)
正面反馈(Positive feedback)
负面反馈(Negative feedback)
建设性反馈(Constructive feedback)
绩效面谈(Performance interview)
绩效反馈原则(Performance feedback principle)

二维码 7-5
第七章自测题

复习思考题

1. 如何理解绩效反馈的重要性?
2. 请自拟情境设计一个绩效反馈面谈计划。
3. 成功的绩效面谈需要准备什么?
4. 简述绩效反馈面谈的过程。

二维码 7-6
第七章参考答案

案例分析题

 一、阅读材料

案例一

(差五分钟下班,客服经理王明正整理一天的文件,准备下班后去幼儿园接孩子,吴总走了进来)

吴总:王明,你现在不忙吧?考核结果你也知道了,我想就这件事与你谈一谈。

王明:吴总,我下班后还有点事……

吴总:没关系,我今晚上也有个应酬,咱们抓点儿紧。

王明(无奈地):那我就来。

(总经理办公室,办公桌上文件堆积如山。王明心神不宁地在吴总对面坐下)

吴总:王明,绩效考核结果你也看到了……

(电话铃响,吴总拿起了电话,"喂,谁?啊,李总呀,几点开始?好,一定!……")

吴总（通话用了五分钟。放下电话，笑容满面的脸重新变得严肃起来）：刚才我们谈到哪里了？

　　王明：谈到我的绩效考核结果。

　　吴总：喔，你上一年的工作嘛，总的来说还过得去，有些成绩还是可以肯定的。不过成绩只能说明过去，我就不多说了。我们今天主要来谈谈不足。王明，这可要引起你的充分重视呀，尽管你也完成了全年指标，但你在与同事共处、沟通和保持客源方面还有些欠缺，以后得改进呀。

　　王明：您说的"与同事共处、沟通和保持客源方面还有些欠缺"具体指什么？

　　（电话铃再次响起，吴总接起电话，"啊，李总呀，改成六点了？好好，没事，就这样。"吴总放下电话）

　　吴总：王明，员工应该为领导分忧，可你非但不如此，还给我添了不少麻烦！

　　王明：我今年的工作指标都已经完成了，可考核结果……

　　吴总：考核结果怎么了？王明，别看我们公司人多，谁平时工作怎样，为人处事如何，我心里可是明镜似的。

　　王明（委屈地）：我觉得您可能对我有些误会，是不是因为在上次销售报告会议上我的提议与李部长发生冲突，弄得很不愉快……

　　吴总：你不要乱琢磨。你看看陈刚，人家是怎么处理同事关系的。

　　王明（心想：怨不得他的各项考核结果都比我好）：吴总，陈刚是个老好人，自然人缘好；但我是个业务型的人，比较踏实肯干，喜欢独立承担责任，自然会得罪一些人……

　　吴总：好了，李总又该催我了，今天就这样吧。年轻人，要多学习，多悟！

　　王明（依然一头雾水）：……

　　吴总陪客人吃饭去了，留下王明一个人愣在那里。

案例二

　　吴总：小王，这两天我想就你近来的绩效考核结果和你聊一聊，你什么时候比较方便？

　　王明：吴总，我星期一、二、三准备接待公司的一批重要客户，星期四以后事不多，您定吧。

　　吴总：我星期五也没有其他重要安排，那就星期五？上午九点怎样？

　　王明：没问题。

　　星期五之前，吴总认真准备了面谈可能用到的资料，他侧面向王明的同事了解了王明的个性，并对面谈中可能会遇到的情况作了思考。在这期间，王明也对自己一年的工作情况对照考核结果进行了反思，并草拟了一份工作总结和未来发展计划。

（星期五上午九点，公司小会议室，宽敞明亮，吴总顺手关上了房门，在会议桌前坐下，王明侧坐在吴总右侧）

吴总：小王，今天我们打算用一个到一个半小时的时间对你在过去半年中的工作情况做一个回顾。在开始之前，我想还是先请你谈一谈你认为我们做绩效考核的目的是什么。

王明：我觉得绩效考核有利于对优秀的员工进行奖励，特别是在年底作为发放奖金的依据。不知我说的对不对？

吴总：你的理解与我们做绩效考核的真正目的有些偏差，这可能主要是由于我们给大家解释得不够清楚。事实上，我们实行绩效考核，最终是希望在绩效考核后，能通过绩效面谈，将员工的绩效表现——优点和差距反馈给员工，使员工了解在过去一年中工作上的得与失，以明确下一步改进的方向；也提供一个沟通的机会，使领导了解部属工作的实际情况或困难，以确定可以提供哪些帮助。

王明（不好意思地）：吴总，看来我理解得有些狭隘了。

吴总（宽容地笑笑）：我们现在不又取得一致了吗？我们现在逐项讨论一下。你先做一下自我评价，看看我们的看法是否一致。

王明：去年我的主要工作是领导客户服务团队为客户提供服务，但是效果不是很令人满意。我们制定了一系列的标准（双手把文件递给吴总），但满意客户的数量增幅仅为55%，距离我们80%的计划相去甚远。这一项我给自己"合格"。

吴总：事实上我觉得你们的这项举措是很值得鼓励的。虽然结果不是很理想，我想可能是由于你们没有征询客户建议的缘故，但想法和方向都没有问题。我们可以逐步完善，这项我给你"优良"。

王明：谢谢吴总鼓励，我们一定努力。

吴总：下一个。

王明：在为领导和相关人员提供数据方面，我觉得做得还是不错的。我们从未提供不正确的数据，别的部门想得到的数据我们都会送到。这一项我给自己"优秀"。

吴总：你们提供数据的准确性较高，这一点是值得肯定的。但我觉得还有一些有待改善的地方，比如，你们的信息有时滞后。我认为还达不到"优秀"的等级，可以给"优良"。你认为呢？……我想总的给你的评价应该是B+，你觉得呢？

王明：谢谢，我一定会更加努力的。

吴总：下面我们来讨论你今后需要继续保持和改进的地方，对此你有什么看法？

王明：我觉得我最大的优点是比较富有创造性，注重对下属的人性化管理，喜欢并用心培养新人。最大的缺点是不太注重向上级及时汇报工作，缺乏有效的沟通。我今后的发展方向是做一个优秀的客服经理，培养一个坚强有力的团队，为公司创造更好的业绩。

> 吴总:我觉得你还有一个长处,就是懂得如何有效授权,知人善任;但有待改进的是你在授权后缺乏有力和有效的控制。我相信,你是一个有领导潜力的年轻人,你今后一定会成为公司的中坚力量。
>
> 王明:好的,谢谢吴总。

 二、阅读并思考

1. 试分析两个绩效面谈案例的成功与失败之处。
2. 一个成功的绩效面谈需要做哪些方面的准备?

第八章

绩效改进与考评结果的应用

第八章 绩效改进与考评结果的应用

本章引例

利申总公司的绩效改进

上海利申工贸总公司(简称"利申总公司")于1993年经安徽省人民政府驻上海办事处批准,集资800万元新建了2000多平方米的三层办公用房,后来该房成为裕安大厦的筹建处。在该房屋内还相继组建了16家子公司,树立了安徽在沪企业的形象,为开发浦东起了带头作用。

但是由于公司管理不善、用人不当,将聘用的尹某,由公司出钱送到徐汇区财政局培养成财务和物业经理。尹某利用职权私自将公司的经营场地出租给他人,从中谋利,贪污公款。为此,上海利申工贸总公司于2008年6月21日将尹某开除,并在《上海法制报》上刊登了公告。但是尹某拒不离开公司,并于2008年7月,勾结一些人抢占了上海利申工贸总公司及其下属公司的经营场地,私自侵占总公司的房屋居住,还抢占了三间门面房,不办任何执照就非法开了一家"安徽姐弟饭店"。

利申总公司是一家政府组建的集体企业,由于绩效管理失误,绩效评估工作也没有做好,导致该公司原材料浪费严重,长明灯、长流失的现象屡禁不止,成本不断提高。有的员工还到供应商那里拿回扣。物业经理和员工的服务态度都不好,原因是员工都是拿固定工资,干多干少一个样,形成了计划经济时代的吃大锅饭现象,本来可以达到毛利50%的企业却长期亏损。公司上级要求公司人力资源部立即制订一套绩效改进计划。

人力资源部首先派人到公司召开了座谈会,总经理也到公司调研,并到供应商那里调查采购情况,找工作人员谈心,掌握了大量的第一手情况,并了解到大部分员工并不想这样混日子,希望公司能规范管理。以前是因为利申总公司对员工不作绩效评估,从保安到经理都不懂得绩效管理。没有具体的绩效管理制度,导致公司长期亏损,员工的工作态度恶劣,服务质量差,所属招待所回头顾客少,公司濒临倒闭,几十个员工面临下岗的威胁。在这种情况下,利申总公司实行绩效管理做出改进已迫在眉睫。

阅读并思考:

1. 利申总公司由辉煌走向面临破产的原因是什么?
2. 像利申总公司这种绩效管理混乱的局面该如何改进?

第一节　绩效改进

绩效改进是人力资源管理职能系统的核心环节，而绩效评价结果能否有效利用，关系到整个绩效管理系统的成败。如绩效评价结果没有得到相应的应用，在企业中就会出现绩效管理与人力资源管理其他环节脱钩的情况，产生绩效管理"突转"现象。在绩效管理实践中，绩效评价结果主要用于两个方面：一是通过分析绩效评价结果诊断员工存在的绩效问题，找到产生绩效问题的原因，制订绩效改进计划以提高员工的工作绩效；二是绩效评价结果是其他人力资源子系统的决策依据，如招聘、晋升、培训与薪酬等。

一　绩效改进的内涵

绩效改进是指确认工作绩效的不足和差距，查明产生的原因，制定并实施有针对性的改进计划和策略，不断提高竞争优势的过程。也即采取一系列行动提高员工的能力和绩效。绩效改进是绩效考核的后续应用阶段，是连接绩效考核和下一循环计划目标制定的关键环节。绩效考核的目的不仅仅是作为确定员工薪酬、奖惩、晋升或降级的标准，员工能力的不断提高以及绩效的持续改进才是根本目的，而实现这一目的的途径就是绩效改进。

二　员工绩效改进的流程

（一）绩效诊断与分析

绩效诊断与分析是绩效改进计划实施的第一步，也是绩效改进过程最基本的环节。这一环节的任务主要有两个：一是针对绩效评估的结果，找出绩效不良的员工及关键绩效问题；二是针对关键的绩效问题，分析其产生的原因，大致确定绩效改进的方向和重点。

员工存在绩效差距固然有员工自身的原因，但管理者和环境的因素也是必须考感到的，因为只有对产生关键绩效问题的原因进行深入分析，才能确定正确的绩效改进方向和重点。一般而言，产生关键绩效问题的原因主要有三个方面：员工、管理者和环境。

1. 员工因素

员工没能达到绩效目标可能是因为员工所做的事情是错的,也可能是该做的却没有做。究其原因,可能是员工对于管理者的要求不明了(沟通不良);也可能是员工明了管理者的要求,但技能不足,想做也做不出来(能力不够);还可能是因为员工明了管理者的要求,也具备达到该绩效目标的技能,但是他不想做,缺乏动机(激励不足)。表象虽然相同,但内涵的本质大相径庭,因此一定要对此细加分析。

2. 管理者因素

员工没能达到绩效目标也可能是因为除上述原因之外的其他原因。比如,管理者本身制定的绩效目标有误,使员工无法理解,也就无从发挥;或者是管理者监督太严,对每一个错误都要批评,对员工施加不当的压力,等等。管理者的原因如果不能得到很好的解决,员工再努力、再改变也是徒劳的。

3. 环境因素

环境因素可能导致员工绩效目标未达到的来源包括硬环境和软环境两大类;硬环境如工具、设备不良,原料短缺,光线不佳,空间上的干扰等;软环境如同事人际关系不够和谐等。

辨别员工产生绩效问题的主要原因,可以使用表 8-1 提供的绩效诊断工具。

表 8-1　员工产生绩效问题的主要原因

项目	主要原因
知识	(1)缺乏管理知识和经验; (2)缺乏时间管理知识
技能	(1)缺乏管理技能; (2)缺乏商业谈判技能; (3)缺乏安排工作优先顺序的技能
态度	(1)喜欢技术工作,不想放弃; (2)顾虑管理岗位的不稳定性; (3)个人发展方向不明确
外部障碍	(1)工作负担过重; (2)属下员工培训不够; (3)外部用户的压力

如果员工的绩效水平低，员工的管理者就可以提出这样的问题：他有完成目标所需的工作知识和经验吗？他有应有知识和经验的技能吗？有不可控的外部因素影响他实现目标吗？他有正确的态度和信心吗？因此，对员工关键绩效问题的管理要依据不同原因区别对待，确定基本的原则。

（二）明确绩效改进要点

通过绩效诊断环节可能发现员工需要改进的地方有很多，此时最好选择一项重要并且容易进行的率先开始。如果多个问题同时入手，很可能由于压力过大而导致失败，这种情况下就存在挑选绩效改进要点的问题。选择绩效改进要点就是综合考虑每个项目所需的时间、精力和成本因素，选择用时较短、精力花费较少以及成本较低的项目，同时要争取员工的接受。

（三）选择绩效改进方法

绩效改进方法应由主管和员工一同完成，可采用头脑风暴或重新梳理流程等方法。员工本人可以采取的行动包括：向管理者或有经验的同事学习，观摩他人的做法，参加企业内外的有关培训，参加相关领域的研讨会，阅读相关的书籍，选择某一实际工作项目，在管理者指导下进行训练等。管理者可以采取的行动包括：参加企业内外关于绩效管理、人员管理等的培训等。

（四）制订绩效改进计划

绩效改进计划又称个人发展计划（IDP），是管理者与员工充分讨论后，由员工自己制订的，包括改进项目、原因、目前水平与期望水平、改进方式、期限等。在制订绩效改进计划时要注意切合实际、时间约束和具体明确。

1. 绩效改进计划制订的原则

1）针对性原则

绩效改进计划的内容要针对员工所存在的问题，与待改进的绩效相关。如果只泛泛地进行培训或学习，提出大致的意见，是无法满足绩效改进计划的要求的。

2）时间性原则

绩效改进计划的时间性主要体现在，绩效改进计划中必须有起始时间和终止时间，否则无以得知改进的效果。起始时间和终止时间的确定应由管理人员和下属共同商定。

3）获得参与人员的认同原则

绩效改进计划的制订是建立在管理者和员工双方的沟通基础之上的，只有双方都对此表示认同并认真执行，绩效改进计划才有获得成功的基础。

4）平等性原则

主管和员工在制订绩效改进计划时是一种相对平等的关系,他们共同为了员工业绩的提升和业务单元的成功而制订计划。

5）指导性原则

主管影响员工的领域主要是从根据组织和业务单元的目标出发并结合员工个人实际,给员工绩效的改进提出中肯的建议,实施辅导,并提供必要的资源和支持。

6）"SMART"原则

绩效改进计划是指导绩效改进实施的标准,因此一定要有可操作性,其制订的原则也要符合"SMART"原则,即做到具体的、可衡量的、可达到的、现实的和有时限的。

7）发展性原则

绩效改进计划的目标着眼于未来,所以在制订与实施计划时要有长远的、战略性的眼光,把员工个人的发展与企业的发展紧密结合起来。

2. 制订绩效改进计划的流程

制订和实施绩效改进计划是绩效考核结果较重要的用途,也是成功实施绩效管理的关键。制订绩效改进计划的流程通常包括以下内容。

1）回顾绩效考评的结果

每个人都有被他人认可的需要,当一个人做出成就时,他希望得到其他人的承认。所以,首先应对员工在绩效期间工作表现的成绩和优点加以肯定,从而对员工起到积极的激励作用。然而,员工想要听到的不只是肯定和表扬的话,他们也需要有人指出其有待改进的地方,因此,接下来可以指出员工的绩效中存在的一些不足之处,或者员工目前绩效表现尚可但仍有需要改进的方面。主管和员工可以就绩效评估表格中的内容逐项进行沟通,在双方对绩效评估中的各项内容基本达成一致意见后再开始着手制订绩效改进计划。

2）找出有待发展的项目

有待发展的项目通常是指在工作的能力、方法、习惯等方面有待提高的地方,可能是现在水平不足的项目,也可能是现在水平尚可但工作需要更高水平的项目,这些项目应该是通过努力可以改善和提高的。一般来说,在一次绩效改进计划中应选择最为迫切需要提高的项目,因为一个人需要提高的项目可能有很多,但不可能在短短半年或一年时间全部得到改善,所以应该有所选择。而且,人的精力有限,也只能对有限的内容进行改善和提高。

3）确定发展的具体措施

将某种待发展的项目从目前水平提升到期望水平可以采取多种形式。许多人一想到绩效改进的方法就会想到送员工参加培训。其实,除了培训之外,还可以通过许多方法提升员工的绩效,这些方法包括征求他人的反馈意见、工作轮换、参加特别任务小组、参加某些协会组织等。

4）列出发展所需的资源

"工欲善其事,必先利其器。"要落实绩效改进计划,必须有必要的资源支持。这些资源包括工作任务的分担、学习时间的保证、培训机会的提供、硬件设备的配备等。在这方面，主管人员一定要统筹安排，提供帮助，尽量为员工绩效的改进创造良好的内外环境。

5) 明确项目的评估期限

工作的能力、方法、习惯等方面的提高是一项长期的任务，须在一个较长时间段中才能得到准确评估。员工需要一个宽松、稳定的环境，不应增加太多的管制。因此，如果评估周期过短，有可能造成员工的逆反心理，这样不但分散了员工的精力，影响工作进度，还有可能使员工疲于应付评估，使得评估效果适得其反。所以建议将评估周期设定为半年到一年，这样安排也可以与企业半年或年终总结相衔接。

6) 签订正式的改进计划

一份完整、正规的改进计划，能够使员工产生认真对待的心理。当员工亲自参与了某项决策的制定过程并做了公开的表态时，他们一般会倾向于坚持立场，并且在外部力量作用下不会轻易改变。因此，在制订绩效改进计划的过程中，让员工参与计划的制订，并且签订非常正规的绩效改进契约，员工会倾向于坚持这些承诺，履行自己的绩效改进计划。

（五）实施绩效改进计划

1. 保持持续的沟通

员工和主管通过沟通共同制订了绩效改进计划，达成了绩效契约，但这并不等于说后面的计划实施过程就会完全顺利，主管就可以高枕无忧，等待收获成功的果实了。在绩效改进计划实施的过程中，员工与主管人员还必须进行持续的沟通。一方面计划有可能随着环境因素的变化而变得不切实际或无法实现，这时就需要对计划进行整，使之更加适应内外环境变化的需要；另一方面，员工在计划时可能会遇到各种各样、层出不穷的困难，员工不希望自己在改进的过程中处于孤立无援的状态，他们希望自己处于困境时能够得到主管的帮助，持续的沟通有助于问题及时得到解决。

2. 注意正强化的运用

绩效的改进从本质上说是促进一些符合期望的行为发生或增加发生的频率，或者减少不期望出现的行为。因此，可以运用正强化的方法来进行绩效改进。在绩效改进过程中要及时鼓励员工已取得的进步。任何行为改善都是逐步的过程，当员工行为开始有所改善时，应该及时给予认可和称赞，以激励员工取得更大的进步。

3. 适当采取处罚措施

在实施绩效改进的过程中，如果不是因为外在的因素如工作任务繁重、没有得到应有的资源保证等，而是因为员工个人主观因素对工作改进不积极、不主动，主管采取帮助措施仍然不能奏效时,主管应考虑采取一些必要的处罚措施,如调整职务、取消奖金等。但处罚只是手段不是目的,最终还是期望通过这种方式促进员工改进绩效,所以在采取处罚措施时要注意几个问题:一是采取处罚措施之前要事先与员工沟通,让员工了解为什么要采取处罚措施,所要采取的措施是怎样的,以及在怎样的情况下自己将要被处罚;二是所采取的处罚措施要合乎情理,而且要由轻渐重,不要过于严苛;三是采取措施之后要注意监控和评估处罚后的结果。

二维码 8-1
音频讲解:
绩效改进
计划和实施中
需要注意的
问题

(六)评价绩效改进效果

绩效改进方案实施后,要对改进结果进行评估,以确定其是否实现了预期目标。在这里,可以参考唐纳德.L.柯克帕特里克提出的关于结果评估的四个维度。

1. 反应

员工个人对绩效改进结果的反应如何,即员工的自评结果怎样?工作场所的其他员工对绩效改进结果的反应如何?或者说这次绩效改进活动对其他员工影响的反应是什么?客户和供应商的反应又是怎么样的?

2. 学习或能力

绩效改进活动实施后,员工了解或掌握了哪些以前不会的知识或技能?或者通过绩效改进活动,其原有的知识或技能得到了哪些丰富和提高?

3. 转变

绩效改进活动对员工的工作方式是否产生了所希望的影响?员工在工作中是否开始运用新的技能、工具、程序?

4. 结果

改进活动对关键绩效问题的改变所起的影响是什么?关键绩效问题的改变是否起到了促进企业经营行为正向发展的效果?

绩效改进评估的结果将反馈到组织观察和分析过程之中,从而开始新的循环过程。

二维码 8-2
阅读资料:
员工没达到
绩效要求的
主要原因调查

三 组织绩效改进的流程

（一）建立专门的绩效改进部门

专门的绩效改进部门应设在人力资源管理部门中，在传统培训部门的基础上发展起来，这应该是未来人力资源管理部门发展的一个趋势。这种改变并不单单是名称上的改变，其本质、部门工作内容等必然发生诸多变化。

1. 使命

绩效改进部门靠提供咨询、培训、分析和评估服务来确保个人与组织绩效的不断改进以支持其业务计划。和以往不同的是，其使命的立足点是个人和组织绩效的改进，而非简单的技能与知识的输出，技能与知识的输出只是绩效改进部门提高个人和组织绩效的工具之一。

2. 提供的服务

绩效改进部门比传统的培训部门所提供服务的深度和广度都大大增加。除了根据绩效诊断与分析环节中所确定的关键绩效问题来确定培训需求、设计并开发培训项目、实施有组织的学习培训等，绩效改进部门还要构建绩效与胜任力模型，使未能达到绩效目标的员工知道绩效差距在哪，知道其所在岗位需要什么样的胜任力，从而产生绩效改进的自觉动机等。

3. 组织结构

传统的培训部门的组织结构通常是在培训经理之下，有课程设计人员、开发人员、专职（或兼职）培训讲师等。基本工作流程是由课程设计人员根据需要设计好课程，转给开发人员，再转给培训讲师。与此不同，绩效改进部门在保留原有培训部门的组织结构的基础上，还要再增加专门的绩效咨询人员。而工作流程的起始点也将从绩效咨询人员开始。绩效咨询人员通过与员工或管理者的互动，一旦形成需求，便根据需求介绍课程设计人员和开发人员介入。这比以往的结构灵活机动得多。

4. 衡量标准

和传统的培训部门用单一的数字指标（如讲师授课时数、接受培训人次、每年开课门数等）进行衡量不同，绩效改进部门还应增加以下标准：接受培训的内容转化到工作场所的程度及个人或组织绩效的改进程度；建立客户（主要指内部客户，有时还包括外部客户）关系的数量与质量；绩效周期内所签订的绩效改进计划的数量与质量。

虽然传统的培训部门过渡到绩效改进部门是人力资源管理部门结构变化的一个新的趋势,但在实践中还需要继续探索。

(二)选择绩效改进工具

在对组织的绩效问题进行了诊断和分析,大致确定了绩效改进的方向和重点后,就要选择一个具体的切实可行的方法。只有选择了适合本企业的正确方法,才能保证绩效改进的顺利实施。常用的绩效改进方法有卓越绩效模式、六西格玛管理、ISO 管理体系、标杆超越法。

1. 卓越绩效模式

卓越绩效模式是 20 世纪 80 年代后期美国创建的一种世界级企业成功的管理模式,其核心是强化组织的顾客满意意识和创新活动,追求卓越的经营绩效。该模式源自美国波多里奇奖评审标准,以顾客为导向,追求卓越标准绩效管理理念。它不是目标,而是提供一种评价方法。卓越绩效模式得到了美国企业界和管理界的公认,该模式适用于企业、事业单位、医院和学校。世界各国许多企业和组织纷纷引入实施,其中施乐公司、通用公司、微软公司、摩托罗拉公司等世界级企业都是运用卓越绩效模式取得出色经营成果的典范。该模式是在企业组织经营成果中的顾客、产品或服务、财务、人力资源和组织的有效性这五个方面建立绩效管理的框架,为企业的绩效改进从以上五个方面提供标准。从 2001 年起,中国质量协会在研究借鉴卓越绩效模式的基础上,启动了全国质量管理奖评审工作,致力于在中国企业普及推广卓越绩效模式的先进理念和经营方法,为中国企业不断提高竞争力、取得出色的经营绩效提供多方面的服务。

2. 六西格玛管理

六西格玛管理是一种全新的企业管理方式,是获得和保持企业在经营上的成功并将其经营业绩最大化的综合管理体系和发展战略。它不是单纯的技术方法的引用,而是全新的管理模式。六西格玛管理强调"度量"的重要性,没有度量就没有管理。这里不仅要度量产品符合顾客要求的程度,还要度量服务乃至工作过程等。因此,六西格玛质量的含义已经不仅局限于产品特性,还包括企业的服务与工作质量。如果一个企业的核心业务过程能够达到六西格玛质量水平,那么意味着这个企业可以用最短的周期、最低的成本满足顾客要求。六西格玛管理具有以下特点:第一,比以往更广泛的业绩改进视角,强调从顾客的关键要求以及企业经营战略焦点出发,寻求业绩突破的机会,为顾客和企业创造更大的价值;第二,强调对绩效和过程的度量,通过度量,提出挑战性的目标和水平对比的平台;第三,提供了绩效改进方法,针对不同的目的与应用领域,这种专业化的改进过程包括六西格玛产品/服务过程改进 DMAIC 流程、六西格玛设计 DFSS 流程等;第四,在实施上由"勇士(Champion)""大黑带(MBB)""黑带(BB)""绿带(GB)"等经过培训职责明确的人员作为组织保障;第五,通过确定和实施六西格玛项目完成过程改进,每一个项目的完成时间在 3~6 个月;第六,明确规定成功的标准及度量方法以及对项目完成人员的奖励;第七,组织文化的变革是其重要的组成部分。六西格玛管理步骤分为定义(Define)、测量(Measure)、分析(Analyze)、改进(Improve)和控制(Control),通常简称 DMAIC。DMAIC 过程改进流程的核心是改进阶段,试验设计是质量改进的主要工具,这些工具可以使六西格玛管理以最低的成本取得最高的绩效。

3. ISO 质量认证体系

ISO 质量认证体系是一个产品(服务)质量符合性模式。企业通过建立一个完整的、标准化的过程控制体系对绩效进行管理,以实现绩效的不断改进。建立 ISO 质量认证体系的基本原则包括以下几点:第一,以顾客为关注焦点;第二,强调领导作用;第三,全员参与;第四,强调过程、系统的方法;第五,持续改进;第六,给予事实的决策方法;第七,与供方的互利关系。

4. 标杆超越法

标杆超越法是由美国施乐公司首创的,它通过与同行业的先进企业进行对比,对本企业的产品、服务和过程等关键的成功因素进行改进和变革,使之成为同行业最佳。

卓越绩效模式、六西格玛管理、ISO 质量认证体系、标杆超越法这四种组织绩效改进的系统工具,在西方发达国家已经取得了巨大成功,但在我国仍处于起步和摸索阶段,具体选择哪一种或哪几种绩效改进方法,取决于企业的实际需要和环境的实际要求。

(三)选择和实施绩效改进方案

经过绩效分析、原因分析,选择了正确的绩效改进方案,并不意味着成功在即。国内外的企业变革实践证明,许多变革之所以失败并不是因为选择的方案不优,而是由于实施不力所致。改进意味着组织和个人的某些改变,因此在改变的过程中可能会遇到阻力。阻力或是来源于利益冲突,或是来源于旧的观念和行为习惯,或是来源于不安全感等。在设计绩效改进方案时要考虑其执行过程中可能遇到的障碍、阻力,并预先设计好对策。一般而言,领导的支持、充分的宣传与沟通、严密的步骤是保证绩效改进成功的重要因素。与此同时,企业管理尤其是人力资源管理的其他职能也将为组织绩效改进计划的落实提供帮助和支持。

经典案例8-1

 一、阅读材料

某公司主管的绩效改进计划

王强是某公司生产部新提拔的一名主管。他原来是该部门的一名普通员工,由于在技术上有所创新,被破格提升为主管。部门内的成员都视他为楷模,大家都十分钦佩他的工作才干。但是,生产部的经理李侠在上一周期的评价中发现,王强领导的一些新进公司的员工对王强在新员工培训工作中的表现很不满意。王强在指导员工能力这一评价指标上的得分因此受到了很大的影响。为此,李侠与王强进行了绩效反馈面谈,共同制订了绩效改进计划(见表8-2)。表8-2中的前三列是计划的内容,后两列(实际实施日期和取得的成果)则是李侠根据王强在实施该计划过程中的表现填写的相关情况记录。

表 8-2　王强的绩效改进计划

员工姓名:王强　　　　职位:生产部主管　　　　计划执行时间:1月1日—3月30日
上级主管:李侠　　　　职位:生产部经理　　　　待改进措施:对新员工的培训

计划采取的措施	执行者	计划实施日期	实际实施日期	取得的成果
1.向资深主管谭进请教如何培训新下属	王强	1月15日	1月14日	约好第二天会见谭进
			1月15日	与谭进会面,获得指导
2.观察谭进对新进人员进行培训的过程	王强	下一次新人报到时	1月15日	谭进计划2月3日进行新员工培训,王强将观摩
			2月3日	谭进培训新人,王强观察,觉得很值得学习
3.参加人力资源管理部门主办的新员工座谈会	王强	下一次举办时	1月15日	向人力资源部查询,获知1月18日要举办。王强届时将参加
			1月18日	要王强提出参加心得。他的若干意见已送人力资源管理部

续表

计划采取的措施	执行者	计划实施日期	实际实施日期	取得的成果
4.决定新人报到的最佳时间	王强与人力资源部协调	1月20日之前	1月19日	决定新人报到开始时间,由周一早上7点改为9点
5.参加新员工培训的座谈会	王强	2月15日	2月10日	讨论座谈会时间表与内容
			2月18日	讨论该座谈会及王强参加后的收获
6.阅读下列书籍:《干部与经理之自我发展》《有效的内涵》《干部与在职训练》	王强	2月15日之前	1月3日	安排订购王强同意阅读的三本书
			1月14日	获悉王强已阅读第一本书的一半
			1月31日	第二本书读了一半,前一本书全部读完
			2月5日	第三本书及前一本书均已读完
7.观察王强培训新员工	张明(现任培训主管)	下一次王强进行新员工培训时	1月20日	获悉王强有一名下属将于2月15日报到
			1月20日	听取张明观察王强培训新员工的意见
8.与王强的新员工进行面谈	李侠	员工上岗工作后的一个星期	2月25日	与王强的新员工周蓉谈话。她表示对王强提供的上岗培训大致满意,但在介绍公司一些生产安全方面的保障制度的时候,王强讲解得不太清楚,使她没有安全感

续表

计划采取的措施	执行者	计划实施日期	实际实施日期	取得的成果
9. 为王强提供一份检查表供训练新人使用	张明	1月15日	1月13日	向张明查询,表还没做好,答应在1月21日前完成
			1月21日	再向张明查询,还没有完成好
			1月25日	检查表完成,已经交给王强
10. 为王强安排专用办公室以培训新人	李侠	1月15日	1月10日	试着找一个专用办公室供王强使用。安排好人力资源部的会议室,如无人使用可借用。告诉王强,必要时可以用他的办公室,但需在24小时前通知,将尽力找一个永久场所
11. 安排永久的培训场所	李侠	2月1日	2月1日	试着找一个培训新人的场所,未完成
			2月20日	再试着找一个培训场所。装运部可能有一个地方
			2月28日	在装运部临时仓库的一角隔出一个临时场地。将继续努力安排一个永久场所

通过实施这项绩效改进计划,王强很好地完成了从普通员工到主管人员的转变,改变了过去仅依靠技术优势树立个人权威的状况。此外,绩效改进计划还帮助王强获得了他在改进绩效过程中需要的场所。这次绩效改进计划的成效在4月初的绩效评价结果中有了初步的体现,一些新员工开始改变最初对王强的看法,纷纷表示王强培训新员工的能力有所提高。

二、阅读并思考

1. 试运用相关理论,分析王强培训新员工的能力提高的原因。
2. 你认为该公司在绩效改进计划方面还有哪些方面需要加强?

第二节 绩效评价结果的运用

绩效管理体系建立后,就应开展绩效评价工作,然后将绩效评价指标运用到组织管理中去。绩效评价在组织管理中发挥着承上启下的作用。这主要体现在:一方面,它是组织人力资源管理等职能开展的基础;另一方面,它是企业提升管理水平、促进绩效改进的途径之一。绩效评价是以企业经营目标为出发点,对员工工作进行考核,并把考核结果与人力资源管理的其他职能相结合,发现企业中存在的问题并且不断改进。要将绩效评价运用到管理实践中,只有不断运用、不断改进,才能达到企业的管理目标。

一、绩效评价结果运用的原则

(一)统筹兼顾,综合运用,为人事决策提供科学依据

绩效考核结果是企业进行薪酬调整、人员调配、员工培训等各项人事活动的重要依据,对优化员工行为和企业人力资源配置,建立完善的竞争、激励、淘汰机制有非常重要的影响。因此,在运用绩效考核结果对企业内部进行调整时,应统筹兼顾,有一定的全局意识,确保科学运用,为企业的发展带来正向的推动。

很多企业绩效结果的应用多表现为奖惩,仅限于员工年终奖金的发放及职称的评定,却不能与员工培训、人员任免、职务晋升等员工的切身利益联系起来。如果员工认为自己的绩效目标完成后,组织不会给予他们期望的报酬和发展,员工就不可能在工作中充分发挥自己的潜能。要想使绩效考核的激励作用最大化,就要让员工认识到,他们的努力能够得到良好的绩效考核评价,这种良好的评价又会给他们带来相应的回报,促进个人的成长与发展。

绩效考核最忌讳流于形式,考核工作搞得轰轰烈烈,考核结果却一评了事,没有落到实处,评与不评一个样,好评差评一个样,那样绩效考核就失去了意义。绩效考核结果的应用是绩效管理的最后一个环节,也是相当关键的一个环节,必须要严格落实,这样才能确保企业的绩效管理真正地发挥作用。

（二）以人为本，促进员工的职业发展

考核者必须向员工反馈绩效考核结果，指出他们已达到或者未达到的绩效目标及有待改进的地方，包括工作能力、工作态度、工作方法等内容。绩效考核结果应用的立足点和方式都要坚持"以人为本"的原则，以促进员工的职业发展为目标。绩效考核不是目的，而是手段。绩效考核的最终目的就是提高员工的绩效能力，因此，绩效考核结果的应用也必须以此为导向。

企业根据绩效考核结果，以满足员工的发展需要为宗旨，以高效、实用为目标，有目的、有计划地进行企业内部培训活动，是企业造就高素质员工队伍的有效举措。企业根据员工的绩效考核结果，对员工进行针对性的培训，不仅能够促进员工的个人发展，也能为企业带来更多高素质、高能力的员工。

（三）将员工个体与组织紧密联系起来，促进员工与企业共同成长和发展

企业在运用绩效考核结果对员工进行激励时，要注意平衡员工所在的组织内各成员的绩效，避免"个人英雄主义"，增强员工的全局意识和集体观念，使员工认识到个体的高绩效与企业、部门的高绩效紧密相关，个人的成长与发展是与企业、部门紧密联系在一起的，个人应为实现企业目标做出贡献，在企业的发展中实现自己的成长与发展。

二 绩效评价结果与绩效薪酬

绩效薪酬依据将员工的收入与绩效水平挂钩的薪酬制度，对员工超额工作部分或工作绩效突出部分所支付的奖励性报酬，旨在鼓励员工提高工作效率和工作质量。它是对员工过去工作行为和已取得成就的认可，通常随员工业绩的变化而调整。绩效评价结果直接与薪酬关联才能有效发挥量化考核的作用，否则达不到提高效率、降低成本、提升员工工作积极性的目标。

事实上，企业需要这样一种绩效薪酬模式，其绩效的内容指标与薪酬要保持一致，即绩效定薪酬。需要在绩效与薪酬间寻找一个合适的平衡点，正确地把握好这个平衡点，既能保证员工工作稳定的心态和基本的收入，又能保证员工有一定工作斗志和士气。反之，如果这个平衡点把握得不好，可能会使员工心理的不稳定因素增加，还会挫伤员工的工作积极性。无论对企业还是员工本身都是一种损失。

一般而言，为了强调薪酬的公平性并发挥薪酬的激励作用，员工的薪酬中都会有一部分与绩效挂钩。目前，企业常用的绩效薪酬制度有以下几种。

1. 绩效工资与绩效调薪

绩效工资是在基本工资中与绩效有关的工资，这部分工资收入是以员工的当期绩

效表现为依据计算并一次性发放的。绩效调薪是依据绩效结果对基本工资水平的调整,这种调整既可以上调,也可以下调。绩效工资与绩效调薪都是与工资相联系的绩效薪酬制度,这两种制度在计算和实施方法上有许多类似之处,同时也存在本质区别。最主要的区别在于:绩效工资是根据每个评价周期的绩效评价结果进行的一次性加薪或减薪;而绩效调薪则是根据评价结果(通常是年度评价结果)累计式地对基本工资进行调整(在原基本工资水平的基础上加薪或减薪,从而形成下一周期或年度的基本工资水平)。

2. 绩效奖金

绩效工资虽然体现了薪酬和绩效挂钩的直接联系,但是它的累加性往往会造成支付成本过高的问题,而基本工资的刚性特征也使得企业在实施这项方式时负担越来越重。

一项对美国250家公司的调查表明,其中30%的公司正在考虑取消绩效工资,10%的公司则干脆已经不再使用绩效工资,而一次性的绩效奖金正在逐渐取代绩效工资。绩效奖金一般规定完成某项任务或达到某种绩效水平就可以发给一定比例或一定金额的奖金。比如,销售人员每个季度的销售额达到计划的100%,给予基本工资10%的奖励;销售额超过计划的10%,就可以得到基本工资20%的奖励。这种一次性奖励的绩效奖金由企业决定,并且一次性奖金不能加到基本工资内,每次需要员工重新通过争取获得这种奖励。

三 绩效评价结果与工作调整配置

绩效考评的结果也为职位的调整提供了一定的信息。员工在某方面的绩效突出,就可以让他承担更多这方面的责任。如果员工在某些方面的绩效不够好,有可能是由于他目前所从事的职务不合适,可以通过职位调整使其从事更适合他的工作。

员工绩效评价的结果是人员调配、职位变动的重要依据。人员调配不仅包括纵向的升迁或降职,还包括横向的工作轮换。绩效评价的结果会说明某些员工无法胜任现有的工作岗位,这就需要查明原因并果断地进行职位调换,将其安置到其他能够胜任的岗位上去。同时,通过绩效评价也可以发现优秀的、有发展潜力的员工,对于在潜力测评中表现出特殊管理才能的员工可以进行积极的培养和大胆的提拔。这种培养还包括人员在各个岗位之间的轮换,以培养其全面的才干并熟悉公司的整体运作,为后续部门之间的交流与协调做好准备。但是,人员晋升的决策一定不能只根据员工在上一绩效周期的绩效水平,关键是依据其管理能力和发展潜力,否则会出现彼得原理所说的误区。

彼得原理是美国学者劳伦斯·彼得在对组织中人员晋升的相关现象研究后得出的结论,即在各种组织中,由于习惯于对在某个等级上称职的人员进行晋升提拔,因而员工总是趋向于晋升到其不称职的地位。彼得原理有时也被称为"向上爬"原理。这种现象在现实生活中无处不在：一名称职的教授被提升为大学校长后无法胜任；一个优秀的运动员被提升为主管体育的官员后无所作为。

对一个组织而言，一旦组织中的部分人员被推到了其不称职的级别，就会造成组织人浮于事、效率低下，导致平庸者出人头地，发展停滞。因此，这就要求改变单纯的"根据贡献决定晋升"的企业员工晋升机制，不能因某个人在某一个岗位级别上干得很出色，就推断此人一定能够胜任更高一级的职务。要建立科学、合理的人员选聘机制，客观评价每一位职工的能力和水平，将职工安排到其可以胜任的岗位。不要把岗位晋升当成对职工的主要奖励方式，应建立更有效的奖励机制，更多地以加薪、休假等方式作为奖励手段。有时将一名职工晋升到一个其无法很好发挥才能的岗位，这不是对职工的奖励，反而会使职工无法很好地发挥才能，也给企业带来损失。对个人而言，虽然我们每个人都期待着不停地升职，但不要将往上爬作为自己的唯一动力。与其在一个无法完全胜任的岗位勉强支撑、无所适从，还不如找一个自己能游刃有余的岗位好好发挥自己的专长。

四 绩效评价结果与员工发展

通过绩效评价结果可以发现员工培训和开发的需要，也就是将员工的实际评价结果与职位要求相比较，发现员工在某方面存在不足而导致不能完全胜任工作，并可以通过培训弥补时，就需要对员工进行培训。根据绩效评价结果进行有针对性的培训，通俗地讲，就是"缺什么、补什么"。另外，企业也可能对未来的需要进行准备，当绩效评价结果显示员工不具备未来所需要的技能或知识时，对员工进行开发也是常见的选择。另外，绩效评价结果也可以作为培训的"效标"，即通过绩效评价结果衡量培训的效果。

个人发展计划（IDP）是根据员工有待发展提高的方面所制订的一定时期内完成有关工作绩效和工作能力改进与提高的系统计划。该计划往往是在管理者的帮助下由员工自己来制订，并与管理者讨论达成一致意见。管理者应承诺提供员工实现计划所需的各种资源和帮助。个人发展计划通常包括以下内容。

（一）有待发展的项目

有待发展的项目通常是指在工作能力、方法、习惯等方面有待提高的地方。这些有待发展的项目可能是现在水平不足的项目，也可能是现在水平尚可但需要更高水平的项目。这些项目应该是通过努力可以改善和提高的项目，而且是最为迫切需要提高的项目。因为需要提高的项目可能有很多，但不可能在短期内完全得到改善，所以应该有所选择。

（二）发展这些项目的原因

选择某些项目列入个人发展计划中一定是有原因的，这种原因往往是由于这方面的水平比较低而又急需在这些方面表现出较高的水平。

（三）目前的水平和期望达到的水平

绩效改进计划应该有明确的目标，因此在制订个人发展计划时要指出需要提高的项目目前表现的水平是怎样的，期望达到的水平又是怎样的。

（四）发展这些项目的方式

将某种待发展的项目从目前的水平提升到期望水平可能有多种方式，应该选择容易实施、效果明显的方式作为个人发展的具体措施加以落实。

（五）设定达到目标的时间期限

包括在多长时间内能够将有待发展的项目提升到期望水平，并指出评估的期限。基于此，组织可设计绩效改进/个人能力开发计划表，见表 8-3。

表 8-3 绩效改进/个人能力开发计划表

部门			时间	年　月　日
被考核人	姓名		职位	
直接上级	姓名		职位	
绩效改进计划				
1. 绩效问题描述（包括业绩、行为表现和能力目标，请用数量、质量、时间、成本/费用、顾客满意度等标准进行描述） （1） （2）				
2. 原因分析				
3. 绩效改进措施/计划				
个人能力发展计划				
1. 需要发展的技能（计划提高何种行为能力或技术能力） （1） （2）				

续表

2. 技能发展活动描述（你将怎样提高，请列出达到每项目标需要采取的行动）

3. 衡量标准（你如何知道该技能是否已经得到提高）

4. 计划完成时间

讨论时间		考核人		被考核人	
期末签字	被考核人		考核人		HR专员

备注：此表提供给考核人选用，帮助被考核人切实改进、提升工作绩效（绩效评价成绩90分以下的，必须填写此表）。

五　绩效评价结果与激励机制

（一）激励的原则

为了实现组织目标，对员工的行为必须进行引导。在了解员工目标与组织目标的差异及原因的基础上，用适当的诱因，满足员工的需要，从而激励起员工的积极性。一般来说，对员工的激励要遵循下列原则。

1. 组织目标的设置与满足员工的需要尽量一致

目标本身就是一种刺激，要激励员工，首先要使员工了解他们要做的是什么、有什么意义、与个人的眼前利益及长远利益有什么关系，同时规定一定的工作标准及奖赏方式，以激励有利于组织目标实现的员工行为。

2. 激励方案的可变性

激励中最重要的是它的连续性和可变性，不能因为某一激励手段产生了有利效应就把激励方案固定下来。第一，一定的激励手段不断重复会降低效力。第二，把激励局限为一种特殊的类型，就会千篇一律。一般来说，人们喜欢在其职业生涯中的各个阶段都能增添点新的内容，激励也是如此。第三，没有任何一种激励手段对所有的人在同一时期内或者对同一个人在较长时期内保持同等效力,毕竟员工之间存在着个体差异,个人的边际效用也会递减。

3. 把握好个体与群体关系

激励手段以个体为中心,但不能忽视群体的影响。管理者既要重视对个人起激励作用的动力因素,又不能忽视由于群体的影响在个体激励中存在的差异。

4. 发现和利用差别

组织激励的一个重要原理是利用利益差别的竞争。因此管理者要通过科学的考评,根据行为及绩效的差别予以相应的激励,该奖的奖,该惩的惩。在利用利益差别激励下属时,必须坚持激励面前人人平等,对所有的员工要一视同仁,不偏不倚。不论其职位高低,绝不允许有任何特权。为了避免造成员工间矛盾,尽量用预先规定的工作标准衡量员工实际表现,严格考评,不要直接进行人与人的对比。

5. 掌握好激励的时间和力度

激励要掌握好时间,在不同时间,其作用与效果是不一样的。超前的激励可能导致人们对激励的漠视心理,影响激励的功效;迟到的激励则可能会让人们感觉多此一举,使激励失去意义。一般来说,好人好事应及时表扬,下属做错了事,为防止扩大损失,固然应及时制止,但批评不一定马上进行,以防矛盾激化。对于反复出现的积极行为,不能反复表扬,而应当出其不意,使人们有所期待和有所争取。激励要注意力度,既不能过轻,也不能过重。奖励与惩罚、表扬与批评都有一个最低限度,低于这个限度的激励,如轻描淡写的批评和漫不经心的表扬是不起作用的。此外,过度奖励与过度惩罚都会产生不良后果。

6. 系统设计激励策略体系

激励策略要优化组合,在空间上相辅相成,在时间上相互衔接,形成"综合治理"的激励格局及积极的良性循环。

(二)激励评估结果在建立公平激励机制中的作用

1. 区分员工绩效差异

公司绩效评估是通过确定一系列量化的指标来进行的,这些量化的指标主要是指通过公司的目标细化到每一个人必须完成的指标。评估时根据每一个人完成的情况,对其业绩提出量的差距,确定其级别,然后才有可能进行激励。

2. 确定员工工作态度差异

在评估的过程中,公司不仅关心每一个个体的工作业绩和工作贡献的差异,而且十分重视个体工作态度的差异。因为工作态度不仅会影响和制约员工的奋斗力,而且会影响和制约公司的凝聚力和竞争力,同时也影响和决定着个人潜力的发挥。有些员工,尽管相当有工作能力,但工作态度不好,常发牢骚,做一些不利于企业发展的事,公司就要用负激励,即惩戒的手段来对其进行惩罚。

3. 确定员工待遇差异

科学、规范、合理的评估不仅能够帮助确定员工工资的级别,同时对于发放奖金也能给予合理的帮助,应当重奖那些有特殊贡献的人。由此可见,绩效评估是激励制度得以建立的基础,离开绩效评估,激励也就无从谈起。

六 不良绩效的处理与离职

(一)不良绩效员工的识别

不良绩效雇员,也称边际雇员,是指那些由于缺乏能力以及缺乏做好工作的动力,由主观原因导致绩效水平几乎处于最低水平的雇员。

一般情况下的绩效评价,会对组织中员工的绩效评价结果进行分类,然后分别进行处理。

绩效问题是由主观原因造成的,不良绩效员工大致包括以下几类:
(1)无法达到合理品质的员工;
(2)影响其他员工的负面态度的员工;
(3)违反组织伦理或工作规则的员工;
(4)基本上不认同公司价值体系的员工;
(5)其他的行为不当的员工,如经常迟到、缺席等。

(二)不良绩效处理的技巧

在任何组织中,即使有着开放的、有效的、维护良好的绩效管理系统,但仍避免不了有些人表现出不良绩效的情况,在这种情况下,就需要管理者必须采取纠正行动。但在很多组织中,管理者接到不良绩效,有的想避免与员工不愉快的对话而不愿及时采取反馈措施,他们寄希望于问题自行消失。有的虽然采取了纠正行动,却因信息收集的失误或者处理方式欠妥,导致和部属的关系出现紧张,甚至让员工产生报复性行为,这些都是不可取的。要使纠正行为产生积极的效果,管理者应掌握以下的技巧。

1. 面对不良绩效表现,管理者要有采取强制行动的勇气

对不良绩效及时予以纠正,是管理者很重要的领导职责。对不良绩效置之不理或者拖延纠正行为,对组织、管理者和个人都会产生危害。管理者若总是避免承担采取纠正行为的责任,不检查不良绩效、不控制不良行为,就会打击那些总是符合标准的员工,并且作为管理者的信誉也会受到影响。对员工来说,绩效优良的员工心里会产生不公平感,这样会挫伤他们工作的积极性。管理者必须认识到"问题不归零,发展等于零",养成"日事日清"的工作习惯,及时解决问题才能使企业健康地发展。

2. 向员工明确处理不良绩效的目的

在进行不良绩效处理之前应当向员工明确组织的目的。处理行为并不意味着惩罚员工,核心目的是提醒员工尽快回到正轨,以使绩效得到改善。基于正确的处理目的,展开坦诚的对话,纠正行为才不会引起负面的反弹,反而会获得员工的积极配合,甚至会激励他们达到较高的绩效。

3. 设计有效的纠正行为实施程序

要想使纠正行动产生积极的效果,事前通过案头工作对程序进行一定规划设计是必要的。一次有效的纠正行为,应满足以下条件。

1)管理者有清晰的管理数据记录

例如,你想纠正一个员工的经常迟到行为,面谈时,使用类似"你这个星期已经迟到两次了,星期一迟到了15分钟,星期二迟到了20分钟,你能说明导致你迟到的原因吗?"这样的语言,明显比"王敏,你近期老是迟到,是怎么回事?"有力得多。在客观实际的数据记录前,可有效引导双方把关注点放到情境、事件或行为上,而不是针对个人,"对事不对人"是进行坦诚对话的基础。

2)做一份实施面谈的行动计划,并做好相应准备

计划中除注明举行面谈的时间和地点、会谈的议题和议程外,还要从自身的经验出发来预测妨碍纠正行动成功的障碍将会有哪些,并制定出克服这些障碍的办法。

3)实施纠正面谈中的注意事项

(1)在整个讨论的过程中,要坚持一个基本原则:对事不对人。管理者应使用描述性的语言来阐述事实,避免使用可能导致强烈对抗情绪的词汇,不要猜测动机、意识和潜意识,不要试图解读员工的心思。

(2)采取积极的态度,让员工能与管理者交互做出反应。询问员工对当前现状的意见、对自己纠正现状的想法,以使员工认清问题,并积极担负起解决问题的责任。

(3)要关注讨论的成果,通过讨论,制定出双方达成一致意见的改善计划。在这过程中,管理者对员工敌意的反应要有思想准备,充分保持冷静,要证明组织把绩效或行为问题看作是很严重的事情,让员工感到改变是必要的。

(4)要将整个讨论的结果进行记录,若是一次更正式的、组织化的纠正讨论,并在讨论后给了员工警告或记过的处分,还需请管理者和员工在讨论记录上签字确认,这可作为以后解雇该员工时的证据。

(三)"诚实的残忍":不良绩效处理与解聘员工

绩效评价结果对于被评价者影响最强烈的,应当是企业方以"绩效水平达不到要求"为由的解雇行为。

二维码 8-3
阅读资料:
解聘——
诚实的残忍

解聘员工是一个极端的行动,容易引起员工的对抗,解聘员工是需要理由的,而且理由应该是充分的。否则,公司与员工之间的劳资官司将不可避免。

因解聘而发生的劳动争议官司在我国的企业里实在不少。原因很简单,没有将员工的工作表现反馈给员工,好的表现没有,差的表现更是遮遮掩掩,只是在公司无法忍受或者公司认为时机恰当(比如劳动合同到期,公司组织结构调整等)的时候才做出解聘的决定。美国通用电气公司前 CEO 韦尔奇所讲的残忍有两层含义:一是员工将失去一份工作,面临失业和生活困难等问题,被解聘是残忍的;二是公司没有能够培养好员工,没有能够使员工在自己的企业里得到发展,公司不得不解聘员工,对公司来说,这也是一个残忍的决策。对此,韦尔奇创造性地提出一个"诚实的残忍"的观念,将解聘这样一个残忍的事情淡化,使得公司的解聘决策有理有据,使被解聘的员工心服口服,避免劳资双方无谓的争吵,避免本不应该发生的劳动争议官司。

"诚实的残忍"需要做到以下几点。

1. 建立完善的绩效管理体系

理顺绩效管理的流程,明确绩效管理的目标,建立必要的绩效面谈辅导制度和评价制度。通过理顺绩效管理流程,让员工明确自己的绩效目标,明确自己的职责所在,进而确立奋斗目标和培训目标。通过面谈指导,评价者帮助员工清除绩效障碍,改进绩效水平,提升员工的自我管理意识和能力,帮助员工实现绩效目标,达到公司发展的要求。

2. 做好有关员工绩效表现的记录

评价者需要在平时认真观察并记录员工的绩效表现,形成系列化的文档,比较典型和重大的事件还应该请员工签字认可,以便作为绩效评价时的文字资料,使绩效评价有据可依,有据可查,没有意外发生。没有意外应该是评价者牢记的一个原则。

3. 将员工的绩效表现反馈给员工

评价者应及时地将员工的绩效表现反馈给员工,包括积极的表现和消极的表现,尤其注意针对消极表现所进行的负面反馈,这是许多评价者不愿意做的事情。他们害怕不愉快的局面,害怕与员工争吵。其实,争吵是早晚的事情,没有平时的反馈沟通,员工面临被解聘时将更加不能接受,争吵将更加激烈。及时、真诚的反馈是减少争吵的最好办法,通过持续不断的反馈让员工正确认识自己的不足,不断改进,不断调整,使自己更好地适应公司的要求,是受员工欢迎的。同样,正面的反馈也很重要,员工喜欢看到上司对自己工作的评价,评价者将员工的成绩通过沟通的方式告诉员工,能激励员工的进取心,鼓舞员工士气,营造愉快的工作氛围。激励是一点一滴的积累,将员工的工作成绩告诉员工就是一种很好的激励方法。

4. 建立领导者的领导力模型

所谓领导力模型,即领导者的评价体系,是公司的领导哲学。通过建立领导力模型,明确评价者的职责权限,将评价者的责任权利很好地统一起来,使评价者的管理行为更加科学规范,更符合现代管理理念的要求,使评价者认真担负起自己应该担负的责任,实施好自己的管理职责。即使是在经济危机时期,解聘员工也不是一个简单随意的行为,处理不好则容易引起不必要的麻烦,需要认真对待、科学处理。

(四)绩效不良雇员的绩效管理方法

可以按照员工的动机和能力因素将绩效评价结果进行分类(见表8-4),对于不同的状况可以采取不同的绩效管理方法。对于绩效不良雇员,也就是绩效评价结果靠后的员工,一般有以下一些管理方法可以实施。

表8-4 员工绩效评价结果分类

弱	强
努力方向不对者	绩效骨干
在职辅导 频繁的绩效反馈 制定目标 以开发技能为目的进行培训或做出临时性的工作安排,重新进行工作安排	对优良绩效提供报酬 找到进一步发展的机会 提供诚实、直接的反馈

续表

弱	强
绩效不良雇员（边际雇员）	雇员能力动用不足者
冻结加薪 降级 另行安排工作 纪律批评 末位淘汰 解聘 就绩效问题提供具体而直接的反馈	提供诚实、直接的反馈 提供咨询 采用团队建设与解决冲突的方法 将奖励与雇员的绩效结果挂钩 就所需要的知识和技能提供培训 强化管理

下面重点讨论纪律批评、末位淘汰和解聘等三种处理方式。

1. 纪律批评

1) 含义

纪律批评是指对绩效不良的员工做出有建设性的警告的过程。在整个过程中，每个绩效不良的员工随时都应该知道他们现在处于哪个阶段，以及如果绩效继续不良的话，会带来什么样的后果。

2) 步骤

纪律批评程序的第一步是警告：通常采用口头形式，但也可以是书面的。可能的话，让员工在第一次警告的通知上签字，这是为了确认员工接受已经给出警告的事实（他们不必同意这个警告）。实际操作中，员工可以拒绝签字，但至少给他们这样做的机会也是好的。在员工的档案里放一份通知的复印件（不管有没有签字），并给员工一份副本。如果在第一次警告后，员工没有改善他们的绩效，就该给他们第二次警告了。员工收到警告，再一次发出纪律通知，并要求员工签字。第二次通知的复印件通常也要放进员工的档案，并给员工一份。

如果在给了一次口头和一次书面的警告后，不良绩效还在继续，那么就有明显的理由和书面的证据解聘该员工，显然这是跨了一大步。如果员工对公平、合理的过程没有什么反应，那么对组织整体来说，这也是一个合理的处理结果。

3) 要点

纪律批评的两个步骤不要拖几个星期或几个月，那样会使员工、主管等其他直接相关的团队成员失去动力。应该迅速识别出不可接受的绩效。在一个清楚限制的时间范围内，警告是要帮助员工回到正轨。"末位"意味着一个组织依照由强到弱或由高到低顺序排列的最后一个或几个。它说明了当事人的工作能力，或者工作态度，或者工作业绩，甚至是各项均与上位者有差距。

2. 末位淘汰

1) 末位淘汰应遵循的原则

末位淘汰制是指工作单位根据本单位的总体目标和具体目标，结合各个岗位的实际情况，设置一定的评价指标体系，以此体系为标准对员工进行评价，根据评价的结果对得分靠后的员工进行淘汰的绩效管理制度。

末位淘汰应遵循的原则如下。

第一，科学定编，这是末位淘汰制的前提。定编能做到科学，它一定是在详尽的岗位测评的基础上才可能实现的。只有确保各岗位人员编制数的合理性，末位淘汰制才有实施的意义。当然，不少单位采用末位淘汰的手段，达到减少人员的目的。

第二，客观评价，这是末位淘汰制的基础。客观评价，包括细致而量化的个人目标管理，一定要在工作内容相同或相近的人员中排序，要做到排序能够尽量客观反映被评价者的真实水平。

第三，要按从上往下的顺序进行层层淘汰。即让被淘汰者有机会选择要求相对低一些的工作，最后要淘汰的应该是整个组织的"末位者"。

第四，实行"末位淘汰"，与履行"首位晋升"相结合，使末位淘汰制成为组织健康发展的促进机制。末位淘汰的过程是资源重新配置的过程。它一方面敦促落后者不断加强学习和培训，以满足工作的需要；另一方面，能够通过考评发现优秀人才，重点培养，逐渐委以重任。

2) 末位淘汰的积极作用

第一，激励员工，避免人浮于事。在任何部门的工作中，激励必不可少。缺乏激励的单位是效率低下的单位，而末位淘汰制是一种强势管理，旨在给予员工一定的压力，激发他们的积极性，通过有力的竞争使整个单位处于一种积极上进的状态，克服人浮于事的弊端，进而提高工作效率和部门效益。

第二，精简机构，有效分流。企业在处于人员过剩的情况下不免会有人浮于事的情况。在这种情况下，精简机构、有效分流是解决这个问题最有效和直接的办法。通过末位淘汰制，对不同绩效级别的员工实施淘汰，这样既兼顾了公平，又实现了机构的缩减。在企业人员过多的情况下，实施末位淘汰是分流员工、缩减组织的有效手段。

第三，推动我国当前企业向前发展。企业对员工的管理大致可分为三个阶段。第一阶段，人力成本阶段。企业认为员工是成本，缺乏对员工的尊重和信任。企业为了降低成本，多出效益，一味把员工工资压低，这个阶段是最原始的。第二阶段，人力资源阶段。企业逐渐认识到员工自觉干和被动干所产生的效果是不一样的，开始重视培训，重视提高员工的能力。此阶段的企业会制定各种有关员工激励的制度，出台不同的考评办法。第三阶段，人力资本阶段。企业认识到要把人当作资本，实现资本增值。这时员工的革新能力和创造能力是最重要的。现在国内许多企业正在从第一阶段走向第二阶段，有的还没有走到。所以，目前实施末位淘汰制适应当前我国企业员工管理的现状，能够推动我国企业向前发展。

3)末位淘汰的消极作用

没有一种制度是完美的。尽管末位淘汰制在适当的条件和环境下会发挥其积极作用,但是从不同的角度来看,末位淘汰制也有负面效应。

第一,从法律的角度讲,末位淘汰制有违法的可能性。企业和员工共同签订的劳动合同是双方的法律行为,这是在双方意愿的基础上做出的行为,一旦订立就对当事人双方产生约束力。在合同期限未满前,任何一方单方解除合同,都必须有法定的理由,否则会被视为违法。而在末位淘汰制中,企业与员工解除合同的理由仅仅是员工的工作表现,法律依据不足,因此企业应该承担相应的法律责任。可见,对于企业来讲,适用末位淘汰制是有违法的可能性的。当然,在机关单位中,干部职务的任命、降级和撤销都是由单位单方可以做出的法律行为,这里并不涉及法律问题。总之,从法律的角度来讲,末位淘汰制可能造成违法。

第二,从科学的角度看,末位淘汰制欠科学。各个单位、部门的发展水平是不一致的。在同行业以同样的标准去评价员工,有的单位的末位可能是其他单位的首位或中上位,这正是"末位不末",如果淘汰掉他们,即使招入新的员工,实际效果也可能不如以前。从这个角度说,末位淘汰制是欠科学的。相反,在总体水平不高的单位里,实际上"首位不首",需要大刀阔斧地彻底更新换代,而此时末位淘汰制会保护这部分"首位不首"的人。由上可以看出,末位淘汰制有不科学因素存在。事实上,做工作有合格和不合格之分,如果大家干得都很合格,或干得都非常优秀,那么还要淘汰一部分是不科学的。

第三,从管理学的角度来讲,末位淘汰制不符合现代人本管理的思想。现代管理崇尚人本管理。人本管理以尊重人性、挖掘人的内在潜能为宗旨,努力通过创造一种宽松、信任的外在环境而充分发挥人的主动性、团队精神、责任感、创新性。人本思想注重长远效应,而非短期效应。末位淘汰制是一种典型的强势管理,主张通过内部员工的竞争来严加管理,员工外在的环境是紧张的。在这种环境下,员工的心理压力很大,同事关系紧张,团队精神较差。这种环境下的员工有一种被动感和被指使感,而且末位淘汰制一般是注重短期效应的,并不是很在乎人的长远发展和潜力发挥。

综上所述,末位淘汰制就像其他任何制度一样都是具有两面性的,既有积极的一面,又有消极的一面,我们在看到一项制度的优越性时也应看到它的不足之处,只有这样才能更全面地看待它和合理地应用它。

4)末位淘汰的适用性

末位淘汰制既有积极作用,又有消极作用。那么,末位淘汰制作为一种制度的出路何在呢?可以从两个不同的角度来探讨末位淘汰制的出路问题。一是用之但慎用,二是不用之而用其他替代。

第一,慎用末位淘汰制。鉴于末位淘汰制有优点也有缺点,所以用之应该慎之又慎。在实践中应考虑具体单位是否具备适用的条件和环境,是否确定了科学的考评指标体系,是否建立了合理的补偿制度。必须了解本单位所处的地位和水平。如果本单位人浮于事、人员过剩,管理没有形成健康有序的机制,那么实施末位淘汰制是适合的。而一个实施现代企业管理制度的企业,人员精干、素质较高、机构简单、具有活力和创造力,硬性地推行末位淘汰制度,被淘汰的员工有可能比同类企业优秀的员工还要具有一定的竞争性,因此造成的职位空缺是无法迅速从人才市场得到补充的,从而造成企业的损失,这种企业就不适合采用末位淘汰制。

末位淘汰制的应用是有一定的环境基础的。具体到不同的岗位来讲,不同的岗位对末位淘汰制的适用也是不一样的。如销售岗位的业绩容易量化,较适合采用末位淘汰制。而研发岗位则不易量化,且这种创新性很强的工作需要宽松的外部环境,因而不大适合采用末位淘汰制。其次,一旦决定适用末位淘汰制就必须设定一套非常科学而合理的指标体系。否则,考评的结果就不会科学,人员的淘汰就不正确,将直接影响到单位的发展。考评体系的制定需要单位有明确的目标管理制度和清晰的职位职责界定。如果目标不清楚,职责不明确,评价标准无法确定,那么就无法进行考评,也就没有根据来评定谁是末位。在这种情况下,末位淘汰很难运作。再次,使用末位淘汰制后应该采取一定的补偿措施。末位淘汰制的一个缺点就是缺乏人性关怀,过于残酷。针对这种情况,应该在实施末位淘汰制的同时实施一定的补偿制度,如对于被淘汰的员工提供培训机会,换岗另用等,使这种制度的消极作用降低到最小限度。

第二,关于替代末位淘汰制。绩效评价中,如果每名员工都相应找出了自己的不足,取长补短,共同进步,充分发挥团队精神,同时能很大程度上保护自己和其他同事的自尊心,就是相对较好的绩效评价。因此,绩效评价结果有助于形成一种积极向上、欣欣向荣的局面,使大家在尊重与理解中竞争,共同提高,最终形成一个优秀的团队,而非有人离开,就是相对较好的结果。最终的竞争是与竞争对手的竞争,而不是内部的竞争。

二维码 8-4
视频资料:
末位淘汰制的
合理运用

适合的就是最好的。应该说任何管理制度都不是放之四海而皆准的,它都有一个适用的特定范围和阶段,不分条件、时间、范围地去套用,可能适得其反。末位淘汰不是管理者的最终目标。管理者要通过末位淘汰制充分调动员工的主观能动性、积极性和创造性,来实现管理效益最大化。

3. 解聘

1) 解聘的含义及其原则

解聘是指聘任双方解除聘约的行为。具体就是解除聘任的职务,不再聘用。解聘的一般原则如下。

第一,以事实为依据。解聘人员要有理由,那种随便处置员工的企业永远得不到全心全意为企业着想的员工。只有以事实为依据,才能使被辞退员工心服口服,其他的员工也不会受到影响。

第二,顾及员工体面。在辞退员工时,应充分考虑被辞退员工的体面,减少因被辞退而给其带来的不快,同时也减少有暴力倾向的员工对企业潜在的威胁。

第三,坚决而迅速。勇敢地表达企业的立场,不要拐弯抹角。企业的辞退决定一旦做出,就应坚决实施。最忌信息已传出,但人力资源部门无相应行动,尤其是对待有不轨行为的员工,速度越快越好。

2) 解聘之前的程序

在解聘员工之前,雇主应当明确对被涉及的员工进行合理的调查。

首先进行符合要求的绩效评价和绩效面谈。包括:告诉员工他所获得的评价结果及评价的理由(最好是书面的),并给出一个合理的时间,预先让他们弄清楚相关事项,在面谈时给予员工足够的申辩机会,对于员工的申辩做出回复。

其次仔细考虑员工在面谈的过程中提出的问题。包括:对问题做出解释,把所有训诫过程做成文档,并对每一步有详细的记录;确保解聘的理由不是苛刻的、不公正的或不合理的。

3) 解聘的步骤

(1) 调查工作业绩。首先要查出员工有什么样的失误,为什么会有这样的失误,看能否在企业内部调动,让员工更好地发挥技能。如果无法进行内部调动,只好终结雇用关系。

(2) 用书面材料说明解雇员工的原因。保留书面警告的副本和记录该员工业绩不良所造成的影响,包括事件日期和详情。

(3) 制定终止雇用关系的条件。按照规定可以给予补偿。

(4) 最好让对方在合同终止那天离开办公室。这可以减少蓄意破坏的可能性,降低对其他员工的负面影响。

(5) 准备好进行解雇会谈。整理好需要的文件。准备一下应如何进行会谈。会谈持续的时间不要超过15分钟。

(6) 在独立的会议室中进行会谈。最好找个同事作为见证人,支持自己的观点,这将会有所帮助。

(7) 尊重对方,简要解释解雇的原因,说明这是一个无可挽回的决定。

(8) 解释有关解雇的财务安排。将最后的薪金准备好,交给员工。可能的话,为员工准备一封介绍信。

(9) 收回该员工使用的企业的财物。将员工的私人东西物归原主。

4) 解聘所涉及的法规与政策

评价者必须考虑因以下理由解聘员工是不合法的:

(1) 因为生病或受伤而暂时缺勤;

(2) 曾经担任员工的代表或争取过类似职位;

(3) 抱怨过雇主;

(4) 歧视的原因,如种族、性别、年龄、身体或智力缺陷、婚姻状况等。

中英文关键术语

绩效改进(Performance improvement)
绩效改进计划(Performance improvement plan)
绩效薪酬(Performance salary)
末位淘汰制(Lowliest place elimination series)

二维码 8-5
第八章自测题

复习思考题

1. 如何制订绩效改进计划？
2. 绩效评价与岗位调整有什么关系？
3. 绩效评价对培训有什么影响？
4. 绩效评价与薪酬管理之间是什么关系？
5. 根据绩效评价的结果可以做哪些人事决策？

二维码 8-6
第八章参考答案

案例分析题

 一、阅读材料

企业是否要引入"末位淘汰制"

案例一

某应用软件公司，现有员工 200 多人，是本行业较有影响力的公司之一。公司最近从一家美国知名电气公司挖来一个人力资源副总监 W 君，担任本公司的人力资源总监。W 君来公司后，提出了一系列公司管理上的改革方案，其中一项力度较大的措施是：实施末位淘汰制，将年终评估结果中最差的 8% 解雇。对此办法，公司老板 N 君拿不定主意，不知道该不该采用。N 君觉得公司的员工已经表现得很努力了，很难从中评出最差的 8%。如果强制划分 8% 出来，N 君也觉得他们不应该淘汰。但是，W 君的人力资源管理方案中，末位淘汰制是一个核心内容，并且此方法在 W 君原来所在的公司被运用得非常有效。N 君不知如何是好。

案例二

　　Z是一家企业的人力资源经理,他所在的企业自2003年以来一直实行末位淘汰制,年终对员工进行360度考核,按照10%的比率对员工进行淘汰。但是在实际操作中遇到了一些问题:干活越多的人,出错的概率越大;越坚持原则的人,得罪的人越多;结果是这两类人年终的绩效评分都很低,按照公司的规定,他们被淘汰了。但是企业里很多人对他们被淘汰感到惋惜,意见也很大,认为如果再这样淘汰下去,将没有人敢说真话了。所以,后来公司的末位淘汰制就不了了之。Z不禁疑惑:末位淘汰制缘何失效?

二、讨论题

1. 企业是否需要引入末位淘汰制?引入又需要考虑什么因素?
2. 本案例中,末位淘汰制为什么会失效?

第九章

绩效管理的典型方法

本章引例

华为绩效管理的发展

华为作为中国最大的电信设备技术有限公司,其在经营领域的成功大家有目共睹,而华为的绩效管理也成为各大公司借鉴、学习的典范。华为认为绩效管理就是管理者与员工的双赢:第一,企业和员工就目标及如何达到目标而达成共识,并增强员工成功地达到目标的管理方法;第二,绩效管理不是简单的任务管理,它特别强调沟通、辅导及员工能力的提高;第三,绩效管理不仅强调结果导向,而且重视达到目标的过程。

一、华为绩效管理的发展

截至现在,华为绩效管理发展历程大体可分为三个阶段。

1. 人事考核阶段(1995—1997年)
(1)将考核作为一个单一的过程;
(2)考核内容包括工作态度、能力和业绩三个方面,先在市场部进行试点;
(3)目的在于强化管理意识,推动管理观念的普及,进而提高管理水平。

2. 绩效考核阶段(1998—2001年)
(1)将考核作为绩效评价的工具;
(2)考核内容以绩效为中心;
(3)目的在于强化成果导向,推动员工务实、做实,不断提高工作水平。

3. 绩效管理阶段(2002年至今)
(1)将考核作为目标导向,考核是一个管理过程;
(2)增加了跨部门团队考核的新内容;
(3)推动员工在目标指引下自我管理,形成自我激励和约束机制,不断提高工作效率。

二、华为绩效目标体系的建立流程

1. 确定企业战略目标

企业在其经营过程中所要达到的市场竞争地位和管理绩效的目标,包括在行业中的领先地位、总体规模、竞争能力、分解能力、市场份额、收入和盈利增长率、投资回收率以及企业形象等。没有稳固的战略,关键绩效领域和关键绩效指标也就成了无源之水,因此,明确的战略目标是企业战略有效实施的前提。

2. 确定公司业务重点

鱼骨图法,依然是传统,但有效的方法。

3. 设计 KPI

华为业绩目标不是强制而是承诺(个人绩效承诺),其衡量结果有以下三种:

(1)持平(最多打 C);

(2)达标(增长 20%);

(3)挑战目标(增长 40%)。

三、华为多层次绩效管理的特点

(1)构建多层次评价体系;

(2)以 KPI 为核心的绩效指标体系;

(3)绩效指标体系化和数量化;

(4)强调个人绩效承诺,注重绩效改进和辅导;

(5)从人评人,到制度评人;

(6)强制分布的系统管理。

(资料来源:http://www.xuexila.com/success/logion/580347.html.)

第一节 目标管理法

随着市场经济的发展,越来越多的企业重视绩效管理,绩效管理方法的创新也层出不穷。绩效管理方法最早可以追溯到 20 世纪 50 年代以前,早期绩效管理方法主要是表现性评价,由组织内的各部门主管根据绩效周期内员工的工作表现对其做出评价。这一时期的表现性评价操作简单,但人事评价的主观性和随意性较大,评价结果的客观性受到很大质疑。因此,20 世纪 50 世代以后,表现性评价逐渐被各种先进的绩效管理技术所取代。1954 年,美国管理大师彼得·德鲁克最先提出了目标管理的概念,强调"企业的使命和任务,必须转化为目标",目标的完成情况成了对下级进行考核、评价和奖惩的重要依据。20 世纪 80 年代后期和 90 年代以来,随着人们对绩效管理理论和实践研究的重视,绩效管理的创新方法也有了极大发展,关键绩效指标(KPI)、平衡计分卡(BSC)、360 度绩效考核、OKR 绩效管理等新型绩效管理方法应运而生。

一　目标管理的内涵和特点

（一）目标管理的内涵

目标管理法是众多国内外企业进行绩效管理的常见方法之一，它将个人目标和组织目标有机地结合起来，充分调动员工的主动性、积极性，有利于创造良好的组织绩效。1954年，美国管理大师彼得·德鲁克首次提出"目标管理"的概念，他认为，并不是先有了工作才设定目标，而是先设置目标、形成目标体系，然后根据每级目标确定每个人的工作。

目标管理理论提出以后，便在美国迅速流传。当时正处于二战后西方经济由恢复转向迅速发展的时期，各企业急需采用新的方法激发员工积极性以提高绩效，目标管理一出现就被广泛应用，并很快在世界范围内流传。

经典管理理论将目标管理定义为：目标管理是以目标为导向，以人为中心，以成果为标准，而使组织和个人取得最佳业绩的现代管理方法。目标管理本质上是一种程序或过程，组织中的上下级联合起来共同参与目标的制定，各部门和员工通过自我控制、自我管理完成相应的目标和履行各自的职责，并以目标的完成情况作为员工考核和奖惩的依据。

（二）目标管理的特点

1. 共同参与目标的制定

目标管理强调组织中的成员共同参与目标的制定，组织中的成员既是目标的制定者也是目标的实现者。在确定目标的过程中，组织中的领导层先确定出一定时期内组织所要达到的总目标或战略，然后各部门主管人员和员工通过上下协商对总目标进行层层分解，制定出各部门、员工的目标。在此过程中，总目标和分目标、上级目标和下级目标间形成一种目的-手段关系，总目标的实现依赖于各个分目标的实现，同时总目标指导着分目标的实施。

2. 员工的自我管理

目标管理是一种参与式、民主式、主动式的管理制度，它将个人需求和组织目标有机地结合起来，通过领导权力下放、授权管理，实现员工的自我控制、自我管理，从而激励员工自觉、主动地实现组织的目标。目标管理始终重视"人性化"的管理，上下级间的关系是平等、尊重、融洽的，他们共同服务于组织总目标的实现。

3. 以目标为导向的评估、反馈系统

目标管理以既定目标的实施情况作为各部门和员工绩效考核的主要依据，这种对目标实施的考核不仅存在于目标的完成阶段，还存在于目标的实施过程阶段。目标完成阶段的考核，以目标的完成情况为依据，对部分部门和员工进行相应的奖惩，同时进行总结和反思，为下一轮的目标管理提供经验或教训。而目标实施过程阶段的考核，能有效地监测各阶段、各部门目标的实施情况，发现目标的实施是否偏离预定轨道，及时调整行动、计划，达到对过程的控制与管理。

4. 系统化的目标体系

目标管理通过逐级分解，将一定时期的组织整体目标转化为各单位、各员工的分目标，从组织总目标到部门目标再到个人目标，环环相扣、相互配合，形成方向一致、协调统一的目标体系。相应地，与目标体系相对应的权责体系也得以形成，下级部门或员工在被授予一定的权利的同时，也被赋予对应的职责。只有每个部门、员工积极地完成自己的分目标，才能保证组织总目标的实现。

二 影响目标管理的因素

（一）组织结构

目标的制定、分解和具体实施，依靠相应的组织机构操作，在同等情况下，组织机构的不同设置和人员的配备会对目标管理的实施产生不同的影响。例如，目标的制定需要上下级相互沟通、共同参与，目标的执行也需要各部门间的相互配合，对此所耗费的人力、物力、财力较大，成本较高，对于大中型企业而言较为容易接受如此高额的管理成本，而小型、初期的企业则难以满足条件。

（二）授权与责任

目标管理的推行需要适当的授权和合理的责任，领导层将部分权力授予下属，员工积极、主动地履行相应的职责。权力大而责任小会导致权力的滥用，权力小而责任大会挫伤员工的积极性，阻碍目标的实现，只有形成权责对称的体系，才能有效地推行目标管理。

（三）员工的素质

目标管理以 Y 理论为基础，假设在目标明确的条件下，人们能够对自己负责，要求员工应具备较高的素质。一方面，目标管理依靠的是员工的自我控制与管理来实现组织设定的目标，员工的业务知识与技能、个人素质、工作作风如何将影响到工作目标的如期完成以及目标管理的实施效果。另一方面，目标管理对员工没有详细的行为指导，只设定一个目标和大致的框架，具体的实施行动取决于员工个人，员工的素质和能力决定他们将采取怎样的行动，直接影响着目标管理过程的实施。

（四）目标制定的程序与方法

目标管理是一种有组织的活动，需要遵循规范的程序和科学的办法。在制定组织目标时应遵循先后次序，组织的总目标应逐级分解成各个分目标，上级部门的目标是下级部门制定目标的前提和依据，下级部门的目标又保证了上级部门的目标的实现，从而构成了与组织结构相对应的等级目标体系。同时，目标的制定必须实现上下级成员共同参与、相互参与，目标管理不是简单地由领导层拍板定案，下达指令，而是全体成员主动沟通、分工合作的结果。

（五）信息反馈与过程控制

目标体系一经形成就环环相扣，牵一发而动全身。因此，在目标的实施过程中必须加强信息反馈与过程控制，随时掌握目标实施的进度与成效。一旦发现成果不如计划预期，则应及时采取适当的矫正措施或补救行动，以保证计划方案按预想的步骤进行下去，预定目标能如期实现。

三　目标管理的优缺点

（一）目标管理的优点

目标管理较其他管理方法而言，具有以下几个方面的优点。

1. 组织目标的明确化，有利于工作效率的提高

目标管理将组织的目标逐级分解，并层层落实到组织中的各个部门和员工，使员工明确各自努力的方向。目标管理以目标成果为导向，根据目标的完成情况对员工进行绩效考核，促使员工积极工作，努力完成目标任务。

2. 极大地调动员工的工作积极性，激发员工潜能，提高员工士气

目标管理强调员工共同参与目标的制定，设定的目标是个人目标与组织目标相结合的成果，有助于调动员工的主动性和积极性。同时，目标富有一定的挑战性，能够激发员工的潜能，提高员工的士气。

3. 加强员工间的沟通与交流，改善组织内部的人际关系

目标的实现需要上下级的相互沟通、通力合作，实施目标管理能加强员工间的沟通、交流，培养员工的团队意识和合作精神，从而改善组织内部的人际关系，减少员工的相互猜疑与不信任，营造和谐、融洽的组织氛围。

4. 组织的员工考核较为公平

传统的绩效考核大多以人事评价为主，评价人根据员工的工作表现进行相应的等级考核，这种考核方式难免掺杂评价人的主观看法，具有极大的主观性和随意性，容易引起员工的不满和反对。而目标管理法的实施使员工的绩效考核有了客观依据，有效地解决了考核不公、员工不满的现象，使绩效考核变得更为客观、公正和科学。

（二）目标管理的缺点

尽管目标管理有许多明显的优点，但它并不是十全十美的，在实际的运行过程中也存在着缺点。其缺点主要表现在以下几个方面。

1. 目标的制定和分解较为困难

在现实生活中，组织中的许多目标难以量化、具体化，加上外部环境的动态变化，增加了目标的不确定性。另外，组织中的员工素质水平不等，而目标的设定需要一定的思想基础和科学管理基础，不然设定目标就可能出现不顾组织整体利益和长远利益的现象。

2. 缺乏必要的行为指导

目标管理过分强调目标达成和成果产出，而没有指出达到目标所要求的行为指导。它建立在员工个人素质较高、自主管理意识较强的基础上，而实际上并不是所有的员工都是这样，许多员工特别是新员工缺乏足够的能力独立完成组织所规定的目标任务。

3. 控制成本较高，管理困难

目标的设定和实施需要统一思想、上下合作，但是，这非常费时、费力、费财。而从

目标体系来看，组织的总目标、部门目标和个人目标是相互关联的，任何环节发生滞留或激进都会影响企业目标的实现，使目标管理的实施效果大打折扣。

4.目标缺乏灵活性，倾向于短期目标

目标本身缺乏灵活性，无法根据环境和条件的改变而调整。因此，目标的设定往往倾向于短期目标，长期目标容易流于形式，缺乏实际操作性，或者往往滞后于组织和环境的变化与发展。

四　目标管理的实施原则

（一）目标制定必须科学合理且富有挑战性

目标制定是目标管理的起始环节，也是关键环节。科学合理的目标是组织目标管理是具有实际意义、发挥理想效果的前提和基础。目标制定要明确、清晰，以使每个员工都能充分理解目标的内涵；目标要有主次和先后之序，个人目标融入组织目标，且以组织目标为首要，按照流程及重要性排出各个分目标的先后顺序；目标对员工而言要有挑战性，这样才能激发员工的工作热情，提高员工的成就感。

（二）过程监督和控制必须贯穿始终

目标管理不仅强调结果，更应注重监督和控制。目标体系是一个多方位、全面化的体系，它的完成需要各环节的完美衔接，其中任一环节的失误都将影响全局的变化，导致目标管理的实施达不到预期的效果。因此，过程监督和控制必须贯彻到目标管理的每一个阶段，确保目标运行方向正确、进展顺利。

（三）信息的反馈和目标的调整必须及时

信息在目标管理中发挥着重要的作用，不仅能在目标的制定阶段提供参考依据，而且能在目标的实施过程中反映目标的具体进展情况。因此，在目标管理过程中必须始终保持信息渠道畅通，加强信息的及时反馈，实时跟踪每个目标的实施。一旦发现问题，马上采取补救措施，以提高目标的环境适应性。

（四）对结果的考核评估必须到位

任何一个目标的完成都必须有一个严格的考核和评估，找出未能达到目标，按时或超额完成目标的原因，总结经验、教训，进行相应的奖惩。对结果的考核评估

不仅有助于员工的绩效考核，确定每个员工对组织的贡献，减少员工偷懒的可能，还能为下一轮的目标管理提供有益建议，帮助领导者做出合理的决策和进行有效的管理。

五 目标管理的操作流程

目标管理考核主要包括五个环节，其实施流程如图 9-1 所示。

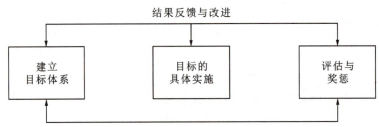

图 9-1　目标管理考核的实施流程

（一）建立目标体系

实行目标管理，首先，要制定包括组织目标、部门目标、员工个人目标的一套完整的目标体系。在目标制定之前，组织领导者和员工要对组织的内部结构和外部环境进行详细分析，目标体系应与组织结构相吻合，从而使总目标可分解为各级、各部门的分目标，而且足够应对客观环境所带来的各种机遇和挑战。其次，目标的制定需要全体员工共同参与。和传统的上级制定、下级执行的目标设定方法不一样，目标管理中的目标设定是依靠参与的方式，上下协商，逐级制定出组织整体目标、部门目标和个人目标，在此过程中各自的职责体系也得以建立，实现责权利的统一。最后，目标应具有层次性、挑战性、随信息反馈性、多样性、可考核性、可接受性、网络化等特性，如图 9-2 所示。

（二）目标的具体实施

在目标体系建成之后，领导层应把权力下放至下级部门或具体成员，不必事事参与，从而保证他们拥有自主配置资源的权力。但是，权力的下放并不意味着领导的撒手不管，而是承担指导、监督、提供协助的职能，在下属遇到困难时积极地给予建设性的意见和信息支持，发现问题时，及时进行纠正。相应地，员工在拥有权力的同时，也拥有了一定的责任，他们必须用尽全力完成既定的目标，确保目标实施的流畅性、完整性。

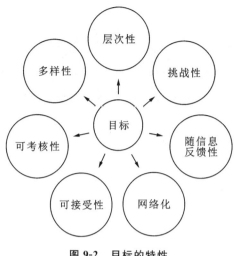

图 9-2　目标的特性

(三) 评估与奖惩

简单来说,目标的评估就是将实际达到的目标与预先设定的目标相比较,确定目标是否按时或超时完成。通过过程回顾和自我反思,找出未能达到预定目标的原因和超出预定目标的原因,为下一环节或下一流程的目标的实施提供依据。

目标的评估在整个目标实施期间可进行多次,以确保目标体系的总体实施如期完成。通常,目标的评估有三种方式:一种是组织各部门和各成员的自我考评,根据自己所取得的业绩来判断自己的工作表现,总结个人工作经验;另一种是组织的上级部门对下级部门及组织成员进行考评,根据目标的达成情况来判断下级部门和成员的绩效;最后一种是自我考评和上级部门考评相结合,先由员工自我考评,后报上级部门复评。

(四) 结果反馈与改进

在整个目标体系完成后,除了对员工的绩效进行考核,领导与员工还应共同回顾整个目标管理过程,对目标的实施过程和结果进行讨论分析,总结成功的经验,分析失败的原因。应将目标的实施情况以及实施过程中的问题反馈给组织中的各个部门,各部门根据反馈的实际情况,分析目标管理失败的原因,并制定出相应的解决方案,促进目标管理的改进。

(五) 确定新目标,开始新一轮的目标管理

一轮目标管理的终结为下一轮目标管理提供经验、教训,并在此基础上制定新的目标,开始新一轮目标管理。

第二节 平衡计分卡方法

1. 平衡计分卡的起源

平衡计分卡的思想最早可追溯到 20 世纪 80 年代中期,其发展历程大致可分为三个阶段。

(一)萌芽时期(1987—1989 年)

在卡普兰和诺顿正式研究平衡计分卡之前,ADI 公司于 1987 年就进行了平衡计分卡实践尝试,ADI 公司将战略目标实现的关键成功要素转化为年度经营绩效计划,由此衍生出世界上第一张平衡计分卡的雏形。

(二)理论研究时期(1990—1993 年)

1990 年美国复兴全球战略集团诺兰-诺顿专门设立了一个为期一年的新的公司绩效考核模式开发项目,卡普兰和诺顿任项目的负责人,最终研究报告详细地阐述了平衡计分卡对公司绩效考核的重大意义。1992 年初,卡普兰和诺顿在《哈佛商业评论》上发表了第一篇关于平衡计分卡的论文《平衡计分卡——驱动绩效指标》,正式提出了平衡计分卡的概念和理论框架,并建立了平衡计分卡的四个考核维度:财务、顾客、内部运营与学习发展。紧接着,他们在 1993 年发表了第二篇文章《在实践中运用平衡计分卡》,将平衡计分卡延伸到企业的战略管理之中,明确指出企业应当根据战略实施的关键成功要素来选择绩效考核的指标。

(三)推广应用时期(1994 年至今)

1996 年,卡普兰和诺顿出版了第一本关于平衡计分卡的专著《平衡计分卡》,详细介绍了如何将平衡计分卡的考核指标与企业战略相连接,如何从四个维度贯彻企业战略。2000 年,他们出版了第二部关于平衡计分卡的专著《战略中心组织》,指出企业可以通过平衡计分卡,依据公司的战略来建立企业内部的组织管理模式,让企业的核心流程聚焦于企业的战略实践。该著作的出版标志着平衡计分卡开始成为组织管理的重要工具。2003 年,Balanced Scorecard Collaborative Pty Ltd 的调查统计显示:在全世界范围内有73%的受访企业正在或计划在不久的将来实施平衡计分卡;有21%的企业对平衡计分卡保持观望态度;只有6%的企业不打算实施平衡计分卡。平衡计分卡在美国乃至全球的企业中得到广泛认同。2004年,《战略地图》应运而生,描述了组织的无形资产如何转化为有形资产,使组织战略可视化。平衡计分卡的理论体系在广泛推广与应用过程中,得以不断丰富与完善。

二维码 9-1
背景资料:
平衡计分卡的
创始人

二　平衡计分卡的概念与核心内容

平衡计分卡是根据组织的战略而设计的绩效考核指标体系,它以组织的共同愿景和战略为内核,从财务、顾客、内部业务流程和学习与成长4个维度,将组织的战略转化为具体的、可操作的衡量指标或目标值,从而设置相应的绩效评价指标体系。对平衡计分卡可从以下角度来理解:平衡计分卡是一种绩效考核系统,它将财务衡量指标和非财务衡量指标相结合,拥有业绩结果与业绩驱动因素双重考核含义;平衡计分卡为组织的战略管理提供有力支撑,使组织集中精力于关键的四个层面,提供组织的战略执行力;平衡计分卡是管理者和员工沟通的工具,强调管理者和员工共同开发各个层次的平衡计分卡。

平衡计分卡的核心内容主要体现在四个层面,如图9-3所示。

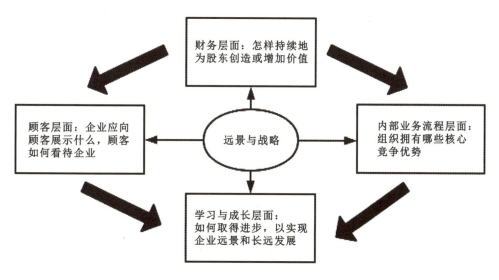

图9-3　平衡计分卡的内部结构

（一）财务层面

组织的财务指标通常反映组织的经营业绩和获利情况，直接关系到股东的利益，在平衡计分卡中占据重要位置。财务指标的设置主要有三个维度：营利收入，与企业的销售额和经营费用的增加或减少有关，旨在调整产品与服务结构、重新确定产品与服务的价格；生产效率，一段时间内企业的实际产出与消耗成本之间的比率，旨在缩短生产时间、降低生产成本、提高实际产出；运营资本结构，关注企业的资产使用状况，提高资产利用率，改善成本结构。

（二）顾客层面

顾客是企业提供产品和服务的对象。平衡计分卡中的顾客层面以目标顾客和目标市场为导向，满足核心顾客的需求，同时大力发展潜在顾客。顾客方面的测评指标主要包括顾客核心成果度量指标和顾客价值主张。顾客核心成果度量指标是指衡量顾客成功的指标，如市场份额、顾客回头率、新顾客获得率、顾客满意度和顾客利润率等。而顾客价值主张是指如何为目标顾客创造差异化、可持续的价值，如何创造竞争优势，它主要关注产品的价格与质量、企业形象、服务满意度、顾客关系等。卡普兰和诺顿将顾客的价值主张总结为4种类型：总成本最低战略，为顾客提供竞争性的价格与稳定的质量、快速购买和良好的产品选择；产品领先战略，强调产品创新和产品领先；全面顾客解决方案战略，主张与顾客建立长期关系，为顾客提供较好的全面解决方案；系统锁定战略，为顾客创造较高的转换成本，从而产生长期的可持续价值。

（三）内部业务流程层面

在设置内部运营指标时，管理者要抓住组织的关键、核心流程，并对这些流程进行详细分析。通常企业的内部流程主要分为运营作业流程、客户管理流程、创新流程和法令规范与社会流程。运营作业流程是指企业的日常生产流程，包括寻找和接受订单、产品生产与加工、分销产品与提供服务、管理各种作业环节及风险等。客户管理流程是指建立和维护客户关系、提高客户忠诚度的流程，一般包括选择目标客户、获得目标客户、维护客户关系和开发新客户4个相互衔接、相互循环的环节。创新流程主要是指开发新产品、改善服务、创新操作的流程，以保持企业的竞争优势，占据市场有利地位。法令规范与社会流程是指完善规章制度，改善社区与环境的流程。良好的法令规范和社会流程能提高企业的形象与声誉，吸引和留住高素质员工，驱动长期的价值创造。

（四）学习与成长层面

平衡计分卡中的学习与成长层面关注的是组织的长远发展能力,强调组织中的无形资产在长远战略中的作用。卡普兰和诺顿将组织中的无形资产归为 3 类:人力资本,即执行战略所需的知识、技能和全局价值观;信息资本,即支持战略实施的信息系统、技术系统和数据分析系统;组织资本,即领导和组织成员、协调各方,进行持续变革的能力,包括组织文化、领导力、协调力和团队合作。

三 平衡计分卡的四维度指标体系

从平衡计分卡的四个维度出发,常见的绩效评价指标如下。

（一）财务维度衡量指标体系

1. 偿债能力指标

偿债能力指标主要包括短期偿债能力指标和长期偿债能力指标。短期偿债能力指标,主要包括流动比率、速动比率、速动资产、现金流动负债比率等。长期偿债能力指标,主要包括资产负债率、负债与所有者权益比率、负债与有形净资产比率等。

2. 营运能力指标

营运能力指标主要包括应收款周转率、存货周转率、总资产周转率、固定资产周转率等。

3. 盈利能力指标

盈利能力指标主要包括主营业务毛利率、主营业务利润率、资产净利率、净资产收益率等。

4. 发展能力指标

发展能力指标主要包括销售增长率、资本积累率等。

（二）顾客维度衡量指标体系

平衡计分卡要求企业将使命和策略诠释为具体的与顾客相关的目标和要点。企业应以目标顾客和目标市场为导向,应当专注于满足核心顾客需求,而不是企图满足所有顾客的偏好。顾客较关心的不外乎五个方面：时间、质量、性能、服务和成本。企业必须为这五个方面树立清晰的目标，然后将这些目标细化为具体的指标。客户指标衡量的主要内容包括市场份额、老客户挽留率、新客户获得率、顾客满意度、从客户处获得的利润率。

（三）内部业务流程维度衡量指标体系

建立平衡计分卡的顺序，通常是在先制定财务和客户方面的目标与指标后，才制定企业内部流程方面的目标与指标，这个顺序使企业能够抓住重点，专心衡量那些与股东和客户目标息息相关的流程。内部运营绩效考核应以对客户满意度和实现财务目标影响最大的业务流程为核心。内部运营指标既包括短期的现有业务的改善，又涉及长远的产品和服务的革新。内部运营指标涉及企业的改良与创新过程、经营过程和售后服务过程。

（四）学习与成长维度衡量指标体系

学习与成长的目标为其他三个方面的宏大目标提供了基础架构，是驱使上述三个方面获得卓越成果的动力。面对激烈的全球竞争，企业如今的技术和能力已无法确保其实现未来的业务目标。削减对企业学习和成长能力的投资虽然能在短期内增加财务收入，但由此造成的不利影响将在未来对企业带来沉重打击。学习与成长层面指标涉及员工的能力、信息系统的能力与激励、授权与相互配合。

四 平衡计分卡的战略意义

（一）平衡计分卡为战略管理提供框架

通过建立各个层级的平衡计分卡，使组织的各个部门和员工对战略达成共识，并将组织战略转化为财务、顾客、内部业务流程、学习与成长 4 个层面的目标值与评价指标，从而引导各部门员工为实现组织的战略目标而努力。平衡计分卡不仅将组织的战略付诸具体经营行动，而且整合了组织中的各种资源，使组织的主要资源集中于关键流程，提高了工作效率，解决了资源配置不合理问题。另外，平衡计分卡的建立也使组织的纵向战略目标与横向战略目标协同一致，从而形成了一个和谐的战略实施框架。

（二）平衡计分卡为绩效管理提供支持

平衡计分卡中各项评价指标与目标值，为企业、部门和员工的绩效考评提供了参考依据。以各项目标值为绩效标准,通过实际值与目标值的对比,可以判断员工的工作表现,为工作的改进提供方向。各组织和部门的平衡计分卡可以看作是该组织、部门的工作计划,平衡计分卡的实施为工作计划管理提供途径,从而保证绩效目标的实现。平衡计分卡突破了传统绩效考核体系的片面性和滞后性,它将财务指标与非财务指标、短期目标与长期目标相结合,构建了一套完整的绩效考核体系。

(三)平衡计分卡是一种有效的沟通工具

平衡计分卡的建立是管理者与员工共同沟通、共同制定的成果,它要求个人、部门和企业之间建立起一致的目标体系,加强对企业战略目标的理解与支持,为实现共同的战略和愿景共同努力。在具体管理问题上,企业高层管理者并不一定会比中下层执行人员更了解情况、所做出的决策也不一定比下属更明智,所以平衡计分卡指标的建立应该由高层管理者与中下层人员共同参与。传统的企业业绩评价体系大多是由专门的财务人员设计并监督实施的,但是,由于不同领域间的差别,财务人员并不清楚企业日常经营管理、技术创新等方面的问题,因而需要不同部门人员的积极沟通,共同制定出科学、合理的评价指标体系。综上所述,平衡计分卡的制定本身就是一个上下级、各部门间相互沟通、共同参与的过程,它也就成为组织内部有效的沟通工具。

(四)平衡计分卡体现过程管理思想

平衡计分卡不仅关注结果,还关注驱动结果实现的因素,强调各因素间的因果关系。从平衡计分卡的四个层面看,财务作为组织经营的结果,而顾客、内部业务流程、学习与成长这三个层面则是驱动财务结果实现的因素。学习与成长层面中的无形资产为企业的内部业务经营提供基础与支持;内部业务流程层面中的客户管理流程和法律规范与环境流程维护着客户关系、传送着顾客的价值主张,内部业务流程层面的运营作业流程和创新流程则直接影响着组织的财务状况;顾客层面创造出的顾客满意度与忠诚度关系着组织的财务结果,而财务结果激发着组织的学习与成长。由此可见,平衡计分卡并不是各个层面的简单混合,而是各层面、各环节相互配合的有机整体。

(五)平衡计分卡具有平衡作用

平衡计分卡的平衡作用主要体现在以下五个方面。

1.财务指标与非财务指标的平衡

平衡计分卡打破了传统的只注重财务指标的绩效考核体系,将财务指标与非财务指标综合,实现了绩效考核的全面性、系统性。

2. 长期目标与短期目标的平衡

平衡计分卡不仅关注短期的企业业绩与业务经营状况,而且关注长期的战略目标实现与持续的价值创造,确保企业长期目标与短期目标的平衡,有利于企业的长远、稳定发展。

3. 组织内外的平衡

在平衡计分卡中,股东与顾客是外部群体,员工是内部群体;两者的利益在平衡计分卡的实施过程中得以平衡。平衡计分卡不仅关注组织的内部业务流程层面,还注重外部的社会环境对组织的影响作用,从而实现组织的内外平衡。

4. 结果性指标与动因性指标的平衡

平衡计分卡以可衡量的评价指标与目标值为结果,分析各层面的驱动因素,寻求结果与动因间的动态平衡,实现组织的战略目标与愿景。

5. 滞后指标与前置指标的平衡

滞后指标代表组织过去的绩效,如平衡计分卡中的财务指标就是一个滞后指标,它反映的是组织过去一段时间内的业绩情况。前置指标则代表组织的未来发展方向,告诉组织如何改善绩效,如何实现可持续发展。

五 平衡计分卡的实施条件

(一) 组织的战略目标可分解

平衡计分卡是将组织的战略目标分解成四个层面的指标,通过一系列可衡量、可操作的具体目标值和评价指标的实施,来达到组织战略目标的实现。

(二) 平衡计分卡的四个层面指标间存在明显的因果驱动关系

平衡计分卡包括财务、顾客、内部业务流程、学习与成长四个层面,且四个层面间存在紧密的因果关系,共同构成了一个完整的有机整体。

(三) 组织内员工素质水平较高

由于不同领域的专业限制,平衡计分卡的制定需要管理者和员工的共同参与,在实施过程中也需要具体执行人员的创造性发挥。因此，员工的素质水平直接影响平衡计分卡的实施效果。

（四）组织管理完善，相关配套制度健全

平衡计分卡的推进要求组织中相关配套制度的健全与完善，包括财务核算体系、内部信息支持系统、岗位权责划分、组织规则制度等。组织的管理越规范化、系统化，平衡计分卡的实施效果越好。

六 平衡计分卡的实施流程

（一）确定战略目标

目前外部的动态环境瞬息万变，企业间的竞争日益激烈，要想占据市场的有利位置，就必须全面分析企业所面临的各种机遇与挑战，制定长远且有发展力的战略目标。而平衡计分卡的实施与组织的战略目标紧密相连，确定战略目标因此成为平衡计分卡实施流程中的第一步。一般来说，组织的战略目标制定应该考虑以下三个因素：一是企业的生命周期阶段（成长期、成熟期、没落期），不同的阶段决定了不同的战略目标；二是 SWOT 分析，即组织的优势与劣势、机会和威胁的分析，回答顾客关于"我为什么要选择你们公司"的问题；三是目标市场的价值定位，分析组织是凭借何种优势打入市场，高质量的产品、优质的服务、先进的技术还是其他方面。基于以上分析，能够确定符合企业自身发展的战略目标，为平衡计分卡的建立确定一个合理的高度范围。

（二）战略目标的分解

平衡计分卡从财务、顾客、内部业务流程、学习与成长四个维度展开，将组织的战略目标分解为四个层面，制定每个层面所对应的具体评价指标、目标值。此时，各层面的绩效目标与组织的战略目标紧密相连，形成了一个完整的战略规划。而平衡计分卡的实施则以绩效目标逐层分解的方式，将组织的战略规划传达至整个组织。

在进行战略目标的分解时，应该考虑组织的内部结构，与组织结构保持高度一致，加强组织部门间的横向沟通与上下级间的纵向联系，使他们相互协作，共同服务于组织战略目标的实现。

（三）建立平衡计分卡的评价指标体系

平衡计分卡中四个层面的指标应该根据不同行业和企业的实际情况，按照企业制

定的战略目标作进一步的细分,以便对四个层面进行更为细致的观察与评价。但是指标的细分并不需要将所有关联的指标因素都列出,而是根据自身情况,选取较为关键的指标,构成评价指标体系。

每个层面的指标都应确定相应的权重,一般以 100% 为最高值,对本层指标内的各项指标的重要程度进行分配。确定指标的权重应该由合理的人员结构进行,这个人员结构是由本企业的中高层管理人员、基层技术人员,还有企业外部的专家、学者构成,充分保证指标的科学化。另外,不同企业的指标权重比例也不同,对于金融企业而言,财务指标应占据较大比例;对于服务型企业,顾客层面就显得尤为重要;而高科技企业,技术与产品的更新较快,学习和成长指标所占的权重相应就更大。

(四)平衡计分卡的实施、反馈与修正

平衡计分卡不同于其他绩效管理方法,它能够提供战略反馈并进行战略修正。平衡计分卡各层面的指标之间存在明显的因果关系,一旦出现没有达到预期效果的情况,则可以精确地找到关键问题,从而采取补救或修正措施进行调整。因此,在平衡计分卡的实施过程中,要进行跟踪调查,及时发现目标在实际实施过程中存在的误差,同时疏通信息反馈渠道,快速做出合理的调整方案。大部分企业都会对平衡计分卡做一个时间限制,根据跟踪调查定期调整一些指标和目标值,以确保平衡计分卡的正确性、科学性。

经典案例9-1

一、阅读材料

广东某企业的平衡计分卡考核制度

广东某企业,从去年初起,把平衡计分卡作为公司的一项考核制度,开始在这家 2000 人规模、年产值数亿元的企业内实施,张小姐作为人力资源部的绩效经理直接负责平衡计分卡的推广事宜。然而,将近一年的时间过去了,平衡计分卡的推行并没有顺利实施,反而在公司内部上上下下有不少抱怨和怀疑。甚至有人说:"原来的考核办法就像是一根绳子拴着我们,现在想用四根绳子,还不就是拴得再紧点,为少发奖金找借口?""其实,我们发现有些公司遇到的情况和我们现在差不多。因此,我不知道这到底是我们的问题,还是因为平衡计分卡真的不适合中国企业。"张小姐说起这些,显得颇有些无奈。

二、阅读并思考

1. 该公司的平衡计分卡推广面临什么问题？原因是什么？
2. 如果你是该公司的绩效经理，你会采取哪些措施来改善这种现象？

第三节 关键绩效指标考核法

一 关键绩效指标考核法的内涵

关键绩效指标（KPI）考核法是通过对组织内部流程的输入端、输出端的关键参数进行设置、取样、计算、分析，衡量流程绩效的一种目标式量化管理方法，是把企业的战略目标分解为可操作的工作目标的工具。其内涵可从以下几个方面理解。

1. 关键绩效指标考核法是对组织战略目标实施效果的衡量

关键绩效指标考核法是以组织的战略目标为导向，对组织战略目标做进一步的分解、细化，并随着战略目标的发展而调整。其次，关键绩效指标考核法通过对工作绩效的特征分析，提炼出最能代表绩效的若干绩效指标，并在此基础上进行绩效考核与管理，其目的是衡量组织战略目标的实施效果，增强组织的核心竞争力，使组织得到可持续的发展。

2. 关键绩效指标考核法是对组织中重点经营活动的衡量

关键绩效指标考核法强调对组织起关键作用的指标，是对组织中的重点经营活动，而非所有活动的衡量。每个绩效指标的制定都是基于对组织战略目标具有增值作用的工作产出，通过关键绩效指标考核法来实现对关键领域、重点部分的监督与控制。

3. 关键绩效指标考核法反映的是影响组织价值创造的关键驱动因素

关键绩效指标的设定和应用都是为组织战略目标的实现服务的，主要目的是引导管理者和员工将精力集中于各项增值产出，关注对绩效产生最大驱动力的因素，实现组织绩效的提高。

4. 关键绩效指标考核法是可量化或可行为化的考核体系

关键绩效指标考核体系是一个标准化的体系,其指标必须是具体的、可操作的。对于可确定的工作产出应采用量化指标,实在难以确定产出结果的,应尽可能地行为化,即对过程的行为进行评估。

二 关键绩效指标考核法的核心思想

关键绩效指标法强调对组织绩效起关键性作用的指标,集中关注对组织战略目标达成起决定作用的部分。该方法的理论基础为二八定理(即 80/20 定律),该定理是由意大利经济学家维尔弗雷多·帕累托提出的。他认为,一个企业 80% 的价值是由 20% 的骨干员工创造的,每个部门和每位员工的 80% 的工作任务是由 20% 的关键行为完成的,抓住 20% 的关键,就抓住了主体。将 80/20 定律应用到绩效管理中,就体现为关键绩效指标考核法,抓住那些对战略目标起关键作用的指标,就抓住了绩效管理的核心。

三 关键绩效指标体系设计的过程

关键绩效指标体系的设计有以下四个主要步骤,如图 9-4 所示。

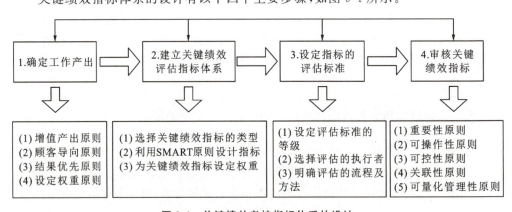

图 9-4 关键绩效考核指标体系的设计

(资料来源:付亚和,许玉林.绩效管理[M].上海:复旦大学出版社,2003.)

(一)确定工作产出

关键绩效指标体现的是对组织目标增值的部分,是依据对组织绩效目标有增值作用的工作产出来设定的。因此,在设计关键绩效指标体系时,首先要确定各部分的工作产出。而确定工作产出应遵循以下几个原则。

1. 增值产出原则

关键绩效指标是与组织目标紧密相连的,所有的工作产出都是为组织战略目标的达成服务的。因此,工作产出必须与组织目标保持一致,并在组织的价值链上产生直接或间接增值作用,以提高组织的绩效,最终实现组织的战略目标。

2. 顾客导向原则

确定各项工作产出应该以顾客需求为出发点,只有满足顾客需求,使顾客满意的工作产出才是关键绩效指标。可以通过绘制客户关系图来明确个人、部门和组织对客户的工作产出,衡量个人和组织的工作效果。

3. 结果优先原则

工作产出应表现为某项活动的实施结果,一般以量化的形式来表达。而对于某些实在难以确定结果的工作,应该考虑其实施过程中的关键行为,对实施过程中的行为进行评估。

4. 设定权重原则

每项工作产出都应该设置相应的权重,来体现它们对组织目标的贡献程度。在设置权重时,应以各项工作产出对组织目标的不同重要程度为等级标准。

(二)建立关键绩效评估指标体系

1. 选择关键绩效指标的类型

不同的工作产出应选择不同的绩效指标,例如生产性的工作产出强调质量与效率指标,财务性的工作产出强调成本与营利指标等。常见的关键绩效指标有数量、质量、成本和时间4种类型。数量一般表现为产量、销售额、利润等;质量一般表现为准确性、独特性、返修性、破损率等;成本一般表现为单位产品的成本和投资回报率;时间则通过供货周期、及时性来体现。关键绩效指标的类型要根据工作产出的衡量角度来确定,考虑工作产出的性质是量化的还是非量化的,考虑工作产出的评估重点是什么。

2. 利用 SMART 原则设计指标

关键绩效指标的确定必须遵循 SMART 原则。S 代表具体(Specific),指绩效考核要明确具体的工作指标,不能笼统化和模糊化。M 代表可度量(Measurable),指绩效指标应该是可量化的、可操作的,可通过不能量化的指标对其过程中的行为进行

二维码9-2
微帖：
SMART原则
要注意的事项

评估。A代表可实现(Attainable)，指绩效指标的设定应该符合组织的实际水平，避免过高或过低的目标。R代表价值性(Rewarding)，指绩效指标要与组织目标紧密相连，为组织战略的实施服务。T代表时限(Time-based)，指对绩效指标的完成要规定时限。

3. 为关键绩效指标设定权重

在制定各项指标后，要对每一个指标划分权重，使它们构成一个完整的关键绩效指标考核体系。各指标的权重应根据每项工作产出的特点而定，具备一定的灵活性与变通性。例如，组织的管理层的工作产出主要为决策和管理，绩效指标应以结果为主；而基层员工则是行为指标应占据较大的权重，结果指标的权重较小。

（三）设定指标的评估标准

在确定关键绩效指标体系后，就需要对指标设定评估标准，以确保指标的正确性、科学性。对于量化的指标，其评估标准通常是两个极限值所规定的一个范围；而非量化的指标，则应该从顾客的角度出发，考虑顾客期望达到什么效果或程度。

绩效的评估标准一般由三个主要步骤构成：设定评估标准的等级，即在每个指标上分别应该达到什么水平，主要有基本标准、卓越标准与不及格标准之分；选择评估的执行者，充分考察备选者的综合素质，保证评估的客观、科学；明确评估的流程及方法。

（四）审核关键绩效指标

对关键绩效指标进行审核的目的主要是确认指标的客观性、全面性和操作性，为工作产出的调整、绩效考核指标和具体标准的修正提供反馈信息。关键绩效指标的审核应回答这些问题：该指标是否容易被理解？该指标是否可控？该指标是否可信任？该指标是否可实施？该指标是否可衡量？该指标是否可低成本获得？该指标是否与整体战略一致？该指标是否与整体指标一致？有效的关键绩效指标必须符合以下原则。

(1)重要性原则，绩效指标应对整个公司的整体价值和业务有重要影响。

(2)可操作性原则，绩效指标必须有明确的定义和计算方法，以及数据来源，具有实际操作价值。

(3)可控性原则,绩效指标有明确的责任人,并有较大控制力。
(4)关联性原则,绩效指标之间存在一定的关联性。
(5)可量化管理性原则,绩效指标是可量化管理的。

四 关键绩效指标的设计方法

(一)建立关键绩效指标的方式

1. 依据组织结构而建立关键绩效指标体系

依据组织结构而建立关键绩效指标体系,强调把组织的目标落实到各个部门,以各部门承担的职责为基础,对组织的目标进行逐级分解,从而形成相应的指标体系。

2. 依据内部流程而建立关键绩效指标体系

依据内部流程而建立关键绩效指标体系,是将组织的目标分解为若干个功能模块或经营重点,以不同职能工作、不同岗位的性质和特征为基础,让流程中的各工作环节都响应组织目标。

3. 依据平衡计分卡而建立关键绩效指标体系

依据平衡计分卡而建立关键绩效指标体系,是以平衡计分卡中的四大层面(财务、顾客、内部业务流程、学习与成长)为核心,分别找出每个层面的关键驱动因素,设置对应的绩效指标。使每个关键成功驱动因素都分解出对应的关键绩效指标,每个关键绩效指标都有主要的负责部门。

(二)选择关键绩效指标的方法

1. 标杆法

标杆法(又称"外部导向法")是将自身的关键绩效行为与最强的竞争企业或行业中领先企业的关键绩效行为作对比,以它们为标杆,不断提升自身绩效。利用标杆法选择关键绩效指标,首先,需要详细了解本企业的关键业务流程和实施策略,从各流程的运作关键点切入,找出企业运营中的关键问题。其次,选择几家竞争企业或行业中的领先企业,剖析它们成功的共同特征,构建行业标杆基本框架。接着,深入剖析标杆企业的经营和管理模式,找出其竞争优势的来源,总结成功的关键要领。最后,将标杆企业与本企业进行比较分析,找出双方存在的差异,借鉴标杆企业的成功经验,结合自身优势与特点,确定本企业的关键绩效指标。

2. 成功关键分析法

成功关键分析法是指通过分析企业获得成功的驱动因素,提炼出关键要素,对这些要素进行考核与分析,从而构建关键绩效指标。关键绩效指标的选择应遵循有效性、量化性和可操作性,指标要能客观、公正地反映要素,衡量标准尽量量化,考核数据较容易获得。

3. 平衡计分卡中的策略目标分解法

根据平衡计分卡中四个层面(财务、顾客、内部业务流程、学习与成长)的策略目标分别确定关键绩效要素,对每一个绩效要素进行细致分析,确定相应的关键绩效指标。

五 关键绩效考核法实施中的注意事项

(一)关键绩效指标考核的目的是促进员工对组织做出贡献

1. 绩效考核关注员工为组织目标所做的贡献

绩效考核的主要目的是改善组织的绩效,通过对员工的贡献行为进行考核,对贡献程度高的员工进行相应的奖励,对没有贡献或阻碍组织目标实现的员工进行惩戒,以此来激发员工工作热情,促使他们为组织目标的实现做出积极贡献。

2. 关键绩效指标要为组织的战略目标服务

关键绩效指标来源于对组织战略有增值作用的工作产出,通过对工作产出进行深入分析,提炼出组织成功的关键驱动因素。它们与组织的战略目标紧密相连,并为组织战略目标的实现服务。

(二)制定关键绩效指标的基础是明确的职责界定

在组织中部门与部门、职位与职位间存在着千丝万缕的关系,明确各职位的职责,才能确定每个关键行为、关键环节的主要责任部门或个人,从而制定和分解出关键绩效指标。因此,明确各岗位、部门的职责是制定和分解关键绩效指标的基础。另外,关键绩效指标的实现本质上就是工作职责的落实,只有各部门、各岗位积极地履行自己的职责,才能实现组织制定的关键绩效指标,提高组织的绩效,实现组织的目标。

（三）指标要尽可能量化和可验证

在制定关键绩效指标时，应该尽可能量化，这样有利于绩效考核的客观、公正。对于难以量化的指标，可以通过细化、工作流程化、行为化来实现量化的转变。工作的细化可以从数量、质量、时间和成本四个方面进行，工作流程化可针对工作流程的每一个实施步骤来制定相应的标准，行为化则是对员工的工作行为进行考核、评价。

关键绩效指标应该是可操作、可验证的，能够获取一定的数据或信息来进行指标的验证判断和实施操作。如果该指标无法获取有效的信息，则认为该指标是无效的，应该考虑去除或更改。

二维码 9-3
视频讲解：
雷军：KPI
已经不适用
现代企业的
发展

第四节　360 度绩效考核法

一、360 度绩效考核法概述

360 度绩效考核法，又称 360 度绩效评估法或全方位绩效考核法，是常见的绩效考核方法之一，其特点是评价维度多元化（通常为 4 个或 4 个以上）、匿名评价、考核全面化，适用于对中层以上的人员进行考核。360 度考核法最早于 20 世纪 80 年代由英特尔公司提出并加以实施运用，该方法通过员工自己、上司、同事、下属、顾客等不同主体来了解其工作绩效，知晓各方面的意见，清楚自己的长处和短处，来达到提高自己的目的。之后 360 度绩效考核法经 1993 年美国《华尔街时报》与《财富》杂志引用后，开始得到世界各地的广泛关注与应用。

360 度绩效考核法是一种从不同层面的人员中收集员工绩效表现的观察、评价资料，包括来自上级、同事、下属及顾客的观察和评价，也包括被评者自己的评价（见图 9-5），然后对获得的资料进行分析评估，为被考核者提供反馈，使他们知晓各方面的意见，清楚自己的长处和短处，帮助被考核者提高能力、改善绩效的方法。360 度绩效考核法能够比较全面、公正地评估员工的绩效表现，同时通过信息的反馈可以促进员工工作能力的提高，改善组织的绩效。但是 360

度绩效考核需要收集各方面的信息、资料,工作量比较大,对员工的素质有一定的要求。

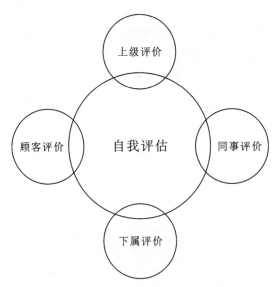

图 9-5　360 度绩效考核结构图

二　360 度绩效考核的操作过程

(一) 界定目标

在进行 360 度绩效考核之前,必须明确考核的目标,即考核要达到什么效果。一般来说,考核的目标与组织目标紧密相连,都是为了改善组织绩效,实现组织的战略目标。接着根据考核的目的确定考核标准,依据每项职责制定出员工的主要行为,将有限的资源在既定的范围内发挥出最大的作用。

(二) 选定被评估人及评估人

一项绩效考核的实施离不开评估的对象和评估的执行者,通常 360 度绩效考核的评估对象是组织的中层或高层管理人员,而评估者通常选取与被考核员工有直接联系的上级、同事、下属、服务的客户 4 组人,每组至少选择 6 个人对评估者进行匿名评价。在评估开始之前,一般要与评估者进行沟通,告诉他们此次评估的目的、意义,评估的对象、方式,以及评估运作的各种细节和问卷作答的标准,使他们能够公平、公正、科学地做出评价,为员工的绩效考核提供可靠的依据。

（三）设计调查问卷

问卷的形式有很多种，有纸张问卷、磁盘档案、网络直接作答等方式，可依据组织成本预算、人力资源状况和基础设施等自由选择。问卷的题目必须与员工的主要绩效行为相关，并以组织期望被评估者实施的行为作为评价的基本标准。至于题目的多寡则需考量被评估者的职能范围及评估人回答问卷所花费的时间，必须保证评估人有充足的时间来完成所有的问卷题目。问卷完成后，可进行预测试，选取部分目标评估人员进行问卷测试，根据测试的结果作问卷的调整、改善，以防问卷的描述不清、意义含糊等问题。

（四）执行评估

在进行评估的过程中应该采取匿名的方式，使评估者能够客观、公正地进行评价，消除评估者的顾虑，增强评估结果的可靠性。同时，要严格地遵循保密原则，采取一定的保密措施，防止评估过程中的信息泄露，减少人为干预。在这个阶段需要对具体实施过程加强监控和质量管理，从问卷的开封、发放、宣读指导语到疑问解答、收卷和加封保密的过程，都要进行标准化管理，实行保密原则，若实施过程中出现了其他人的介入，则视该结果为无效的。

（五）提供回馈并制订行动计划

在评估结束后，要根据回收的调查问卷和收集的信息资料，依据专门的360度反馈评价软件做统计、分析和报告。为了数据美观和使用便捷，可适当绘制各种统计图表来呈现数据的变化。最后要把数据的分析结果反馈给每一位被评估人，使被评估人认识到360度绩效考核的目的是为管理者、员工改进工作和未来发展提供咨询建议的。同时，企业的管理部门要针对360度绩效考核所反馈的问题制订相应的行动计划，以帮助被考核者提高能力水平和业绩水平。

三　360度绩效考核法的注意事项

（一）根据组织所处的生命周期及业务类型来审视组织是否适合采用360度绩效考核法

一般来说，处于初创期的企业不宜采用360度绩效考核法，高科技等结果导向型企业也不宜采用。

（二）合理选择考核者和被考核者

并非所有被考核者都必须由员工自己、上级、同事、下属、顾客等进行全方位的考核，原则上是考核者必须熟悉被考核者的工作，与被考核者有一定的联系，与被考核者无任何往来的不相关者不应该成为考核者。

（三）根据实际需要确定考核要素

不同级别、不同工作岗位的被考核者因为工作职责、工作内容的不同，他们的考核要素也是不一样的。比如高层管理者的考核要素包括目标意识、模范表率、决策水平、协调能力等，而一般员工的考核要素包括责任心、纪律性、工作速度、业务技能等；研发人员的考核要素在于创新成果，而财务人员的考核要素是工作缜密和严格遵守财务制度等。

（四）制定合适的考核周期

不同考核者适用的考核周期是不一样的。原则上业务往来密切者适用较短的考核周期；被考核者的职位较低者适用较短的考核周期。

（五）正确看待360度绩效考核法的价值

就目前的发展阶段来说，360度绩效考核法的最重要价值不是考核本身，而在于能力开发。其价值主要包括两个方面：一是可以帮助人们提高对自我的洞察力，更加清楚自己的强项和需要改进的地方，进而制订下一步的能力发展计划；二是可以激励人们不断改进自己的行为，尤其是当360度绩效考核和反馈与个人发展计划的制订结合起来时效果更明显。360度绩效考核法正是将这种差距明确地呈现给受评人，从而激发起他们积极向上的动力。

经典案例9-2

一、阅读材料

美国普渡资源管理公司的360度绩效考核法

美国普渡资源管理公司（以下简称"普渡公司"）有员工近千人，旧的绩效考核系统缺乏明确的考核标准，实施中也未能保证公正与公平，在旧的考核过程中，员工也不知道公司对他们的期望是什么。通过考核来发现绩效优异的员工并给予他们相应的报酬,这是任何一个有效激励体系的内在竞争。许多公司实施绩效考核的目的是激励员工。然而,总有经理或雇员认为绩效考核是一个虽然必要但毫无结果和令人讨厌的过程。普渡公司在早期改革之前就处于这种情形之中。改革的结果是,绩效考核不再仅仅是一种对员工"打分"的制度,更是给员工以重要信息反馈的来源。每年,所有的员工都同他们的上级坐到一起讨论今年的个人目标。为此,绩效考核系统实际上成了一种重要的协调工具。比如,在普渡公司中,团队工作变得越来越重要。为促进员工相互间的合作,公司制定了一项政策,要求所有员工以一名团队成员的身份来分别回答一系列问题。同样,在绩效考核中,不仅由上级进行考核,同事和下级也要对其进行考核。仅由上级考核也许成本更低、更节省时间,但360度绩效考核对于团队运作很重要的公司来说非常有价值。此外,增加考核者的人数会提高考核的准确性。

 二、阅读并思考

1. 当公司处于什么样的环境时适合使用360度绩效考核法?
2. 结合材料,谈谈对360度绩效考核法的看法。

第五节 OKR 绩效管理方法

一 OKR 绩效管理方法概述

OKR绩效管理方法(简称"OKR法"),是一套明确和跟踪目标及其完成情况的绩效管理工具和方法,也是一种以激发员工内在动机为基本理念的绩效管理方法。1999年,英特尔公司发明OKR绩效管理方法,在硅谷、Oracle、推特、谷歌等公司都陆续落地了OKR绩效管理方法,国内的互联网公司如华为、今日头条、知乎、明道也都成功地引入了OKR绩效管理方法。OKR绩效管理方法逐步走向大众化。与其他绩效管理工具不同的是,OKR法并不是将全部精力放在人事的高效组织上,以确保预定目标保质保量地完成,而是关注如何更有效率地完成一个有远见的项目,强调员工的战略眼光和创新意识,给予员工更多的主动性。作为一种新兴的绩效管理方法,OKR法的主要目标是明确公司和团队的目标以及每个目标达成的可衡量的关键结果,它衡量的不是员工是否努力工作，是否完成组织预定的目标任务，OKR 的主要作用是提醒员工当前的工作重心，告诉员工努力的方向，而对具体的操作过程、完成手段不作细节上的要求。

OKR 法不直接与薪酬、晋升关联，强调 KR（关键结果）的量化而非 O（目标）的量化，并且 KR（关键结果）必须服从 O（目标），员工、团队、公司可以在执行过程中更改 KR（关键结果），甚至鼓励这样的思考，以确保 KR（关键结果）始终服务于 O（目标）。因此 OKR 法是先制定目标，然后明确完成目标的关键结果，再对结果进行量化，最后考核完成情况。

二、OKR 绩效管理方法的操作过程

OKR 绩效管理方法的操作过程主要有四个环节，如图 9-6 所示。

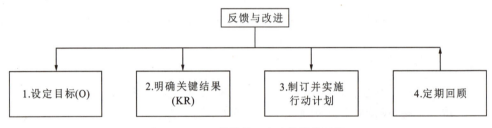

图 9-6　OKR 绩效管理方法的操作过程

（一）设定目标（O）

OKR 的首要环节是设定目标，其中包括组织目标、团队目标和个人目标。不管是哪类目标都必须符合以下特性：目标是具体的、可衡量的，根据组织特性、个人发展等确定各个阶段的具体目标，为绩效管理提供有效的依据；目标要有挑战性，组织成员可通过努力达成，符合组织发展前景和成员个人的能力，激发员工的创造性、主动性；目标必须是管理者与员工直接充分沟通后的共识，是建立在上下协商、一致同意的基础上，个人目标与团队目标、组织目标保持高度一致。

（二）明确关键结果（KR）

设定目标后，应明确目标达成的关键结果（KR），所谓的关键结果就是为了完成目标组织成员必须做什么。KR 是必须具备以下特点的行动：KR 是能直接实现目标的行动，所有的 KR 都是为目标达成服务的；KR 必须具有进取心、敢创新的，鼓励组织的成员突破常规思维，采取创新的方法或手段促使目标的达成；KR 是以产出或者结果为基础的，是可衡量、可考核的；KR 不能太多，一般每个目标的 KR 不超过 4 个，使组织成员的精力能集中于关键部分，提高工作效率；KR 是可以调整的，即在组织实施过程中可以根据实际情况不断调整、完善实施方法。

（三）制订并实施行动计划

行动计划是紧紧围绕目标的关键结果展开的，每项关键结果会派生出一系列的任务，每项任务都有一套独特的行动计划，分别交由不同的团队、部门负责。关键结果的负责人就成了名副其实的项目经理，负责组织和协调部门、团队内的成员；但每个成员并不是按上级的命令行事，他们具有很强的主动性，可以自主采取不同的实施方法。因此，行动计划是在上下沟通的基础上共同制订的。当然，行动计划在实施过程中并不是一成不变的，可根据不同情况灵活调整。

（四）定期回顾

OKR 的实施应定期回顾，考核、评估前一季度的关键结果的完成情况和员工的绩效表现。通常 OKR 的评估采取打分制，分数的范围在 0 到 1 分之间。一般来说 1 分是很难实现的，如果得分为 1 分则证明确定的目标是不具挑战性的。最佳的得分是在 0.6 到 0.7 之间，低于 0.4 则需考虑是否继续进行下去、是否需要转变策略。

OKR 在每个季度结束后都要进行评分，评分的高低不直接决定一个员工的职位晋升和薪资报酬，它只是告诉员工这一季度的工作完成情况，帮助员工找出存在的问题，为工作改进、工作重心调整提供方向。

三 OKR 绩效管理方法的特点

（一）OKR 是透明公开的

在一个组织中每个人的 OKR 都是透明公开的，在进行一项任务时，员工先确定自己的目标和关键结果，并把它们公之于众，使大家都明白工作重心及实施途径，协助监督具体实施过程是否偏离原定目标。OKR 不需要像传统绩效管理那样，定期地由 HR 去催促主管该做绩效辅导了。OKR 具有回顾作用，在组织内公开 OKR 有助于各部门、各成员间相互借鉴、相互参考，清楚自己的优势与不足，取长补短以提高组织的工作效率。而各成员在制定自己的目标时，也应参考组织或团队的 OKR，明白组织的发展战略方向和核心业务，使自己的目标与团队及组织的目标保持高度一致。

（二）OKR 要有挑战性，是组织和员工努力的方向

OKR 的目标设置不能局限于当前的发展水平，应具有发展的战略眼光，在多变的环境下，综合分析自身的能力，设置具有野心的目标。具有挑战性的 OKR 将成为组

织和员工努力的方向，极大地激发员工的主动性和积极性，引导员工为实现远大目标而努力奋斗。

（三）OKR 要有灵活性，在实施过程中可改变

在 OKR 中，按时完成预定的任务，获得一个较高的分数并不是最重要的，OKR 更为重要的作用是检查和回顾作用，它能帮助员工评估当前的工作表现，从而发现存在的问题，并针对问题思考是否需要转变策略和方法，重新制定或改进 OKR，以适应当前的情境。

（四）OKR 目标的设定是自下而上的

OKR 强调自下而上地设定目标，在员工设定目标时，相当一部分是员工自己提出来的，而不是上级指派的。只有这样，员工才会感到目标是自己的目标，不是他人强加给自己的目标，其自愿付出的热情才会被点燃。

（五）OKR 将目标管理和评价管理相分离

传统绩效管理在评价时，需要评估员工当初制定的目标完成了多少，绩效结果将直接影响员工的升职、加薪等物质回报。这直接导致员工在设定工作目标时，会刻意压低自己所能达到的目标水平。OKR 则将目标管理和评价管理分离，目标管理专注于目标的设定、达成及反馈，而绩效评价环节专注于对所做贡献的公平回报。

目标和评价分离能卸掉员工身上的考核压力，让员工专注于工作。在价值创造的时候只需关注客户，不用总患得患失，关心自己能分多少。比如，员工制定了一个特别有挑战的 OKR，2021 年销售收入较上一年翻番。而实际上在绩效评价时，员工只提升了 50%，但这 50% 已经非常难得，在团队中的贡献也是属于数一数二的，那么员工的最终绩效评价结果仍然是卓越的。

四　KPI 与 OKR 的联系与区别[①]

（一）相同点

KPI 与 OKR 是存在共同点的。它们关注的都是企业的关键绩效目标，都强调通过对关键绩效目标的聚焦，引导组织成员做出高效的绩效行为，最终实现期望的绩效结果。

---

① 资料来源：https://www.zhihu.com/question/23434416/answer/776897575。

（二）不同点

1. 设计的立足点不同

KPI 是评价工作效果的工具，它用非常明确的定量指标来衡量战略执行的情况。KPI 追求的是百分之百的完成率，在选择指标时，它关注的是有能力做到同时又必须做到的目标，通过目标引导员工做出企业期望的正确行为，实现企业的战略决策，持续获得高效益回报。

而 OKR 的目标是相对模糊的，它更关注提出极具挑战性和追踪意义的方向。比如 OKR 强调通过企业对自身业务、资源和外部市场、竞争对手的分析，找到能够让企业在竞争中制胜的方向，并持续聚焦在这个方向上，寻求突破。

因此 OKR 倾向于在正确的方向上努力，通过激发员工的热情，得到超出预期的结果。由于目标本身设置得极为难以实现，因此是否完成了它并不是那么重要，通常情况下，完成目标的百分之六七十就足以引导出一个超出预期的结果。

2. 设计过程存在差异

KPI 与 OKR 在设计过程中的沟通模式也是不尽相同的。KPI 的设计通常是自上而下委派式的，是对企业战略进行层层分解，对要获得优秀的业绩所必需的条件和要实现的目标进行自上而下的定义。这一过程使 KPI 更多反映的是组织希望个体做出的绩效行为，对于个体能够为企业战略的实现主动做出什么贡献，在具体的指标中体现得并不明显，这导致 KPI 的互动性往往是比较差的。

而 OKR 则更加注重上下左右的多维互动，始终强调方向的一致性、员工的主动性和跨部门协作，而这三个特征也分别代表了 OKR 在设计过程中的三种沟通模式。

1) 方向的一致性

方向的一致性指的是企业及其内部的团队乃至每个个体都应该朝着相同的方向努力，避免内耗。这就要求企业首先明确对自身发展最重要的事务，将之转化为战略目标，团队或业务单元基于企业的战略目标来设定各自的团队或业务目标，员工的个人目标则是在所在团队或业务单元的目标基础上制定的。

2) 员工的主动性

员工的主动性指的是员工应该积极参与目标的设定并且对执行过程进行自我管理。OKR 不应由上级以委派任务的形式分配，而应由评价对象根据自身价值和能够为企业做出的贡献主动制定，它反映了组织内每个个体对企业的责任感和对自身工作的期望值。

3) 跨部门协作

有效的团队合作需要合作各方在目标、职责和工作方法等方面达成共识。OKR 的设计过程要求各团队的目标与关键成果必须获得其他协助团队的认可。因此，团队间的横向沟通是必不可少的。

3. 驱动机制的差异

KPI 主要通过外在物质因素的激励引导员工的绩效行为，因为 KPI 的设计以自上而下的形式为主，这导致员工常常处于被动接受的状态。在这种情况下，借助外部因素建立一种契约式的关系来调动员工的主观能动性是比较常见的做法。通常情况下，企业利用薪酬涨幅和奖金分配等物质因素来引导员工的高绩效行为。但是这种做法也有局限性，首先，物质激励会增加企业的运营成本，因此组织不会无限度地提高物质激励的水平；其次，激励水平也并不总是与激励效果成正比，有些时候甚至会带来反作用，所以寻找两者之间的平衡点是十分关键的。

而 OKR 更强调利用员工的自我价值驱动实现绩效目标。首先，员工的参与程度会影响他们的工作行为，正如前文所述，组织成员需要为 OKR 的设计工作进行深入的思考和全方位的沟通，这使得每一个目标与关键成果都承载着个人的努力与心血，因此这更容易激发他们执行 OKR 的热情。另外 OKR 不仅是企业的愿景，也是员工个人价值的充分体现，实现 OKR 的过程也是实现自我价值的过程。

二维码 9-4
PPT 资料：
字节跳动
OKR 实践
落地指南

第六节　经济增加值技术

经济增加值（EVA）是 1982 年由美国财务分析师乔·斯登和本耐特·斯图尔提出的。EVA 起源比较早，但是不系统，其思想来源于经济利润和剩余收益的理念。直到 1989 年，美国思腾思特咨询公司才系统提出 EVA 体系，并将 EVA 体系阐述为 4M，即评估（Measurement）体系、管理（Management）体系、激励（Motivation）制度、理念（Mindset）体系。后来，一大批跨国公司也将经济增加值指标作为业绩评价的工具应用于公司的内部管理。

一　缘起背景

全球形势发生了"革命性"变化，国际资本市场在自由浮动汇率制下流动性加强，世界经济一体化趋势日益凸显，资本市场管制放松，资本市场结构发生了质的变化，资本具有了史无前例的流动性和竞争性。于是，资本市场对公司的压力越来越直接、越来越显著，以致股东权益和股权价值在公司绩效管理中成为举足轻重的权重因素。

价值管理，是基于企业总体价值，即在充分考虑并满足利益相关者需要的基础上，以股东最大化价值目标为导向的一种战略性绩效管理。基于价值管理的绩效衡量指标需要满足以下三个条件：

(1)它不仅能够在公司总体层面上，而且能够在部门或团队层面上加以计算，由此可以观察和监控各级经理们的日常行为及其绩效表现；

(2)它是一个流量指标而非存量指标，从而可以用来衡量某一个时期持续不断的绩效状态；

(3)它是一种市场价值绩效指标，由此能够反映并促进股东价值目标的实现。

经济增加值就是一个满足以上三个条件的理想指标。

二 EVA 技术概述

EVA 是指企业税后经营利润减去债务和权益成本。简单地说，就是企业资本收益与资本成本(CC)之间的差额。EVA 实质上是一种经济利润，它是对真正经济利润的评价，如果这一差额为正，表明企业的经营收入在扣除所有成本和费用后仍然有剩余，此时，企业创造了价值；反之，则表明企业发生价值损失。

EVA 即从税后净营业利润中扣除所有资本使用成本后的经济利润，是一个流量指标，它反映一定时期内公司所创造的经济利润。

任何经济实体，不一定是上市进行公开交易的公司，包括部门、车间、生产线、事业部、地区分支经营机构等，只要税后净营业利润(NOPAT)和 CC 已知，都可以计算 EVA。

在实际核算中，CC 等于资本投入量(IC)乘以资本成本系数。资本投入量可以根据资产负债表数据加以核算。在核算资本投入量的基础上，还要计算资本成本系数，其中最大的难点是估算股东权益资本成本率，可使用资本资产定价模型(CAPM)。

EVA 指标的含义如图 9-7 所示。

EVA 不仅仅是一种价值核算体系，更是一种在目标导向上实现优化调整的战略性绩效管理系统。企业要实施以 EVA 为价值目标的绩效管理，可以将人力与非人力资源集中在下列几项事务上：

(1)努力提高现有投入资本回报水平；

(2)努力使市场价值能够以比资本投入更快的速度增长；

(3)将资本从"价值毁灭性"(EVA 为负或过低)项目上抽走；

(4)尽量保持更长久的竞争优势期；

(5)不断降低资本成本水平。

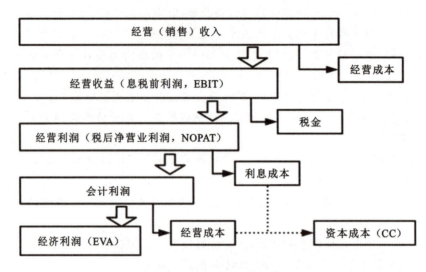

图 9-7　EVA 指标的含义

由此可见,实施以 EVA 为价值目标的绩效管理,企业管理者和员工就会想尽一切办法缩短生产经营周期,努力提高资产周转率,果断地淘汰需要巨额资本投入而盈利甚微的"好大喜功"业务,致力于改进现有流程效率而不是轻易"铺摊子"搞新建项目,在资本投资决策中更加倾向于那些需要减少资本投入的并购和交易项目,着眼于降低资本成本去优化公司资本结构。

成功实施 EVA 技术要具备以下条件:

(1)要经过广泛互动讨论,在全体员工、管理者尤其是管理决策层达成共识;

(2)要在技术细节上,仔细研究和确定 EVA 价值指标核算体系;

(3)组织好 EVA 管理的相关教育培训工作,以及整个组织变革和流程再造工作。

三　EVA 的计算方法[①]

(一)企业 EVA 的计算方法

运用 EVA 指标进行业绩评价,推行以 EVA 为主导的绩效管理体系,首先要解决 EVA 的计算问题,才能真正评价企业经营者的业绩,由此产生的用来评价和考核公司内部经理人系列指标才能落到实处。

$$EVA = NOPAT - K \times WACC$$

式中:NOPAT——税后净营业利润;

---

① 林新奇.绩效考核与绩效管理[M].北京:清华大学出版社,2015.

K——投入资本总额(包括债务资本和权益类资本);

WACC——加权平均资本成本(包括债务资本成本和权益资本成本)。

其中:

$$WACC=债务资本在总资本中所占比例×债务资本成本(率)+\\权益类资本在总资本中所占比例×权益资本成本(率)$$

$$WACC=Z/(Z+Q)×(1-T)×R_z+Q/(Z+Q)×R_q$$

式中:Z——债务类资本账面价值;

Q——权益类资本账面价值;

T——所得税率;

R_z——税前债务资本成本(率);

R_q——权益类资本成本(率)。

上述公式中两种不同的资本,由于其来源不同,成本确定的方式也不同。就债务资本而言,资本来源主要依靠银行贷款;资本成本确定方式在通常情况下可以采用银行实际贷款利率计算(目前我国债务资本实行按所得税率抵扣相应税额)。就权益资本而言,资本来源主要是来自股东的投入、资本公积金转增股本、盈余资本公积金转增股本及对外发行股票。资本成本确定方式一般有三种:一是以社会平均利润率,特别是行业平均利润率来计算资本成本;二是以市场无风险利率即权益类资本的时间价值来计算资本成本;三是以公司的每年分红派息或股票市场投资者对该企业的普通股的期望报酬率来计算资本成本。

由上述公式可以看出,EVA 的计算受三个因素影响:税后净营业利润(NOPAT)、资本(K)和加权平均资本成本(WACC)。其中,后两个因素经确定后可以在一定时期内基本不变,但税后净营业利润(NOPAT)存在着记账方式的不同,会对企业经营业绩产生影响。因此,为了消除上述影响,真实反映企业经营业绩,必须对税后净营业利润(NOPAT)作必要调整。

(二) 企业内部部门的 EVA 的计算方法

通常情况下,EVA 用于对一个企业的整体业绩评价,或者说,对企业经营者业绩的评价。但是企业在实际推行以 EVA 为导向的绩效管理体系时,需根据不同的组织层级,确立不同的组织(团队)目标。因此,EVA 目标必须分解到企业内部组织结构中,落实到每个生产单位和职能部门,才能确保 EVA 目标的实现。为此,企业在解决 EVA 的计算问题的同时,还应解决企业内部部门 EVA 的计算问题。将 EVA 目标分解到企业内部组织结构中,落实到每个生产单位和职能部门中,才能对 EVA 目标的顺利实现提供保障。

企业内部部门的 EVA 的计算方法来源于企业 EVA 计算思想。将部门收入、预算费用和实际发生费用的差作为本部门的会计利润,而资本成本是指本部门所实际占有资本的成本。企业内部部门的 EVA 的计算公式可以表述为:

$$D_{(EVA)}=D_{(NOPAT)}-D_{(K×WACC)}$$

式中：$D_{(EVA)}$——部门 EVA；

$D_{(NOPAT)}$——部门会计利润；

$D_{(K \times WACC)}$——部门所占用的资金成本。

这里有以下四种情况。

1. 根据内部客户可确认收入部门

这些部门有采购部、业务部（销售部）及各直接生产部门等。

计算公式如下：

$$D_{(EVA)1} = D_{(NOPAT)1} - D_{(K \times WACC)}$$

式中：$D_{(EVA)1}$——可确认收入部门 EVA；

$D_{(NOPAT)1}$——部门收入－部门成本/费用。

2. 不能确认收入部门

这些部门有人力资源部、财务部及相关职能部门等。

计算公式如下：

$$D_{(EVA)2} = D_{(NOPAT)2} - D_{(K \times WACC)}$$

式中：$D_{(EVA)2}$——不可确认收入部门 EVA；

$D_{(NOPAT)2}$——部门预算费用－部门实际发生费用。

3. 研发项目部门

这些部门有研发中心、新产品部等。

计算公式如下：

$$D_{(EVA)3} = D_{(NOPAT)3} - D_{(K \times WACC)}$$

式中：$D_{(EVA)3}$——研发和项目部门 EVA；

$D_{(NOPAT)3}$——部门项目预算费用收入－部门项目实际发生成本/费用。

4. 既能确认部分收入，又有部分管理费用预算的部门

计算公式如下：

$$D_{(EVA)4} = D_{(NOPAT)1} + D_{(NOPAT)2(3)} - D_{(K \times WACC)}$$

式中：$D_{(EVA)4}$——既能确认部分收入又有部分管理费用预算 EVA；

$D_{(NOPAT)2(3)}$＝确认部分收入部门利润＋不能确认收入部门利润。

上述 EVA 的计算中，由于是两个项目数据之差，所以无论是企业 EVA 还是企业内部部门 EVA，有可能是正数，也有可能是负数。但这不会影响 EVA 绩效考核指标的设立，因为一般采用 EVA 增量进行考核。

EVA 增加 ΔEVA 或 ΔD(EVA)的计算公式如下：

Δ EVA 或 ΔD(EVA)＝EVA 或 D(EVA)目标值－EVA 或 D(EVA)实际值

四　EVA 技术的优缺点

越来越多的企业意识到,相比利润指标来说,将 EVA 作为企业经营的考核方法更能准确地反映企业的经营状况,更能驱动企业管理人员为股东创造价值,同时方便股东根据创造的价值对管理人员进行考核,也不会受到时间的限制。但 EVA 也有不足之处,主要体现在以下几个方面:

(1) EVA 主要运用于企业的高层管理人员,在普通员工中很难普及;
(2) EVA 反映的是结果,忽视了对过程的考核;
(3) EVA 更多的是考虑股东的权益,忽略了其他利益相关者的权益。

中英文关键术语

目标管理(Management by objective)
关键绩效指标(Key performance indicator)
平衡计分卡(Balanced score card)
目标与关键成果(Objectives and key results)

二维码 9-5
第九章自测题

复习思考题

1. 什么是目标管理? 目标管理的影响因素与优缺点有哪些?
2. 目标管理考核法的实施步骤有哪些?
3. 平衡计分卡的内涵与核心内容有哪些?
4. 平衡计分卡的实施流程有哪些?

二维码 9-6
第九章参考答案

案例分析题

一、阅读材料

C 公司的目标管理

C 公司刚开始实行目标管理时,还属于试行阶段,后来由于人力资源部人员不断变动,这种试行也就成了不成文的规定执行至今。应该说执行的过程并不是很顺利,每个月目标管理卡的填写或制作似乎成了各个部门经理的任务或者说是累赘,总感觉占了他们大部分的时间或者说是浪费了他们的许多时间。每个月都是由办公室督促大家填写目标管理卡。除此之外就是一些部门,例如财务部门的工作每个月的常规项目占据所有工作的90%,目标管理卡的内容重复性特别大;另外一些行政部门的工作临时性的特别多,每一个月之前很难确定他们的目标管理卡……

该公司的目标管理按如下几个步骤执行。

1. 目标的制定

前一财年末,公司总经理在职工大会上作总结报告时,向全体职工讲明下一财年的大体的工作目标。财年初的部门经理会议上,总经理和副总经理、各部门经理讨论协商确定该财年的目标;每个部门在前一个月的25日之前确定出下一个月的工作目标,并以目标管理卡的形式报告给总经理,总经理办公室留存一份,本部门留存一份。目标分别为各个工作的权重以及完成的质量与效率,由权重、质量和效率共同来决定。最后由总经理审批,经批阅以后方可作为部门的工作最后得分;各个部门的目标确定以后,由部门经理根据部门内部的具体岗位职责以及内部分工协作情况进行分配。

2. 目标的实施

目标的实施过程主要采用监督、督促并协调的方式,每个月中由总经理办公室主任与人力资源部绩效主管共同或分别到各个部门询问或了解目标进展情况,直接与各部门的负责人沟通。在这个过程中了解哪些项目进行到什么地步,哪些项目没有按规定的时间、质量完成,为什么没有完成,督促其完成项目。

3. 目标结果的判定与运用

目标管理卡首先由各部门的负责人自评,自评过程受人力资源办公室监督,最后报总经理审批。总经理根据每个月各部门的工作情况,对目标管理卡进行相应的调整与自评的调整。最后以考评得分的形式作为部门负责人的月考评分数,部门员工的月考评分数的一部分来源于部门目标管理卡。这些考评分数作为月工资发放的主要依据之一。

最近部门领导人大多数反映不愿意每个月填写目标管理卡,认为这没有必要。但是在执行过程中,部分员工能够了解到本月自己应该完成的项目,而且每一个项目应该到什么样的程度是较完美的。在最近一次与部门员工的座谈中了解到有的部门员工对本部门的目标管理卡不是很明确,其中的原因主要是部门的办公环境不允许把目标管理卡张贴出来(个别的部门)。如果领导每个月不对本部门员工解释明白,他们根本就不知道他们的工作目标是什么,只是每个月领导叫干什么就干什么,显得很被动。可是部门领导如今不愿意作目标管理这一块,而且有一定数目的员工不明白目标管理分解到他们那里的应该是什么。

(资料来源:https://wenku.baidu.com/view/1daf9efec8d376eeaeaa3198.html。)

二、讨论题

1. C 公司的目标管理存在什么问题？原因是什么？
2. 如果你是该公司的人力资源经理，你将如何改进公司的目标管理？

第十章

政府绩效管理

本章引例

S 市的绩效评估

S 市是东部沿海的一个地级市,2013 年 S 市积极借鉴其他地市干部考核评价工作经验,在全市范围内启动实施领导干部社会化评价工作。成立市领导干部社会化评价工作领导小组,由市委书记、市长任组长,市委常委、宣传部部长,市委常委、纪委书记,市委常委、组织部部长任副组长,成员单位由市委办公室、市政府办公室、市纪委、市委组织部、市委宣传部、市统计局等有关部门负责人组成。领导小组下设办公室(设在市委组织部),具体负责社会化评价组织工作。

领导干部社会化评价在市级部门和下属县(市、区)两个层面进行。在市本级,49 个市级部门的市管领导干部列入评价对象;在 6 个下属县(市、区),4 套班子成员和法、检两长列入评价对象。为增强可比性,还将评价对象进行了分类处理。对 49 个市级部门分成综合经济、公共事务、执法监督和其他服务 4 个大类,正职和副职分别排名;县(市、区)以各自班子为单位进行排名。

在评议主体选择上,S 市在市级和县(市、区)两个层面建立了两个不同的评委库。在市级层面,建立由市"两代表一委员"、社会组织负责人、企业负责人、县(市)和城区有关单位及乡镇(街道)基层干部、村(社区)负责人、普通群众、新闻媒体人士等组成的总数在 10000 人左右的大评委库。对部门正职,从市级万人大评委库中随机抽取 1800 人,实行现场集中填表和上门调查问卷相结合的方式,由公众代表进行直接评价,最后由组织方根据评价情况折算成具体评价分值。对部门副职,采取间接评议的方式,以正职的社会化评价得分为基础,再由该部门正职及干部群众分别对其进行评分,三项分数折算成副职最终得分。在县(市、区)层面,建立由各方面代表人士组成的 1000 人左右的大评委库。对纳入评价范围的四套班子成员和法、检两长采取"各级干部评"和"公众代表评"相结合的方式,按 6∶4 加权计分对评议对象进行评议。评价内容主要是领导干部贯彻市委市政府决策部署、履行岗位职责、为民务实清廉、推进事业发展、完成年度各项目标任务所取得的实绩实效。

对部门正职领导干部,采取承诺公开、实绩公示、社会公议和结果公告四个主要环节进行;对部门副职领导干部,采取间接评价方式,在正职领导干部社会化评价的基础上,增加部门正职评价和所在部门干部群众评价两个环节;县(市、区)领导干部社会化评价与年度考核工作结合起来进行。

随着时代的快速发展以及企业对于绩效考核方法的使用越发熟练,越来越多的组织开始引入绩效考核方法以便对组织进行更好的管理,政府部门也开始引入一些企业的绩效管理方法,并在使用过程中根据自身需要发展出适合组织特点的绩效管理方法。

第一节　政府绩效管理概述

一、政府绩效的内涵

政府绩效的内涵十分复杂,涉及经济、政治、社会等领域。20世纪80年代,政府绩效管理兴起,当初的英国撒切尔内阁为此还曾提出了著名的"3E"标准,即经济(Economy)、效率(Efficiency)和效益(Effectiveness)。国外对政府绩效进行了广泛的研究,西方的新公共管理运动中,对政府绩效的理解,侧重于从投入、产出和结果三个方面来衡量政府的成绩和效果。我国则是在进入20世纪90年代后,率先从行政、预算两个方面开展绩效管理探索,经过多年的实践应用,现已形成中央编办牵头的政府绩效管理、中央组织部以德、能、勤、绩、廉为内容的地方党政领导班子和领导干部综合考评体系及以财政部为主的预算绩效管理和财政支出绩效评价体系三套平行的绩效评估体系。十九大报告提出要全面实施绩效管理。

但迄今为止,政府绩效并没有一个被普遍接受的内涵界定。目前,比较有代表性的观点主要有以下三类。

第一类观点是从政府绩效管理产出的角度界定政府绩效,将政府绩效界定为政府在管理过程中所取得的成绩。美国学者理查德·C.科尔尼认为,政府绩效是为实现预期结果而管理公共项目所取得的成绩,它是由效益、效率和公正等多个同等重要的标准引导和评估的。国内学者也对政府绩效进行了广泛的研究,例如,中国行政管理学会联合课题组指出,政府绩效是在特定的时间内,由特定的工作职能或活动所创造、产生的记录或工作的结果,是组织主体为实现目标而采取的一系列行动中的一组客观行为。

第二类观点是从政府管理能力的角度出发来界定政府绩效的内涵。随着政府绩效发展,政府绩效与政府能力的概念越来越模糊。美国学者帕特莉·W.英格拉姆认为,政府绩效就是政府把资源或投入转化为产出或结果的管理能力。国内学者陈振明认为,政府绩效是指政府在社会经济管理活动中的结果、效益、效能,是政府在行使其功能、实现其意志过程中体现出来的管理能力。

第三类观点则是从一个综合性的角度去定义政府绩效的内涵。美国学者克里斯托夫·波利特和吉尔特·波科特认为,政府绩效是"指政府活动或项目的运行结果,是指重塑政府运作过程以使其具有更强的顾客导向、成本意识和结果导向,是指政治和行政制度的整体能力,以及一种特定或理想制度的更多特征"。我国行政管理学会课题组指出,政府绩效在西方也被称为"公共生产力""国家生产力""公共组织绩效""政府业绩""政府作为"等。

综上所述,政府绩效是公共部门中运用绩效概念衡量政府活动的效果,属于政府行政过程的综合活动。政府绩效包括经济绩效、社会绩效、政治绩效。本书认为,政府绩效是指特定的政府执行活动和社会管理中的成绩和效果,它是政府在行使其职能、实施其意志的过程中体现出的管理能力。政府绩效既包括显性的、可量化的短期业绩,也包括潜在的、难以量化的长期影响,既包括与政府管理工作任务直接相关的任务绩效,还包括政府管理行为所导致的周边绩效。

二　政府绩效管理的内涵

政府绩效管理是 20 世纪七八十年代,各国政府面对财政困境和社会对政府提供服务需求的扩大,竞相实行的以新公共管理运动为价值取向的政府改革运动。政府部门通过引入绩效管理,改变传统的政府职能,解决组织面临的成本、收益、顾客需求、人力资源开发等方面的问题。

国外对政府绩效管理的实践和研究起步相对较早,以英国、美国为代表的西方发达国家先后推行了政府绩效管理立法和政府绩效管理实践活动,通过把理论和实践相结合,取得了积极的成果。1993 年,美国国会通过了《政府绩效和结果法》,这次通过写入法律的形式,率先实现了政府绩效管理的规范化,也推动政府绩效管理走上了制度化道路。随着政府绩效管理探索的不断深入,学术界开始对这项涉及政府、公众等多方面的重大变革产生了兴趣。国际学术界对政府绩效管理关注较多的领域有,多元视角下的绩效信息、公共服务动机、网络治理绩效、公共服务绩效、绩效评估的有效性、多元文化背景下的公共部门领导和绩效问责。一些学者认为,政府绩效管理是在吸纳和借鉴企业绩效管理经验和方法的基础上,在政府部门引入市场竞争机制,强调顾客导向,用互相理解的方式,通过协议达成政府机关及其人员的目标、标准及所需能力,并运用科学的方法来对政府机关及人员的业绩、成就和实际工作做出尽可能准确的评价,进而在此基础上采取有效措施,使政府服务质量得到改善和提高的一种管理过程。本书赞同从过程的角度理解政府绩效管理,本书认为,政府绩效管理是指政府组织中的各级管理者为了确保下属公务员的工作行为及工作产出与政府组织的既定目标保持一致,通过不断改善政府组织各个层面的绩效,最终实现政府战略的手段及过程。主要应把握以下几点:一是政府绩效管理强调自身的职责定位;二是政府绩效管理凸显机制创新;三是政府绩效管理重视运用科学的管理方法与技术。

阅读材料

公共部门绩效管理的兴起

西方公共部门绩效管理萌芽于 20 世纪初,起步于 20 世纪中期,到 20 世纪 70 年代,公共部门绩效管理与评估才开始全面推行。这一时期,传统官僚政治体制导致政府机构臃肿、效率低下、资源严重浪费,政府面临着严重的管理危机和公众信任危机。与此同时,理论界也出现了新右派体系,力主减少政府干预,采用管理私人部门的管理哲学及管理方法,用企业家精神重塑政府。公共部门绩效管理的侧重点是经济和效率,追求投入产出比的最大化。到了 90 年代,绩效管理与评估达到鼎盛时期。其过程也更加规范化、系统化,绩效评估的侧重点是公共服务的质量和效益。英国、美国是西方国家公共部门绩效管理历史演进的典型代表。

三 政府绩效管理的特点

服务型政府的提出,让政府部门的组织绩效管理有了新的标准,从定义上我们还需从以下几方面加深对政府绩效管理特点的理解。

1. 政府绩效管理把公共价值放在首位

政府价值取向内容在政府管理中占有首要地位。政府的价值取向内容不同,管理目标就不同,从而管理的手段和方法也不一样。新中国成立后 30 多年的时间里,为巩固人民民主政权,中央政府以"正义""公正""公平"为基本价值取向。到 21 世纪,社会主义市场经济体制基本建成,"效率优先、兼顾公平"的价值取向被调整为"公平、效率并重"的价值取向。这样的政府价值取向调整后,政府的管理目标也从改革之初的"放权""搞活""效率",逐步调整为"务实""高效""公正""廉洁"。可见,政府的价值取向会直接影响政府的管理目标。

现在政府管理的手段明显多样化,行政的、经济的、思想教育的手段都在使用。现行的行政管理手段中,考核是常用的方法之一。政府的价值取向不同,考核指标设计就不同,而且考核的方法也完全不同。

2. 政府绩效管理的目标具有多元性和多重性

政府组织的特性决定了管理目标的多元性和多重性。社会的多样性和复杂性,决定了政府管理目标的多元性。政府既要追求政治的目标,也要追求经济的、社会的等多重目标。另外,现代社会高度的分化性、层次性决定了社会事务的复杂性和多层次性,也决定了政府管理目标的多重性。

3. 政府绩效管理的目的是更好地服务于民

政府绩效管理的目的是实现自身队伍的廉洁、勤政,其最终目的是更好地服务于民。政府不同于企业,其不能以自身利益为最大目标,政府组织的性质决定了其必须要把群众利益放在首位,这决定着政府在进行绩效管理时需要考虑民众诉求,处理政府负面印象,并在服务的组织架构中简化服务流程,实现便民、利民。

4. 政府绩效管理重视运用科学的管理方法与技术手段

政府部门事务繁重,机构较多,受信息技术手段及部分管理者需要的影响,传统的政府绩效管理往往采用单一的绩效考核标准进行管理,无法区别出各部门的效率,也不能通过绩效管理实现激励目的。而服务型政府讲究管理方法与政府既定目标的统一,只有对不同的部门需要采用不同的绩效管理手段,才能实现管理的科学化。

二维码 10-1
视频资料:
广西绩效管理
经验入选
世界银行
最佳实践案例

四 政府绩效管理的作用

政府组织绩效管理作为公共管理过程中的一部分,是现代政府发展下的产物,它是政府与民众双向沟通的重要通道,也是政府部门内部实现廉洁、高效运作的重要保证,其作用具体体现在以下几个方面。

(一)有利于打造高效、廉洁的公务员队伍,提升政府部门公信力

实施政府绩效管理,是实现政府内部管理的需要。通过绩效管理,政府内部能够形成竞争与自省,促使公务员队伍向着廉洁、高效的方向转变。在民众以往的意识中,去政府部门办事是"门难进、脸难看、事难办",这种印象是民众在日常办事中形成的。要改变这印象,提升政府公信力,政府部门就必须进行绩效考核,将不合格的人员清理出公务员队伍,打造一支为民服务的队伍。

（二）有利于树立科学的政绩观，实现政府治理目标现代化

科学的政绩观是实现政府现代化治理的前提，通过绩效管理，能够引导官员什么该做，什么不该做。通过目标的导向性，结合现代信息技术和绩效管理的反馈性，实现公务员队伍的行动与政府目标一致，实现管理现代化。

（三）有利于实现政府行政体制改革，精简行政队伍

政府行政体制关系到政府运行的效率，也对民众参与政府事务起着重要影响。近些年，政府行政体制改革一直在提倡，究竟该往哪个方向改，怎么改？这就需要绩效管理的引导，它能让政府机构发现行政过程中的问题，为行政体制改革提供依据，实现政府机构的整合与优化。

五 政府绩效管理与企业绩效管理的异同

（一）相同点

政府和企业都致力于提高自身绩效管理水平，打造属于本行业的绩效管理方法。政府更是在借鉴企业绩效管理方式的基础上，结合自身特色，创造出属于政府机构的绩效管理办法。二者的相同点如下。

1. 二者有相同的绩效理论基础，并在管理理念上趋同

不管是政府还是企业，其绩效管理思想都来自付出与收益之间管理的实践，具有相同的理论基础。随着社会经济的发展，政府机构在绩效管理中也要更加强调财务指标、投入产出比等企业绩效管理注重的衡量要素；企业在发展上不仅仅关注利润，也追求社会责任，注重企业发展形象。从这两方面讲，政府绩效管理和企业绩效管理在一定程度上具有趋同性。

2. 二者在绩效管理方式和方法上具有相同性

二者在绩效管理上相互借鉴，多少会涉及一样的管理方式。如今，企业在绩效管理发展上快于政府机构，将先进的绩效管理新思想用于企业生产，来检验思想的有效性。政府机构趋向于借鉴企业经过多次试验的方法。

3. 二者均重视公众作为评价主体的重要性

政府机构绩效管理面对的是社会大众，服务型政府的打造，要求政府机构以服务

促管理,赢得民众好评。企业面对的是员工和消费者,企业作为生产活动的主体,其产品需要经受市场和消费者的检验,而这里的关键是员工作为生产者的角色,所以企业需要重视员工和消费者的重要性,才能在市场竞争中获得优势。

(二) 不同点

政府和企业在绩效管理上虽说有相互借鉴,但是,二者毕竟属于不同的组织,所以在绩效管理上会有不同。

1. 二者进行绩效管理的价值取向不同

价值取向是行动主体在价值选择上的一种定性倾向。企业的价值取向较为明确——追求利润最大化,其进行绩效管理的出发点和落脚点都是基于此进行。而政府机构则不同,作为社会利益的代表者,政府机构具有公益性和公共性,其无法以追求利润最大化作为行动出发点。

2. 二者进行绩效管理的目标不同

管理目标由组织自定,企业的营利性决定了它在设定目标时的经济利益追求,虽然在发展中企业注意到社会责任的重要性,但这一切都是基于经济利益的实现。政府机构的性质决定了它在设定目标时追求公益性和服务性。政府机构以为人民服务为主旨,很多绩效管理不仅要兼顾部门的管理活动,更要考虑到民众办事的需要,所以其在绩效管理上,更多地以是否便民作为追求目标。

3. 二者绩效管理的量化指标不一样

企业从事生产活动,其绩效管理均能采用量化的指标进行管理,但是政府机构作为社会的管理和服务部门,其从事的事务较难从量化的角度来衡量绩效。所以,在量化指标上,企业和政府有着不一样的标准。

经典案例10-1

一、阅读材料

四川省政府部门绩效管理改革

四川省政府65个部门被要求撰写绩效管理工作报告,对过去一年本部门的工作任务完成情况、主要成绩、存在问题和改进措施等做出说明,并交由相关各方考核评价。这是四川省在省政府部门首次推行绩效管理。

从目标管理转向绩效管理,是政府部门管理考核方式的重大突破。作为一种新的政府管理理念和方法,绩效管理的目标在于公共产出最大化、公共服务最优化。在社会公众评价环节,省政府绩效办将组织人大代表、政协委员、专家学者以及服务对象参加。届时,代表、委员的参评人选将不局限在省一级,尤其是厅长等"官员代表"可能被有意"屏蔽",以保证评价结果更客观公正。

会议强调,省政府各部门、绩效委员会办公室和绩效委员会成员,都要以高度负责的精神,认真做好政府自身建设工作。要客观公正进行评价,部门自评报告和评价部门意见要在政府网站公布;要正确对待绩效结果,对绩效考评反馈的问题,要认真研究,积极回应,不断提升绩效考评水平;要优化管理工作,尽快建立健全与绩效管理相适应的考核指标体系,明确本部门、本系统绩效管理具体工作流程和工作规定,推动绩效管理向下级部门、向内部延伸,促进部门绩效整体提升。省级各部门要不断提高行政效率,提供优质公共服务,实现行政运行机制和政府管理方式向规范有序、公开透明、便民高效的根本转变。

一、省政府65个部门试行绩效管理,全新指标体系评价部门表现

四川省对省政府65个部门上年度的工作情况试行绩效管理是服务型政府建设的创新做法。四川省实施的政府部门绩效管理,其考评标准和指标体系源于2009年11月2日开始施行的《四川省人民政府部门绩效管理办法(试行)》(以下简称《管理办法》)。

与目标管理相比,绩效管理的管理主体、管理范围大大拓展,管理方法更加科学,绩效评价过程更加公开透明,评价结果更加客观公正

二、三级指标全方位锁定部门表现

从四川省政府部门的层级特点出发,《管理办法》设置三级指标体系。一级指标4项,分别为职能职责、行政效能、服务质量和自身建设;二级指标12项,包括职责任务、依法行政、政令畅通、效能建设、成本效益、应急管理、服务群众、接受监督、协作配合、党组织建设、政风行风和廉政建设。三级指标在一、二级指标基础上,结合部门实际和年度任务量身定制。这样的设计有助于引领部门更加全面充分地履行职责、提高效能、搞好服务。

三、首次引入社会公众评价,体现科学性、开放性

《管理办法》引入多元的评价主体,明确绩效管理在部门自我评价基础上,采取政府领导评价、绩效组织评价和社会公众评价相结合的方式进行。

为此，省政府建立目标绩效管理委员会，由常务副省长任主任，省发展改革委、省财政厅等11个综合部门主要负责人为成员，并邀请省委、省人大、省政协各位副秘书长参加。绩效委以召开全体会议、委员记名评价的形式进行民主评价。

值得注意的是，《管理办法》赋予社会公众20％的评价权重，而省长、分管副省长的评价权重仅各10％。社会公众对省政府部门的评价结论分为满意、比较满意、一般、不满意四档，按评价项目的分值分别计分。

四、尝试改变"唯GDP论"

目标管理是当前中国各地政府通行的管理方法，但因过分追求GDP的增量而为人诟病，因此近年来全国已有大约1/3的省份开始探索绩效管理，北京、湖北、深圳、青岛等省市推行的类似办法受到社会广泛关注。

不过，四川省有关人士认为，从已知的推行经验看来，一些地方仍以过去的目标管理为主体，然后简单增加了民意调查，四川省则试图构建一个更加彻底的绩效管理体系，改变长久以来"唯GDP论"的积习。

五、与激励机制、问责机制配套实施

《管理办法》提出，新的绩效考核办法针对部门管理，并不直接对应到个人，但在干部任用升迁时或将成为参考依据。各部门将每年年底进行一次评估，对于当年合格的部门，其年度优秀公务员评选的比例可以上浮5％；反之，如果某部门未通过年度评估，将受到优秀公务员评选比例减少5％的"惩罚"，主要负责人也将被问责。部门绩效管理结果经省政府常务会批准后，分别反馈到各部门对照分析，查找不足，进行整改。对上年度整改事项的完成情况，要列入对下年度绩效考评的重要内容，跟踪督查评估。

 二、阅读并思考

1. 四川省的政府绩效管理发生了什么变化？
2. 这对我国进一步推进政府绩效管理有何启示？

第二节 政府绩效计划

一 政府绩效计划的内涵

"凡事预则立,不预则废。"计划工作在整个管理过程中具有非常重要的作用。关于政府绩效计划,可以有两种理解。一种是可以把"计划"理解成一个名词,那么政府绩效计划就是指通过文字或数字指标表示出来的政府工作或行动的具体内容和步骤;另一种是把"计划"理解成为一个动词,那么政府绩效计划可以看作是为了实现政府工作目标而事先制定政府工作的内容和步骤,它是组织成员在一定时期内的行动纲领。从管理学的角度来看,一项完整的政府绩效计划,通常应该包括"5W1H"。政府绩效计划是评价双方就评价对象应该实现的工作绩效进行有效沟通,并将沟通的结果落实为签订正式的书面协议,即双方在明晰责权利的基础上协商签订绩效计划协议的过程。绩效计划是政府绩效管理的首要环节,在政府绩效管理体系中具有不可忽视的作用。

不得不承认,在实际的绩效管理过程中,大多数管理者都会把重心放在绩效监控和绩效评估上,对于绩效计划制订环节却往往重视不够。这一点在政府绩效管理中也有较为明显的表现,比如绩效计划编制粗略、绩效标准不明确、忽略绩效目标的分解等。这就易于导致工作难以达到预期成效,或是管理过程中问题频发。可见,绩效计划是绩效管理中最重要,同时也是最容易受忽视的一个环节。

二 政府绩效计划的步骤

首先要对政府绩效计划的步骤和方式进行明确的规定,围绕政府的发展战略和总目标来制订绩效计划,以确保制订的计划能够引导各级单位及全体成员沿着组织战略的方向前进。

(一)准备阶段

政府在新的绩效周期之前,需要由上级主管领导及绩效管理机构的相关成员组成一个绩效管理委员会,开始对组织的整体战略和具体目标进行讨论和规划。准备阶段一般主要是进行 SWOT 分析。通过 SWOT 分析,可帮助政府把资源和行动聚集于自己的强项和机会最多的地方,从而使组织的战略更加清晰、明了。表 10-1 是黑龙江省海林市 SWOT 分析示例。

表 10-1　黑龙江省海林市 SWOT 分析示例

内部优势(S)	海林市四次党代会确定的目标绝大部分提前两年完成,综合实力迈进"全省十强第一军团";招商引资"一号工程"成为普遍共识和自觉行动,大项目建设实现历史性突破;城市建设兑现了施工期让群众"一月看到一次变化"的承诺,向"北方生态文明城"目标又迈进了一步;统筹城乡协调发展,在新农村建设上实现了新跨越;深入开展学习实践科学发展观活动,广大党员干部干事创业的激情进一步释放
内部劣势(W)	"经济总量不大,发展速度不快"的矛盾依然突出;重大项目进展乏力,财源结构还不够合理,经济结构调整尤其迫切,主导产业升级任务繁重;群众关注的一些热点难点问题还没有完全解决好。部分干部服务意识不强,群众还有怨言,客商还有意见
外部机会(O)	中央继续加强对基础设施、社会事业等方面的投入力度;黑龙江省大力支持县域经济发展,加快旅游名镇建设
外部威胁(T)	我国正面临国际贸易保护主义的重压,海林市的部分战略投资者和林木加工业受到的冲击较大;区域竞争更加激烈;部分县市视海林市为赶超对象,既给海林市带来了压力,也增添了动力

(资料来源:方振邦,葛蕾蕾.政府绩效管理[M].北京:中国人民大学出版社,2012.)

(二) 沟通阶段

政府绩效计划是政府组织和公务员日后的努力目标和行动纲领。政府组织和公务员要明确政府组织的使命、核心价值观、愿景、战略以及组织的总目标;公务员要明确自身的职位职责和工作要求;接下就需要沟通有关具体绩效目标、评价指标以及行动方案的问题。主要的沟通方式是绩效计划会议。在进行绩效沟通过程中,要注意引导,让评价对象为自己设立目标,而不是告诉他要做什么。主要围绕以下问题沟通。

(1)该达成什么工作目标?
(2)按照什么样的程序达成目标?
(3)何时达成目标?
(4)花费多少? 使用哪些资源?

（三）制订阶段

经过沟通后，初步形成政府绩效计划。在这个阶段中，需要审核的内容主要有以下几点。

(1)各级政府组织和公务员的绩效目标是否与政府组织的使命、核心价值观、愿景、战略和整体目标紧密相连。

(2)政府绩效评价指标体系是否能够切实反映绩效管理周期内各级政府组织和公务员的工作职责和职位要求，且没有缺失和溢出的情况。

(3)政府绩效计划中已经对各级政府组织和公务员的主要工作任务、各项工作任务的重要程度、完成工作任务的标准以及在完成工作任务过程中享有的权限等都已达成了共识。

(4)评价双方都十分清楚在完成工作目标的过程中可能遇到的困难和障碍，并且明确相关单位及人员所能提供的支持和帮助。

(5)形成了一个经过双方协商讨论的政府绩效协议，协议包括具体的绩效目标、绩效评价指标、绩效评价标准及权重，主管人员和评价对象双方都要在协议上签字。

三 政府绩效指标体系

政府绩效管理通常并不是对目标，而是对效果（结果）的评价。因此，在实施政府绩效管理中应仔细区分事业目标与事业效果，在确定绩效指标时，应尽量选取那些能够描述公共支出和社会效果的指标。根据西方国家的经验，政府进行绩效管理时要做到客观公正，要设置一个好的绩效目标指标体系。一是绩效指标应该是定量的，而不能仅仅满足于定性要求。通常是将定量的绩效目标称为绩效目标指标，或简称为绩效指标。定量化是绩效指标的基本特点，它与行政管理的定性管理是不同的。二是绩效目标指标必须具有可测定性。就是说，它应当是能够用现有的技术手段测定的，并且测定结果应当不存在争议。

根据评价主体的不同，政府绩效评价指标体系分类对公务员个体的绩效评价和对政府组织部门的绩效评价，主体不同，绩效评价指标体系不同。

政府组织对公务员的绩效评价指标体系，一般从德、能、勤、绩、廉五个方面进行绩效的衡量。德，是指思想政治素质及个人品德、职业道德、社会公德等方面的表现。能，是指履行职责的业务素质和能力。勤，是指责任心、工作态度、工作作风等方面的表现。绩，是指完成工作的数量、质量、效率及所产生的效益。廉，是指廉洁自律等方面的表现。

对政府组织部门的绩效评价指标体系，主要考虑从经济、政治、文化、社会、城市建设、科技、教育、公众满意度等方面进行设计。表10-2是黑龙江省海林市政府的绩效评价指标体系。

表 10-2　黑龙江省海林市政府的绩效评价指标体系

层面	目标	指标	目标值	行动方案
利益相关者	推动经济快速协调发展	地区生产总值增长率		
		固定资产投资增长率		
		外贸进出口总额增长率		
		万元地区生产总值能耗降低率		
		新增个体工商户及私营公司户数		
	改善发展环境	服务对象满意度		
	提高居民生活水平	居民对生活质量满意度		
		城镇居民人均可支配收入增长率		
		农民人均纯收入增长率		
	财力	增加财政收入		
		争取资金投入		
内部业务流程	培育工业主导产业	木材加工量		
		清洁能源装机容量		
	提高新农村建设整体水平	"牧菌菜"收入占农民人均纯收入比重		
		农村基础设施建设投资额		
	创建中国优秀旅游城市	新增 AAAA 级景点个数		
		旅游接待人数		
	加速城市建设升级	城市建设投资规模		
	提高卫生、教育水平	卫生、教育支出增长率		
		急诊急救绿色通道 24 小时通畅率		
		高中阶段毛入学率		
		普通本科以上上线人数		
	提高社会保障水平	城镇企业基本养老保险覆盖率		
		城镇基本医疗保障覆盖率		
		城镇居民最低生活保障率		
		农村居民最低生活保障率		
		新型农村合作医疗参合率		
	扩大就业规模	城镇登记失业率		
		就业再就业人数		

续表

层面	目标	指标	目标值	行动方案
	推进"平安海林"建设	"八类"案件发案率		
		生产事故死亡人数		
		在省、市有影响的群体性事件发生件数		
	塑造"新海林、新形象"	争创"新海林、新形象"		
学习与成长	人力资本	提高工作人员素质	争创"全国文明城"		
			集中培训人数		
			培训次数		
	信息资本	提高信息化程度	党政机关工作人员拥有计算机比率		
			海林公众信息网覆盖面		
	组织资本	增强执行力	"六项制度"违规案件当期查处率		
		加强廉政建设	党政机关违法违纪案件当期查处率		
		加强基层组织建设	党政机关二类以上党支部比率		
		创建"四型"领导班子	党政机关"四型"领导班子达标率		

(资料来源:方振邦,葛蕾蕾.政府绩效管理[M].北京:中国人民大学出版社,2012.)

第三节 政府绩效评价

一 政府绩效评价的内涵

政府绩效评价是政府绩效管理的基本环节之一,也是政府绩效管理的核心问题。政府绩效评价是由行政主管机关、社会公众或中介组织,按照法定民主程序及要求,对政府某个部门、服务项目及公务员个人的绩效状态做出客观、公正和准确的综合评判。政府绩效评价作为整个政府绩效管理系统的核心内容和关键环节,是民主政治的重要实现形式,是引导、监督、矫正政府官员施政行为的基本手段和方式,也是政治意识形态和政府组织文化的具体体现。政府绩效评价主体多元化,是近年来各国政府绩效评价发展的基本趋势。

二 政府绩效评价的主体

政府绩效评价的主体是一个由多元主体组成的治理结构。多元化的评价主体相互之间可以弥补自身评价信息的缺失,有利于保证政府绩效信息的真实性和可靠性,直接关系到政府绩效评价结果的科学性,它是保证政府绩效评价效度和信度的基础。

根据政府绩效评价的主体的不同,可将其分为外部评价主体和内部评价主体两大类。外部评价主体是指从政府体系外部对政府绩效进行评价的主体,包括国家权力机关评价、司法机关评价、审计部门评价、社会评价。政府专门机构(包括中央预算管理部门、财政审计部门或专职人事管理机构)对相关部门及人员实施绩效审计和评价。社会公众(包括非政府组织、社会中介组织或一般民众)是政府绩效评价的重要主体和有生力量。

内部评价主体是指政府机关自身作为评价主体所构成的评价主体体系。内部评价主要包括政府机关内部的自我评价和专门评价两部分。民选官员或行政首脑(中央政府首脑和上级行政机关)是政府绩效评价的主要发起人和实施者。在一般情况下,政府绩效评价系统中有六种类型的绩效评价模式,即上级评价、同级(同事)评价、自我评价、下级(下属)评价、公众(顾客)评价和专家评价。与此相对应,也有六类评价主体可供选择。不同评价主体的心理素质、业务素质和评价态度的不同,直接影响着评价结果的可靠性和有效性。

三 政府绩效评价的原则

(一)政府绩效评价的原则

政府绩效评价的原则主要包括财政效率原则、价值中立原则、公开透明原则和回避原则。

1. 财政效率原则

财政效率原则也就是要求用财政效率来重新审视政府支出,以及与此相关的行政行为。财政效率是一种独特的效率,是指公共支出与社会效果的比较。社会效果是指公共部门提供的公共服务后果,即它是否增进或者在多大程度上增进了公共利益。

2. 价值中立原则

价值中立原则也称事实-价值两分法原则。主要包括两个方面的内容：一是要求评价人尊重事实和公共价值标准；二是要求绩效评价的结果量化，即用分数说话，而不是笼统地给定一个合格或不合格的结论。

3. 公开透明原则

公开原则是指绩效评价的过程公开，尊重事实。透明原则主要包括：一是评价结果应当征求公众意见；二是结果公开，即通过书面报告向政府和人大报告评价结果，并通过媒体向社会公开。

二维码 10-2
微帖：
美国学者韦斯对绩效评价的观点

4. 回避原则

回避原则主要包括：一是坚持"财政部门提供绩效评价平台，专家评价"的制度；二是有利害关系的人必须回避。

（二）评价指标设置的原则

1. 公共目标导向原则

严格立足政府组织公共职能，"不越位""不错位"，并在此基础上恰到好处地发挥"到位"。

2. 多元目标平衡原则

在内容、层级、时间和技术维度上设置多元目标。

3. 预期目标可控原则

所评估的政府绩效状态一定是被评估部门公务活动及公务员行为在合法、合规、合理情况下可控的。

四 政府绩效评价的方法

政府组织机构和企业不同，政府单位不以盈利为主要目的，而是旨在通过努力，为公众提供服务、管理公共事务的组织。进行绩效评价时，应以社会效益和公众满意度为主。

政府组织机构的绩效作为组织层面的绩效，其具体内容包括员工工作绩效和部门绩效。对于员工工作绩效的评价，应根据部门特色和岗位职责的不同采取不同的评价方法。政府绩效评价的方法主要有360度绩效考核法、平衡计分卡法、关键绩效指标评价法等。

1. 360度绩效考核法

360度绩效考核法主要应用于对中层及以上员工个体的绩效评价，也是政府组织中常用的绩效考核方法。评价主体包括上级、下级、同事、自己、客户等。

2. 平衡计分卡法

平衡计分法卡法主要用于对部门和组织的绩效评价。早期平衡计分卡法主要应用于企业，而随着组织改革与发展，政府部门越来越重视平衡计分卡法。表10-3为北京市延庆县（现延庆区）八达岭镇领导班子实绩考核表，表10-4为黑龙江省海林市公安局的平衡计分卡。

表10-3　北京市延庆县八达岭镇领导班子实绩考核表

层面	指标	目标值	满分	权重系数	数据来源	考核主体
利益相关者（20%）	农村经济总收入年增长率	10%	100分	5	县统计局	县发改委
	旅游收入年增长率	25%	100分	5	县统计局	县发改委
	空气质量二级或好于二级的天数占全年比重	85%	100分	3	县环保局	县环保局
	农村居民对公共服务满意度	达到县级要求	100分	5	县统计局	农村居民
实现路径（60%）	有机农业产值年增长率	达到县级要求	100分	5	县统计局	县发改委
	以旅游为基础的消费性服务业年收入	达到县级要求	100分	3	县统计局	县发改委
	食品安全事故发生次数	达到县级要求		减分项	县卫生局	县卫生局
	创建绿色村庄数量	1个		加分项	县园林绿化局	县园林绿化局
保障措施（20%）	党建工作	达标	100分	5	主管部门	主管部门
	各类基础数据库健全度	达标	100分	3	县政府办	县政府办
	行政问责次数	0次/年		减分项	县监察局	县监察局
	社会融资总额	元		加分项	县财政局	县财政局

表 10-4　黑龙江省海林市公安局的平衡计分卡

要素层面	目标	指标	目标值	行动方案
利益相关者	创建平安海林	"八类"案件发案率		
	推进系统位次前移	上级业务部门考核名次		
	提高群众满意度	行风测评满意度		
		服务满意度		
内部业务流程	积极维护社会稳定	重大社会矛盾预警率		
		群体性事件妥善处理率		
	加强社会公众安全监管	事故发生率低于上一年度		
	加大打击违法犯罪力度	刑事案件破案率		
	完善防范体系	市区巡逻看护覆盖面		
		防范设施安装率		
		执法过错案件发案数		
		行政复议、诉讼案件败诉率		
	提升社会治安管控水平	重大治安灾害事故发生数		
		"基层基础"工作达标率		
		行业场所"黄、赌、毒"案件查结率		
	提高服务水平	治安案件查结率		
		便民利民措施落实率		
		窗口服务满意度		
		"大走访"活动落实率		
	加强队伍正规化建设	"五讲五进"活动率		
		民警战训合一考评达标率		
		执法过错案件发生数		
		年度民警违法违纪案件发生数		

续表

要素层面	目标	指标	目标值	行动方案
学习与成长	提高全员综合素质	政治理论和业务知识测试合格率		
	完善信息系统	各种基础材料规范齐全		
	创建"四型"领导班子	领导班子被评为一类班子		
	培育创新务实的机关文化	高质量完成各项工作任务		
	加强党风廉政建设	无违法违纪人员		

（资料来源：方振邦，葛蕾蕾.政府绩效管理[M].北京：中国人民大学出版社，2012.）

3. 关键绩效指标评价法

关键绩效指标评价法是用于考核和管理被考核者的定量化或行为化的标准体系。关键绩效指标是对组织目标有增值作用的绩效指标。通过关键绩效指标上达成的承诺，员工与管理者可以就工作期望、工作表现和未来发展等方面的内容进行沟通。表10-5是常用的一些关键绩效指标。

表10-5　常用的一些关键绩效指标

完成的工作结果	关键绩效指标
下属员工的绩效	上级主管对以下方面感到满意： (1)所有员工都有书面的绩效标准； (2)所有员工都清楚参照标准，并知道自己做得怎么样； (3)所有员工每年至少接受一次绩效反馈面谈； (4)所有员工都接受年度的书面绩效考核； (5)员工认为报酬体系和对自己的认可是可以接受的； (6)员工有具体的绩效改进计划； (7)员工认为他们的努力得到了认可； (8)员工工资的提高比率随着绩效的不同而不同

续表

完成的工作结果	关键绩效指标
员工的满意度	对员工的调查表明： (1)员工理解组织的发展方向、部门的工作目标和自己在达到这些目标中的角色； (2)员工具体地了解主管对自己的期望； (3)员工知道绩效考核准确地反映了自己的绩效； (4)员工有完成工作所必需的工具和手段，并且当他们没有这些工具和手段时，可以了解其中的原因； (5)员工拥有完成工作所需的知识和技能，或者有获得这些知识和技能的计划； (6)员工好的绩效得到认可和赞赏

五 我国政府绩效评价中存在的主要问题

（一）长官意志和自上而下层级控制倾向显著

在政府绩效评价中，长官意志和自上而下层级控制倾向显著，而下属及被评估者和外部社会民众积极参与度，以及自下而上的推动力严重不足。

（二）时常偏离应有目标

在转型期，由于政府职能转变任务尚未完成，政府角色混乱，导致政府绩效评价时常偏离应有目标，不合理、不科学的政府绩效评价往往与职能错位、越位和不到位的政府行为并存。

（三）尚未形成一整套合法合规、科学合理、规范有序的完整政府绩效评价框架体系

由于官本位、人治化的传统观念和体制掣肘，政府绩效评价的法制化、制度化建设长期滞后，尚未形成一整套合法合规、科学合理、规范有序的完整政府绩效评价框架体系。

六 我国典型的政府绩效评价模式

我国的地方政府绩效考核始于干部考核，侧重于领导干部的政绩考核，评价指标

单一化。改革开放以来,在行政管理体制改革和政府治理能力现代化的影响下,各地方政府纷纷转变绩效考核的观念,引入社会力量和公众参与政府绩效评价,探索更为全面、民主、科学的绩效评价模式。

(一)青岛模式:目标责任制下的"三民活动"

青岛模式是责任目标制的典范,其理论基础是目标管理理论。1998年开始,青岛市坚持把"以人为本,执政为民,建设服务型政府"作为施政理念,贯穿于政府工作的全过程,不断创新政府机关绩效管理新模式,以科学民主的目标化决策机制、责任制衡的刚性化执行机制、督查考核的制度化监督机制、奖惩兑现的导向化激励机制为核心目标,督查工作与目标绩效管理相结合、考核与评价相结合,形成青岛模式。

1. 青岛模式发展历程

1)起步阶段(1998—2001年)

1997年,中央提出"建立办事高效,运转协调、行为规范的行政管理体系"的要求,为我国政府的绩效评估指明了方向。为贯彻中央精神,1998年,青岛市召开了全市目标管理绩效考核工作会议,出台了《关于加强目标责任制管理的意见》,标志着青岛市通过创新绩效评估机制,落实公共部门责任、改进公共部门管理、提高公共部门效能、改善公共部门形象的新一轮行政体制改革正式拉开帷幕。

青岛市成立了目标管理考核委员会,委员会主任由市委书记担任,下设办公室,市委督查办公室、市政府督查办公室为办事机构,市委督查办公室下设考核处负责组织实施全市目标管理考核,见图10-1。

2)推进发展阶段(2002—2004年)

2002年,青岛市政府为进一步强化绩效的概念,提出了"目标管理绩效考核"的概念。目标绩效评估是以物质文明、政治文明和精神文明为核心的考核体系,将考察政府工作成绩同目标考核相结合。并且调整了目标管理考核委员会,由市委市政府的一把手来担任目标管理考核委员会领导职务,以此进一步提高绩效评估的影响力,增强绩效评估的权威性。到2004年,青岛市政府已经初步建立起以目标绩效评估为主的评估体系,推进了政府绩效评估工作的进一步发展。

3)深入探索阶段(2005年至今)

2004年,青岛市建立了包括经济、政治、文化、社会和党建五个方面内容的评估体系。2006年,青岛市在我国首创了电话民意调查,也就是政府通过电话随机访问的形式,把民众满意度作为绩效考核的指标,然后根据部门得分发布政府部门"民意排行榜",探索以民意测评分数作为重要指标来考核部门绩效。2007年,将评估内容调整为经济、政治、社会、文化、党的建设和重要贡献六个方面。2008年,青岛市政府委托第三方组织对政府"窗口部门"的绩效进行独立评估,初步实现了绩效考核由传统的"内考内"向"外考内"的转变。

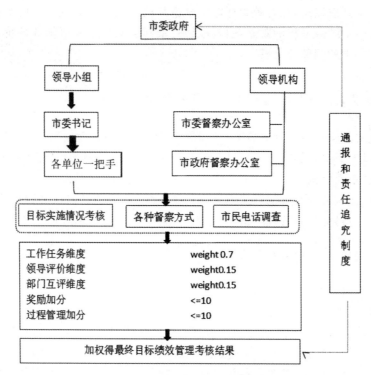

图 10-1　青岛模式的组织形式

2015年12月6日,青岛"三民"活动述职报告会圆满结束。49个政府部门的负责人依次登台述职并接受现场评议。两天来1万名市民代表在市级主会场以及区(市)、高新区分会场为各部门评议。为了更好地开展"三民"活动,政务服务热线办公室开通了网上通道和各区市"三民"活动现场提交两个意见建议征集渠道。截至活动结束,收集意见总数3000余件,涉及市政各部门。根据"三民"活动要求,12月底必须要对各个意见有回应,并公布到网上。

2. 青岛模式绩效评估的主体与对象

1) 青岛市政府目标绩效评估的主体

青岛市目标绩效评估的领导机构为青岛市绩效考核委员会,实施机构为青岛市目标管理绩效考核委员会办公室(以下简称市考核办)。市考核办负责全市各区市和市直单位年终评估的组织实施以及年终评估和日常评估工作的协调。青岛市目标绩效评估中,被评估区市和市直单位的日常评估工作和年终评估工作,根据各评估内容的不同,归口于各评估责任单位。例如:经济建设中的三级指标——富民水平,由青岛市统计局作为评估负责单位进行评估;经济建设中的三级指标——民营经济税收增速的评估,是由青岛市经贸委、统计局、国税局和地税局共同负责完成。各负责单位在评估工作完成之后,将结果上报市考核办。

2) 青岛市政府目标绩效评估的对象

青岛市政府目标绩效评估的对象包括两个层面:一是全市范围内的各市直单位和

区市;二是各市直单位和区市政府的内设部门。第一层面的评估由青岛市政府统一部署实施,第二层面的评估由各单位独自组织,具体评估办法不尽相同。

3. 青岛市区市目标绩效评估指标体系

青岛市区市目标绩效评估指标体系包括两个相对独立的子系统,即区市目标绩效评估指标体系和市直单位目标绩效评估指标体系。青岛市区市目标绩效评估指标体系框架,分为一级指标和二级指标,见表10-6。

表10-6　青岛市目标绩效评估区市指标体系之一级指标和二级指标

一级指标	二级指标
经济建设	财政收入、结构优化、投资效益、自主创新、节能减排、环保等
政治建设	党的建设、决策的科学民主化、政令畅通、政府公开等
文化建设	精神文明建设、文化产业发展等
社会建设	社会事业发展、住房建设、社保和就业等
党的建设	党的基层建设、党风廉政建设和反腐建设、作风建设等
重要贡献	国家百强县排名、内外投资大项目建设、特色指标等

在一级指标确定的基础上,青岛市政府根据各个指标性质和内容的不同,将指标体系设计为二级到四级。在三级指标服务质量和工作效率指标下又设问卷调查和电话访问两个四级指标。

4. 前期青岛市政府目标绩效评估的方法

青岛市政府目标绩效评估分为前期和后期两个阶段的改革,前期主要采用日常评估、内外评估和年终实地评估相结合的方式。日常评估由市考核办组织协调,有关主管部门配合,通过抽查、督促检查等方式进行。相关主管部门每半年通报一次评估情况,并送市考核办备案;内外评估由市考核办、市纪委(市监察局)等单位组织实施,聚集政府相关部门内部和社会公众进行民主评议。在此期间市考核办发布相关通告,接受公众的监督;年终实地评估由市考核办组织实施,形式采取年终答辩的方法,由被评估单位主要负责人逐项汇报目标完成情况。答辩评估组成员根据被考核单位汇报和提供的有关证明材料及现场核查情况,按定量或定性标准逐项考核评分。

5. 后期青岛市政府目标绩效评估的方法

青岛市政府自2009年起在政府59个部门中组织开展了"三民"活动,探索新形势下公众评价政府工作的新机制,积极推动政府及各部门以实际行动问政于民、问需于民、问计于民,为促进机关作风转变、提升工作效能、推动全市经济社会又好又快发展发挥了重要作用。"三民"活动是市政府各部门"向市民报告、听市民意见、请市民评议"活动的简称。"向市民报告"是指通过公开述职的方式,由市政府各部门的一把手或主要负责人向市民报告本部门当年工作的完成情况、存在的问题及改进措施;"听市民意见"就是听取市民代表和社会各界代表对政府各部门工作提出的意见和建议;"请市民评议"就是请市民代表根据政府部门的报告和平时掌握的情况对政府各部门工作进行打分评议。

6. 青岛市政府目标绩效评估的程序

"三民"活动每年从11月份开始,12月底结束。"三民"活动的具体实施步骤包括准备阶段、评议阶段和总结阶段。

1) 准备阶段

11月下旬,青岛市政府研究、制定市政府部门"三民"活动的实施方案,成立市联席会议办公室;完成市民代表遴选、确定,主、分会场选定和技术保障工作;完成市政府部门负责人述职报告材料上报、审核等各项筹备工作。

2) 评议阶段

12月上旬,在指定的网站上及时公布市直部门的年度目标、工作职责、年终述职报告等相关材料,同时开通网上意见建议征集栏目。12月中旬,市政府各部门按照时间和分组安排,到指定地点依次进行述职报告,并接受市民代表的评议。同步完成市级机关和区市机关干部代表对市政府研究室、市机关事务管理局的评议工作。

3) 总结阶段

12月中旬至12月下旬,完成市政府部门社会评议结果的汇总、统计工作;做好市民代表意见建议的汇总、分类和办理工作,分专题筛选、归纳市民代表和网民提出的良策、建议,做好优秀组织单位、优秀建议的评选工作;召开专家学者、社会各界、新闻媒体、市民代表座谈会,听取改进和创新今后工作的意见;完成"三民"活动工作总结。

7. 青岛市目标绩效评估的结果运用

二维码 10-3
视频资料:
青岛"一把手"
向市民述职

青岛市将绩效评估结果奖励落实到政府工作人员和行政负责人,采取了物质奖励和精神奖励相结合的方式。被评为不合格的区市和市直单位要向市委市政府提交自纠报告,并将受到全市通报批评。连续两年不合格的区市和市直单位,其主要负责人将受到待岗或降职处分。评估结果向社会公开,接受市民监督。

（二）杭州模式：公民导向的实践

杭州绩效评估活动可分为三个时期：前期综合考评时期（1992—2000年），初步发展时期（2000—2005年），深化发展时期（2005年至今）。1992年，杭州开始对政府部门进行单一目标考核，由各系统的各个单位、市目标办联合单位系统牵头各单位对部分单位进行自上而下的目标考核，对先进单位只是进行精神考核，后将考核结果与奖惩挂钩。2000年，为适应改善机关作风、转变政府职能、建设服务型政府的要求，将目标考核与社会评价双轨并行，目标责任制与满意单位评选相结合，由市目标办、市满意办、市效能办组织，自上而下与自下而上相结合进行评估，评估结果与公务员年度考核、干部奖惩、选拔任用相结合。2006年8月，杭州市委在整合市级机关目标管理、市直单位满意单位不满意单位评选和机关效能建设等职能的基础上，组建成立了杭州市综合考评委员会办公室，作为杭州市综合考评委员会的常设办事机构，主要负责市直单位综合绩效考评、效能建设等工作。

2016年，《杭州市绩效管理条例》开始实施，其是针对政府绩效管理专门制定的地方性法规，根据该条例，绩效管理对象不仅覆盖市政府组成部门和区县（市）政府及其组成部门、乡镇街道，还将其他依照公务员法管理的机构、组织，法律法规授权的具有公共事务管理职责的组织，以及提供公共服务的企业（履行公共服务职责时）都纳入绩效管理的范围。杭州在综合考评和绩效管理中应继续引入社会评价，尊重和及时回应民意，与社会公众形成"评价—整改—反馈"的良性互动，推进政府工作绩效的改进和提升。

杭州市政府绩效考评对象为118家市直党政机关和企事业单位、13个区县（市），还有一些垂直管理的单位。

1. 框架结构和考评指标

综合考评由目标考核、领导考评和社会评价三个部分组成。目标考核占45分，领导考评占5分，社会评价占50分，总分为100分，见表10-7。

表10-7　杭州市直单位综合考核评价内容及分值设置

总体指标	分项指标	考核或评价指标内容	组织单位	分值
目标考核	职能工作目标	一类目标 市委市政府确定的重点工作任务	市考评办	35分
		二类目标 各单位职责范围内事关全市的重点工作		
		三类目标 其他涉及面广的综合性工作任务		
		四类目标 创新、创优工作目标	市考评办	在总分之外另外减分

续表

总体指标	分项指标		考核或评价指标内容	组织单位	分值
目标考核	共性工作目标	领导班子建设	领导班子年度考核情况	市委组织部、市直机关工委	4分
		党风廉政建设	违纪、违规案件查处情况	市纪委（监察局）	3分
		机关效能建设	96666投诉查办和明察暗访情况；信访和12345工作情况；行政服务窗口情况	市考评办、市信访局	3分
领导考评	总体工作实绩		主要评价各单位工作目标和市委市政府交办的任务	市考评办	5分
社会评价	服务态度和工作效率		评价各单位的服务态度、工作效率情况	市考评办	50分
	办事公正和廉洁自律		评价各单位的公正和廉洁守法情况	市考评办	
	工作实效和社会影响		评价各单位的工作业绩	市考评办	
合计					100分

1）目标考核内容

目标考核内容主要是考核市级机关单位职能工作目标和共性工作目标的完成情况。其中，职能工作目标主要涉及市委市政府的年度重点工作，部门职责范围内的重点任务，专项工作目标等，分为一类、二类、三类目标和创新、创优目标。共性工作目标主要涉及各单位的共性工作，分为领导班子建设、党风廉政建设、机关文明和效能建设三类。创新目标绩效考核程序包括申报、立项、申请验收、检查核实和公示，最终由市考评办组织专家组，对各单位创新目标完成情况进行绩效评估，写出绩效评估报告，根据"创新工作目标得分＝1.5分×难度系数×评估系数"计算最终得分。创新目标绩效考核在难度系数和评估系数设置上，绩效导向特征明显。在难度评估标准设定方面，根据创新目标内容、执行难度和创新程度，由专家组对创新目标难度分三个档次做出评估。

2）领导考评内容

领导考评内容主要包括市直单位职能工作目标和市委市政府交办任务的完成情况。由市四套班子领导和法、检两长对市直单位的总体工作实绩做出综合考评。

3）社会评价内容

社会评价内容主要包括综合考评单位的"服务态度和工作效率，办事公正和廉洁自律，工作实效和社会影响"。

2. 考评主体与对象

在考评主体的设置上,杭州市的做法是社会评价、目标考核、领导考评、创新创优目标考核,分别由不同的主体来执行,力图使综合考评的结果能够反映多个群体的意见。每年一次的社会评价由党代表,人大代表,政协委员,省直机关代表,老干部,专家学者,行风评议代表,区县市四套领导班子成员,区县市的部委办局及街道、乡镇党政包括人大负责人,社区党组织和居委会负责人,企业代表,市民代表等群体的 15000 人组成,其中普通市民 10000 人。

考核评价的范围和对象为市直机关各部、委、办、局及市直有关单位。根据单位的性质和职责,分为两类。将既便于社会评价又列入目标考核的单位列为综合考评单位,实行目标考核、领导考评和社会评价相结合。并进一步细分为社会服务相对较多的政府部门、社会服务相对较少的政府部门及其他单位和党群部门三类。将不便于社会评价的单位列为非综合考评单位,实行目标考核和领导考评相结合。

3. 方法程序

综合考评采用"考评结合、同步进行、综合评定"的方法。

1)社会评价

沿用原有满意单位不满意单位的评选办法,由满意办组织九个投票层面对综合考评单位进行社会评价,并从增强可比性、防止策略投票行为等方面对方法作适当修改。一是对评选系数进行调整。将社会服务相对较少的政府部门及其他单位的评选系数由 1.00 调整为 1.01。二是对量表分值进行调整。将"满意、比较满意、基本满意、不太满意、不满意"的分值从"100、75、50、25、0"调整为"200、50、60、30、0"。三是对评价主体的抽样方法进行调整。采取两次抽样的方式,从原来的"先投票、后抽样",调整为"先抽样、后投票、再抽样",抽样的比例均为 80%(第一次抽样除企业、市民外)。

2)目标考核

目标考核以平时考核为基础,以年终目标任务的完成情况为主要依据,结合社会评价中社会各界反映的意见和建议,采取按项评估、以项计分的考核方法,由市目标办会同有关部门组织实施。经市级机关各单位自评、系统初评、目标办审核、反馈公示后确定。

3)领导考评

领导考评采用 5 分制标准组评分法。根据评分的不同标准,设置"1~5 分"5 个档次,同时设置"不了解",对"不了解"赋 3 分;对部分单位不作评价视同"不了解",赋 3 分;出现对全部单位都不作评价,作为废票,不计入统计结果。

4. 等次确定

根据社会评价、目标考核和领导考评的结果确定综合考评单位的等次,按综合考评得分高低进行排序,确定为优胜单位(满意单位)、先进单位、达标单位、未达标单位、未达标末位单位(不满意单位)。其中,优胜单位(满意单位)占15%,先进单位占20%根据目标考核和领导考评的结果确定非综合考评单位的等次。根据各单位考核得分高低进行排序,确定为成绩显著单位、工作先进单位、合格单位、不合格单位4个等次。其中,成绩显著单位和工作先进单位的比例各占15%左右。

5. 奖惩办法

综合考评确定为优胜单位(满意单位)、先进单位,非综合考评确定为成绩显著单位、工作先进单位的,予以通报表彰并给予适当的物质奖励。对综合考评未达标单位的工作人员,按不同职务的系数扣发当年年终奖。对综合考评未达标末位单位(不满意单位)和非综合考评不合格单位,予以通报,并扣发其工作人员当年年终奖。连续3年的,依照有关规定和干部管理权限,对其领导班子进行调整。

(三) 甘肃模式：第三方评价政府绩效

甘肃省政府绩效评价始于2004年,在激烈的地方政府竞争中,甘肃省政府认为,非公有制经济发展滞后是制约甘肃省经济发展的突出瓶颈,在GDP中所占比重远远落后于国内平均水平。为此,甘肃省政府决定通过非公有制企业评价政府绩效来改进政府工作作风,以制定发展非公有制经济的政策。2006年,将政府绩效评估主体从非公企业扩充到省内的国有企业和不同类型的国有资产企业。甘肃省政府成立省领导评价小组,委托第三方兰州大学中国地方政府绩效评价中心负责非公企业评估地方政府绩效项目。

1. 评价组织机构

为了有条不紊地推进甘肃省企业评议政府部门活动,甘肃省政府成立了由一位副省长任组长、省政府秘书长和省经济委员会主任分别任副组长的企业评议政府部门活动领导小组,负责评价活动的领导与协调,并组织专家对评价方案进行论证。评议活动领导小组下设办公室,负责评议活动的上下内外日常协调工作。整个评议活动的实施均由兰州大学中国地方政府绩效评价中心课题组完成,包括绩效评价方案的制定及优化,指标体系的设计与选择,调查问卷的设计、印制、发放、回收,评价数据和信息的处理,评价结果的发布等。

2. 评价组织实施程序

选择评价主体。甘肃模式评价主体是从每个市州政府按照产值和纳税从大到小遴选出500家企业,在500家企业中再随机抽取300家企业作为评价主体。从甘肃省各大高等院校科研机构、社团组织等单位,对省情熟悉并长期关注各市州经济社会发展的专家学者中遴选出12名专家,组成专家评价委员会。

从各州市提供的 500 家企业名单中随机抽取 300 家企业作为样本,通过填写问卷作为测评,占总分值的 60%。省政府评价组根据统计数据和调查资料,对各地政府及其职能部门工作效率和完成情况进行评价,占评价总分值的 20%。专家评价委员会根据其余两项评价情况,对相关问题进行研究,提出评价意见,占评价总分值的 20%,见图 10-2。

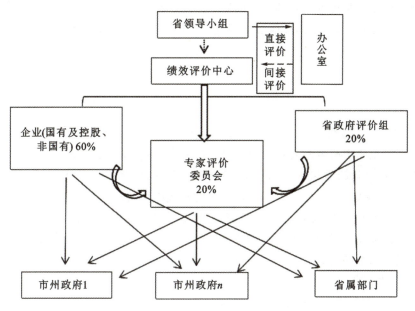

图 10-2 "甘肃模式"组织结构图

3. 评价方法

甘肃模式采用综合评分法、德尔菲法、问卷调查法、访谈法、文献法和综合分析法等多种方法进行绩效评价。以综合评分法作为基本评价模型,从具体的指标开始,逐项分层加权计算,最后汇总得出结果。市州政府绩效评价计算公式与省政府职能部门绩效评价相同。

市(州)政府绩效评价计算公式为:

$$GP = GP_1 \times W_i + GP_2 \times W_i + GP_3 \times W_i$$

式中,GP 代表市州政府绩效总得分,GP_1 为企业评价市州政府绩效得分,GP_2 为上级政府评价市州政府绩效得分,GP_3 为专家评价市州政府绩效得分,W_i 为权重系数,满足 $\sum_{i=1}^{n} W_i = 1$。省属部门绩效计算公式与此相同,只是评价主体扩展至全省范围。

单个评价主体评价市州政府绩效的计算公式为:

$$GP_u = \sum_{i=1}^{n} \left(\sum_{j=1}^{m} P_{ij} W_{ij} \right) \times W_i$$

式中,GP_u 表示某一评价主体评价市州政府绩效得分,n 为该评价主体评价市州政府绩效指标体系的要素个数,m 表示指标体系第 i 个构成要素的指标个数,P_{ij} 为第 i 个

构成要素的第 j 项指标的得分，W_{ij} 为第 i 个构成要素的第 j 个指标在其中的权重。省直部门绩效计算公式与此相同，只是评价主体扩展至全省范围。权重的确定则采用修正的德尔菲法。

反馈评价结果。兰州大学中国地方政府绩效评价中心在形成甘肃省市州政府及省属职能部门综合绩效评价报告的同时，对每个被评单位的综合绩效水平、每个指标得分情况，以及企业集中反映的主要问题，分别反馈评价结果。报告中还针对分析结果和企业反映的具体问题向政府及部门提出整改意见和建议，帮助被评单位不断提升绩效水平。

（四）珠海模式：万人评政府

1999 年 1 月，珠海市召开五届人大一次会议，市人大代表提出了《切实整饬政府机关作风，优化我市改革与发展"软环境"》的一号议案。市委、市政府对该议案非常重视，同年 5 月，珠海市委市政府出台了《关于集中开展以"两高一满意"为主要内容的机关作风建设的决定》。为进一步改进珠海市的机关作风，提高行政效率，优化投资软环境，致力于建设服务型政府，更好地推动经济社会的持续、协调、健康、快速发展，从 1999 年开始，珠海市每年开展机关作风建设专项活动。珠海市的领导者和组织者认为，政府服务水平如何，机关作风建设成效如何，企业和人民群众最有发言权。为此，市机关作风办每年向社会发放一万份左右的考评表，对珠海市机关、事业单位和中央、广东省驻珠海机关进行年终考评（俗称"万人评议政府"），重点突出群众和企业、行业评，并与领导、机关干部、基层干部评和市政府投诉中心扣分机制有机结合起来，见图 10-3。2013 年社会公众对政府年度工作的满意率达到 78.27%，比 2012 年增长了 8 个百分点。这接近八成的满意成为珠海政务服务质量迈向新高的拐点。

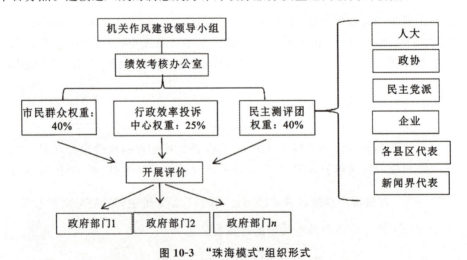

图 10-3 "珠海模式"组织形式

1. 评议主体、对象、方法

1) 评议主体

珠海万人评议政府的评议主体设定可分为两大阶段,2004年之前的评议主体包括一个专业性考评团,之后则废弃了考评团,由"三类代表"(党代表、人大代表和政协委员)和机关干部作为体制内评议主体,企业和公民为体制外评议主体,体现了民主集中制原则。上述事实说明,万人评议政府的评议主体并非仅限于公民(见表10-8)。

表10-8 珠海万人评议政府的评议主体

时间	评议主体			考评票数或权重			
1999—2000年	"测评团"(社会精英)			200份		60%	
	公民			10000份		40%	
2001年	"测评团"	政府投诉中心		40%		25%	
	"万人评议政府"			35%			
2004年	机关干部	企业	公民	841		3000	2981
2005年	"三类代表"	干部	企业	公民	835	85	3700	2300
2007年	"三类代表"和干部	企业	公民	2767		4000	3200

2) 评议对象

评议对象分为市直机关、事业单位、市人民团体及中央、省驻珠各单位四类。

3) 评议方法

2005年,考评人的考评结果分为5个档次:很满意、满意、比较满意、基本满意和不满意。分别赋予分值:95分、85分、75分、65分、50分。计算公式:某被考评单位a项得分=(很满意票数×95+满意票数×85+比较满意票数×75+基本满意票数×65+不满意票数×50)÷a项考评人总投票数。

2. 评议结果的运用

对评议结果的运用主要体现在经济奖惩和人事奖惩两个领域。根据评议结果对评议对象的划分标准为:排名前5%的单位为优秀单位,后5%的单位为落后单位。经济奖惩措施为:不合格单位,扣除其一把手本年度全部岗位责任制奖金(以下简称"奖金"),副职领导扣除50%的奖金;优秀单位,一把手奖金增加50%,副职领导奖金增加30%,其他工作人员的奖金增加10%。人事奖惩措施为:不合格单位,公务员年度考核中优秀比例不得超过5%;优秀单位,领导成员在公务员年度考核中可有1人被评为优秀,工作人员在公务员年度考核中的优秀比例可提高到20%。

（五）不同政府绩效评价模式对比

青岛、杭州、甘肃、珠海等地的政府以政府、公民、第三方部门等不同层面为切入点，探索出一些典型的政府绩效评估模式，如表10-9所示。

表10-9 四种典型政府绩效评价模式比较

项目	青岛模式 目标责任体制下的"三民活动"	杭州模式 公民导向的政府绩效评估	甘肃模式 第三方评估	珠海模式 万人评议政府
评估对象	市直单位和区	市直机关各部、委、办、局及市直有关单位	政府部门及市州政府	政府部门及相关单位
考评主体	多元评估	多元评估，主要为公民评估	第三方评价，主要为非公有制企业	万人评议，主要为企业和人民群众
管理方式	内部管理	内部管理	外部参与管理	内部管理
绩效管理机构	市委市政府	市综合考评委员会	省政府	机关作风建设领导小组
评估实施机构	目标管理绩效考核委员会	综合考评委员会	兰州大学中国地方政府绩效评价中心	绩效考评办公室
绩效指标设计	由经济、政治、文化、社会、党的建设和重要贡献六个一级指标和若干个二级指标构成	目标考核(45%) 领导考评(5%) 社会考评(50%)	企业评价(60%) 省政府评价组(20%) 评价工作专家委员会(20%)	市民群众(40%) 行政效率投诉中心(20%) 民主测评团(40%)
绩效结果衡量	运用部门考核、领导考评、群众考核进行多层考核	目标考核按项评估、以项计分；领导考评采用5分制；社会考评采用满意不满意5档评价法	综合绩效指数	考评人的考评结果分为5个档次：很满意、满意、比较满意、基本满意和不满意，分别赋予分值并运用公式进行计算

经典案例10-2

 一、阅读材料

考核不能简单以财政收入论英雄

2006年,某记者到湖南某县采访,一个乡的干部诉苦说,全乡工商税源实际只有3万多元,2006年要完成的税收任务是110多万元,缺口填补主要靠"买税"。年初乡政府给干部下达"买税"的任务,对象主要是省会长沙甚至湖北、浙江的建筑企业老板。据记者调查,"买税"这种现象在一些乡镇由来已久,局部地方有愈演愈烈之势。

所谓"买税"就是乡镇干部以远低于国家应征的税收标准,跑到经济发达地区"引进"纳税人到乡镇来缴纳。为了吸引税源,一些乡镇互相竞争,压低引税门槛,"买"来的实际税款少的只有票面纳税额的四成,导致国家税收大量流失。一些乡镇甚至直接参与造假,用假税票和假完税证来逃避监管。长沙市去年查处的一起涉及特大发票案中,上万本假发票及假完税证的大买主就是乡镇政府。

乡镇干部"买税"现象产生的原因是多方面的,除税务部门对跨区域流动税收监管乏力之外,根子在于一些地方政府在政绩考核中继"GDP崇拜"后又出现"财政收入崇拜",以财政收入作为经济发展座次排序和使用提拔干部的重要指标之一。一些上级领导干部为了谋求"政绩",不切实际地下达税收任务,年年增加,完不成的,就要动用"一票否决"的大棒,摘乡镇领导"帽子",扣乡镇干部的工资。被逼无奈,乡镇干部只能四处"引税";"引税"还完不成任务,就想起了"买税"。

"买税"坑了国家,害了基层干部,苦了农民,败坏了社会风气。由于一些县市政府靠"买税"把财政收入的水分做得很大,直接影响了上级政府正常下拨转移支付资金,影响公共事业建设,损害了群众的利益。"买税"也极容易滋生腐败,因为其间发生的接待、回扣等费用均是"暗箱操作",少数乡镇干部从中虚列成本、捞取好处。

(资料来源:《浙江日报》2006年8月3日。)

 二、阅读并思考

1. 此案例中绩效考核为什么导致干部造假?
2. 如何进行考核才能避免此类现象发生?

中英文关键术语

政府绩效（Government performance）
政府绩效管理（Government performance management）
政府绩效计划（Government performance plan）
政府绩效评价（Government performance evaluation）
政府绩效评价模式（Government performance evaluation model）

二维码 10-4
第十章自测题

复习思考题

1. 政府绩效评价中的问题有哪些？
2. 政府绩效管理与政府绩效计划的关系？
3. 政府绩效评价及指标设计应遵循的原则分别是什么？
4. 典型的政府绩效评价模式有哪些，请举例说明。

二维码 10-5
第十章参考答案

案例分析题

一、阅读材料

泗阳县万人公选"最差"公务员

一、小县城——敢为天下先

泗阳县隶属于江苏省宿迁市，全县拥有 25 个乡镇，总人口 118 万人，其中农业人口 102 万人，是一个贫穷农业县。然而，就是这么一个贫穷农业县，却"敢为天下先"地举行了一次"万人公选'最差'公务员"的特殊行风评议活动。

2003 年 1 月 6 日，泗阳县召开了一个有近 4000 名政府人员参加的大会，并通过电视向 20 个乡镇进行现场直播。县委、县政府、县人大和县政协四套班子的领导全部出席。大会公布 2002 年泗阳县评议政府部门和官员的结果。这次被媒体称为万人公选"人民不满意的执法单位"和"人民不满意的执法官员"的活动，在泗阳县被称为"经济软环境建设与管理行风评议活动"。这样的活动泗阳县近年来每年要举行两次。

此次评议活动从 2002 年 11 月初开始,到 12 月底结束。全县执法和经济、价格管理等 19 个部门及下属的 118 个科、队、所,以及这些部门 1103 名执法人员是重点评议对象。与以往不同的是,过去只评议各个政府部门,这次把执法人员个人也列为评议对象。

此次评选收回的评议票数达 8000 余份,其中"高票当选"为最差的政府部门有两个,最差的政府官员有 9 名。两个政府部门是哪个部门? 9 名政府官员是谁? 谜底一直没公开。据了解,此次活动中,被评为最差的两个政府部门,一个是县城建局城建管理监察大队,另一个是县地税局王集分局;人民最不满意的 9 名政府官员有县公安局、县交巡警队等的工作人员。

此次评选还评出好的和处于中间的部门和个人,其中人民最满意的单位有 5 个,分别是县国税局众兴管理分局、县供电局裴圩供电所、县工商局王集分局、县交巡警二中队、县公安局八集派出所;人民最满意的政府人员共 17 名。处于中间、不满意率较低的政府人员有 10 人。

行风评议结果出来后,对评为人民满意的单位和工作人员,泗阳县委、县政府通报表彰;对最差的单位在大会上通报批评,对单位领导由上级进行诫勉谈话,责令做出书面检讨;被评为最不满意的 9 名工作人员则要待岗半年,减薪九成,写出书面"整改措施",接受监察处罚,学习期满后由纪检和各单位跟踪考查后再工作。对另外处于末位的 10 人则通报批评,要求他们提出整改意见,写出检讨。

然而,最好和最差政府部门、官员到底是多少票当选的,泗阳县有关部门始终没有向公众提供这方面的统计数据。

二、组织者——阳光操作,可怜天下"父母心"

泗阳县监察局内的"软建办"(全称为"经济发展软环境建设与管理办公室"),隶属监察局,是宿迁市的独创。由于泗阳县是一个经济欠发达地区,城市建设、道路交通等"硬件"相对较弱,领导们想通过改变泗阳县的投资环境来促进泗阳县发展,创造一个良好的软环境来弥补硬环境的不足。开展行风评议是泗阳领导们找到的一个重要的"开展经济软环境的建设与管理"的手段,希望借此加强执法部门与经济、价格管理部门的行风建设。

评议对象:2002 年 11 月,由泗阳县政府动议,在县委、县政府领导,纪委和监察局指导下,由县监察局"软建办"周密计划、具体操作的万人评议"人民不满意的单位和官员"活动拉开帷幕。公安局、交通局、卫生局、物价局、工商局等全县所有 19 个执法部门和经济监管部门中与民众直接打交道的 118 个重点科室,以及 1103 名官员被确定为评议的对象。随后,1103 名官员的姓名、职务、执法范围连同照片和编号,分批在媒体整版公布,在电视台播出,同时还被做成 3 本小册子,印制了 2000 份,免费发送到全县的外商和投资者手中。

评议内容：主要是"经济发展软环境方面"，包括评议对象思想解放程度，理解开放搞活发展经济政策是否到位；对投资人服务态度、办事效率、办事质量如何，对客商的投诉处理如何；被评议单位和人员是否有"吃、拿、卡、要"等行为。

　　评议范围：评议范围是这样划分的，县人大代表和政协委员占5%，外籍客商和投资者占30%，企业和个体工商户代表占15%，执法经济管理部门的服务对象占30%，普通群众占20%。

　　评议小组：评议过程中成立了16个评议小组，又有被评议部门的19位人员作为监督人员分到各小组。评议按区域进行，即由某一个地区参评人员评议当地的执法部门和人员。每天测评完的票封口后，工作组和监督人员都要在封口处签字。

　　统计：2002年12月中旬，有关部门花了大约一个星期对测评票拆封统计。具体由纪委牵头，统计局人员操作，司法公证人员现场监督，对被评为最差部门和个人的票，再次进行了人机核对。

　　结果公布：2003年1月6日，泗阳县政府专门召开由县四套班子和全县4000余名官员参加的会议，当众公布评选结果和处罚决定。会议不仅在各乡镇设有分会场，还通过泗阳电视台向民众同步直播。

　　此次评议由于直接牵涉到个人，因此在每一个环节的计划和执行中格外严谨。为了确保公正，他们别出心裁地进行"对口评议"，即私人企业、客商评议工商、税务等政府官员，渔民评议渔政官员，出租车司机评议交通警察，音像店老板评议文化市场执法官员等。"民众评议自己了解的官员，这样才最真实、最公正。"本此评议充分考虑到了参评人员的广泛性和代表性。行风评议是群众监督的一种方式。群众监督是加强党风廉政建设的一条很重要的经验。这与中央要求加强党风廉政建设和行业队伍建设是一致的。

　　但对于此次评议，该县的主要领导对评议官员一事从不发表看法，并一直对记者避而不见；县委办人员甚至以"不知情"为由，态度恶劣地将记者赶出门；费了很大周折，直到县纪委领导发话，具体负责评议事宜的县监察局副局长才作为代表接受了记者的采访。

三、参评者

　　在万名参评者中，县人大代表和政协委员占5%，外籍客商和投资者占30%，企业和个体工商户代表占15%，执法经济管理部门的服务对象占30%，普通群众占20%。虽然覆盖范围广泛，但这个分配比例是如何确定的，又如何从众多符合资格的参评人当中选出代表，而被选者的意见是否具有较强的信度和效度，组织者对这些问题都没有做出回应。究竟有谁参加了投票，组织单位一直没有公开。

四、被评议对象:哑巴吃黄连? 里外做人难?

(一)旁观者清,"当选"者迷

虽然泗阳县"隆重"公布了此次评选结果,但事隔两个月,当选最差单位之一的县地税局王集分局局长接受采访时表示,他还不知道分局在行风评议中被评为最差的结果,而且他是去年11月底才到任,对行风评议中什么时候评议的王集分局,评议结果是什么,都不清楚。他也没有参加元月6日的大会,给县局有关部门打电话也被告知行风评议中差的单位里没有王集分局。而王集分局的前任局长、现为县物价局副局长的王某某也没有参加元月6日的大会,后来有人打电话告诉他结果,说他被评议为最差个人。

(二)让执法对象评议自己——深感委屈

被评为最差政府部门的泗阳县城建管理监察大队队长说:"我们在执法第一线,难免要得罪一些人。让服务对象评议我们,如果他们出于公心还好,如果为了一点小事对我们有成见,就没办法了。"大队队长还说,他们工资最多的是每月千元左右,最少的每月才280元。就是这样,大队已经3个月没发工资了。大队现在是事业单位,工资要自收自支,而这些收入来源主要依靠罚款和占道收费。他不否认,这客观上也是城管出问题的一个原因,他已受到了上级的诫勉谈话。如果2003年大队再被评为最差,他很可能就要被免职了。

县地税局王集分局的局长说,去年11月底他才到分局任分局长,就在评议之前,分局刚刚调整了一些个体户、工商业主的征税起征点。现任县物价局副局长的王某某是原王集分局的局长。调查征税点的工作就是他在任时进行的。那调整税收是不是造成王集分局被评议最差的原因之一? 不调税,分局是不是就不会落得如此结果?

一名交警说:"上级要求我们严格执行各项法规,可一严管,被管的人肯定不高兴,等到投票的时候对我们就不利。让执法对象评议执法者,不公平!"

还有一位不愿透露姓名的执法队员说,接受人民群众评议的,并不应该仅仅是一些"前线职能部门",干事的总会有错。既然是公开评议,就应该是包括所有公务员在内的,比如泗阳县政府县长、副县长甚至职位更高的人。

(三)待岗减薪——另谋出路,保留申诉

按规定,被评为最不满意的9名工作人员都要待岗半年并减薪,学习期满后由纪检和各单位跟踪考查后再工作。但似乎每个人的情况都不同。

泗阳县广电文化局文化市场办的一名官员被群众选为"最不满意"之后,立即被停职,原先每月1200元的薪水被减至每月160元的"基本生活费"。

县公安局被评为最差的警员,过完春节就外出打工了。

县质量技术监督局的一名官员当选了最差官员,该局副局长薛某坦诚地说,他们没有对这名执法人员进行任何处分。他说,泗阳县评议最差官员待岗半年减发薪水的做法是不妥的。《国家公务员暂行条例》第34条规定:对国家公务员的行政处分,应当事实清楚、证据确凿、定性准确、处理恰当、手续完备。《行政监察条例》第五条也规定:行政监察工作必须实事求是,重证据。显然,单凭"公选"结果就认定其有违章违纪问题,一刀切地进行行政处分是不妥的,有违条例体现的精神。因为民主选举是纷繁复杂的,你不敢断定凡是被选上"人民不满意"的就会有问题,你也不能排除有的官员是因为严格执法、得罪人和处事不"圆滑"、不会处理"社会关系"而当选的。可以设想,如果当选"人民不满意"受到处罚的人员进行申诉,将会出现"口说无凭"的尴尬局面。至于最差官员是怎样选出来的,薛某说,他们根本就不知道,而这个同志工作一向是认真负责的,他当选最差官员,他们对此不理解。

还有一位被评议为"最差"的政府官员表示,他没有触犯党纪、政纪,凭什么要减发他的工资?他说,他要保留申诉的权利。

(四)全民招商——泰山压顶,里外做人难

发展地方经济,打造软环境,加大招商引资的力度,这是泗阳评议政府部门和官员的主要目的。但一位负责招商相关事宜的县某局局长在说起评议最差政府官员和招商引资的事情时,却忧心忡忡:"这哪是在评议,简直是在折磨人!"

另一名官员告诉记者,县领导为了快速奔小康,全县所有在职人员都有招商任务,每人每年要完成20万~50万元的招商指标,完不成任务,就要扣发工资。2002年,他已被扣了2000多元。"哪怕介绍一位外商在这里圈一下地也行。"原来,在县城西边,很大一块招商引资工地荒在那里,有的工程只动了一半,便扔在那里不管了。这位官员说:"这主要是给上级领导检查时看的,只要谁帮我介绍外商来此圈了地,我的奖金全归谁。"

五、第三只眼看公选——瑕瑜并存,褒贬不一

(一)治疗顽疾的妙方

有人认为,泗阳的"公选"是许多久治不愈顽疾的克星。最明显的就是干部终于明白自己的衣食父母是纳税人,因此必须为纳税人办事,迫使其消除衙门老爷作风,为老百姓做实事。而百姓心里有杆秤,只要出于公心,群众自然会公平待你,这才是阳光下的民主监督。这种做法正好体现出政府最缺乏的胆识和敢于开拓、不怕失败的冲劲,以及不怕群众监督、不怕曝光、严格要求自己的自律精神。所以,泗阳此举是我国民主监督一个好的开端。

(二)警惕"最不满意"中的多数人暴力

许多人对泗阳公选一事非常审慎,甚至担忧,认为,虽然它体现了当地政府执政为民的决心,也看到了民意的威严,但是这种"民意的威严"如果缺乏有效的制

约,就会形成利益分配和决策中"多数人的暴力"。如果"最不满意"评选操作不慎,许多无辜的官员将在"多数人的暴力"下终结自己的政治生命。让民众来评选"最不满意官员",实质就是把官员行政能力的考查主体由"上级"下放到"下级",即广大人民群众手中,这并不一定就意味着进步。如果说绝对的考查权在"上级"手上,就会滋长官员的"政绩工程"意识,用假象去迷惑上级捞取政治资本;那么,如果"考查权"在"下级"公众手上,恐怕难免会培养官员的"媚众"心态和"政治作秀"本领,用假象欺骗盲从轻信的非理性大众。这两个"极端",都是官员不健康执政心态的温床——而"多数人的暴力"就是蕴藏在这种"媚众"的祸水中。如果官员平常秉公执法、铁面无私,惩治恶行毫不留情,打击坏人雷厉风行,无疑会得罪许多参加评议的"民众",在这种情况下,当选"最不满意"是非常可能的。这时,群众"雪亮"的眼睛就会由于缺乏足够的引导和约束而变成一种偏执,一种没有方向的自负。相对于评比"最满意"的和气友善,"最不满意"这种不留情面的极端形式更可能暴露"多数人"的狭隘、自私、盲从和暴戾。而基于"多数人"压过"少数人"的制度安排,很可能走进片面和狭隘的陷阱中。"上级"评议,官员面对的是"一个人";"公众"评议,官员面对的是"一群人",只有在"顶天"的压力和"立地"的责任互相补充下才能真正起到足够的监督作用;自上而下与自下而上的监督力量有机地结合,才可能在博弈中避免"一个人"的片面和"一群人"的片面。

（三）瑕瑜并存

有关专家认为,泗阳县将公众评议的活动细化到了评议公务员,这是一大创新,说明他们在民主建设方面走在了全国的前列。首先,它意味着为人民服务的原则得到了操作化、具体化。可以在结果上检验政府是否真的做到了为人民服务,从而通过外在的公众评价,激励政府官员更好地为人民服务,真正为老百姓做实事。其次,公众评议政府绩效,为我国政府绩效评价增加了新的途径,弥补过去自上而下的评议制度的局限。它作为一种自下而上的评议制度,与自上而下的评议制度起到相互补充的作用。公众评议政府绩效,是政府进一步了解公众需求的重要机制。最后,它可以成为定期选举政府官员的民主制度的补充。

但专家强调,泗阳县公选最差公务员的行动,虽然有一定的创新,但弊端也十分明显。我国的领导干部还是以任命为主,支持领导干部的仍然是公务员。大多数情况下,公务员的权利和责任是不对等的,他们只是在执行上级领导的命令,却要负担不对等的责任。这对大多数公务员而言显然是不公平的。

（四）惩罚措施欠妥

对于"最差官员"停职半年、减薪九成的惩罚措施,不少人认为此举欠妥。政治文明的核心是民主与法制,但运用民主的手段必须以尊重法律为前提,在法律法规允许的框架内进行。因此,对于票选的"人民不满意"者,不应立刻做出处罚决定,而是要慎重对待,依法处理。纪检监察部门应该首先根据其日常表现和掌握的情况进行综合分析,然后进行充分调查,以事实为根据做出处理。对认定确有嫌疑的存在严重问题者,依照法定程序予以立案审查,在掌握了确凿证据之后再进行行政处分,构成犯罪的移交司法部门处理。这才是真正尊重民意的表现,也是民意所期望的。

　　路漫漫其修远兮,一度成为媒体追逐焦点的泗阳如今已恢复平静,然而这种"敢为天下先"的举措,仍然需要我们上下而求索。

 二、阅读与讨论

1. 如何评价泗阳县这一公选"最差"公务员的做法?
2. 泗阳县"行风评议"是如何进行的?存在哪些问题?

第十一章

非营利组织的绩效管理

本章引例

北京安贞医院绩效管理变革

第一阶段:改革初期以提高经营效益为主导的医院管理模式,职能机构是改革办公室(1992—2007年)。改革办成立之初,试行以经济效益为主体的临床科室承包方案,探索收支结余奖金分配制度,形成以"(收入-支出)×提成比例"为基础的奖金分配方法,这是绩效奖金管理探索的开端。

第二阶段:以加强医院系统管理和综合协调为主导的管理模式,职能机构是经济管理办公室(2007—2013年)。2007年,改革办公室更名为经济管理办公室。这一时期,经济管理办公室将平衡计分卡运用到绩效管理工作中,确定财务收益、客户关系、内部流程、学习成长等4个维度21项关键绩效指标,贯彻"多劳多得、优劳优酬"的奖励原则,以"突出重点、兼顾一般"作为战略发展的主要举措,形成"安贞医院绩效管理系统"。

第三阶段:以提高运营水平和可持续发展能力为主导的管理模式,职能机构是绩效与学科管理办公室(2013年至今)。2013年初,经济管理办公室更名为绩效与学科管理办公室,按照北京市医院管理局绩效考核工作要求,突出公立医院宗旨,积极探索建立多角度、多层次综合比较分析影响医院绩效的考核指标体系。考核指标体系由定量指标和定性指标构成,权重分别占70%和30%。定量考核指标主要从社会满意、管理有效、运营高效和发展持续等四个维度进行。定性考核主要从办院方向、年度重点任务落实、平安医院建设和医院文化建设等四个方面进行。

第一节 非营利组织绩效管理概述

一、非营利组织的内涵

非营利组织(NPO)一词至今还未统一定义,因为其涉及的范围广泛,包含的组织团体种类繁多,因而相关的称谓错综繁杂。常用的一些称谓有"志愿组织""非政府组织""慈善组织""第三部门""民间组织"等。关于非营利组织概念的界定有很多种,比较著名的有美国约翰·霍布金斯大学的莱斯特·M.萨拉蒙教授将具有组织性、非营利性、非政府性、自治性等五个特征的组织界定为非营利组织。他把非营利组织分为两大类型,即奉献于会员的组织与奉献于公益事业的组织。这一定义目前较为流行,常被人们引用。著名的管理学者彼得·德鲁克认为,非营利组织是既非企业又非政府的机关,其目的是人与社会的变革,是向社会提供服务的部门。日本学者重富真一在萨拉蒙定义的基础上,将非营利组织归纳为非政府性、持续性、自发性、利他性、慈善性的社会组织。国内一些学者认为,非营利组织是指那些有服务大众的宗旨,不以营利为目的,不为任何人谋取私利,组织自身具有合法免税资格和帮助提供捐助人减免税的合法地位的组织。Wolf认为,非营利组织具有以下特质:有服务大众的宗旨;有不以营利为目的的组织结构;有不致令任何个人利己营私的管理制度;本身具有合法免税地位;有提供捐助人减(免)税的合法地位。

二维码 11-1
视频资料:
中国古代的
非营利组织——
范氏义庄

不同学者对非营利组织的定义不同,各种观点都从不同的视角对非营利组织进行了界定,都有一定的合理性。本书认为,非营利组织是指不以营利为目的,以服务社会为使命,支持或处理公众关注事件的组织。它的涉及领域涵盖艺术、慈善、教育、学术、环保等。非营利性是该组织最主要的特性,它的运作并非为了产生利益,而是促进社会的和谐,这也是其区别于其他各类组织的最主要特征。事实上,非营利组织具有二重性特征,非营利组织具有经济力,不仅仅是事业部门,也是产业部门。一方面,非营利组织具有各自不同的文化特征,以事业单位的面容出现;另一方面,非营利组织的发展与壮大能形成新的经济增长点,并由此形成产业部门,成为社会生产力的一个重要组成部分。

二 非营利组织的发展

非营利组织兴起于20世纪末的"社团革命"。

(一)非营利组织的规模

非营利组织规模在国家或地区分布上差异很大,在多数发达国家规模较大,在拉美和中东欧规模较小。

(二) 非营利组织的行业分布

各国的非营利组织主要活跃在教育科研、医疗卫生、社会服务和文化娱乐四个领域。

(三) 中国民间非营利组织生态

伴随着改革开放的进程,政府与社会组织之间的关系逐渐发生变化,社会组织在利益格局多元化、利益群体不断分化的过程中开始发育和成长,游离于行政体系之外的新组织要素,以及独立化、分散化的各类社会经济行为主体逐渐形成与壮大,个人的社会参与途径不断增加,这使得传统依靠"单位""部门"的单一行政性社会参与模式逐渐解体;同时,随着社会中介组织不断发育和完善,政府社会经济管理和职能转变也有了更加强有力的社会保障,这给"小政府"的建立提供了雄厚而广阔的"大社会"支撑。目前"大社会"的总体格局已初步形成,各类民间非营利组织正处于蓬勃发展的态势。在中国,社会团体是民间非营利组织的主要组织形式。

总的来看,中国非营利组织发展尚处于起步阶段,从相对规模上看,远远不能适应日益多元化的社会发展需要,难以满足广大人民群众不断多样化的社会要求。在实际发展中,由于官僚体制的惯性作用,政府干预较多,缺乏竞争机制和社会监督,一些民间组织没有明确宗旨和使命,以及缺乏基本的社会公信度等原因,很多社会事业组织的"官办"性质还很"浓",自身素质有待提高,运作资金难以筹集,专业人才短缺,管理还相当不规范,绩效管理不完善,诸如此类的问题有待在改革中不断解决。

二维码 11-2
阅读材料:
我国非营利组织的发展

三 非营利组织在我国社会生活中的作用

(一) 分担职能,填补因政府能力不足留下的空白

政府的职能转变,就是要使政府由"全能型"向"治理型"转变,精简后的政府无法承担大量复杂的社会问题,而市场也无法解决所谓的"公地悲剧"问题,由此产生的"公益真空"为非营利组织的填充补位提供了条件。

（二）服务基层，代表民众尤其是弱势群体的声音

非营利组织的最大优势在于能够深入社会基层、贴近贫穷民众。它们能够接近社会当中易受损害的群体，帮助这些社会成员参与同他们切身利益有关的决策和资源分配。

（三）化零为整，把闲散资金用于公益事业，促进精神文明建设

非营利组织大都追求公益，不谋求私利，容易使人产生信任感。因此，比起政府和企业来更有利于接受私人的捐赠，从而广泛吸纳闲散的社会资金来用于公益事业，促进整个社会精神文明水平的提高。

（四）维护多元，保护和促进生态、文化的多样性

非营利组织的广泛存在本身是社会多元化的一种反映。因此，维护自然界的生态多样性和社会上的文化多样性就是维护自身的生存环境。随着改革开放的发展，社会日益出现多元的需求，而生态的多样性也越来越为人们所重视，在这方面众多的非营利组织也做出了不少努力。

四 非营利组织绩效管理

（一）非营利组织绩效特征

Robert D. Heman 和 David O. Renz 指出，非营利组织绩效主要具有以下特征：
(1) 是可比较的；
(2) 具有多维性；
(3) 与董事会绩效相关（但如何相关不明确）；
(4) 与管理实践方法的正确运用有关，但不是简单的"最佳实践"方式；
(5) 是一个社会性的构建过程；
(6) 没有一个普遍性的最佳实践可以应用于所有的非营利组织董事会和管理之中；
(7) 组织反应是一个组织层面的绩效衡量方法；
(8) 区分不同类型的非营利组织是非常重要和有用的；
(9) 分析的层次性在研究和理解绩效上造成了差异。

（二）非营利组织绩效管理的内涵

非营利组织绩效管理是管理组织内员工绩效的系统，员工要参与到绩效管理过程中，通过组织与员工的不断沟通，双方应在绩效评估内容和标准上达成共识。通过绩效计划、绩效实施与管理、绩效评估和绩效反馈，不断改进员工业绩并最终实现组织战略以及目标。

非营利组织主要体现救助性及公益性，但其属于内部性有组织的自发成立机构，具有公共性、民主性、开放性和社会价值导向，其特点有非营利性、自发性、民间性、组织性、自治性。民间性使其有别于政府组织，非营利性使其有别于企业，所以其绩效管理更多的是在自治性上不断完善自治方式。本书将非营利组织绩效管理定义为，非营利组织为了更好地完善自治方式，实现组织的社会价值导向，而对组织内部进行的管理过程。

非营利组织在我国的兴起时间不是很早，并且非营利组织绩效管理一开始没有得到重视。随着经济社会不断发展，非营利组织的崛起和兴盛已成为令人关注的焦点。学者加大了对非营利组织绩效的重视，对于非营利组织自身而言，也开始尝试引入绩效管理的理念并进行实践。国内外学界对非营利组织机构的绩效管理进行了大量的研究，比如，达伊内利(2016)认为非营利组织构建绩效评价体系时，要充分考虑多方面因素，包括行业、政策、人群等。Varmazyar(2018)运用平衡计分卡并结合真实案例，验证了应用于非营利机构的可行性。蒋智霞(2015)指出，在非营利组织中，应用平衡计分卡可以有效地将组织战略和绩效体系中的指标结合在一起。吴春(2005)认为，对于非营利组织而言，其绩效是指非营利组织作为一个整体，在管理和服务等行为中所取得的业绩、成就和影响等。

（三）非营利组织绩效管理的特点

1. 非营利组织绩效管理强调组织内部自治管理

非营利组织独立于政府和以营利为目的的企业，它是自发性成立的自治组织，所以其成员更多体现自愿性，有较强责任感，管理过程中更注重自主管理，采用绩效管理是为了实现自主管理的最优化，节约组织资源。

2. 非营利组织绩效管理重视科学管理方法，方法具有实验性和可操作性

非营利组织主要成员一般具有较高学历，他们重视科研与实践结合，积极引用科研结果，实现自身管理的科学化。

五　非营利组织绩效管理的意义

绩效管理活动能够给非营利组织领导机构的决策提供重要依据,能够对非营利组织员工的报酬确定一个衡量标准,也能够让社会公众了解非营利组织的情况,了解非营利组织资金的提供者和捐助者提供财务流向的基本信息。

1. 有助于改进非营利组织的绩效

绩效管理活动旨在让组织机构了解自身运行情况。非营利组织的主要内容是提供服务,只有通过了绩效考核的服务才算是合格的服务,所以进行绩效管理能够为管理者改善服务质量提供依据。

2. 有利于提高非营利组织的公信力

公信力是公共组织生存的重要法宝,非营利组织作为公共组织中的一类,其资金来源主要是捐助,通过绩效管理活动,能够让其资金使用情况更加公开透明,让社会大众及资金捐助者了解资金去向,增加大众对非营利组织的信任度,树立起公信力。

3. 有助于丰富非营利组织绩效管理理论

目前我国非营利组织发展处于成长期,各种基金会、社会团体都随着互联网的发展日益壮大,它们在满足人们需求的同时,也丰富着学者对非营利组织绩效管理的研究。从2003年起,对非营利组织绩效管理的研究越来越多。这既与我国非营利组织的发展历程相契合,也说明非营利组织的发展,引起了学界的重视。

六　非营利组织绩效评估

非营利组织绩效评估即指运用科学的标准、方法和程序,根据管理效率、服务质量、公共责任、公众满意度等方面的判断,对非营利组织在公共管理过程中投入、产出、最终结果所体现出来的绩效进行评定和认可。Patrick Kenis 认为,非营利组织绩效评估应从政治、衡量、实践三个维度进行考察。其中,政治代表评价准则的拟定程序,衡量代表准则的可操作性与可测量性,实践是指准则实施的情况。政治是非营利组织引入绩效评估准则的一种程序。由于不同的非营利组织有着不同的使命,其评价准则存在着不同的选择依据,准则选择也是一个多方选择和衡量的结果。

(一) 非营利组织绩效评价特征

非营利组织绩效评价是指围绕明确非营利组织绩效这一目标,评估主体在一定的时限内运用科学的评估手段和技术对非营利组织绩效进行测量、判定和评价的系统过程。非营利组织的性质和特征决定其具有不同于其他类型组织的显著特征,这也直接导致非营利组织的绩效评价具有有别于其他组织绩效评价的显著特点。归纳起来,其绩效评价具有以下几大特点。

1. 绩效评价对象的特殊性

非营利组织绩效评价对象是非营利组织的绩效。非营利组织具有非营利性、非政府性和志愿公益性等特性,非营利组织的这些特性将深深地烙印在其行为和绩效上,使它与企业绩效、科研绩效、政府绩效鲜明地区别开来,给绩效评价带来一系列特殊的规定性。

2. 绩效评价过程的复杂性

非营利组织绩效评价过程的复杂性主要表现在,非营利组织绩效由于其非营利的本质特征决定了它不像企业绩效那样可以通过市场交换以价格信息体现出来,同样,它不像政府绩效那样可以通过公民的支持率这一政治投票机制反映出来。

3. 绩效评价机制的多元性

非营利组织绩效评价机制是多元的。促进非营利组织绩效的提高不外乎两种途径:一是通过外部的评估机制引导或"逼迫"非营利组织加强对绩效的评估与控制;二是通过内部的评估机制增加组织自身的绩效产出能力。因此,非营利组织绩效评价具有内部和外部两种不同的评估机制。没有外部的评估压力,非营利组织绩效评价就很难顺利进行,并得到制度上的保障;没有内部的评估机制,外部的评估又很难起到真正的作用。

4. 绩效评价体系的开放性

非营利组织绩效评价体系是一个开放的系统。评估体系的开放性突出地表现为整个评估体系就是一个动态的信息收集、传递、处理和输出的过程。评估体系与评估环境之间存在着物质、能量和信息的交换。外界评估环境能对评估主体、评估过程产生十分重要的影响。如非营利组织的服务对象既可以作为评估主体存在,又可以作为评估环境的一部分而对整个评估项目产生影响。评估体系的开放性还表现在社会、政治、文化因素会对评估过程施加不可忽视的影响。

5. 绩效评价估效用的公益性

非营利组织绩效评估的目的在于监测和评估非营利组织工作和服务的绩效能力与水平，为整个社会其他方面的决策提供参考。这种评估的结论对非营利组织的所有顾客群具有普遍的、广泛的、平等的利用价值，为他们的生产、生活提供重要的信息资源。而对于企业绩效评价而言，其目的只是揭示内部员工的绩效从而为本组织的生产和发展服务，具有较大的自利性。

（二）非营利组织绩效评价的指标类型

有关非营利组织绩效评价的指标类型，近年来有较多的研究探讨。部分研究着眼于抽象的概念性指标的建立，认为可以根据评估目的来选择合适的指标。如 Anthony 和 Young 提出下列三项指标。

（1）社会指标：如犯罪率的高低、雇用的安定、环境的改善等，对全体社会影响给予反应的概括性评量。

（2）结果指标：表示对组织目标的评量。但因某些目标测量基准不易设定，有时也会使用替代性评量尺度。

（3）过程指标：表示组织推进活动的关联评量。相较于结果评量重视目标，过程评量较重视达成目标的手段与方法，此方式较适合用于测量短期绩效，以及作为基层的治理手段。

日本学者林德昌认为，政府与非营利组织相同之处，即在于公益的使命与不以追求利润为目的，因此，用以作为政府绩效评价的 3E 指标应也适用于营利组织。根据其看法，效果（Effectiveness）指标相当于上述的结果评量，效率（Efficiency）指标相当于过程评量，而经济（Economy）指标因强调节约资源的观念，可以将其归在效率指标之内。

由于非营利组织存在的意义是追求社会使命，因此绩效评价会特别注重效果的评量。只不过，非营利组织的绩效几乎都依靠外部资源，容易产生资源不足的问题，所以也有必要正视效率指标的重要性。

田尾雅夫指出，在设定非营利组织的绩效评价指标时，需要考虑到资源的适切性，要求的适切性，过程的适切性，目标的达成，直接性与短期的影响，以及间接性与长期的影响等因素。若将这些因素配合上述的 3E 指标来思考，目标的达成即代表着产出，直接与间接影响则相当于结果。主要在于观察组所能发挥的效果面向，至于资源的适切性则意味着投入，目的在于观察其经济面向，而要求与过程的适切性乃是注重过程，强调组织的效率面向，见图 11-1。

有学者指出，组织中的效率是投入与产出之比例或投入转化为产出的比率。效率关心的是手段问题，此种手段经常以货币的方式加以表达或比较。而效果是指公共服务符合组织标的之程度，又可称为公共服务关于标的团体状态或行为的影响，抑或公共服务符合组织目标的程度，通常以产出与结果之间的关系加以衡量。所以，效果关

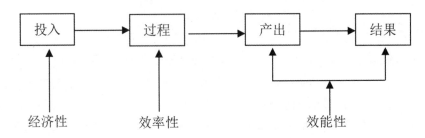

图 11-1　非营利组织绩效评价模型

心的是目标或结果问题。根据 Talbot 的分析,目前在美国公共部门中至少有 68% 的机关使用效果指标,14% 使用经济指标,8% 运用效率指标。也就是说,在实际制定绩效指标的过程中,仍然脱离不了以 3E 指标为关键性思考主轴。如图 11-2 所示,在经济指标内考量成本与资源;在效率指标内考量资源与产出;在效果指标内考量产出与结果。在这样环环相扣的过程中,观察其对标的团体所产生的服务水准与接收比率。

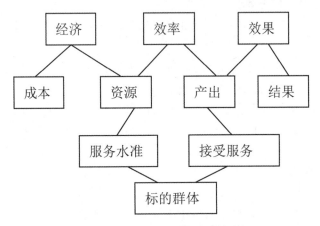

图 11-2　非营利组织绩效测量过程

上述评量方式尝试将 3E 指标予以操作化,使其有较具体明确之内容,但整体而言,由于各项目所包含的概念依然抽象,要运用到各类型的非营利组织之中仍有其困难。因此,可以参考下列研究中所提出的各项较具体的指标。

常用的绩效评价指标如下。

(1)目标管理:主管在年度开始即根据机构年度计划,与员工共同撰写个人工作目标与任务内容。其间推行定期检讨与改善,待年度结束,再根据预定的目标共同确定考绩等。

(2)结果管理:程序与目标管理相近,但较强调以具体工作成果来作为年终绩效考核的标准,使个人可以依其工作内容做弹性设计,并避免不必要争执。

(3)关键事件记录:此方式主要不以抽象目标或刻板固定的工作成果来作为考评的唯一标准,可以弥补上述两种方法的不足。其强调由员工自行列出一年来的重要贡献,特别是对具体事件的影响程度。

Paton 和 Foot 认为,测量非营利组织效能有五项标准,分别是:① 组织方案活动的成就测量;② 资源替代方案的考量;③ 财务状况的测量;④ 后续重建的测量;⑤ 组织发展影响的测量。Kushner 和 Poole 认为组织效能必须结合满意度、资源、内部过程与目标达成。但这些学者所提出的观点，绝大部分都是承认企业绩效测量的经验而来。

（三）非营利组织绩效评价指标体系及应用

与企业绩效平衡计分卡不同的是，企业更关注的是顾客。而非营利组织的"顾客"，不单单是其提供产品和服务的对象，还包括不同层面的其他内外部的利益相关者，主要有组织的捐赠者、救助者、政府和社会公众等。财务状况是非营利组织发展中需要关注的重要方面，与企业相比，非营利组织并不追求利润，因此其财务指标是组织关注的次要指标。在非营利组织当中，内部业务流程是整个组织战略的核心能力的体现，内部业务流程影响组织的利益相关者维度，同时也影响着组织的学习与成长维度。学习与成长维度是保证组织可持续发展的重要维度，通过不断的学习和成长完成组织的战略目标，增强组织的竞争力，实现组织长远发展。一些学者从利益相关者维度、财务维度、内部流程维度和学习与成长维度进行非营利组织绩效指标设计，并将每个层面的指标进行分解，形成三级指标体系，见表 11-1。

表 11-1 非营利组织绩效评价指标体系

一级指标	二级指标	三级指标举例说明
利益相关者维度	内部利益相关者满意度	会员（单位）增长率、会员（单位）满意度、捐赠者增长率等
	外部利益相关者满意度	政府满意度、媒体报道情况、社会公众满意度等
财务维度	资金筹集能力	会费收入增长率、捐赠收入增长率、服务收入增长率、总收入增长率、资产负债率、筹资成本率等
	资金使用能力	资金分配情况、年度收支比例、公益业务支出占上年总收入的百分比等
	财务管理制度规范健全情况	财务管理制度是否健全等
内部流程维度	组织机构情况	组织机构设置情况、机构内部的协调能力、内控制度设计、执行情况等
	业务活动情况	活动开展次数、活动开展效率、活动质量等
	信息公开情况	财务信息公开情况、非财务信息公开情况
学习与成长维度	员工对组织的认可	员工流动率、志愿者流动率、员工满意度、志愿者满意度等
	员工需求	员工教育培训机会、员工奖惩率等

(四)非营利组织绩效评价方式与方法

1. 非营利组织绩效评价方式

现阶段的非营利组织绩效评价工作主要以政府为主体进行开展,政府对非营利组织的绩效评价主要有以下几种方式:年度检查、社会组织评估和财务审计。

1)年度检查

年度检查是政府进行非营利组织绩效评价的一种主要方式。民政部 1996 年发布了《社会团体年度检查暂行办法》,2005 年发布了《民办非企业单位年度检查办法》,2006 年发布了《基金会年度检查办法》,这些办法规定了各类社会组织年检的时间、内容、程序等。非营利组织每年必须接受政府的年度检查,向登记管理机关提交年度工作报告书或年检报告书,报告组织的基本信息、财务状况、业务活动情况、机构变动和人员聘用情况等内容,不同类型的非营利组织年检内容有所差别。

2)社会组织评估

社会组织评估是近年来政府对非营利组织进行绩效评价的另一种方法。2007年,民政部颁发了《关于推进民间组织评估工作的指导意见》,提出了评估工作的意义、原则、基本要求、评估等级以及评估标准等。随后,民政部又颁发了《全国性民间组织评估实施办法》,制定了 24 条民间组织评估的规范。2010 年,民政部正式通过了《社会组织评估管理办法》。国家民间组织管理局课题组将非营利组织的绩效评价分为六类,从基础条件、组织建设、工作绩效和社会评价 4 个方面分别设定绩效评价的内容框架,并建立三级指标体系。2007—2016 年,社会组织评估工作经过 10 年的发展,初步形成了一套行之有效的政策和制度。

3)财务审计

政府要求非营利组织在每年年末聘请注册会计师事务所进行财务报表审计,注册会计师需要对非营利组织的资产负债表、业务活动表、现金流量表等进行审计,判断其财务状况、业务活动成果和现金流量是否符合《民间非营利组织会计制度》的要求,并出具审计报告,这可以看作是针对非营利组织财务方面的绩效评价。

2. 非营利组织的绩效评价方法

目前所采用的非营利组织绩效评价方法有标杆管理法、全面质量管理、等级评定法、目标管理、关键事件法和 360 度绩效考核法等。

标杆管理法是用于非营利组织绩效评价较常用的方法之一(Letts,1999)。标杆管理是"一个将产品、服务和实践与最强大的竞争对手或是行业领导者相比较的持续流程"。标杆管理法将比较和评估完全融为一体,通过比较进行评估,并以评估促进与更高水平者的比较。

全面质量管理也是目前非营利组织采用的方法之一。全面质量管理是一种全员参与的、以各种科学方法改进组织的管理与服务，通过高素质和不断改进的产品和服务，获取顾客满意的管理理念、制度和方法。

等级评定法是最容易操作和普遍应用的一种绩效评估方法。这种评估方法的操作形式是：给出不同等级的定义和描述，然后针对每一个评价要素或绩效指标按照给定的等级进行评估，最后给出总的评价。

目标管理是德鲁克在其所著《管理的实践》一书中首先提出的。目标管理是目前比较流行的绩效评估方法之一。目标管理的实施过程遵循特定的程序，其基本步骤可分为绩效目标的设定，制定被考核者达到目标的时间框架，将实际达到的绩效水平与预先设定的绩效目标相比较，制定新的绩效目标及为达到该目标而可能采取的战略等步骤。

关键事件法通常被认为是其他绩效评估方法的补充。关键事件法是在绩效评估过程中收集一些关键事件的绩效信息，并在绩效评估时对这些关键事件进行评估。采用关键事件法可以帮助组织从纷繁复杂的绩效事件中摆脱出来。缩小评估事件范围，从而减少评估成本和减轻评估负担。

360度绩效考核法是一种全面性绩效考核方法。这种考核法是通过被考核人的上级、同级、下级和服务的客户对其进行多方位评价。每个评估者均站在自己的角度上对被评估者进行评估，从而使被评估者知晓各方面的意见，清楚自己的优势和劣势，以达到提高自身能力的目的。

由于公共数据平台缺乏、统计口径多样化，我国目前非营利组织的定量化评价研究相对较少。目前，我国非营利组织绩效评估方法主要有三种。

一是对非营利组织绩效之相关要素的定性描述，采取诸如平衡计分卡之类的方法。朱小平、杨妍针对非营利组织服务内涵和模式提出了一个分析框架，主要从四个维度来衡量，包括使命达成度与社会接受度（效果性），运作有效度（效率性），资源投放度（经济性），团体满意度（效果性）。罗文标、吴冲以平衡计分卡方法为基础，提出六维棱柱绩效评估模型（SDP），包括财务维、客户维、内部运营维、学习与成长维、政府维、竞争维。

二是对非营利组织运作效率、效益与成本的定量测度与评估。如徐君、王冠、曾旗等运用层次分析法计算非营利组织企业化管理绩效评价指标的权重。这方面可以有数量的计算，但这种计算只有相对意义。有时，一些非营利组织在投入了一定的人力和财力以后，其"产出"效率不一定能够在短时间内被认定，人们很难对此做出关于效益的评估。而且，量化方法也并不像某些人所声称的那样，具有价值中立，没有意识形态的倾向。如果一味追求定量分析，只会把非营利组织绩效评价研究引入庸俗化境地或是误入歧途。

三是综合评估方法，也就是对非营利组织绩效的定性定量综合评价。这是非营利组织绩效评估有别于营利组织的亮点。非营利组织的绩效如何，并不是组织自身的主观认定和判断，而是相关利益者对其所作的各种客观评价的总和。当前，许多非营利组织由于自身规模、评估能力、外部环境等因素制约了综合评估方法的实际运用。

经典案例11-1

一、阅读材料

红十字会的绩效考核

中国政府发布了《国务院关于促进红十字事业发展的意见》,要求各相关单位积极推进红十字会体制机制创新,着力打造公开透明的红十字会,全面建立综合性监督体系。该意见指出:公开透明是提升红十字会社会公信力的重要保证,有效监督是红十字事业健康发展的重要保证,红十字会要建立社会监督委员会,对捐赠款物的管理、使用情况进行监督;建立绩效考评和问责机制,严格实行责任追究。国务院明确指出,红十字会要建立绩效考核和问责机制。

红十字会绩效考核体系,相较于其他领域起步较晚,但近年来随着重视程度的不断提高、工作内容的不断增多,已逐步趋于完善。红十字会出台的2019年度考核评分标准,内容非常全面,几乎囊括了所有工作,细致入微,本身并无毛病,但这也是所有考核方案存在的通病——面面俱到,部分考核内容存在形式大于内容,不好量化,只能凭印象打分,差距拉不开,业绩凸显不精准。因此,红十字会的绩效管理迫切需要创新。

一、要突出主责主业,确定考核内容

一是考核重点突出主责主业。把"三救三献一动员"工作作为考核重点,其他内容围绕主责主业设定相应分数,有些附带性工作无须列入考核内容之中,或作为平时掌握的情况即可。这也是基于当前县级红十字会工作人员普遍偏少、工作任务繁多、工作机制不健全等情况所作的综合考虑。红十字会一线工作者,要把"三救三献一动员"做好已属很不容易,在绝大多数情况下,需借助于其他部门的人力、物力、财力乃至平台才能完成落地。

二是围绕完成"三救三献一动员"任务过程细化考核指标。上级制定的考核目标,很多时候强调结果导向,但基层红十字会工作普遍刚刚起步,有时还是"两眼一抹黑",必须通过专业指导、指向性指标引导大家怎么去做,解决实现路径问题,提供更多具体方法和解决问题的思路。如"三献"工作,无论是无偿献血、造血干细胞捐献还是人体器官捐献,首先考虑的是要有"人",还要有相对稳定的队伍,保证工作的可持续性。那么,建立这支队伍就要有考核,并且分数要占比较大比重。同时,围绕这支队伍的建设,要搞好宣传动员,就单项宣传动员工作又可单独

进行考核,突出导向性。再如人道资源动员工作,可把与企业、商会建立长期合作关系列入考核内容。这虽然只是一个过程,尚未看出具体结果,却是做好人道资源动员的必经之路。总之,要以基础性工作促进中心工作任务的推进和完成。

三是突出阶段性重点工作。除了日常工作外,每个时期都有单独列支的工作重点,这些工作往往是影响全局、影响走向的关键性工作,不但要列入其中进行考核,分数还要侧重。当前,红十字会深化改革已然迈出了坚实步伐,为基层红十字会"崭露头角"提供了有力保障,向改革要动力、要发展是大势所趋,因此改革大旗必须要高举,鼓励和引导基层大胆探索、大胆改革,并为基层改革提供指导和帮助。

二、坚持差异化分类,确定考核程序

考核是工作的方向标和指挥棒,考核的公平公正影响着工作的推进与落实,更影响着考核对象对工作的态度。其公平性一般包括目标值的公平、评价结果的公平、激励措施的公平及工作基础、工作难度的公平等,这里重点说说涉及工作基础差异方面的公平公正考核。

一是按人口差异。按人口总量,全市 20 个县(市、区),可分为 30 万人以下、30 万～70 万人,70 万人以上三个类别确定分类考核的总原则,其他分类的确定都以此为基本原则,所有的基本任务数都以此为确认基数。

二是按经济收入。以上一年度 GDP 和财政收入为任务分配参照基数。各地的 GDP 数据与人口数量大体相当,但在财政收入方面差异可能比较大,反映的可用财力就有明显差异。因此,一般财政收入较高的地方所要分配的工作任务要相对增多。

三是按工作基础。2019 年可谓是全市县级红十字会"发展元年",通过红十字会自身改革、治理体系的完善、编制人员的到位等种种举措,为接下来的各项重点工作有力推进打下了坚实基础。但由于种种原因,各地红十字会的工作基础也存在一定差距,因此工作任务的分配,在考虑人口、经济等指标外,也要考虑其现有基础。为了鼓励基础相对较差的县(市、区),即使人口基数较大、经济指标较高,在有些工作考核指标上可以适当减少,也可以设立"工作提升奖",发挥"头马效应",激励发展基础较差的县级红十字会迎头赶上,促进红十字工作水平的普遍提升。

 二、阅读并思考

1. 作为非营利组织,红十字会在绩效考核方面面临哪些问题?
2. 如何对红十字会的绩效管理进行改革?

第二节 事业单位的绩效管理

一 事业单位的界定

事业单位作为我国独特存在的社会组织单元,是我国特有的名称。根据我国相关部门对事业单位的定义,事业单位一般是指以增进社会福利,满足社会文化、教育、科学、卫生等方面需要,提供各种社会服务为直接目的的社会组织。它不以营利为直接目的,其工作成果与价值不直接表现或主要不表现为可以估量的物质形态或货币形态。

中国传统计划经济体制下形成的事业单位,在性质上属于非营利组织但并不是非政府组织,基本属于准政府方式运作的庞大混合性实体。政府正是通过广泛存在于社会各个领域的事业单位这种组织方式,对所有社会事务进行包揽性、行政化的控制和管理。

在我国,事业单位是一个庞大的组织系统,具有较大的事业单位规模,主要分布在教育、科技、文化、卫生等各个领域和行业。如何更好地管理并发挥事业单位的功能显得尤其重要。目前事业单位的经费来源主要是财政拨款,事业单位创造的社会经济效益如何,则需要进行绩效评价。事业单位具有知识密集、公益性等特点。

(1)知识密集。大部分事业单位属于教育、科技、文化、卫生领域,在培养国家核心竞争力方面具有重要地位。所属人员也比较专业,拥有较强的专业技能以及专业知识。

(2)公益性。多数事业单位不以营利为目的,把满足社会公众的利益放在第一位,为社会公益做出重大贡献。

二 事业单位绩效管理的内涵

我国对事业单位绩效管理的研究起于 21 世纪初。2009 年,事业单位绩效工资实施后,对事业单位绩效管理的研究进一步扩大。方媛(2009)等通过对事业单位绩效考核及绩效管理的研究,将事业单位绩效考核定位为"定期或不定期对事业单位工作人员的政治素质、业务能力、工作业绩等情况进行考核,并以此作为人员奖惩、晋升的依据"。范丽(2011)认为,事业单位绩效考核是运用一定的指标、方法,就事业单位部门和工作人员为实现目标而对其行为进行的评价。谷晓蓬(2011)认为,事业单位绩效管理是通过对员工绩效的考核和反馈,来推动企业和员工共同进步。李海岩(2011)认为,事业单位绩效管理是以群众满意为导向,在单位目标的基础上,以实现本单位的公益性服务和人员的发展为目的过程。

通过对相关研究的总结,结合近年事业单位发展情况,本书将事业单位绩效管理定义为:事业单位为了实现社会公共服务目标,而采用一定的标准对工作人员及其工作方式进行管理的过程。事业单位服务的社会性与政府组织机构类似,但是部分事业单位的运行方式又与企业的自负盈亏类似,所以在其特点和作用上与政府机构和企业会有相似,但是更强调服务的公共性与大众性。公共性与大众性是指面向的服务对象,事业单位主要从事教、科、文、卫、体等工作,这些机构面向全体社会成员,强调服务的公共性和大众性。

三 事业单位绩效管理的特点

事业单位虽不同于营利性质的企业,但是其绩效管理依旧受到重视,主要有以下几个特点。

(一)重视绩效

事业单位受传统管理的影响,其管理者一般都重视绩效。管理者通常认为,个人绩效和组织绩效直接决定了事业单位的生存,但是受其业务的影响,事业单位绩效管理指标难以衡量,并且对管理者的绩效衡量较少,所以在制定绩效指标时需要斟酌,确保绩效管理实现全覆盖。

(二)重视管理方法和技术

不管是传统事业单位还是现今事业单位,都注重管理方法与技术。为了追求效率与组织目标的实现,其不断探寻新的绩效管理方法与技术。但是事业单位不同于企业,在引进先进绩效理念时需要将其转化成适合事业单位的绩效管理方法。

(三)绩效考核指标较难量化,缺乏精确性

事业单位因其工作性质的独特性,在进行绩效管理时,很难对其进行绩效管理量化。再者,事业单位带有社会公共服务性质,其业绩不能采用功利性的指标进行衡量。

四　事业单位绩效管理的作用

事业单位绩效管理的目的主要是提升工作人员业务能力，提高公共服务水平。事业单位以完善公共服务为宗旨，通过绩效考核能够对工作人员的业务能力进行把控，鞭策工作人员提升业务能力，提高事业单位整体服务水平。

（一）促进单位和个人绩效的提高，实现组织目标

绩效管理的进行是为了实现组织目标，通过绩效管理能够实现组织和个人的明确分工，并指导个人行动。当个人行动偏离目标时能够及时指正，而当目标得以实现时，能够对组织和个人实行奖励，以激励个人行动，实现组织整体目标。

（二）实现单位内部沟通，优化业务流程

绩效管理是一个沟通的过程，通过绩效管理的制定和实施，能够实现单位内部各部门、各人员的沟通，使得组织内部交流更加顺畅，实现业务上的服务。

（三）促使组织目标的实现

绩效管理是为实现组织目标服务，事业单位通过绩效管理能够理清自身事务脉络，明晰组织目标，再通过绩效控制与引导，促进组织目标实现。

五　事业单位的绩效评价

我国事业单位的绩效评价还是局限于定性的评价，量化的因素很少，缺乏客观的评判。目前事业单位人员绩效评价主要从"德、能、绩"角度，通过自我评价、互相评价和领域评价的方式来进行考核。结果分为优秀、良好、及格、不及格四个方面。同样是良好，却分不清哪个较好，无法很细致地比较，评价方式显得模糊，有的事业单位甚至绩效评价流于形式。

（一）事业单位绩效评价的主要指标

事业单位绩效评价是运用一定的评价方法，量化指标及评价标准，对部门为实现其职能所确定的绩效目标的实现程度，以及为实现该目标所安排预算的执行结果所进行的综合性评价。

从被评价对象来看，事业单位的绩效评价主要包括对个体的绩效评价和对组织部门的绩效评价。对个体的绩效评价主要是指对专业技术人员的绩效评价。对组织部门的绩效评价，主要从经济绩效、社会绩效和服务绩效三个维度进行。

1. 经济指标

经济指标主要从财务指标、内部运营指标、学习与发展创新指标三个层面设计。

财务指标主要从资产使用情况、事业支出情况、偿债能力情况三个层面设计。其中资产使用情况的评价指标有：① 经费自给率＝创收收入/事业单位总收入；② 资产使用率＝在用资产总额/资产总额；③ 资产周转率＝事业单位总收入/资产总额；④ 净资产创收率＝创收收入/所有者权益总额。事业支出情况的评价指标有：① 人员支出比率＝事业单位总支出/人员总量；② 公用支出比率＝公用支出/事业单位总支出。偿债能力的评价指标有：① 资产负债率＝负责总额/资产总额；② 流动比率＝流动资产/流动负债；③ 现金流入流出比率＝现金流入/现金流出。

内部运营指标主要有：① 组织和制度创新率，用事业单位组织和制度的更新速度和数量来衡量；② 流程效率，用每个流程所需的时间来衡量；③ 总运营成本，用事业单位总支出额来衡量。

学习与发展创新指标主要有：① 人才引进投入，用每年事业单位引进人才数量和学历来衡量；② 人才培训成本，用每年事业单位培训时间和培训费用来衡量；③ 创新成果，用事业单位创新数量来衡量。

2. 社会绩效评价

社会绩效主要反映事业单位为社会提供公共产品和公共服务所得到的认同度和知名度等。可从声誉指标、社会贡献指标两个层面来进行评价，其中声誉指标可以用公众知名度和社会声誉来衡量，社会贡献指标用资本积累率和社会贡献来衡量。

3. 服务绩效评价

事业单位的服务绩效主要是指事业单位的服务质量、服务效益和服务效率等。服务绩效评价包括职业道德和服务质量等。

（二）事业单位绩效评价的常用方法

事业单位和企业不同，事业单位不以营利为主要目的，而是旨在通过努力，完成某项事业或使命的组织。它具有一定的公益特质，在进行绩效评价时，应以社会效益为主，其次才是经济效益。事业单位绩效作为组织层面的绩效，其具体内容包括员工工作绩效和经济绩效。对于员工工作绩效的评价，应根据部门特色和岗位职责的不同采取不同的评价方法。职能部门大多是管理岗位，绩效指标难以量化，因此采用360度绩效考核法、平衡计分卡法、OKR绩效考核法等定性或综合评价法。而业务部门的绩效考核大多采用定量考核法，如目标管理法、KPI 考核法等。对于事业单位组织层面的绩效考核，要紧紧围绕"三 E"理论，即效率、效果、产出。事业单位的绩效考核指标主要包括经济指标、组织管理能力指标和社会责任三个维度，在这方面邓国胜提出的"APC"绩效评估理论受到各事业单位的广泛认可。"APC"绩效评估理论是指即对事业单位问责（Accountability）、绩效（Performance）和组织能力（Capacity）的全方位评估。

事业单位绩效评价的常用方法主要包括等级考评法、360 度绩效考核法、KPI 考核法、平衡计分卡法等。有些组织也会运用数据包络分析法、层次分析法、模糊评价法、趋势分析法、标杆方法。

1. 等级考评法

在绩效管理中，等级考评法是最容易操作和普遍适用的一种绩效评价方法。等级考评法的操作步骤为：首先，为不同等级给出相应的定义和描述；然后，按照给定的等级，对每个评价要素或绩效指标进行评估；最后，形成总的绩效考核结果。表 11-2 为五等级评价量表。这也是组织中常用的对员工的绩效评价方法。

表 11-2　五等级评价量表

考核内容	考核项目	说明	评定等级				
基本能力	知识	是否充分具备现任职务所要求的基础知识和实际业务知识	A 10	B 8	C 6	D 4	E 2
业务能力	理解力	是否能充分理解上级下达的指标，干脆利落地完成本职工作任务	A 10	B 8	C 6	D 4	E 2
	判断力	是否能充分理解上级的意图，正确把握现状，随机应变，恰当处理	A 10	B 8	C 6	D 4	E 2
	表达力	是否具备现任职务所要求的表达力（口头、文字），能否进行一般联络、说明工作	A 10	B 8	C 6	D 4	E 2
	交涉力	在和组织内外的人员交涉时，是否具备使对方接受或达成协议的能力	A 10	B 8	C 6	D 4	E 2

续表

考核内容	考核项目	说明	评定等级				
工作态度	纪律性	是否严格遵守工作相关规章,如是否有早退、缺勤等。是否严格遵守工作汇报制度,按时进行工作汇报	A 10	B 8	C 6	D 4	E 2
	协作性	是否充分考虑别人的处境,是否主动协助上级、同事做好工作	A 10	B 8	C 6	D 4	E 2
	积极性	对分配的任务是否不讲条件,积极主动,尽量多做工作,主动进行改进,向困难挑战	A 10	B 8	C 6	D 4	E 2
评定标准: A:非常优秀,理想状态 B:优秀,满足要求 C:基本满足要求 D:略有不足 E:不能满足要求		分数换算: A:80 分以上 B:70～80 分 C:60～70 分 D:50～60 分 E:50 分以下	合计分数				

2. 360 度绩效考核法

360 度绩效考核法主要用于对员工个体的绩效评价,也是事业单位中常用的绩效考核方法。评价主体包括上级、下级、同事、自己、客户等。

3. KPI 考核法

KPI 考核法的运用主要针对部门和组织的绩效评价,早期主要用于企业,近年在事业单位也得到广泛的运用。关键绩效指标常用鱼骨图方法进行描述,图 11-3 为某铁路局关键绩效指标体系。其关键绩效指标汇总见表 11-3。

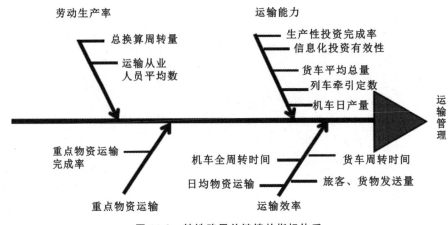

图 11-3 某铁路局关键绩效指标体系

表 11-3 某铁路局关键绩效指标汇总

关键成功领域	关键绩效要素	关键绩效指标
运输管理	运输能力	生产性投资完成率
		信息化投资有效性
		货车平均总量
		列车牵引定数
		机车日产量
	运输效率	货车周转时间
		旅客、货物发送量
		机车全周转时间
		日均物资运输
	劳动生产率	总换算周转量
		运输业从业人员平均数
	重点物资运输	重点物资运输完成率
市场领先	市场份额	
	营销网络有效性	
运输安全	安全管理	
	安全基础设施建设	
客户服务	服务质量	
	服务环境（设施）	
利润与增长	利润	
	资产管理	

续表

关键成功领域	关键绩效要素	关键绩效指标
人力资源	职工满意度	
	职工开发	

4. 平衡计分卡法

近年,平衡计分卡法被广泛运用到事业单位绩效评价中。表11-4为某医院的平衡计分卡绩效评价指标体系。

表 11-4　某医院的平衡计分卡绩效评价指标体系

维度	二级指标	三级指标
财务	A 收入	A1 百元固定资产医疗收入(不含药品收入)
		A2 人均医疗创收
		A3 营业收入增长率
	B 资产效率	B1 资产负债率
		B2 药品周转率
		B3 固定资产增长率
		B4 固定资产收益率
		B5 每床位占用固定资产
学习与成长	C 员工成长	C1 医护人员满意度
		C2 年度培训员工比率
		C3 人均科研成果与发表论文数
		C4 人均薪酬增长率
	D 员工层次	D1 高级职称人员所占比率
		D2 本科及以上学历所占比率
内部流程	E 医疗质量	E1 诊断符合率
		E2 医疗差错发生率
		E3 危重病人拯救成功率
		E4 治愈好转率
	F 医疗效率	F1 平均住院天数
		F2 病床周转次数
		F3 病床使用率
		F4 卫生材料周转率

续表

维度	二级指标	三级指标
患者	G 患者满意度	G1 患者满意度
		G2 医患纠纷率
	H 医疗服务	H1 门诊次均费用
		H2 住院次均费用

5. 数据包络分析法

数据包络分析法是一种绩效评价方法,将财政指标进行定性分析与预测。然后确定目标评价,运用数据包络分析法进行绩效评价。

6. 层次分析法

层次分析法是一种定性与定量结合的方法,它把复杂的问题分解成各个组成因素,又将这些因素按支配关系分组形成递阶层次结构,通过两两比较的方式确定层次中诸因素的相对重要性,然后综合决策者的判断,确定决策方案相对重要性的总的排序。

7. 模糊评价法

模糊评价法是指专家在自己熟知的领域对评价指标进行模糊评价,然后对各个指标赋予权重,根据矩阵算法进行评价,采用评语集,运用隶属度对评价指标进行最后评价,得出评价结果。

8. 趋势分析法

趋势分析法是最常见的事业单位绩效评价方法,是指通过关键指标来观察单位当前的绩效水平以及该水平的未来发展趋势,然后建立有利于改进当前绩效水平的绩效目标。

9. 标杆方法

标杆方法是通过与其他相似组织的绩效进行比较,为建立适当的绩效目标提供信息帮助。与其他组织进行绩效比较的方法可以让事业单位绩效评价主体识别出公共服务产业的标准,从而利用其他组织的绩效标准来为本组织设立科学的绩效目标。

我国事业单位绩效评价在发展过程中也逐渐吸收了企业的绩效评价方法,完善了事业单位绩效管理的问题,但是,现阶段仍存在观念滞后、技术落后、偏重个案分析等不足。从总体上来说,对事业单位绩效评价研究的深度、广度较为有限,还需要不断加以完善。

(三)事业单位绩效评价的内容

对于事业单位而言,绩效是指非营利组织作为一个整体,在管理和服务等行为中所取得的业绩、成就和影响等。其绩效评价的内容主要包括以下几个方面。

1. 财务实力评价

分析事业单位的财务实力不仅要看财务状况表提供的信息,还应具体分析业务活动表中组织的收入、支出、余额的变动情况,以及现金流量表中组织各项活动的现金流情况;在规模不同的事业单位之间进行财务实力的对比时,还需排除规模因素的影响。

2. 运营绩效评价

运营绩效评价应由成本数据逐渐转向效率与效益数据。与企业不同的是,事业单位的效益更多体现的是非经济效益、个人经济效益以及由于外部性所产生的社会经济效益。

3. 发展潜力评价

发展潜力反映事业单位可持续发展的能力,主要依赖事业单位不断扩张的资金来源。一般可用组织持续发展能力指标来替代,增长率指标与财务实力、财务运营绩效、财务风险的衡量指标重合度小,且指标可靠性较强。

六 事业单位与非营利组织绩效管理的异同

事业单位与非营利组织绩效管理既有联系又有一定的差异。现代企业绩效管理发展较为成熟,在理念、制度上都能为事业单位等提供借鉴作用,例如顾客至上、服务至上理念。事业单位和非营利组织绩效管理的目标又能引导企业向社会服务发展,提升企业的社会责任意识。

中英文关键术语

非营利组织(Nonprofit organization)
非营利组织绩效管理(Performance management of non-profit organizations)
事业单位(Government-affiliated institutions)
事业单位绩效评价(The institution performance evaluation)
事业单位绩效管理(Performance management of public institutions)

二维码 11-3
第十一章自测题

复习思考题

1. 非营利组织绩效管理具有哪些特点？
2. 非营利组织绩效管理的意义是什么？
3. 事业单位绩效管理具有哪些特点？
4. 事业单位与非营利组织绩效管理的差异性有哪些？

二维码 11-4
第十一章参考答案

案例分析题

 一、阅读材料

2008年5月12日，汶川发生了里氏8.0级大地震，远在上海的南都公益基金会副理事长、秘书长徐永光代表基金会在地震刚刚发生之后就说出了一番激励人心的话语："如果你认为自己是中国优秀的民间组织，然而在灾后重建中，没有你的声音，没有你的贡献，你又怎么向历史交代！"南都公益基金会也正是以此为激励，用自己独特的方式在灾后重建中有所作为。

2008年5月13日，地震发生的第二天上午，南都公益基金会联络部分民间组织，发起《抗震救灾，十万火急；灾后重建，众志成城——中国民间组织抗震救灾行动联合声明》。联合声明的宗旨为：根据民间组织自身特点和优势，独立行动，联合公告，配合政府开展抗震救灾和灾后重建工作。5月15日，南都公益基金会理事会决定紧急安排1000万元专项资金,为民间组织参与救灾和灾后重建提供资金支持。据徐永光介绍,南都公益基金会想通过资助项目的目标导向,积极、稳妥、有效地支持民间组织参与灾后重建。5月19日,南都公益基金会协同上海浦东非营利组织发展中心、北京NPO信息咨询中心等,组成"南都公益基金会5·12灾后重建项目办公室",并在成都设立联络处,制定了"5·12灾后重建资助项目"《资助管理制度》、《申请指南》和《申请模版》。该项目明确资助对象为在中国内地注册的非政治、非宗教、非营利的民间公益组织,包括社会团体、民办非企业单位及其他具有法人资格的公益服务机构;对于与政府合作的项目,优先予以资助。

紧接着,南都公益基金会3次派出人员到灾区进行NGO灾后重建需求调查,并于6月20日在成都召开NGO灾后重建座谈会。在座谈会上,徐永光提出NGO灾后重建项目应注重3个要素。一是政府支持。应注意保持NGO灾后重建项目与政府公共管理和社会服务目标的一致性,优先选择政府需要的项目。二是受灾群众需求。受灾群众利益是NGO一切工作的出发点,要根据不同阶段需求的变化,为灾区群众提供政府难以提供的差异性服务和帮助。三是社会关注。社会关注是获取社会支持、进行资源动员的根本条件。

南都基金会收到资助申请和批准的项目中,涉及的领域包括儿童救助、法律援助、家庭重建、教育、社区建设、生产自救、心理关爱、信息平台、研究培训咨询、环境保护、医疗、志愿服务、老人救助等。其中,灾区帐篷图书馆项目,是名为"多背一公斤"的公益组织实施的,该项目为灾区学生提供优秀的课外图书、阅读交流和其他文体活动。当地也来了不少志愿者,有些志愿者自己就是受灾群众,仍然抽空轮流为孩子们服务;农家女与四川广安市妇联合作举办了防疫员培训班;百场赈灾公益电影放映,是南都公益基金会与四川当地的数字电影院线合作的项目,为地震灾区居民安置点放映100场公益电影,帮助他们安定情绪;千秋助读行动,是名为"天下溪"的公益组织申请的项目,通过提供少儿经典读物、连环画、玩具等来帮助儿童舒缓紧张的情绪,获得心灵的滋养。该项目南都公益基金会只资助了5万元,但他们在全国筹集了价值五六百万元的儿童书籍,开办了50个流动图书馆。

此外,还有5·12孤老孤残本土化专业照护培训项目,由天津市鹤童老年公益基金会负责在灾区招聘农村适龄妇女和青年待业人员,并提供专业培训,使其初步掌握照护伤残老人的专业护理技能后持证上岗,实现了当地就业,既为党和政府分忧,又为家庭、社区及社会解难,还造福于广大灾区老人。"心+芯"震后心理支持计划,由中国记协、北京成长家文化机构负责实施,通过心理支持与辅导,为赴地震灾区的新闻工作者和从事救援救助工作的NGO工作人员提供专业心理援助,减轻创伤性压力。灾后家庭生产自救计划,由四川省大邑县养兔协会实施,它在 5 个重灾村开展生产自救项目,帮助村民组建生产互助小组、制订灾后家庭自救发展计划、提高生产技能、促进社区互助,使其尽快恢复生活和生产秩序,实现受灾农户自救和受灾社区可持续发展。

（资料来源：https://wenku.baidu.com/view/fb7492a5f021dd36a32d7375a417866fb84ac03b.html.）

二、阅读与思考

1. 南都公益基金会的公共责任是如何在此次"抗震救灾"活动中体现出来的？
2. 南都公益基金会是如何对其参与"抗震救灾"的工作实效进行控制的？
3. 如果你是第三方评估机构,你准备如何对南都公益基金会此次工作进行评估？
4. 如果你是南都公益基金会的领导,你准备如何对本基金会的此次工作进行自我评估？这算不算是绩效管理？

第十二章

绩效管理的趋势与挑战

本章引例

摩托罗拉：以人为本管绩效

摩托罗拉公司进入中国市场后创造了骄人的业绩，这可归功于公司以人为本管绩效的成熟体系和有力的执行。

摩托罗拉：以人为本管绩效，上自总公司CEO，下至全球每个公司的普通一员，摩托罗拉对所有员工实行一套名为"个人承诺"的绩效管理体系。林财安在摩托罗拉已有17年的从业经验，而且一直从事人力资源管理方面的工作。这套特别注重执行力的系统也帮助他轻松地管理着摩托罗拉在中国内地的1家独资企业、1家控股公司、9家合资企业和24家分公司一共1200多名员工的绩效。

林财安在摩托罗拉一直从事人力资源管理方面的工作。在他看来，摩托罗拉整个绩效管理成功的基础是对人性化管理特别重视，这是摩托罗拉"以人为本"的核心信念的具体体现。纵观摩托罗拉绩效管理的绩效目标、评估方法、反馈机制、对话方式，乃至每一个项目，每一个程序，细到每一个步骤，处处都体现出充分尊重人的企业文化。

一、"聪明"的目标（要点提示：SMART原则、目标公开）

实际上，摩托罗拉的绩效管理体系是根据平衡计分卡的原理而设计的，并参照美国国家质量标准来制定。每年年初，摩托罗拉都会把公司总的战略目标、部门的业务目标、以及个人与职业发展目标三者相结合来制定绩效目标。制定目标时通常都强调SMART（聪明）原则："S"（Specific）是指目标要具体；"M"（Measurable）是指目标要能够衡量，并要求定出完成目标达到的级别；"A"（Attainable），是指目标是能够实现的，不能定得太高而最后实现不了；"R"（Relevant），是指目标要跟公司的绩效和战略相关联；"T"（Time），是指完成目标要有具体时间期限。

每个员工制定的工作目标具体从两方面入手：一方面是战略方向，包括长远的战略和优先考虑的目标；另一方面是绩效，它可能会包括员工在财务、客户关系、员工关系和合作伙伴之间的一些作为，也包括员工的领导能力、战略计划、客户关注程度、信息和分析能力、人力发展、过程管理法。

在摩托罗拉，目标的制定还是比较透明和公开的。大家往往根据公司的整体目标和部门的目标坐在一块讨论，最后就分配到每个人头上。自己定好了目标后可以跟直接主管沟通，有时可进行必要的调整，最后主管和员工双方都需要对此目标表示认可并且正式签字。在不涉及保密内容的前提下，每个人的目标都可以让全公司的人分享到，"比如我有什么目标大家都可以来看，我也可以看别人的工作目标，向对方学习，以便相互促进。"

二、多维的评估（要点提示：270度评估、相对绩效评估、抓前后25名、24小时热线、4E＋1E标准）

除了根据平衡计分卡的情况，在年底决定员工个人薪水的涨幅和职位的晋升以外，摩托罗拉还采取其他方法，力求使绩效评估客观全面、公平公正。

首先是360度评估，说得更准确一点是270度评估——他们对此做了调整，拿掉了同事的评估这一维度。邢林解释说，这是因为觉得同事之间都挺客气的，这一维的评估没有特别实际的作用。所以最后形成了上司（由于实行矩阵式管理还包括非直接上司）、下属，还有自己的评估。

当然，摩托罗拉不是不让同事来参与评估个人的绩效，而是单独就此设立了一个叫作"相对绩效评估"的方法，请来和某个员工相关联的，主要是平常工作有交叉、合作比较多的同事来评估，给这位员工打分。这样就摆脱了以往把员工局限于窄小的纵向范围内，而是放到了更广的横向范围内进行评估，客观反映其相对绩效。

另外，摩托罗拉还有一项比较独特的做法，就是人力资源部会花很多精力在工作表现居于前25名和后25名的人身上。这样做是为了针对某些特殊情况，比如有些人在工作中的焦点不是客户，而是怎样使他的老板满意。这种情况会导致评估的误区，出现两种不良情况：一是员工绩效比较一般，但是老板很信任他；另一种是后加入团队的员工，成绩很好，但是没有与老板建立信任。所以人力资源部的细致工作就变得很有必要了，对工作表现居于前25名和后25名的员工进一步分析，可以尽量避免评估偏差。

与此同时，摩托罗拉在评估员工的行为表现时，使用了所谓4E＋1E的具体评价标准。这就是：高瞻远瞩（Envision），包括战略思维、对行业发展动态的敏感性、创新意识；激情互动（Energize），即建立与维持关系、辅导、发展并领导自己的组织、富有活力；高效贯彻（Execute），包括计划与组织、结果导向、客户至上；果敢决断（Edge），即大胆、决断、承担风险；另外再加上高尚操守（Ethics），也就是尊重他人、职业操守。

通过多维方法和具体标准相结合，摩托罗拉最后将员工的业务表现划分为优秀、良好、及格、不及格等档次，并根据他们目前所处的级别，参照市场的情况，给予相应的薪酬激励和职位升迁。

三、及时的反馈（要点提示：季度考评、关键工作伙伴反馈、绩效改进计划）

在摩托罗拉，绩效目标考核的执行要求老板和下属都参与。除了一年一次的年终总结，摩托罗拉每季度都会考核员工的目标执行情况，员工自己每季度也要做一个回顾，进行一次个人评估。

具体来说,摩托罗拉不是说员工年初定好了一个目标就不管了,到年底的时候,往成绩单上打一个钩或者是叉就完了。而是通过季度考评,不断地提醒员工,自己的承诺跟目标有没有差距,一个季度过后有哪些任务没有完成,哪儿做得好,哪儿做得不好。不足的地方是因为客观环境发生了变化,还是个人主观原因造成的。这样有了问题之后很快就可以发现解决,主管和员工都可以及时反思:业务目标是否需要根据环境的变化来调整,为了达成目标是否需要进一步的技巧培训,或者更多的资源支持。而不是等到年终的时候,强调没有完成目标的客观原因。

虽然每一个员工都向自己的直接主管汇报,沟通后还得研究是否要调整,需要占据各级主管们不少的时间和精力,但林财安认为是值得的,这是摩托罗拉绩效管理不可或缺的一步,可以保证员工真正将目标执行下去,否则将流为粗放式的管理。他说,季度考评还有一个目的是不希望员工跟经理们有什么惊讶之处。假如没有这个过程,到年底总结的时候,员工会说"我以为主管很满意我的表现,为什么最后评价这么差"。假如按照这个步骤去做,员工就会心里有数,并力求改进,经理也不会遭到下属过激的反应,绩效管理的执行就会变得更加顺利。

为了使员工更加明确自己的进步方向,摩托罗拉还实行了"关键工作伙伴"反馈机制。也就是员工在工作中自己认定联系紧密的工作合作伙伴,前提是互相比较信任又彼此没有直接利益关系,从而让跨部门同事和同部门同事之间彼此反馈,相互推动工作进步。

四、有技巧的沟通(要点提示:"三明治"对话)

在摩托罗拉从总部总裁开始,到管理层,到操作层,对人才都非常重视和尊重。公司里没有等级观念,没有什么约束,营造了很随和的工作环境,员工从上到下积极参与的文化氛围非常好。员工可以很自在地跟管理层打成一片,有任何想法,都可以自由地提出来,很轻松地交流,很舒服地讨论。

事实上,管理者在和员工对话时,既要坦诚,又要注重沟通的技巧。邢林形象地将之比喻为"三明治"对话。在底层放一层面包,中间加一层馅儿,上面再加一层面包,这样的三明治才能好看、管用。"别一上来就把馅儿给露出来,结果糊自己一手,弄得很狼狈。巧妙的对话第一层先要充分肯定对方的成绩,第二层再说哪些地方还需要改进,第三层再鼓励对方继续努力,这样才能积极有效"。

五、中西的结合(要点提示:融合"情、理、法"与"法、理、情"、中外有别)

作为一个总部在美国的跨国公司,摩托罗拉1992年正式在中国开始投资起,就在绩效管理上将西方的管理精髓跟东方的管理特色相结合。中国的特点基本上是以"情、理、法"为大原则,而美国刚好相反,是以"法、理、情"为主导,好像没有什么人情味。"我们要在这里执行成功的话,就需要将两种做法有机融合,并深

第十二章 绩效管理的趋势与挑战

> 入了解企业文化跟国家文化怎么配合"。于是,摩托罗拉中国公司的绩效管理体系针对中国的传统文化进行了有利于执行的调整。比如中国人比较尊重领导,如果老板要大家参与提供意见,员工一般都不习惯大胆说话。其中心态不一,或者认为老板比自己聪明、厉害,或者不愿意提,害怕冒险,担心万一提出来后,老板不同意的话会觉得自己多事。"在这种情况下,公司就极力提倡和动员大家一起参与的精神"。又比如在绩效考评上,"在中国就不像在美国的做法那么公开,以尊重中国员工的习惯"。

随着企业管理理念的不断变化、发展,绩效管理经历了从过去注重财务指标考核到现在的全面、多元化考核的发展历程。随着人类进入信息时代,绩效管理改革再次成为企业管理的焦点。如何改进绩效管理工具和系统以发挥员工和企业的最大价值,从而助力企业的战略实现成为各大企业、机构思考的重点。当然,不可避免的是,时代的进步也向绩效管理发出了新的挑战。总体上,绩效管理将呈现出以下发展趋势:战略性导向,绩效管理与企业的战略将结合得更为紧密;人性化管理,绩效管理越来越注重员工主动性的发挥;关注过程,绩效管理将更加注重过程管理与行为考核;多元化考核,绩效考核的主体、指标、方式、技术手段等将更为全面、多元;重视团队整体性,随着竞争的加剧,企业将更加重视团队力量,注重团队整体的绩效考核。

第一节 绩效管理的发展趋势

一 绩效管理的历史回顾

我国市场体系建立较晚,从而导致我国人力资源管理理论与实践发展也比较晚。我国人力资源管理体系大部分是引进国外发达国家理论而构建起来的,但随着市场体制的成熟和完善,我国的人力资源管理发展很快。就绩效管理来说,近年来发展相当迅速。回顾我国绩效管理的历史,大致可以分为人事考核、绩效考核、绩效管理和战略绩效管理四个发展阶段。

（一）人事考核

在1997年以前，我国大部分企业实行的是人事考核。人事考核的主要内容包括三个方面：工作态度考核、工作能力考核和工作业绩考核。在人事考核中，业绩考核不是考核的主要方面，人事考核主要是以人为中心，强调对人的品格或特征的评估。"德、能、勤、绩"是人事考核的高度概括，在人事考核中，德是第一位的，其次是能、勤，最后才是绩。人事考核更多的是定性指标，评价标准相对模糊，主观性强，考核的公平性、精确性差，往往因考核者的喜好、心情而定。从考核机构看，人事考核的考核者主要以人事部门为主，被考核者的上级主管一般考核权力较小。现在除了部分国有企业、偏远落后地区还采用人事考核之外，已经很少有企业单独采用这种绩效管理模式。

（二）绩效考核

1998年以后，我国经济与国际进一步接轨，迫于全球企业竞争压力，我国企业逐步从人事考核迈入绩效考核阶段。绩效考核不再以人为中心，而是以工作为中心，绩效考核比较强调工作任务、工作事项的考核，而对人的品德、态度、能力的考核已经退居次要地位。

绩效考核强调工作的结果，对工作任务、工作事项要分出好坏，并强调对绩效结果的运用，对高绩效给予薪酬、提升等奖励，并对差绩效给予适当的惩罚。从考核机构看，考核者已经由原来的人事部门转移至上级主管。绩效考核比较偏重于事后奖惩，而忽视绩效沟通、改进，经过几年的实践，弊端逐步显现。

（三）绩效管理

2002年以后，经过几年的绩效考核实践，我国不少企业逐步认识到绩效考核的弊端。在国外发达国家一些先进绩效理论的指引下，我国部分企业逐步引入绩效管理体系，我国企业逐步从绩效考核迈入绩效管理阶段。绩效管理的重点不再是工作任务，而是工作目标，是基于工作职责提炼的关键绩效指标（KPI）。

绩效管理是一个循环体系，它以绩效目标为中心，强调目标的引导作用，强调绩效辅导、沟通与反馈，并强调绩效的进一步改进。绩效管理推动员工在目标指引下自我管理，形成自我激励和约束机制，不断提高工作效率，提高自我绩效，从而提高企业绩效。现在，更多的企业正在加入到建设企业绩效管理体系的队伍中。在绩效管理阶段，绩效管理已经成为每一个管理者的核心工作。严格来讲，人事考核和绩效管理都不是绩效管理。许多企业都在讲绩效管理，其实其做的是绩效考核。这些企业把绩效考核误认为绩效管理，绩效管理与绩效考核有着截然的区别。绩效考核是以强调绩效评估为核心的一种管理方式，它概念上的内涵与绩效评估差不多。而绩效管理不同，它是从绩效计划制订,到绩效辅导,再到绩效评估,最后到绩效运用的整个循环。它不只强调绩效评估,它更强调绩效的引导、绩效的诊断与改进等环节。绩效管理的范畴比绩效考核要广泛得多,绩效考核的核心内容——绩效评估只是绩效管理中的一个环节。绩效考核与绩效管理的具体区别如下:

(1)绩效考核比较强调员工之间绩效好坏的判断,而绩效管理十分强调绩效的计划,并以绩效计划来引导员工的工作;

(2)绩效考核比较强调员工在某方面做错后的惩罚,而绩效管理通过绩效诊断与反馈,把绩效问题反馈给员工,并寻求解决问题的办法,绩效管理比较强调问题的解决;

(3)绩效考核相当强调绩效结果,比较强调员工之间绩效的对比,使员工之间形成"得-失"的竞争关系,而绩效管理强调绩效辅导,强调员工共同产生更高的绩效,使员工形成"双赢"的伙伴关系;

(4)绩效考核十分注重绩效结果,而绩效管理既强调绩效结果,又关注过程,认为好的过程是好的结果的原因;

(5)绩效考核比较强调人力资源管理程序,强调人力资源部门在绩效评估中的作用,而绩效管理强调整个管理程序,强调评估者、被评估者、人力资源部门之间的互动;

(6)绩效考核具有明显的惩罚性、威胁性,员工做得不好就接受惩罚,而绩效管理更注重找出影响绩效的原因和问题,并推动员工解决问题;

(7)绩效考核注重过去的绩效怎样,而绩效管理更注重以后的绩效提高,是面向未来的。

绩效考核与绩效管理的区别可以简单地归纳为表 12-1。

表 12-1　绩效考核与绩效管理的区别

绩效考核	绩效管理
判断式	计划式
事后算账	问题解决
得失	双赢
结果	结果与行为
人力资源管理程序	管理程序
威胁性	推动性
面向过去	面向未来

(四)战略绩效管理

虽然绩效管理相对绩效考核来说是一种飞跃式的进步,但基于职责提炼出的关键绩效指标与目标的绩效管理模式仍是一种面向日常事务的绩效管理,绩效目标的完成只有助于维持现有绩效,对企业的提升和发展帮助相对有限,对企业的战略发展帮助相对有限。

如何使绩效管理与企业战略结合起来，使绩效管理能有效帮助企业战略实施，成为企业战略落地的工具，一直是我国企业绩效管理的一个难题。随着美国管理学家卡普兰和诺顿的《平衡计分卡》《战略地图》《战略中心型组织》等著作的翻译出版，平衡计分卡和战略地图等绩效管理方法被引入中国，部分企业开始尝试战略绩效管理，我国进入战略绩效管理启蒙阶段。

战略绩效管理相对基于职责提炼的关键绩效指标的绩效管理是一大突破，它使绩效管理真正从事务管理走向战略管理，它强调绩效管理为实现企业战略服务，它通过企业战略目标与规划的分解，转化成企业自上而下各层级的目标与计划，并通过目标与计划的有效管理，使个人绩效、部门绩效和企业绩效有效达成，从而保证企业战略的实现。

二 利益相关者与绩效管理的关系演变

（一）个人与绩效管理

从历史发展历程来看，组织的管理理念大致经历了三个发展阶段：① 传统经验管理，重视管理经验的总结，管理者凭借个人经验对员工进行管理；② 科学管理，即理性的效率观，员工的价值实现就是创造性、高效率地完成工作任务；③ 现代管理，即人本管理，承认人的价值和尊严，尊重每一位员工并满足他们的需求。随着社会的不断进步，组织的管理理念和管理模式不断变革、发展。20 世纪 80 年代末 90 年代初兴起的知识经济，对传统经济理论提出了挑战。智力资本作为独特的生产要素，排在了产业资本及金融资本之首，引起了人们对传统管理模式的反思。智力资本的崛起昭示了人从附属性转化为主体性的历史必然，人本管理不可避免地成为时代发展的必然要求。

随着组织成员主体意识的觉醒，他们纷纷开始要求参与到组织的计划和管理过程中。绩效管理作为组织管理体系中重要的组成部分，其目标制定、计划执行、考核评估、结果应用等环节都要使员工更多地参与进来。目标的制定要从过去的上级制定、下级执行的模式转变为上下级共同协商制定，充分考虑多个利益相关者的意见，增强目标或计划的科学性和可行性。计划执行要获得大多数成员的支持，依靠全体成员的共同努力来完成。考核评估应从过去的以上级考评为主转变为上级、下级、同事和顾客 360 度考评，综合各方的考评意见，使考评更为客观、公正。绩效管理的主要目的是提高组织的绩效，因此应将绩效考核结果落实到薪酬福利、岗位调整、员工培训等管理实践中。

（二）团队与绩效管理

随着全球化竞争的日益加剧，单一个体的力量在整个组织中的作用逐渐弱化，团队将成为未来组织的主要工作单位。一个高绩效的团队将成为组织的一把利刃,强化组织在市场中的竞争力,为组织带来卓越绩效。因此,组织也将更加注重团队绩效的考核,突出团队的整体协作能力,而非个人的单打独斗。

团队绩效管理的成功在一定程度上直接影响着企业人力资源管理战略乃至整个企业发展战略的实施效果,只有把团队绩效管理做好、做到行之有效,才能使团队的凝聚力与向心力达到一个具有创造性的顶点,从而保证组织战略目标的最终实现。高效的团队绩效管理必须满足以下几个条件:第一,制定的团队目标必须明确、清晰,且成员对团队目标有高度认同感;第二,团队内部的沟通渠道应时刻保持流畅,以保证成员间能够相互联系、高效合作;第三,团队成员对组织使命具有强烈的共识,具有高度的责任感;第四,团队成员间职责分工明确,各司其职。

当然,目前团队绩效管理仍存在着许多亟待解决的困境。例如,不同类型团队的绩效测评,团队与个人绩效所占的权重比例,团队绩效的测评方法等。对团队绩效的测评维度的确定通常可以采用以下四种方法:第一种方法是利用客户关系图的方法确定团队绩效的测评维度,通过描述团队的客户以及说明团队能为他们提供怎样的产品和服务来确定团队的绩效目标与关键内容;第二种方法是利用组织绩效目标确定团队绩效测评维度,将团队对组织绩效目标的贡献程度作为团队绩效考核的依据;第三种方法是利用业绩金字塔确定团队绩效测评维度,以团队的实际业绩成果进行绩效考核;第四种方法是利用工作流程图确定团队绩效测评维度,关注每项工作的过程考核而非成果考核。总之,当客户满意度是团队的主要驱动力时,最常采用的方法是客户关系图方法;当重要的组织绩效目标必须得到团队的支持时,最常采用的方法是支持组织绩效的业绩方法;当团队和组织之间的联系很重要,但团队和组织之间的关系却不甚明了时,最常采用的方法是团队业绩金字塔方法;当团队的工作具有清楚明确的工作流程时,最常采用的方法是工作流程图方法。

此外,在实施团队绩效测评时还应当注意以下几个方面:绩效测评要赢得团队成员的关注与认可,团队成员需要充分理解他们的测评系统;团队的绩效目标应与组织战略目标保持一致;团队绩效测评的主要目的是解决绩效问题,从而提高团队的工作业绩;团队绩效测评应选取最重要的几个方面,关注团队的关键绩效部分。

(三)组织与绩效管理

近几年,我国企业逐渐认识到绩效管理的重要性,并把绩效管理上升到战略的高度,可以说持续的绩效管理时代已经到来,绩效管理与战略管理将实现有机结合,出现全面的战略绩效管理。所谓战略绩效管理,就是以企业战略为导向的绩效管理系统,它是一项系统工程,在实施战略绩效管理实践过程中,绩效管理与企业战略紧密结合,最终为企业战略的实现服务。

战略绩效管理系统主要包括四个方面的内容:一是明确的目标体系,主要包括企业使命、愿景与核心价值观、战略绩效指标的设计与分解等内容,明确的目标系统为企业的绩效管理指明方向,牵引各项经营活动始终围绕着战略来展开,从而建立起战略型中心组织;二是建立绩效管理运作系统,落实各级责任机制,绩效管理运作系统主要包括绩效计划、绩效实施、绩效考核、绩效回报四个基本环节,企业按照绩效管理系统进行定期评估,对各级员工进行绩效考核,并根据考核的结果进行相应的奖惩与绩效改进;三是根据企业目标与员工的岗位目标,建立能力培养与素质提高系统,提高管理者的领导力和员工的战略执行力;四是培育支持绩效管理的企业文化,特别要做好绩效辅导与绩效沟通两项工作,为企业的绩效管理营造良好的文化氛围。

(四)新劳动合同法与绩效管理

根据员工年度考核结果,对于考核等级为不合格的员工,公司可考虑调整岗位;对于年度考核等级连续两年为不合格的员工,公司有权选择依法解除劳动合同。类似这样的规定,以往我们可以从很多企业的绩效考核制度中看到。但随着《新劳动合同法》的颁布和实施,人力资源管理受到很多法律上的限制,这就要求企业必须及时做出相应的调整。新《劳动合同法》虽然没有直接对绩效管理做出规定,但由于绩效考核的结果会影响到薪酬调整、岗位调整和解雇等人事决策,这些决策又涉及劳动合同的履行、变更和解除,所以,新《劳动合同法》中有关劳动合同的履行、变更和解除的规定必然对绩效管理体系的设计产生影响。

新《劳动合同法》对绩效管理的影响首先体现在对绩效不佳的员工处理上,在以往的绩效管理体系中,对绩效考核结果不佳的员工,企业往往单方面采取调整岗位甚至解雇的方式。但新《劳动合同法》对企业变更合同予以严格的限制,要求企业与劳动者协商一致,才可以变更合同,并且必须采用书面形式,对合同解雇也有严格限制,只有在法定情形下才能解除、终止合同。

新《劳动合同法》第三十条规定,用人单位应当按照劳动合同约定和国家规定,向劳动者约定劳动报酬并及时足额支付劳动报酬。这在一定程度上对绩效管理提出了更高要求,为保持企业薪资调整的自主权与法律规定的不可更改性之间的平衡,就必须加大浮动薪资、绩效激励的比例。另外,新《劳动合同法》第三十五条规定,用人单位与劳动者协商一致,可以变更劳动合同约定的内容。变更劳动合同,应当采用书面形式。这要求企业的岗位调整与人员解聘等人事调整必须与劳动者进行协商,为绩效管理的反馈沟通增加了一定难度。同时,新《劳动合同法》第四十条规定,只有同时满足劳动者不能胜任工作,经过培训或者调整工作岗位,仍不能胜任工作的条件,用人单位才可以与劳动者解除劳动合同。因此,企业绩效目标、绩效计划的制定应当在工作分析的基础上与员工进行积极沟通,要求员工进行确认,以保证员工对绩效指标的理解与支持。最后,新《劳动合同法》第五十条规定,用人单位应当在解除或者终止劳动合同时出具解除或者终止劳动合同的证明。因此,绩效监控与考核要注重信息的收集与保存,以保证绩效考核的真实、客观、公正,从而获得员工的认可。

三 绩效管理的发展趋势

绩效管理始终是人力工作的重中之重,企业竞争力是支柱,了解绩效管理的发展趋势,对于促进企业自身的发展是极为必要的。总的来说,绩效管理的发展呈现出以下几种趋势。

(一)从注重过去到注重未来(战略导向、平衡计分卡)

传统的绩效考核方式注重事后评价。战略绩效管理体系注重基于战略系统规划未来与达成策略,从事后静态评估转向事前动态管理。

(二)从注重对个人的总体评价到注重价值创造(结果+行为)

传统的考核方式注重对员工个人表现的考核,关注人与人的对比。战略绩效管理体系注重价值创造的过程(包括:"战略+行动计划+考核指标+衡量标准+激励政策"等)。

(三)从注重评估等级到注重绩效

传统的考核方式注重员工的等级评定,对员工的绩效表现进行等级划分,根据定级确定奖金多寡,战略绩效管理体系注重目标的设置,关注哪些是企业必须重点完成的,以及这些如何与员工的工作相关联,最终实现员工目标与组织目标相一致。

(四)从凭个人主观判断到注重结果衡量(从定性到定量)

传统的考核方式注重个人主观判断,由于平时沟通不足,导致信息收集不充分,主管对员工的了解不多,最终打分的时候只能靠拍脑袋。战略绩效管理则非常注重过程沟通和绩效记录,事实依据充分,双方沟通充分,最终主管可以根据事实对员工的绩效表现给出合理的、员工容易接受的评价。

(五)从考核表为主到价值创造的过程(绩效辅导)

传统的考核方式非常关注绩效考核表的设计,过程当中主要依赖考核表。战略绩效管理则把考核表当成绩效沟通的工具,跳出考核本身去关注更加重要的绩效辅导,绩效辅导是绩效管理的生命线,做好了绩效辅导才能真正实现战略绩效管理的价值。

（六）从填写大量的考核表格到与企业相结合（BSC＋KPI）

传统的绩效考核方式需要填写大量的考核表格。战略绩效管理则非常关注与战略相关的信息，更关注能够推动企业形成核心竞争力的关键绩效指标。

（七）从人力资源程序转向企业管理程序（运营回顾、战略回顾）

传统的考核方式是以人力资源部为主的人力资源程序，人力资源部包揽除最终打分之外的所有考核工作，甚至包括员工指标制定和考核分数的调整。战略绩效管理则以企业战略为纲，把整个企业的经营管理串联起来，从人力资源管理程序上升到企业整体管理程序，从关注员工个体表现转为关注企业整体运营效率的提升和战略的落实。

（八）从单方面自上而下转向员工共同参与

传统的考核方式主要是主管的单方面评价，无论是考核指标制定、考核打分还是考核结果应用，员工都不参与，因此被称为暗箱操作。战略绩效管理则关注员工的参与，全过程都让员工参与，员工的积极参与推进了战略绩效管理体系建设的进程。

（九）从用于奖金分配转向帮助员工成长

传统的考核方式的结果主要用于奖金分配，短期效益比较明显。战略绩效管理则关注企业战略的达成和员工的进步成长，更加注重长期价值。

二维码 12-1
微帖：
绩效管理
新趋势——
隐形的绩效评估

（十）从各个击破的个人作战转向团队协同

传统的考核方式主要关注每个员工个体的绩效表现。战略绩效管理则关注各个部门之间的协同作战，通过绩效管理把各个部门关联起来。

经典案例12-1

一、阅读材料

龙腾家电公司的绩效管理有喜有忧

龙腾家电公司是华南的一家国有企业,家电制造和销售是其主营业务,去年的销售额为5亿元。当时这家企业正在改制,改制之后必须自负盈亏。为了在改制后增强竞争力,提高利润和销售额,并且塑造一种以业绩为导向的企业文化,公司总经理希望在改制之前投资一条新的空调生产线,同时他还决定采用一套新的绩效考核和管理体系。

眼看年中考核将至,该公司的销售副总裁开始着急起来,因为他刚刚得知销售部有可能完不成前半年的主要考核指标。在此之前,他已经花了很大力气拿到了大批新型空调的订单。如果不能在5月15日前发货,客户就有权取消订单。然而,几个月来新生产线一直处于调试阶段,很可能不能如期交货。

相比之下,主管生产的副总裁却显得踌躇满志,他的两项主要考核指标——质量和产量都完成得非常出色,比如次品率比原来降低了近50%,远远超过了设定的目标。对于新产品他不是不关心,可是如果现在就生产新产品,那么根据经验,机器的停工时间肯定会增加,从而导致产量下降。此外,新产品质量达标也是一个费时费力的过程,搞不好会顾此失彼,导致次品率上升。年中考核马上就开始了,他决定等考核后再着手完成新产品的生产任务。

公司的财务兼行政副总裁日子也过得不错。他的绩效考核标准之一是缩短应收账款的账期。他认为缩短客户的付款期限是缩短应收账款账期的捷径。原来的付款期限为60天,现在已减少到30天。另外,他还发出通知:超过新定期限的客户将不再享受付款宽限期。其实,他也知道这种方法对销售不利,但销售不是他的考虑重点。他关心的只是为公司尽快收回账款,减少利息成本,因为在新的绩效评估系统中这才是他的KPI。

(资料来源:https://wenku.baidu.com/view/1daf9efec8d376eeaeaa3198.html。)

二、阅读并思考

1. 该公司的绩效管理存在什么问题?导致问题的原因是什么?
2. 如果你是该公司的绩效管理经理,你会采取哪些措施来改善这种现象?

第二节 绩效管理的挑战

绩效管理对企业来说已经不是一个陌生的概念,绩效管理对于组织的发展具有重要的战略意义、管理意义及开发意义,已经成为许多企业人力资源管理中的核心环节。但不可否认,企业在具体实施绩效管理的过程中仍然面临很多挑战。

一 职责间界限不够分明

在探索建立绩效管理制度的过程中,由于绩效管理与战略性的人力资源管理的选、育、用、留等环节,尤其是"用"的环节,有密切的关系。很多企业都认为人力资源管理就是人力资源管理部门的事,绩效管理既然是人力资源管理活动的一个组成部分,理所应当地要由人力资源管理部门来做。这从理论上讲没什么错误,但这种做法在实践中会造成很多问题,其他职能部门的管理者会对此漠不关心,或者只做一些关于实施绩效管理的指示,甚至认为绩效管理工作影响和干扰了本部门的业务工作,把绩效管理当作一种负担。这样的观点是诸多企业绩效管理得不到有效实施的重要原因之一。而这种做法在实践中也会造成很多问题,使绩效管理流于形式,还可能会在部门之间、员工之间产生很多矛盾。

二 管理与目标实施脱节

绩效管理作为企业战略实施的有效工具,能否将战略目标层层分解落实到每位员工身上,促使每位员工都为企业战略目标的实现承担责任是关键。然而,现实中战略目标往往没有被层层分解到所有员工,导致员工出现与企业战略目标相背离的行为。不少企业每年年底各部门的绩效目标都完成得非常好,而公司整体的绩效不是很好。究其原因,最主要的还是绩效目标的分解存在问题,即各部门的绩效目标不是从企业战略目标逐层分解得到的,而是根据各自的工作内容提出的,是自下而上的申报,而不是自上而下的分解。这样,绩效管理与战略实施发生了脱节现象,就难以引导所有员工趋向组织的目标,结果造成绩效考核时每个人的绩效都很好,但组织的绩效一直不理想。

三　绩效指标不够科学化

选择和确定什么样的绩效指标的确是绩效评估中一个重要的同时也是比较难以解决的问题。企业的绩效指标作为评估的标准,体现了企业对员工的基本要求。评估指标设计是否合理直接影响到绩效评估的质量。在实践中,也有两种极端的现象。一种是绩效指标过于单一,如有些企业的销售员在销售的过程中拿取客户的"回扣",其主要原因是评估他们的绩效指标过于单一。因为企业只评估他的销售额度,销售额度越高说明他的业绩越好,却忽略了对他道德品质的评估。另一种是绩效指标过于复杂,很多企业都在追求指标体系的全面和完整。所采用的绩效指标通常一方面是经营指标的完成情况,另一方面是工作态度、思想觉悟等一系列因素。包括了安全指标、质量指标、生产指标、设备指标、政工指标等,不同专业的管理者管理着一套指标,可谓做到了面面俱到。然而,如何使评估的标准尽可能量化、具有可操作性,并与绩效计划相结合,却考虑不周;而且绩效管理应该主要抓住关键绩效指标,将员工的行为引向组织的目标方向,太多和太复杂的指标只能增加管理的难度和降低员工的满意度,影响对员工行为的引导作用。

四　绩效评估过于主观化

评估者在进行绩效评估时,特别是对被评估者进行主观评价时,由于评估标准的不稳定等因素,评估者很容易自觉不自觉地受人为因素影响而产生偏差,犯起"主观病"。例如:晕轮效应——以偏概全,"部分印象影响全体";相似效应——对跟自己的某一方面(种族、籍贯、性别、学历、专业、母校、志趣、业余爱好等)相似的人有偏爱而给予较有利的评估;趋中效应——硬套"两头小,中间大"的一般性规律,不从事实出发,或由于没仔细考察下级的表现而不愿给出"最优"与"最劣"的极端评语,干脆来个平均主义,都评个"中等";近因效应——对不久前发生的、时间较近的事件印象较深,认为这便是具有代表性的典型事件或行为,当作被评者的一般特征,对较久远的事则忘记或忽略了。

五　评估结果未能切实运用

企业在实施绩效评估过程中,通过各种资料、相关信息的收集、分析、判断和评价等流程,会产生各种期中评估和期终评估结果的信息资源,这些结果信息资源是绩效评估结果运用的依据,企业要依此做出用人、培训、职位升降、职业发展、薪酬管理等方面的决策。但是目前很多企业在这方面没能做得很好,浪费了这些得来不易的信息,使绩效评估的结果没能和后续的人力资源政策结合起来,使绩效管理流于形式。

六　绩效管理中缺乏沟通

绩效管理成功的关键在于员工在绩效计划、绩效辅导以及绩效评价和反馈过程中的全程参与,因此,绩效管理是管理者与员工之间持续双向沟通的过程。如果管理者强制性地向员工分配任务,并以考核和奖惩为手段迫使员工就范,员工就会将其当作一种强制性的制度,很容易产生抵触情绪。有的管理者认为对下属工作的考核,没有必要让他们知道结果,把绩效考评变成了某种暗箱操作的东西,员工得不到工作结果的反馈信息,从而失去了绩效管理的真正作用。绩效面谈可以有效地检查员工目前的工作绩效,使员工有机会提出改进工作绩效的办法,主管也得以借此修正员工的工作责任、目标及绩效指标,并且可以进一步了解员工是否需要接受更多的训练和辅导。此外,绩效面谈还可能发展出一种主管与员工的共同联系平台和渠道。绩效反馈若不能进行,一方面是因为评估者不愿意将评估结果解释给被评估者,评估行为成为暗箱操作,被评估者无从知道自己哪方面需要改进,哪方面需要继续加强;另一方面是因为评估者无意识地将评估结果反馈给被评估者,这主要是因为评估者没能真正了解绩效管理的意义与目的。

七　以绩效评价代替管理

绩效管理是由绩效计划、绩效实施与辅导、绩效评价和绩效反馈构成的一个有机整体,绩效评价只是这个整体中的一个环节。绩效管理并不是要把员工的绩效分出上下高低,而是着眼于员工能力的提高与绩效的改善。绩效管理并不是给员工布置完工作任务后等着进行绩效考评就行了,而是要通过持续开放的双向沟通不断对员工进行绩效辅导,及时解决员工工作过程中出现的问题。因此,绩效管理是管理者的一种常规性工作。

八　绩效激励形式单一化

在有些企业中,绩效管理仅仅被看成奖金分配的手段。实际上,绩效管理的核心作用在于提升员工的绩效,对员工进行有效的激励,价值的分配只是绩效考核结果应用的一个方面。只有通过绩效管理使员工的能力不断得到发展,绩效不断提高,从而不断体验到成功的乐趣,才能获得员工对绩效管理的认可,消除员工对绩效管理的恐惧心理和抵触情绪。

第三节 绩效管理的优化

一 理清职责界限

事实上,绩效管理是在管理者与员工之间就目标制定和如何实现目标而达成共识的过程,以及促使员工成功地实现目标的管理方法,其实施的真正主角只能是管理者和被管理者双方,而绝不是其他部门或其他人。人力资源部作为服务性的职能部门,在绩效管理中只能起到组织、支持、服务和指导的作用,绩效管理的功能超出了人力资源管理部门的职能范围,其真正的责任人,应当是企业的 CEO 及各级直线经理。人力资源部门在绩效管理过程中的角色是在具体的操作中,承担横向的组织和协调工作,负责绩效管理流程的设计,是绩效管理活动的组织者、监督者。而直线经理及部门则对于绩效管理在各部门的有力推行起着决定性的作用。毕竟直线管理者最了解自己的员工,他们知道应该用什么样的话语来激励员工,应该用什么样的方法来调动员工提高积极性。因此,离开直线管理者的协助,人力资源管理者的努力就显得过于苍白。在绩效管理的贯彻、实施过程中需要的是人力资源经理和直线经理的共同参与、共同努力,两者只有形成协作关系,承担各自的责任,绩效管理才有可能发挥作用。

二 确保目标细分

企业在开展绩效管理的同时,要确保企业的战略目标已经层层分配到员工个人身上,要使得员工个人的工作内容与企业的战略目标相契合,与企业的长期目标和短期目标相适应,将企业的战略目标与员工的个人目标结合起来,让员工承担起实现企业战略目标的重任,将目标的实现融入到日常的工作内容之中,在员工实现个人发展的同时实现企业的战略目标。只有当员工努力的方向与企业战略目标一致时,企业整体绩效才可能提高。

三 制定科学指标

绩效考核指标应突出重点,抓住关键绩效指标。指标之间是相关的,有时不一定要面面俱到,通过抓住关键绩效指标,将员工的行为引向组织的目标方向。指标一般控制在 5 个左右,太少可能无法反映职位的关键绩效水平;太多太复杂的指标只能增加管理的难度和降低员工满意度,对员工的行为是无法起到引导作用的。除此之外,绩效考核指标重在"适"字,绩效考核指标是根植在企业本身"土壤"中的,是非常个性化的。不同行业、不同发展阶段、不同战略背景下的企业,绩效考核的目的、手段、结果运用是各不相同的。绩效考核指标要收到成效,关键并不在于考核方案多么高深精准,而在乎一个"适"字。现在的"适",不等于将来永远"适",必须视企业的发展,视企业的战略规划要求,适时做出相应调整,才能适用下去。

四　客观进行评估

管理者在进行绩效评估的时候,必须要克服自己的主观色彩,避免晕轮效应、相似效应、趋中效应、近因效应等一系列"主观病"的产生。对员工的评估应该是全方位、多维度的综合评估,而不是仅凭管理者的主观意见就做出评判,管理者要增强自身的评估能力,学会利用科学的评估方法来降低评估过程中的主观性,同时也要加强对评估过程中的行为监督,从而提高评估的公平性与客观性。

五　合理利用结果

绩效管理结果的应用主要包括绩效奖金的发放、员工发展、薪酬调整、人事调整、在职培训以及员工职业生涯规划,管理者要使评估结果发挥最大作用,根据评估结果进行以上几方面的工作,而不是仅仅根据考核结果和事先确定的发放标准来发放绩效奖金和对员工进行惩罚。管理者要根据结果对于上个绩效管理周期中绩效不佳的员工,或者员工有绩效不佳的方面进行分析和研究,找出绩效不佳的原因,制定绩效改进的计划并实施。也要通过职位调整来使员工从事更适合他的工作。除此之外,还要通过分析绩效考评结果,有针对性地做好企业员工的职业生涯规划。这种规划的制定,不仅对目前员工绩效进行了反馈,还可以增加员工对企业的归属感,是员工提升绩效的强大动力。

六　增加双向沟通

在实施绩效管理时,员工最大的担心就是自己被蒙在鼓里。因此,通过各种各样的方式向员工公开有关绩效管理的事宜十分必要。这种沟通既可以通过主管人员与员工的直接交流,也可以通过信件、内部网页、会议等各种媒体。通过这样的沟通,使员工了解将要进行的是怎样的一件事情、为什么要做这件事情、做这件事情对自己会有什么样的影响等。不管是出于哪方面的原因,绩效反馈都不能成为被忽视的理由。正是因为有了绩效反馈的存在,员工才知道自己需要做的后续努力,绩效管理才得以形成一个良性的循环。

七 综合进行考核

管理者往往对绩效管理制度有一种不很现实的期望,希望通过指标体系的设计,将所有的工作过程和任务进行量化,以此减少管理人员在考核过程中的主观因素,达到绩效考核的公平和公正。绩效管理的指标体系很难实现全部的定量化。例如对于销售人员,尽管可以直接用销售额去衡量其业绩,但是考虑到企业的长期战略目标,对销售人员开发新客户的能力,与客户沟通的效果,服务客户的态度及水平的定性评价也很重要。对于一些依靠知识经验及技能从事创造性工作的员工,如研发人员,定性的评价可能比定量的考核更重要。因此,一个良好的绩效管理制度的设计,一定要将定量的考核与定性的评价有机结合。任何一个好的管理制度,都不能替代优秀的经理人的作用。管理者应当承担起而不应是逃避绩效管理的责任,对员工的绩效做出客观公正的、定性与定量相结合的评价。

八 重视人才发展

绩效管理系统必须获得激励体系的良好支持才能充分地发挥作用。但是绩效不应仅与工资和奖金挂钩,这样会使员工认为实行绩效管理就是涨工资或减工资。应使激励的手段多样化,如员工个人能力的发展,承担更多的工作责任,获得职位的提升,以及获得公开的精神奖励等。随着资本市场的成熟和规范,还可以尝试股票期权等激励方式。奖励优秀的员工总比处理绩效表现不好的员工要容易得多。为保持并发展企业的竞争力,有效管理绩效低下的员工可能更为重要。例如,海尔公司通过考评将员工划分为优秀、合格及试用三类,并将三类员工的比例保持在 4∶5∶1,试用的员工必须设法提高绩效,否则将被淘汰。还有一些企业采用末位淘汰制。这些均是市场竞争的残酷性在企业内部的反映,管理者必须正视绩效不良员工的管理问题,使绩效管理制度真正地运作起来。

二维码 12-2
阅读材料:
用友依托
GOT 实现
组织能力升级

中英文关键术语

绩效考核(Performance appraisal)
平衡计分卡(Balanced score card)
战略绩效管理(Strategic performance management)

二维码 12-3
第十二章自测题

复习思考题

1. 个人绩效管理的发展趋势是什么？
2. 团队绩效的测评维度的确定方法有哪些？
3. 组织绩效管理的发展趋势是什么？
4. 新《劳动合同法》对绩效管理提出了什么新要求？

二维码 12-3
第十二章参考答案

案例分析题

 一、阅读材料

沃尔沃集团的绩效管理发展

进入到 21 世纪后，沃尔沃集团经历了重大的变革。首先，公司把大量的时间与资源花在了阐明沃尔沃集团各个子公司的远景与战略上。基于战略和远景，公司的每个部门都阐明了详细的战略。通过以行动为基础的商业计划，这些战略在整个公司得以实施。

在阐明战略的过程当中，公司的管理层意识到沃尔沃集团的预算和计划体系无法提供可靠的预测。管理控制体系没有正确的估计技术、产品以及成为市场上的有力的竞争者所需要的进程。公司需要一个灵活的管理控制工具，该工具能够模拟现实情况并且能够对商业环境中的变化做出快速的反应。这些因素导致公司开始引入新计划过程。

新计划过程是一种报告和控制，在该过程当中公司一年中至少准备 4 次长期和短期预测，同时还要把关注的焦点放在目标和当前的经营计划上。新计划过程不强调预算安排，甚至会传递这样一种信息："不需要预算。"依照管理的要求，预算已经成为一种形式，一种对有效控制经营起阻碍作用的每年一次的仪式。

利用新计划过程,沃尔沃集团想把关注的焦点从细节转向目标。沃尔沃集团认为决策的制定应该尽可能靠近客户。这要求有一个能够提供早期预警信号的管理控制体系;一旦现实情况开始偏离预期,应该采取积极决策行动来使公司朝着已经确定的目标调整。沃尔沃集团的管理控制是通过测量各个部门的业绩指标来进行的,业绩指标以图形显示在计分卡上。业绩指标应该是相关的和易于测量的,并且它们应该包含有货币或者非货币的参数。而且,它们在短期和长期中应该与财务业绩或者资本使用之间有直接或者间接的联系。

每一个业绩指标都对应相应的目标。目标设定过程应该开始于对部门理想状况的清晰定义。通常情况下,在业务发展和战略阐明过程当中这个步骤已经完成了。下一步是引导部门朝着理想情况发展。关键的成功要素指标变成可测量的目标。目标应该是有可能实现的、便于理解的、能够分解为次要目标并能够应用于公司不同部门的。应该设定完成每个目标的最后期限,对目标实现的过程能够进行短期或长期的预测。

长期预测每季度进行一次,短期预测按月进行分解。长期预测是针对未来两年的,这样,包括过去的两年,就有5年的时间段在被关注的范围内。用这种方法,可以警告沃尔沃集团的管理层注意将要发生的变化,并采取相应的行动策略。在一年当中,绩效的评估是连续不断地对每一个绩效指标都进行经常的预测和控制。

集团业绩报告包括公司各部门提交的报告。在业绩指标的基础上通过计分卡对每一个部门进行监督(指标事先由公司的质量管理人员确定)。除了计分卡,还要对趋势、差异以及值得关注的事件发表评论;对任何差异都要提出一个行动计划。这种报告不仅要用书面形式加以记录,而且在每月举行的会议上还要同CEO或者CFO进行口头陈述。根据业绩报告,沃尔沃集团的管理层了解到许多业绩指标的完成情况,包括利润、客户满意度、质量、成本以及运营资本等。通过不断比较真实业绩与预期业绩,公司总是可以保证有一套行动计划来完成确定的目标。按照沃尔沃集团的规定,这些特点构成了业绩报告和年度预算之间的主要区别。但是,存在一个扩展的目标设定过程,在此过程当中值得注意的是短期和长期目标总是保持不变,而预期目标经常随着实际情况的改变而进行修正。因此,也可以看到补救行动计划是如何较好地完成的。

(资料来源:http://www.hrsee.com/? id=622.)

 二、讨论题

1. 沃尔沃集团绩效管理系统设计中的关键是什么?
2. 结合材料谈谈战略性绩效管理在未来发展研究中的新方向。

参 考 文 献

[1] 赫尔曼·阿吉斯. 绩效管理[M]. 刘昕,曹仰锋,译. 北京:中国人民大学出版社,2008.

[2] 加里·P. 莱瑟姆,肯尼斯·N. 韦克斯利. 绩效考评——致力于提高企事业组织的综合实力:第2版[M]. 萧鸣政,等译. 北京:中国人民大学出版社,2002.

[3] 池永明,等. 绩效考核与管理——理论、方法、工具、实务[M]. 北京:人民邮电出版社,2014.

[4] 唐纳德·E. 克林纳,约翰·纳尔班迪,加贾里德·洛伦斯. 公共部门人力资源管理:系统与战略[M]. 孙柏瑛,于扬铭,等译. 6版. 北京:中国人民大学出版社,2013.

[5] 加里·德斯勒. 人力资源管理[M]. 刘昕,译. 北京:中国人民大学出版社,1999.

[6] 保罗·R. 尼文. 政府及非营利组织平衡计分卡:如何设计科学的政绩评价体系[M]. 胡玉明,等译. 北京:中国财政经济出版社,2004.

[7] 林新奇. 绩效考核与绩效管理[M]. 北京:清华大学出版社,2015.

[8] 李浩. 绩效管理[M]. 北京:机械工业出版社,2017.

[9] 吕小柏,吴友军. 绩效评价与管理[M]. 北京:北京大学出版社,2013.

[10] 付维宁. 绩效与薪酬管理[M]. 北京:清华大学出版社,2016.

[11] 林新奇. 绩效管理[M]. 大连:东北财经大学出版社,2010.

[12] 方正邦,冉景亮. 绩效管理[M]. 2版. 北京:科学出版社,2016.

[13] 李作学. 人力资源管理案例[M]. 2版. 北京:人民邮电出版社,2012.

[14] 刘秀英. 绩效管理[M]. 2版. 杭州:浙江大学出版社,2017.

[15] 颜世富. 绩效管理[M]. 北京:机械工业出版社,2014.

[16] 郝红,姜洋. 绩效管理[M]. 北京:科学出版社,2012.

[17] 罗帆,卢少华. 绩效管理[M]. 北京:科学出版社,2016.

[18] 范柏乃,段忠贤. 政府绩效评估[M]. 北京:中国人民大学出版社,2012.

[19] 马国贤. 政府绩效管理[M]. 上海:复旦大学出版社,2005.

[20] 李文静. 绩效管理[M]. 2版. 大连:东北财经大学出版社,2012.

[21]王海燕,姚小远.绩效管理[M].北京:清华大学出版社,2012.
[22]胡君辰,宋源.绩效管理[M].成都:四川人民出版社,2008.
[23]张培德.绩效考核与管理[M].2版.上海:华东理工大学出版社,2009.
[24]张进,韩夏筱.绩效评估与管理[M].北京:中国轻工业出版社,2009.
[25]王怀明.绩效管理[M].济南:山东人民出版社,2004.
[26]付亚和,许玉林.绩效管理[M].上海:复旦大学出版社,2003.
[27]方振邦,葛蕾蕾.政府绩效管理[M].北京:中国人民大学出版社,2012.
[28]方振邦,孙一平.绩效管理[M].北京:科学出版社,2010.
[29]方振邦,陈曦.绩效管理[M].北京:中国人民大学出版社,2015.
[30]胡税根,翁列恩.公共部门绩效管理——迎接效能革命的挑战[M].杭州:浙江大学出版社,2005.
[31]秦志华.人力资源管理[M].4版.北京:中国人民大学出版社,2014.
[32]李艳.绩效管理能力培训全案[M].3版.北京:人民邮电出版社.2014.
[33]颜世富.中国古代绩效管理思想研究[J].上海管理科学,2014,36(6):83-86.
[34]卢少华.企业绩效管理研究综述[J].武汉理工大学学报(信息与管理工程版),2009,31(1):103-108.
[35]闫军辉.非营利组织绩效管理研究[D].郑州:郑州大学,2010.
[36]苏增军,李业昆.事业单位绩效管理研究综述[J].人力资源管理,2012(5):132-133.
[37]李永久.论政府与企业绩效管理比较——以价值取向、目标、指标设置和绩效标准为切入点[J].四川经济管理学院学报,2008(3):45-46.
[38]于大春,张华杰,宋万超.绩效管理理论研究综述[J].情报杂志,2010,29(S2):16-19,11.
[39]吴波.目标管理在绩效管理中的运用[J]合作经济与科技,2009(10):18-20.
[40]G.P.拉西姆,E.A.洛克,黄燕.目标设置理论[J].企业管理,2000(9):53-54.
[41]陈楚花,朱昌志.论"目标一致理论"在公共人力资源的对称管理——由华为"狼性文化"引入[J].消费导刊,2007(8):102,77.
[42]刘涛华.目标激励理论在思想政治教育中的运用[J].中国证券期货,2011(6):200-201.
[43]孙伟,黄培伦.公平理论研究评述[J].科技管理研究,2004(4):102-104.
[44]毕蛟.斯金纳和强化理论[J].管理现代化,1988(6):47-48.
[45]张双.绩效管理理论溯源[J].商场现代化,2007(1):184-185.
[46]付景涛,倪星.地方政府绩效评估的政治理性和技术理性——以珠海市万人评议政府为例[J].甘肃行政学院学报,2008(6):35-43.
[47]蓝志勇,胡税根.中国政府绩效评估:理论与实践[J].政治学研究,2008(3):106-115.
[48]孙迎春.政府绩效评估的理论发展与实践探索[J].中国行政管理,2009(9):29-33.

[49]董静.政府绩效评价组织模式分析及创新研究[D].兰州:兰州大学,2007.

[50]刘源.基于杭州个案的地方政府绩效评估研究[D].杭州:浙江大学,2007.

[51]何文盛,廖玲玲,王焱.中国地方政府绩效评估的可持续性问题研究——基于"甘肃模式"的理论反思[J].公共管理学报,2012,9(2):114-121,128.

[52]祁怀远.地方政府绩效评估"甘肃模式"的理论与实践:公共治理视角的研究[D].兰州:兰州大学,2010.

[53]任怡.基于"甘肃模式"的政府绩效评估指标体系优化途径研究[D].兰州:兰州大学,2010.

[54]曾苗.我国地方政府绩效评估模式研究[D].西安:西安建筑科技大学,2010.

[55]包国宪,董静,郎玫,等.第三方政府绩效评价的实践探索与理论研究——甘肃模式的解析[J].行政论坛,2010,17(4):59-67.

[56]叶敏.我国地方政府绩效评估研究——以杭州市政府绩效评估为例[D].杭州:浙江大学,2008.

[57]王泽栋.地方政府部门绩效管理研究——以青岛市为例[D].石河子:石河子大学,2014.

[58]中国行政管理学会联合课题组.关于政府机关工作效率标准的研究报告[J].中国行政管理,2003(3):8-16.

[59]周仁俊,张建芳.EVA与BSC结合的业绩评价系统之尝试[J].当代经济,2005(5):48-49.

[60]张兴峰.基于业绩评价的BSC与EVA优劣势及其结合的意义[J].全国商情(经济理论研究),2008(18):83-84.

[61]陈俊龙.非营利组织的绩效管理——以中国青少年发展基金会、沪东教会为例[D].上海:复旦大学,2002.

与本书配套的二维码资源使用说明

　　本书部分课程及与纸质教材配套数字资源以二维码链接的形式呈现。利用手机微信扫码成功后提示微信登录，授权后进入注册页面，填写注册信息。按照提示输入手机号码，点击获取手机验证码，稍等片刻就会收到4位数的验证码短信，在提示位置输入验证码成功，再设置密码，选择相应专业，点击"立即注册"，注册成功（若手机已经注册，则在"注册"页面底部选择"已有账号？立即登录"，进入"账号绑定"页面，直接输入手机号和密码登录）。接着提示输入学习码，需刮开教材封面防伪涂层，输入13位学习码（正版图书拥有的一次性使用学习码），输入正确后提示绑定成功，即可查看二维码数字资源。手机第一次登录查看资源成功以后，再次使用二维码资源时，在微信端扫码即可登录进入查看。